FREIHEIT IN VERANTWORTUNG –
DEUTSCHER LIBERALISMUS SEIT 1945

Geschichte, Personen, Perspektiven

Herausgegeben von
Walter Scheel und Otto Graf Lambsdorff

Die Deutsche Bibliothek - CIP-Einheitsaufnahme

Freiheit in Verantwortung - deutscher Liberalismus seit 1945:
Geschichte, Personen, Perspektiven / Scheel, Walter ; Graf
Lambsdorff, Otto (Hg.). - 1. Aufl. - Gerlingen : Bleicher, 1998
ISBN 3-88350-047-X

© 1998 Bleicher Verlag, Gerlingen
1. Auflage
Alle Rechte vorbehalten
Redaktion: Monika Faßbender, Karl-Heinz Hense
Herstellung: MZ-Verlagsdruckerei GmbH, Memmingen
ISBN 3-88350-047-X

Inhalt

Themen und Perspektiven

Anhang

Walter Scheel

Zur Rolle des Liberalismus

1998 ist in zweierlei Hinsicht für die deutschen Liberalen ein besonderes Jahr: Zum einen blicken wir auf fünfzig Jahre freiheitlicher Politik im Nachkriegsdeutschland zurück, zum anderen jährt sich die liberale Revolution von 1848 zum einhundertfünfzigstenmal. Vor allem des ersten Anlasses wegen geben Graf Lambsdorff und ich dieses Buch heraus. Ich möchte aber in diesem Vorwort nicht näher auf die Geschichte der Freien Demokraten eingehen, denn das geschieht in den einzelnen Beiträgen. Vielmehr will ich mich mit einigen Themen befassen, die mir stets am Herzen gelegen haben und die für das liberale Selbstverständnis von großer Bedeutung sind.

Beginnen will ich mit unserem Verhältnis zu den Grundlagen der Politik, die auch unsere Verfassung prägen und die es uns ermöglicht haben, in Deutschland eine stabile Demokratie zu errichten und den Bürgern und Bürgerinnen unseres Landes ein Leben in Freiheit und Selbstbestimmung zu gewährleisten. Dies ist eine beachtliche Bilanz, die niemand geringschätzen sollte. Gleichwohl haben wir es gerade in den letzten Jahren mit erheblichen Problemen zu tun, die zu bewältigen noch größere Anstrengungen erfordern wird, als wir es bisher gewohnt waren. Es sind nach dem Krieg Generationen herangewachsen, die eine andere Lebenswirklichkeit kennen als wir Älteren. Sie haben nicht in die Abgründe der deutschen Geschichte geschaut, und vielen sagen auch die Höhepunkte nichts mehr.

Wir leben in einem Gemeinwesen, das selbst – trotz aller Probleme – in mancher Hinsicht ein solcher Höhepunkt ist. Sozialer Ausgleich und sozialer Friede sind Wirklichkeit. Wissenschaft und Kunst können sich mit den Leistungen anderer Völker messen. Die großen Freiheiten der Meinungsäußerung, der politischen Betätigung, der individuellen Entfaltung sind unbestritten.

Die Einsicht in den Zusammenhang von Freiheit, innerem Frieden und wirtschaftlichem Wohlstand ist weit verbreitet. Millionen Deutsche kennen heute Lebenschancen, von denen ihre Eltern nur träumen konnten. Und dennoch: wenn wir uns bei uns und in der Welt umsehen, erkennen wir Probleme von neuen, nie gekannten Dimensionen.

Die technisch-wissenschaftliche Entwicklung und die globale Ausdehnung von Handel und Wirtschaft haben eine Wettbewerbs-Situation geschaffen, die der menschlichen Arbeit gegenüber der Vergangenheit einen völlig neuen Stellenwert gibt. Sie ist zu einem Kostenfaktor geworden, der im weltweiten Konkurrenzkampf mehr und mehr gesenkt werden soll, was entweder zu einer Absenkung des Lohnniveaus oder zu Arbeitslosigkeit führt. Endgültige Lösungen haben wir noch nicht gefunden, wir sind erst am Anfang eines Prozesses, der unsere Wirtschaft so organisieren muß, daß alle Menschen wieder sinnvolle und auskömmliche Beschäftigungsmöglichkeiten finden.

Das ist aber nur ein Aspekt des neuen Problemgebirges. Die weltwirtschaftliche Lage hat sich in den letzten Jahren, seit der Sozialismus zusammengebrochen ist, aber auch schon vorher, in erdbebenartigen Schockwellen nachhaltig verändert. Wirtschaftlicher Wohlstand wurde dabei allzu oft durch Raubbau an unseren Lebensgrundlagen und vor allem an den Lebensgrundlagen der kommenden Generationen erkauft. Wie schwer es ist, diese Entwicklung zu beherrschen und die lebenswichtigen Umweltdaten zu verbessern, haben die Umwelt- und Klima-Konferenzen der letzten Jahre gezeigt. Den Königsweg zu finden, der wirtschaftlichen Wohlstand ermöglicht, ohne die Umwelt irreparabel zu belasten, ist eine der größten Herausforderungen, mit der die Menschen überall in der Welt konfrontiert sind.

Weltwirtschaft und Weltpolitik bleiben nicht ohne Folge für Europa und für die Bundesrepublik in Europa. Wir sind auch nach der Vereinigung mit all ihren wirtschaftlichen und sozialen Lasten ein Land, das der Leistung seiner Bürger und Bürgerinnen, aber auch der Gunst mancher Umstände, eine vergleichsweise starke und widerstandsfähige Volkswirtschaft verdankt. Uns kommt in der neuen Lage der Welt eine besondere Verantwortung zu. Wenn es uns bei den wirtschaftlichen Problemen von heute und morgen mit all ihren weltweiten Abhängigkeiten nicht gelingt, die wirtschaftspolitische Diskussion über die Anwendung der geeigneten Mittel zu versachlichen und nötige Entscheidungen zur Verbesserung der Wettbewerbsfähigkeit auch tatsächlich zu treffen und umzusetzen, werden wir die schweren Zeiten vor allem für das Millionenheer der Arbeitslosen sicher nicht bewältigen.

Maßgeblich für die innere und äußere Stärke eines Staates ist letztlich seine wirtschaftliche und politische Stabilität. Beide sind untrennbar miteinander verbunden. Wir müssen deshalb dafür sorgen, daß die Wirtschaft sich frei entwickeln kann, ohne deshalb die Mitverantwortung für die gesamte Gesellschaft aus dem Auge zu verlieren, und daß die Politik verläßliche Entscheidungen trifft, die in der Kontinuität unserer freiheitlichen Grundsätze stehen. Der Staat, auf den viele Menschen gerade in Krisenzeiten blicken, kann die Probleme allein nicht lösen. Aber wir haben schon einmal, gleich nach dem Krieg, vor Bergen von Schwierigkeiten gestanden. Auch wenn die neuen Fragen in mancher Hinsicht anders sind, ist es nützlich, sich darauf zu besinnen, wie wir damals damit fertig geworden sind. Den geistigen und moralischen Kräften, die unser Volk aus dem Chaos geführt und es schließlich wieder geeint haben, dürfen wir auch heute vertrauen.

Ich denke vor allem an zwei Dinge: Als der deutsche Arbeiter, statt am schwarzen Markt zu handeln, für wertloses Geld seinen Betrieb wiederaufgebaut hat, als der deutsche Unternehmer jede verdiente Mark in seinen Betrieb steckte und sich selbst mit einem bescheidenen Lebensstandard begnügte, sind sozialer Friede und soziale Partnerschaft bei uns begründet worden. Diese aus der Erfahrung gewachsene Bereitschaft der Sozialpartner zur Zusammenarbeit ist unser wichtigstes Kapital, um die Zukunft zu meistern. Ich setze nach wie vor mein volles Vertrauen in die Vernunft der deutschen Arbeiter und Unternehmer und in die Bereitschaft aller Menschen unseres Landes, den neuen Problemen unserer Zeit mit derselben Solidarität zu begegnen, die uns geholfen hat, bei aller Gegensätzlichkeit Gemeinsames zu schaffen.

Es gibt aber noch eine zweite Kraft und Erfahrung. In der Bundesrepublik hat die parlamentarische Demokratie zum erstenmal in der deutschen Geschichte die Probe bestanden. Ich glaube an die Weisheit und Wirksamkeit der freiheitlichen Institutionen und demokratischen Spielregeln. Man muß sie nur beachten. Durch sie werden wir auch in Zukunft den richtigen Weg finden. Das setzt allerdings voraus, daß wir in der Ordnung unserer sozialen und wirtschaftlichen Dinge den Grundsatz beherzigen, der zusammen mit der Solidarität der Menschen uns vorwärts gebracht hat: Wir wollen den einzelnen Menschen ermutigen, seine Möglichkeiten selbst zu suchen, zu entfalten und sie einzubringen in das Ganze des Gemeinwesens. Nur die persönliche Freiheit vermag die schöpferischen Kräfte freizusetzen, die wir in der nächsten Zeit so sehr benötigen. Es kommt auch und gerade in Zeiten großer wirtschaftlicher Probleme auf den einzelnen an, auf seine Initiative, seine Mitwirkung, seine Entfaltung. Unsere demokratische Ordnung ist kein totes Organisationsprinzip mechanischer Kräfte. Sie regelt einen lebendigen Organismus, in dem Spannungen und Konflikte entstehen und ausgetragen werden. Der Grad der Menschlichkeit in solchen Auseinandersetzungen wird durch die Toleranz bestimmt, mit der wir dem anderen und dem anders Denkenden begegnen.

Einer solchen Ordnung der Toleranz, des Verständnisses und des Ausgleichs haben die Väter des Grundgesetzes den staatlichen Rahmen gegeben. Nur eine solche Ordnung ermöglicht Gerechtigkeit und auch Freiheit unter den Menschen. Denn Freiheit muß auch für den Schwachen gewährleistet sein. Wer eine freiheitliche Demokratie will, muß den Staat wollen, in dem sie sich allein verwirklicht.

Wir verstehen uns zurecht als ein pluralistisches Staatswesen. Parteien, Gewerkschaften, Verbände, Organisationen und Gruppen bringen dem Staat gegenüber ihre Interessen zur Geltung. Das ist gut so. Darin darf sich der Pluralismus aber nicht erschöpfen. Die Würdigung der allgemeinen Zusammenhänge und die Suche nach übergeordneten Lösungen, die dem Gesamtinteresse dienen, müssen die Vertretung der Partikularinteressen bestimmen. Wer diesen Grundsatz mißachtet, richtet den freiheitlichen Staat mit seiner inneren Vielfalt zugrunde. Verzichten wir also in der Wirtschaft wie in der Politik auf demagogische Bekundungen. Gehen wir mit Solidarität und in Freiheit an die Lösung der Probleme.

Etwas anderes liegt mir am Herzen: Die Kultur unseres Landes. Es war immer die Verbindung von Bürgerfleiß und schöpferischer Leistung, die unser Land ausgezeichnet hat. Auch heute leistet die Bundesrepublik Deutschland einen stolzen Beitrag zur kulturellen Entwicklung Europas und der Welt. Auch wenn unsere großen wirtschaftlichen Probleme uns besonders bedrücken und ihre Lösung Priorität besitzt, dürfen wir keineswegs vergessen, welche identitätsstiftende Wirkung unsere deutsche Kultur für unser Land und unser Volk hat. Aber sie kann für sich allein nicht existieren, sie ist vielmehr entstanden im Austausch mit den Kulturen unserer Nachbarn in Europa und anderer Länder der Welt. Wenn wir die deutsche Kultur auf das reduzieren, was hier in diesem Lande sozusagen original entstanden ist, dann würde am Ende wohl nicht viel übrig bleiben.

Die Kultur ist seit alters über Landes- und Sprachgrenzen gewandert, ohne sich von politischen Maßgaben dauerhaft aufhalten zu lassen. Ich bin der Überzeugung, daß wir unsere Kultur verfälschen, wenn wir sie aus dem europäischen Zusammenhang isolieren, wenn wir sie nur aus sich selbst verstehen wollen. Ich meine, daß wir das Deutsche nur richtig begreifen, wenn wir es als die besondere Gestalt eines Europäischen verstehen, das allen Völkern dieses Kontinents gemeinsam ist.

Damit bin ich bei einem anderen Thema, das von überragender Wichtigkeit ist, bei der Gestaltung der Europäischen Union. Mehr als vierzig Jahre haben uns die Europäische Gemeinschaft und die westliche Verteidigungsallianz vor Krieg bewahrt. Das ist Grund genug, die Zusammenarbeit zu vertiefen und neue Partner vor allem aus dem Osten unseres Kontinents in die Union aufzunehmen. Aber es ist nicht damit getan, neue Instrumente für eine gemeinsame Politik zu entwickeln und neue Partner zu integrieren; damit Europa bereit und fähig ist, Verantwortung aktiv zu tragen und vollwertiger Partner in der Welt zu sein, ist eine vertiefte Bewußtseinsbildung über die Rolle der Europäer in der Welt in der breiten Öffentlichkeit und gerade bei der europäischen Jugend unerläßlich.

Ein Baum kann nicht auf blankem Felsen ohne den notwendigen Boden wachsen. Er braucht auch die klimatischen Voraussetzungen, um jährlich eine neue Schicht anzusetzen. So wie er vor allem in seinen jungen Jahren Stützen braucht, um jedem Sturm standzuhalten, so kann auch die europäische Einigung nicht vorankommen, wenn die Idee, von der sie lebt, nicht auf fruchtbaren Boden fällt, wenn die politischen Voraussetzungen nicht stimmen. Wenn die Idee verankert ist, brauchen wir uns nicht zu sorgen, daß die Einigungsbewegung nicht allen politischen Wechselwinden zu trotzen vermag. Ich will nicht verschweigen, daß mir die gegenwärtige Stimmung in vielen Mitgliedsländern der Europäischen Union, auch in Deutschland, Sorgen bereitet. Es geht nicht nur um die Einführung einer gemeinsamen Währung, die ja vor allem wirtschaftliche Vorteile bringen soll, es geht besonders darum, neuen nationalistischen Tendenzen gegenzusteuern, die unser Europa beschädigen könnten. Vor allem die Jugend der Mitgliedstaaten möchte ich auffordern, ihre Identität im europäischen Zusammenhang zu suchen, nicht auszugrenzen, sondern zusammenzuführen. Verständnis füreinander, auch für das Unterschiedliche in den einzelnen Nationalitäten, und Toleranz im Umgang miteinander sind die besten Garanten für eine friedliche Bewältigung der Zukunftsaufgaben. Deshalb wün-

sche ich mir ein offenes, kooperatives Verhältnis der Menschen, damit
eine europäische Identität entstehen kann, die alte nationale Rivalitäten
überwindet. Europa ist auch heute noch eine Herausforderung an die Jugend. Sie
soll fortführen, was bis jetzt erreicht wurde. Ich habe in diesem Zusammenhang vor fast dreißig Jahren im Bundestag gesagt:»Die Jugend ist
vielleicht nüchterner, sie ist jedenfalls kritischer als wir es damals gewesen sind. Sie wird Europa nur akzeptieren und seine Einheit vollenden,
wenn es mehr wird als ein technokratisches Unternehmen. (...) Wir
müssen deshalb an einem Europa bauen, das über unsere Generationen
hinauswächst, an einem Europa, an dem gerade auch die Jugend ihre
Hoffnungen und Erwartungen verwirklichen und mit dem sie sich
identifizieren kann.« Das gilt heute unverändert, auch wenn seither die
Einigung Europas unverkennbar vorangekommen ist. Der Fortschritt
in Europa könnte nirgends besser gemessen werden als im Alltag. Aber
wie wahr ist hier das Wort des preußischen Historikers Heinrich von
Treitschke, der vor mehr als hundert Jahren schrieb:»Das neue wirtschaftliche Gemeinwesen der Nation erschien in seinem Werktags-
kleide unscheinbar und nüchtern; (...) immer ist es das tragische Los
neuer politischer Ideen, daß sie zuerst von der gedankenlosen Welt bekämpft und dann, sobald der Erfolg sie rechtfertigt, als selbstverständlich mißachtet werden.«
Die Bürger und Bürgerinnen unseres Landes haben, wie in den meisten
anderen Mitgliedstaaten auch, das Interesse an Europa, an der politischen Einigung Europas nicht verloren. Aber sie sind nicht zufrieden
mit dem, was ihnen geboten wird. Sie sind nicht hinreichend an der
Entwicklung beteiligt. Die politischen Entscheidungen in Brüssel sind
für sie zu einem großen Teil undurchschaubar und unverständlich. Sie
haben auch kein Verständnis dafür, wenn manche kritische Fehlent-
wicklung, wie zum Beispiel in der übersubventionierten Agrarpolitik,
nicht schneller korrigiert wird. Sie sehen mit Sorge der Einführung einer gemeinsamen Währung entgegen und werden von meist unbe-
gründeten Ängsten erfaßt, die von mancher Seite noch immer geschürt
werden. So stehen wir vor dem seltsamen Befund, daß es einerseits eine
grundsätzliche Bejahung der europäischen Idee gibt und andererseits
scharfe Kritik an der praktischen Europapolitik. Wie ist dem abzuhel-
fen? Sicher gibt es Mängel in der Informationspolitik der europäischen
Institutionen, aber das ist es nicht allein. Ich habe den Eindruck, daß es

noch immer nicht gelungen ist, in der öffentlichen Berichterstattung über europäische Politik und europäische Probleme die nationale Elle beiseite zu lassen. Insofern fehlt immer noch die europäische Gesamtschau; und es ist besonders bedauerlich, daß auch die Vertragswerke von Maastricht und Amsterdam daran kaum etwas geändert haben. Ja, gelegentlich habe ich den Eindruck, daß sie in ihrer komplizierten Struktur und bürokratischen Sprache eher zum öffentlichen Unverständnis beigetragen haben. Es ist deshalb wichtig, daß alle politischen Institutionen, und die Parteien allemal, die Aufklärung über Europa weiterhin mit großem Engagement betreiben, damit ein föderales, demokratisches Europa verwirklicht wird, das mehr ist als ein gemeinsamer Markt und eine gemeinsame Währung, mehr als eine Zollunion und als die gemeinsame Agrarpolitik. Wenn ich von einem föderalen Europa, von der Europäischen Union spreche, so ist damit nicht an eine Superstruktur gedacht, die die nationale Identität eines Volkes erdrückt oder auflöst, sondern die Europäische Union ist diejenige Form, in der das Besondere eines jeden Volkes zur vollsten Entfaltung kommen kann.

Wenn die Ziele der europäischen Einigungspolitik nicht nur auf wirtschaftliche und technische Zusammenarbeit reduziert werden und damit kein Lippenbekenntnis bleiben sollen, dann ist die Integration der ausländischen Mitbürger, insbesondere der zweiten und dritten Generation, eine der wichtigsten sozialen Aufgaben europäischer Politik. Sie ist zugleich eine tägliche Bewährungsprobe vor Ort. Sie kann nur erfolgreich bestanden werden, wenn Deutsche und Ausländer zur Integration fähig und bereit sind. Dies verlangt gerade in wirtschaftlich schwierigen Zeiten, in denen Arbeitslosigkeit und fehlende Perspektiven zu unsachlicher Argumentation verführen, mehr Verständnis und Toleranz auf beiden Seiten. Angesichts der Auswüchse an Fremdenfeindlichkeit und Ausländerhaß habe ich große Sorge, ob wir auf diesem Wege vorankommen werden. Wir müssen auf Mißerfolge und Rückschläge gefaßt sein. Doch letztlich steht unsere eigene Glaubwürdigkeit auf dem Spiel, wenn wir auf der einen Seite die Einigung Europas fordern und in unserem eigenen Land, dort, wo wir die Möglichkeiten dazu haben, nicht das für Europa Notwendige tun. Die Frage des Zusammenlebens mit den ausländischen Mitbürgern ist eines von vielen Beispielen aus dem Alltag, das zeigt, wie sehr die Lösung der Probleme letztlich davon abhängt, wie stark sich europäisches Denken durchgesetzt hat.

Und auch an dieser Stelle möchte ich die europäische Kultur betonen,
auf die es ankommt, wenn wir eine offene, tolerante und freiheitliche
Union verwirklichen wollen. Kultur nicht im engen Sinne künstleri-
schen Ausdrucks, sondern als Bezeichnung für den angemessenen, re-
spektvollen Umgang der Menschen miteinander in einer demokratischen Zivilisation. Kultur kann man allerdings nicht verordnen; in den
Römischen Verträgen kommt sie gar nicht vor, und im Maastrichter
Vertragswerk wird sie eher stiefmütterlich behandelt. Wie also soll man
das Bewußtsein europäischer kultureller Identität wecken?
Manche haben die Sorge, die nationale Identität eines Volkes, einer
Nation könnte von einer europäischen Superstruktur erdrückt werden.
Diese Sorge ist unbegründet, denn Europa kann sich nur – ja, es muß
sich – auf das Selbstverständnis der europäischen Völker gründen. Da
der Nationalstaat das Besondere der eigenen Nation isoliert, es überbe-
tont, die Akzente falsch setzt, müssen wir eine politische Form finden,
in der das Eigene, das Besondere eines jeden Volkes und das Gemeinsame der europäischen Völker am besten zu seiner vollsten und reinsten
Entfaltung kommen kann. Diese Form ist die einer »Europäischen
Union«. Sie ist Ausdruck des Ziels, die politische Zusammenarbeit der
Mitgliedstaaten noch mehr zu vertiefen, zu verschmelzen, ja, letztlich
zu einer Einheit zusammenzuführen.
Der Zusammenschluß Europas ist ein offenes Modell, offen für alle demokratischen Staaten Europas. Die Rückbesinnung auf die gemeinsame
europäische Kultur ist eine Chance, der Idee der notwendigen politischen Einigung Europas neuen Auftrieb zu geben. Die Unterschiedlich-
keit der europäischen Staaten entfaltet ihre eigene Kraft, oder, wie man
heute sagt, ihre Synergien erst, wenn Grundsätze, Rhythmen und Ziele
übereinstimmen, wenn die Idee das Handeln bestimmt. Die Kraft der
Idee wird häufig zu gering geachtet. Dabei hat die Geschichte unzäh-
lige Beispiele parat, ich will nur auf Martin Luther und die Idee der
Reformation hinweisen. Die Kraft der Überzeugung, die innere Festigkeit spielten für die Durchsetzung der Idee die entscheidende Rolle.
Auch die Idee der Einigung Europas kann nur Wirklichkeit werden,
wenn sie in Fleisch und Blut Eingang gefunden hat, und hierbei spielt
die Kultur, die das Gefühl der Menschen anspricht, eine weit größere
Rolle, als ihr bisher zugedacht worden ist.
Gewiß, es gibt Fortschritte im europäischen Einigungsprozeß. Es gibt
Fortschritte im wirtschaftlichen und sozialen Bereich, es gibt die enge

ökonomische Verflechtung der Länder und demnächst eine gemeinsame Währung. Aber lebt Europa nicht mehr noch von den gemeinsamen Werten, der gemeinsamen Auffassung von Freiheit, Menschenwürde und Liberalität? Lebt es nicht von den Werten, die letztlich die europäische Kultur ausmachen? Die unschätzbare Arbeit des Europarates ist ebenso Beleg dafür wie die deutsch-französische Zusammenarbeit. Die wirtschaftlichen Fortschritte sind Teil des täglich erlebten kulturellen Lebens in Europa.

Ich würde mir ein wacheres Problembewußtsein der Europäer für ihr gemeinsames kulturelles Erbe wünschen. Sich dafür einzusetzen, heißt verstärkte menschliche Beziehungen zwischen den Bürgern und Bürgerinnen aller europäischen Völker zu ermöglichen; heißt aber auch achtzugeben, daß die Freiheitsräume der Bürger und Bürgerinnen nicht wieder eingeengt werden durch nationale Egoismen, durch Protektionismus, sondern daß sie erweitert werden durch Abbau von Hemmnissen jeglicher Art. Sich für ein vereintes Europa einzusetzen, heißt aber vor allem, sich für den Frieden zu engagieren.

Alle diese Gedanken und Ziele würden im Winde verwehen, wenn es nicht gelänge, unsere Jugend dafür zu gewinnen. Es bleibt eine Schicksalsfrage, ob sich die Jugend die Erfahrung der Älteren zunutze macht. Wenn die Aufbauarbeit eines halben Jahrhunderts, wenn die Politik unseres Landes einen bleibenden Sinn haben soll, dann kann es nur der sein, unseren Kindern die Irrtümer und Fehler, die wir Älteren gemacht, erlebt und erlitten haben, zu ersparen. Denn wer aus der Geschichte nicht lernt, muß sie wiederholen. Wenn es uns nicht gelingt, die Verantwortung rechtzeitig auf die junge Generation zu übertragen, dann war alle Arbeit umsonst.

Aber auch die Jugend hat ihren eigenen und besonderen Beitrag zur Lösung der gemeinsamen Aufgaben zu leisten. Ich sehe diesen vor allem darin, daß die jungen Menschen ihren Sinn für die moralische Qualität des politischen Handelns zum Maßstab des Urteils machen. In der Tat besteht ja ein Staatswesen nicht um seiner selbst oder um einer abstrakten Leistungsfähigkeit willen, sondern um den Menschen ein reicheres, befriedigenderes Leben zu ermöglichen. Das kann der Staat nur tun, wenn seine Träger an sich und ihr Handeln die höchsten Maßstäbe anlegen. Wohl dem Gemeinwesen, dem es gelingt, die Erfahrungen der Älteren zu verbinden mit dem Sinn der Jüngeren für Recht und Unrecht.

Weil es mir aber so wichtig ist, an dieser Stelle auf die Bedeutung hinzuweisen, die unsere Jugend für die Politik haben sollte, schmerzt mich keines unserer aktuellen Probleme so sehr wie die hohe Jugendarbeitslosigkeit. Wenn unser Staat und unsere Gesellschaft einem großen Teil unserer jungen Menschen das Bewußtsein vermitteln, er würde nicht gebraucht, dann verspielen wir unsere Zukunft. Deshalb müssen alle Anstrengungen unternommen werden, um die Jugendlichen in das Erwerbsleben zu integrieren.

Nun aber noch wenige Worte zu der Freien Demokratischen Partei, die 1998 auf fünfzig Jahre ihres Bestehens zurückblicken kann. Es ist ganz selbstverständlich, daß die Themen, von denen ich bisher gesprochen habe, für meine Partei eine wichtige Rolle gespielt haben und spielen. Ich selbst habe sie als Parteivorsitzender, als Abgeordneter und als einfaches Mitglied viele Jahre mit ihrer Hilfe akzentuieren und wenigstens in Teilen auch durchsetzen können. Die Liberalen können stolz sein, wenn sie auf das in fünfzig Jahren für Deutschland, Europa und die Welt Erreichte zurückblicken. Viele ihrer Grundsätze prägen die freiheitlichen Verfassungen der demokratischen Staaten. Gelegentlich wurde deshalb mit maliziösem Unterton gefolgert, nun sei eine liberale Partei überflüssig, denn ihre Arbeit sei getan. Daß dies nicht richtig sein kann, zeigt ein Blick auf unsere heutigen Probleme und auf die neue Bedeutung einer liberalen Politik für ihre Bewältigung.

Nun sollte man eigentlich meinen, die Liberalen müßten belohnt werden dafür, daß so viele ihrer Grundsätze, vom Rechtsstaat bis zur marktwirtschaftlichen Ordnung, häufig genug gegen den zähen Widerstand der politischen Konkurrenten durchgesetzt werden konnten. Das Gegenteil aber ist der Fall. Wieder einmal steht die Partei mit dem Rücken zur Wand, wieder einmal bläst ihr der Wind ins Gesicht. Und das, weil und obwohl sie manche unbequeme Wahrheit zum Beispiel über die Veränderungsbedürftigkeit unseres Sozialstaates deutlicher beim Namen nennt, als es die anderen Parteien sich trauen. Populismus kann man ihr wahrlich nicht vorwerfen. Überdies scheint die derzeitige Krise der F.D.P. die schlimmste zu sein, die sie in ihrer wechselvollen Geschichte bisher erlebt hat. Vor allem in der Kommunal- und Landespolitik sind in den letzten Jahren herbe Niederlagen zu verzeichnen. Es ist aller Ehren wert, daß die Partei dennoch mutig auf dem für richtig erkannten Weg voranschreitet und zu ihren Programmen steht. Und anderes könnte ich ihr auch gar nicht raten, denn es ist nach meiner festen Überzeugung die einzige Möglichkeit, aus dem Tief herauszukommen. Daß sie eine Funktionspartei ohne Programm geworden sei, hält man der F.D.P. immer wieder vor, eine Partei, der es nur noch um den Machterhalt gehe. Der Grund für solche Diffamierungen kann nur Bösartigkeit sein; denn zum einen ist es ganz normal, daß eine Partei eine bestimmte Funktion auszuüben hat, zum Beispiel die Ermöglichung einer Koalitionsregierung, und zum anderen kann keine Partei etwas durchsetzen, wenn ihr die Macht dazu fehlt. Aber davon abgesehen geht der Vorwurf ganz und gar ins Leere, wenn man ihn an den Programmen der F.D.P. mißt. Was in den Wiesbadener Grundsätzen etwa zur Wirtschafts- und Sozialordnung in Deutschland gefordert wird, ist ein an der Zukunft orientiertes Projekt, das der gegenüber früheren Jahrzehnten vollständig veränderten wirtschaftlichen und gesellschaftlichen Lage Rechnung trägt. Vorhalten könnte man den Grundsätzen allenfalls, daß sie den ideologischen Anstrich vermissen lassen, das Wortgeklingel für die Oberflächlichen. Indessen ist es gute Tradition der Liberalen, Ideologiekritik statt Ideologie zu betreiben. Sicher, es ist nüchtern und unbequem, was die Freien Demokraten etwa zur Reform unserer Sozialleistungen oder zur verantwortlichen Mitwirkung der Bürger und Bürgerinnen an ihrem Staat fordern. Allzu bequem haben wir es uns in unserem Wohlstand eingerichtet, als daß wir nun Abstriche daran vornehmen möchten. Aber jeder weiß im Grunde, daß wir auf die bisherige Art nicht weitermachen können, wenn wir die Arbeitslosigkeit beseitigen und die Wettbewerbsfähigkeit unserer Wirtschaft erhalten wollen; nur sagt es niemand so deutlich wie die F.D.P.

Auch was die außenpolitischen Anstrengungen der Partei angeht, hat sie sich den neuen Realitäten der postsozialistischen Zeit rasch gestellt. Sie ist bereit, neue Verantwortung in der Völkerfamilie zu übernehmen und neben den Rechten eines vollwertigen Mitglieds auch dessen Pflichten anzuerkennen. Wir sind mit Recht stolz darauf, daß die Außenpolitik der deutschen Demokratie seit den Tagen von Walther Rathenau und Gustav Stresemann maßgeblich von Liberalen gestaltet wurde und wird. Diese Kontinuität hat unser Land nach zwei Kriegen jeweils wieder zu einem geachteten Partner im Konzert der Nationen gemacht. Solche Leistungen können und werden die Wähler und Wählerinnen in Deutschland nicht übersehen.

Ich meine deshalb, daß es zwei gute Gründe gibt, warum die Freien Demokraten auch diese schwere Krise überstehen und wieder ein stabiler Faktor in der deutschen Politik sein werden: Der eine ist in den anspruchsvollen und modernen Wiesbadener Grundsätzen nachzulesen, und der andere liegt in der Fortsetzung der liberalen Tradition, deren vornehmste Aufgabe stets war, über die Freiheit der Menschen zu wachen.

GESCHICHTE IN DOKUMENTEN UND DARSTELLUNGEN

Theodor Heuss

Unsere deutsche Mission
Rede auf dem Gründungsparteitag der FDP in Heppenheim
am 12. Dezember 1948

Verehrte Versammlung! Auf den Plakatsäulen steht »Unsere deutsche
Mission«. Für meine persönlichen Bedürfnisse ist das fast ein bißchen
zu pathetisch. Ich möchte versuchen zu sprechen über die geschichtliche Aufgabe, die uns gestellt ist, mit eigenen Mitteln deutsche Geschichte im europäischen Raum zu gestalten, versuchen aus der Not
der Gegenwart herauszukommen und Wege zu schaffen in die Zukunft. Wir wollen keine Vergangenheitsbetrachtung treiben, sondern
den Blick in die Gegenwart richten. Aber der Ort, an dem wir zusam-
mengekommen sind, erlaubt doch ein bißchen Geschichte zu treiben
in dem Sinne, daß wir uns einen Augenblick daran erinnern, was im
Herbst 1847 in Heppenheim gewesen ist. Was war es denn?
Es waren im deutschen Südwesten zum ersten Male Männer aus verschiedenen Staaten zusammengetreten, eine kommende Geschichts-
wende spürend, die aus der Enge des Territorialstaates zum Gesamten
strebten. Das ist eine Situation und eine Aufgabe, die uns allen seit ein
paar Jahren neu gestellt ist. Unsere Vorfahren haben die Einheit gesucht, wir haben sie verloren und sind auf dem Wege, sie neu zu finden.
Als 1847 die Liberalen und Demokraten in Heppenheim zusammenge-
kommen sind, hat es Parteien im modernen Sinne noch nicht gegeben,
im Vormärz waren sie verboten. Es waren Männer, die in ihrer Gesinnung sich einig waren und sich durch das Bekenntnis zur deutschen
Einheit und durch das Bekenntnis zur menschlichen Freiheit verbunden fühlten. Der große Begriff lag in der Luft. Man glaubte, mit dem
großen Begriff einfach die Formen und die Sorgen des Staates wandeln
zu können. Es gab damals keine Parteien, es gab aber auch keine Parteiprogramme. Es gab, wenn wir an jene Zeit zurückdenken, noch keine
Sonderausschüsse, keine Programmausschüsse, all das haben die Deutschen erst später kennengelernt. Da spukten in der deutschen Geschichte sehr viele politische Parteiprogramme, zumal in den 60er Jahren. Es mag 30 Jahre her sein, da hat ein Professor in Leipzig eine

Sammlung der deutschen Parteiprogramme herausgebracht, 2 Bände,
einige Jahre später ist ein dritter Band herausgekommen, und ich
glaube, wir selber stehen vor der Aufgabe, das Material zusammenzu-
schreiben für einen vierten Band und unsern Beitrag dazu zu leisten.
Ich will mit dieser Bemerkung im ironischen Unterton nicht von dem
Wesen eines Parteiprogramms ablenken. Ich weiß, daß sie notwendig
sind, um Menschen zu sammeln, zu werben, und zur Abgrenzung gegenüber andern politischen Gruppen. Wir sind uns dessen bewußt,
aber man soll aus ihnen keine Papierkotten machen, die nur rascheln
und dann ins Nichts zerfließen. Eine gute Politik ist viel wichtiger als
ein schönes Programm, das aussehen mag wie die Auslese in einem
Konditorladen – ein einfaches und kräftiges Hausbrot ist bekömm-
licher. Wir müssen uns dazu entschließen, zu handeln, für absehbare
Aufgaben ein begrenztes Ziel zu stecken, das wir hoffen, auch erreichen zu können. Die Deutschen sind zu sehr durch ihre Parteiarbeit,
durch die Beschäftigung mit dem sogenannten wissenschaftlichen Sozialismus oder Marxismus dazu gekommen, zu glauben, daß man ohne
einen bestimmten Wortvorrat wissenschaftlicher Begriffe überhaupt
nicht in der Lage sei, eine Lage zu meistern. Hier können wir etwas von
den Amerikanern lernen; die keine Parteiprogramme haben, die aber
alle Jahre eine sogenannte Plattform bilden, auf der sie zusammenste-
hen, einen konkreten Vorrat von brennenden Aufgaben für die Politik
und die Wirtschaft; sie suchen von dort aus ein Stück weiter zu kommen. Führt dieses Bekenntnis zur »Plattform« nun zur Bereitwilligkeit
zu einem Opportunismus, der bloß die Gelegenheit wahrnimmt, das
zu erreichen, und jenem auszuweichen? So möchte ich das nicht
begriffen wissen. Wir wollen uns zusammenfinden als ein *Gesinnungs-
verband*, der sich gebunden fühlt durch ein ebenso einfaches wie verwe-
genes Wort, nämlich, es sind hier Menschen, Männer und Frauen, zu-
sammengekommen, die von dem und in dem Glauben an die Freiheit
der Menschen leben. Es ist sehr schwer heute, ein Lied von der Freiheit
zu singen, in einem Augenblick, da das Vaterland selber in Unfreiheit
liegt, wo Millionen Deutsche schier vogelfrei und in Angst und Sorge
leben und stetig in ihrer Existenz bedroht sind. Wir wollen den Begriff
der Freiheit nicht als das Thema einer Festtagsrede nehmen, sondern
auffassen als eine Angelegenheit der Menschenwürde. Der Mensch hat
seine Würde dadurch, daß er ein freier Mensch ist.
In unseren Besprechungen über das Werden unserer gemeinsamen

Schöpfung ist manche Beratung gepflogen worden, und es gab auch Auseinandersetzungen bei der Namensgebung, ob das Wort »Liberalismus« dieser Generation noch etwas zu sagen habe oder besser, ob das Wort Liberalismus, in dem ein Stück geschichtlichen Erlebens des 19. Jahrhunderts steckt, noch und wieder fruchtbar werden kann, oder ob es diese Gegenwart vielleicht belastet mit Erinnerungen an die Zeit, da ein Teil der »Liberalen« im Kampf gegen Kirchlichkeit sich übte oder an die Epoche, da von dem »Manchestertum« kein Weg zu einer eigenmächtigen Sozialpolitik führte. Gegenüber dem frühen Liberalismus, einer Bewegung, die mit schier naiver Ungebrochenheit an die Wunderkraft der Freiheit glaubte und die eine Seite der deutschen Tradition bildete, entwickelten sich oder hielt sich auf der anderen Seite die betonte Staatsgläubigkeit, die bewußte Unterordnung unter eine Befehlsgewalt, die die Form des deutschen öffentlichen Lebens zu sein schien. Im Nationalsozialismus erfuhr dieses Stück des deutschen Wesens seine schauderhafte Hypertrophie.

Demgegenüber wollen wir nun dem Wort Liberalismus und dem Wort vom freien Menschen einen neuen Klang zu geben versuchen. Das Wort »frei« ist noch kein Zauberwort. Manche sagen, die Kunst ist »frei«; die Freiheit schaffe ihre Größe. Das ist eine offene Frage, ob die Freiheit der Kunst allein die Kunst »groß« macht, aber wir haben alle erlebt in der nationalsozialistischen Zeit, wie durch die Knebelung der Kunst ihre Verkrampfung und Verkleinerung eingetreten ist, wie sie äußerlich monströs, innerlich klein wurde. Eine wirklich große Leistung ist nur möglich in der Freiheit. Wenn wir von Freiheit reden, so glauben wir an den *schöpferischen Menschen*. Damit stehen wir aber in sehr scharfen Auseinandersetzungen und sehen, daß dieses Wort, dieser Grundton des Liberalismus, heute umstritten bleibt, erneut, wo es sich darum handelt, die Methoden der Einzelpersönlichkeit und der Gruppe in der Gesamtheit des wirtschaftlichen Raumes zu übersehen. Es wird Freiheit im wirtschaftlichen Raum nichts anderes bedeuten, als die Lockerung der Bindungen. Unsere Aufgabe wird immer bleiben, zu prüfen, *wo* wird der einzelne Mensch bei der staatlichen Beherrschung des wirtschaftlichen Lebens seine Behauptung finden. Wir haben die Auffassung, daß das Hinausschieben der Grenze des staatlichen Interventionismus mit eine der Aufgaben der Gruppe ist, der wir dienen. Wir haben eine lange, lange Schulstunde der Zwangswirtschaft erlebt, mit ihren bösen moralischen und ökonomischen Folgen. Wenn

wir uns gegen sie gestellt haben, dann aber nicht, um den Interessen derer zu dienen, die Ellbogen besitzen, denen es ja zum Teil in der Zeit
ganz gut gefiel. Was wir wollten und wollen ist, daß diese sogenannten
Interessenten in ihre eigene Aufgabe, den Wettbewerb, zurückgezwun-
gen werden. Jetzt wird »die Wirtschaft« erst ihre große Bewährungsprobe beweisen müssen, ob sie die Chance des Kampfes um den freien
Markt richtig verstehen wird. Wir erwarten, daß die Wirtschaft ihre
Aufgabe begreift als eine Aufgabe für das *ganze* deutsche Volk, nicht für
sich allein. Jetzt kommt die Zeit, in der der Markt auch wieder eine *Er-
ziehungsfrage* wird.

Wir stehen in Auseinandersetzungen über die Frage der Gemeinschaft
und des Menschen. Ich spreche zunächst aus, daß eine gute Wirtschaftspolitik zugleich die beste Sozialpolitik ist. Aber wir kommen
nicht mit allgemeinen Bemerkungen über ein schweres Problem hinweg. Es gibt in unserer Mitte Menschen, denen, auch wenn die Wirtschaft in Gang kommt, die Gemeinschaft Hilfe gewähren muß, diesen
Millionen von Hilfsbedürftigen, Kriegsversehrten, Alten und Kranken
muß geholfen werden mit der Barmherzigkeit des Staates. Aber damit
sie getragen werden können, müssen diejenigen, die sie zu tragen haben, in der Gesamtheit wieder erstarken, in der Produktivität, in der
Ertragsfähigkeit ihrer Arbeit; sonst sinken sie mit den anderen nach unten. Die Weckung der Selbstkräfte ist mit ein Element, um Sozialpolitik
überhaupt erst möglich zu machen, und hier sei daran erinnert, daß gerade auch aus liberalem Denken zum ersten Male bei uns im großen Stil
Sozialpolitik getrieben wurde, liberales Gedankengut in unsere Sozialpolitik eingereiht wurde. Es steht im Berliner Osten das Denkmal eines
sehr schlichten Mannes. Er hieß *Schulze-Delitzsch*, der in Deutschland
die Genossenschaft ins Leben gerufen hat, er war der erste Patron, unter
dem in Deutschland Gewerkschaften gegründet worden sind. Ich selber bin stolz, der Schüler von *Lujo Brentano* zu sein, der 1872 die Gewerkschaften sozusagen für Deutschland entdeckt, für sie die geistige
Grundlage geschaffen hat und der für die praktische Sozialpolitik – ein
kühnes Wort – viel mehr geleistet hat als Lassalle und Karl Marx. Lassalle war nicht für die Gewerkschaften, denn sie störten sein »ehernes
Lohngesetz«, Karl Marx paßten sie nicht, weil sie der Idee der Verelen-
dung widersprachen. Mit die wertvollsten Leistungen der deutschen
sozialen Entwicklung kamen aus dem liberalen Gedankengut, das von
freiheitlichen Männern stammt.

Obwohl die Entwicklung der Gewerkschaftspolitik dort, wo und weil ihr die verständigen Gegenspieler fehlten, uns oft genug nicht gefallen kann, nehme ich die Gelegenheit dieser ersten Zusammenkunft wahr, um davon zu sprechen, daß wir den Gewerkschaftsgedanken als solchen von uns mit zu tragen haben. Die »Liberalen« standen hier früher in der Front als die »Sozialisten« und die »Christlichen«. Die Entwicklung der Dinge muß sich aber vollziehen, in klarer Eindeutigkeit im Rahmen des Aufgabenbereichs der Interessenvertretung von Arbeiterschaft, Angestelltenschaft und Unternehmerschaft. Wenn es geht, soll man sich zusammenfinden in freier Verständigung. Es ist das Ziel, daß auch für die Zukunft in die Wirtschaftskämpfe nicht politische Dinge unverhältnismäßig eingeschaltet werden. Das heute erneut festgestellte Problem bedeutet, daß die Sozialpolitik in diesem Raum neben dem Staat als Selbstverwaltungskörper wird bestehen müssen. Aber wir warnen vor dem Gedanken einer Selbstverwaltung als einer Großorganisation der Vermassung, wenn sie auch vom Staat logelöst erscheint und wie eine Selbstverwaltungsorganisation aussieht. Wir wollen die Selbstverwaltung am Eigentum der Sozialversicherungen gesichert und erneuert wissen gegenüber der bürokratischen Vermassung, von der sie erneut bedroht ist. Begreifen wir dies: Selbstverwaltung im Übersehbaren ist das Grundelement einer liberalen Sozialpolitik. Vor einigen Jahrzehnten hat Friedrich Naumann den Auftrag der Zeit gedeutet:»Menschwerdung der Masse« oder im Titel einer Schrift:»Die Erhaltung der Persönlichkeit im Zeitalter des Großbetriebes«. Das ist ja heute noch viel dringender, weil noch stärker die Epoche der genormten Technik eingetreten und das Schicksal der Masse unser Schicksal ist.

Die Demokratie hat in Deutschland das Unglück, daß sie zweimal in die Geschichte eintrat im Schatten einer militärischen Niederlage; daß sie nicht erkämpft wurde, sondern ihr Lebenslicht empfing, wenn die alte staatliche Ordnung zerbrach. Es wäre viel besser gewesen, wenn wir in unserer Geschichte eine gewonnene Revolution und nicht verlorene Kriege als Ausgangspunkt der demokratischen Entwicklung hätten. Wir wissen, daß die Demokratie erneut die einzige Legitimation einer politischen und staatlichen Form darstellt. Demokratie ist aber mehr als Recht der Zahl und der Masse, und in der Gefahr der Vermachtung durch die Masse ist jetzt unsere Aufgabe, unsere deutsche Mission dies, daß wir in diesem Zeitalter der Vermachtung der Masse dem Recht und dem Glauben des Individuums mit den Kräften der

Demokratie dienen und es zu retten helfen. Das ist es, was uns von den
Sozialisten unterscheidet, für die die Demokratie ein Instrument zur
Vermachtung darstellt, und ich glaube, wir haben die Aufgabe, dem-
gegenüber die Rechtssicherung des Individuums und der freien
Gruppe durchzusetzen und zu verteidigen. Das ist, was uns heute als
Auftrag gegeben ist, die Grundrechte in dem begonnenen Ringen in
einem erneuerten und vertieften Sinne ernst zu nehmen; in dem Sinne,
daß es unveräußerliche und unverzichtbare Rechte des Menschen, des
Bürgers gibt gegenüber diesem Staat, sei es der sozialistische Staat oder
der demokratische Staat.

Ein anderes Problem ist die Gestaltung des deutschen Neuaufbaus, das
heute zur Grundfrage geworden ist, Föderalismus, Unitarismus, Zentralismus. Wir wissen, daß vor dieser Fragestellung, ob Zentralismus,
Unitarismus oder Föderalismus, auch in unserem Kreis die Klangfarben
bei den einzelnen Punkten, die Zwischentöne, nicht einheitlich sind.
Das macht gar nichts. Wir haben etwas erlebt in der nationalsozialistischen Zeit, daß wir von dem Wort »Zentralismus« so viel bekommen
haben, daß sehr vielen von uns, selbst die einmal Anhänger des unbe-
dingten Zentralismus gewesen waren, Angst wurde, weil das mechanische Wort von der Gleichschaltung nun ergab die Nivellierung des
landschaftlichen Eigenlebens, und dahinter kam die Vermassung. Wir
wollen echte Föderalisten sein in der Anerkennung der geschichtlichen
Farbigkeit unseres öffentlichen Lebens. Aber wir hassen jene Romantik, die aus solcher Gesinnung partikularstaatliche Sonderansprüche
ableitet. Wir müssen auch abtun den Glauben, den manche Leute
noch haben, daß dieser oder jener Stamm, weil er ein deutscher Stamm
war, oder wegen seiner Stammesherkunft, eine besondere Berechtigung habe. Wenn in diesen Ländern heute Millionen von Vertriebenen
nun eine Heimat finden sollen und auch müssen und dabei das Alte, das
alte Niedersächsische oder Altbayerische, sich abheben will von dem
Schicksal dieser Menschen, dann würde das eine Versündigung an der
Aufgabe unserer Generation darstellen. Wenn wir diese Angelegenheit
ansehen, die von den Ländern gelöst werden muß, dann spüren wir,
daß wir darin auch eine Aufgabe haben zur Erziehung des Volkes zum
politischen Denken.

Wenn etwa ein Mann in den Landtag geht oder in den Reichstag kommen soll, dann ist es gut, daß er zuvor einmal in der Selbstverwaltung
den Anfang macht und sieht, wie in der Kreisverwaltung, der Gemein-

deverwaltung die demokratische Freiheit funktioniert. Das ist eine Schulung von Menschen, wenn sie von den Dingen draußen etwas verstehen wollen. Wenn wir den Föderalismus betrachten, so stehen wir vor der Frage, ob wir diesen Föderalismus heute nicht mit bestimmten Angstvorstellungen ins Leben rufen, weil das den Mächten, die heute deutsches Schicksal bestimmen, wünschenswert erscheint. Die Empfehlungen von London haben den föderalistischen Typ empfohlen. Wenn die andern es wünschen, dann ist es vielleicht ein gefährlicher Wunsch, sie wünschen vielleicht etwas, was für die Deutschen nicht bekömmlich sein soll? Über dieses Problem des Föderalismus im außenpolitischen Zusammenhang muß einiges gesagt werden. Ich persönlich habe schon früher nahegelegt, sich bei der deutschen Geschichte nicht erst seit dem Jahre 1848 zu orientieren, sondern habe empfohlen, noch 200 Jahre weiter zurück in die Geschichte zu gehen, um zum Frieden von Münster und Osnabrück zu kommen, der für den Frieden der Welt damals eine Erlösung bedeutete, aber eine viel größere Geschichtskluft für die deutsche Verfassung darstellt. Damals wurde den Deutschen von den fremden Mächten die »Teutsche Libertät« geschenkt, die deutsche Freiheit, die freie deutsche Souveränität, daß Territorialstaaten miteinander, untereinander und gegeneinander Bündnisse abschließen können, nur daß nicht Bündnisse gegen das Reich und den Kaiser geschlossen werden sollen. Solche Vorbehalte haben damals schon die Eigentümlichkeit gehabt, nicht gehalten zu werden, denn die deutsche Geschichte hat davon keine Kenntnis genommen. Diese Frage steht in unserem Bewußtsein bei den vielen Auseinandersetzungen über die kommende Eingliederung Deutschlands, der »Bundesrepublik Deutschland«, des »Bundes deutscher Länder«, in den großen europäischen Raum; es ergibt sich bei dieser Frage auch eine romantische Verkennung der Dinge durch einzelne Deutsche. Wir hatten die »teutsche Libertät« von 1648, und was war die Folge? Die europäischen Spannungen wurden über Deutschland hinweg ausgehandelt. Wir sind heute wieder ein Leerraum und ohnmächtig, und wir spüren ja, wie auf diesem Leerraum der Ohnmacht die große Politik der andern jetzt das Gelände abtastet. In diesen Dingen reden wir mit, weil wir uns die Eingliederung Deutschlands in einen großen europäischen Verband selber als Herzensaufgabe gestellt haben und weil wir spüren, daß die Zeit der reinen nationalstaatlichen Auffassung überholt erscheint und die einzelnen Nationen

ihren Lebensraum in den großen Lebensraum hineinstellen müssen.
Winston Churchill, der von den europäischen Dingen etwas versteht
und im Laufe der letzten drei Jahre manches gesagt hat, hat die Auffassung vertreten, es müßte im deutschen Staat den einzelnen deutschen
Ländern ein Maximum gegeben werden an Eigengewicht, damit sie in
die europäische Konföderation mit ihrer eigenen Leistungsfähigkeit
hineintreten. So geht es nicht. Winston Churchill ist ein Sachverstän-
diger auf diesem Gebiet, er hat ja eine Biographie seines Ur-Urgroßva-
ters, des Herzogs von Marlborough geschrieben, der damals mit exer-
ziert hat auf diesem Boden, wo er gemeinsam mit dem Prinzen Eugen
von Savoyen auf deutschem Boden im Raum der teutschen Libertät die
europäischen Schlachten jener Zeit geschlagen hat.

Die Frage erscheint mir die zu sein, daß wir bestrebt sein müssen, mit
Frankreich in ein freies Verhältnis zu kommen, und das macht das Problem Frankreich so ungeheuer schwer, weil wir beide belastet sind mit
soviel Geschichte und soviel begreiflichem Ressentiment. Hierzu eine
kleine geschichtliche Erinnerung. 1870 schrieb der schwäbische Theo-
loge David Friedrich Strauss an Ernest Renan nach Paris: »Wir führen
den Krieg nicht gegen das französische Volk, sondern wir führen ihn
gegen Richelieu.« Damals war Richelieu 200 Jahre tot, heute 300 Jahre,
warum lebt er denn immer noch als Geist der Zwietracht zwischen
den Nationen? Was heißt gegen Richelieu Krieg führen? Nach dem
»Testament Richelieus« war einfach der Rhein die Grenze Frankreichs
im Osten, und die Macht Frankreichs, damals sprach man noch nicht
von Sicherheit, gebietet in Deutschland immer ein Mehr an Staaten-
gebilden, es dürfe einfach kein einheitlicher Staat sein. Militärgeogra-
phisch aber sind Grenzen überholt. Man sollte von der Geschichte etwas lernen, namentlich die Generalstäbler sollten lernen, daß es keine
militärisch gesicherten Grenzen mehr gibt. Maginotlinie – wie stolz
waren die Franzosen auf ihre Unüberwindlichkeit; sie ist überwunden
worden. Atlantikwall, Westwall, Rhein, die Entwicklung geht über sie
hinweg. Die Militärtechnik änderte die Militärgeographie. Ich halte es
für eine Angelegenheit der Vergangenheit, wenn die Franzosen die
Auffassung vertreten, daß die Zerspaltung und Auflockerung des deutschen Raumes für sie die Sache erträglich mache. Anfang des 18. Jahrhunderts waren die beiden Völker gleich stark. Im 19. Jahrhundert
blickte Frankreich mit wachsender Sorge auf die um 20 Millionen gewachsene deutsche Bevölkerung. Aber nun sind auch wir in die biolo-

gische Volkskrise, nach zwei solchen Kriegen, getreten. Die Franzosen waren es, die den Begriff der »Nation« aus der Demokratie erfunden und geschichtskräftig gemacht haben. »Allons enfants de la patrie«, die Marseillaise ist kein pazifistisches internationales Lied, sondern ein militanter Nationalmarsch. Die Franzosen sagen mit Stolz, daß Frankreich »eine unteilbare Republik« sein soll, bestreiten uns aber dieses Naturrecht der demokratischen Selbstgestaltung. Wir müssen mit den Franzosen in ein sachlich loyales Gespräch kommen. Die Franzosen sind arm geworden, wir sind arm geworden. Es ist eine Unmöglichkeit, um bei dem Negativen der Geschichte zu bleiben, daß diese beiden großen Nationen alle 100 Jahre ein-zwei-dreimal ihre Männer und Jünglinge auf die Schlachtfelder schicken und jetzt noch die Heimaten zerstören. Zwischen Frankreich und Deutschland muß das Gespräch gesucht und gefunden werden, trotz aller Hemmungen, die hüben und drüben sind, man muß sich lösen von den Angst- und Machtvorstellungen.

Wir sehen in dieser Auseinandersetzung um das deutsche Schicksal im europäischen Raum die andere große Problematik, *Rußland*. Das Gleichgewicht der Kräfte, wie es die englische Vorstellung gewesen ist, funktioniert nicht mehr. Was sich jetzt in Berlin abspielt bei den Gemeindewahlen, das war keine Gemeindewahl, sondern das war ein geschichtlicher Vorgang, und wir für unseren Kreis sind stolz darauf. Denn in dem inneren Kampf um Berlin geht es um etwas anderes; dort gewinnt Deutschland wieder vor der Welt sein politisches Gesicht, ein *politisches* Gesicht. Was dort geschieht, ist Stellvertretung für uns. Dahinter liegt das Schicksal der in der Ostzone lebenden Millionen von Deutschen. Wir haben mit Trauer und Teilnahme unserer politischen Freunde in den Dörfern und Städten der Ostzone gedacht. Sie bringen ein stellvertretendes Opfer, und wir haben die Aufgabe, daß die Gedanken der Freiheit auch für sie mitgedacht werden müssen, und wir sind darüber klar, daß die jetzige Situation, von uns aus gesehen wie von den anderen aus gesehen, gelöst werden muß von dem Druck rücksichtsloser Niederhaltung.

Wir wollen den Rechtsboden vor allem wieder gewinnen in dem Sinne, daß wir das, was deutsche Politik an Schuld und Leid über die Welt gebracht hat, ausgleichen, und es gibt viel für diese Generation zu tragen, um wirtschaftlich und seelisch damit fertig zu werden. Wir kommen mit Wertsetzung und Protest allein darüber nicht hinweg – das gibt nur Selbstbelügung. Doch »die anderen« müssen begreifen, daß

es Zeit ist, die Tonart auch ihrer Politik zu ändern. Wir müssen in ein
anderes Gespräch mit den anderen kommen, damit in Deutschland
nicht dieser neue Neo-Nationalismus entsteht, der *dann* zur Gefahr
wird, wenn er zu der häßlichen Überbewertung oder Unterbewertung
der eigenen oder der fremden Geschichte führt und diese Gesinnungen
miteinander streiten. Die deutsche Geschichte hat Großes und Kleines
nebeneinander, wie die Geschichte aller großen Völker. Wir müssen
von der Form lauten machtstaatlichen Nationalismus um unser selbst
willen unsere Seele frei machen; für viele ist es eine Flucht vor der
Wirklichkeit, sie sind wie die Schwachen, wenn sie durch die dunkle
Nacht gehen, die fangen an laut zu singen, um ihre Angst vor dem
Dunkel zu vertreiben. Wir brauchen ein *neues Nationalgefühl* in dem
Sinne einer freien bekenntnishaften Haltung. Hitler hat uns viel angetan, das Schlimmste, daß er uns manchmal in die Scham zwang, Deutsche zu sein; darum wollen wir wieder frei sein, wieder stolz auf die
Leistungen, die unser Volk vollbringt, die große Tapferkeit unserer Jugend. Unsere Aufgabe ist es, die Wirklichkeit zu erkennen, uns nicht in
Romantik und Überheblichkeit zu flüchten, sondern die Wirklichkeit
zu sehen, um mit ihr fertig zu werden. Aber ich sehe auch die entscheidende Aufgabe in der Aussprache mit dem jungen Geschlecht, aus dieser Jugend jene Kräfte der deutschen Geschichte herauszuholen und ins
Bewußtsein zu heben, die unveräußerlich sind und die man mit Stolz
vertreten kann. Eine amtliche amerikanische Denkschrift hat ein Jahr
nach der Kapitulation geschrieben: Kein Volk hat neben Griechen und
Römern seinen Reichtum an die Welt so verschwendet wie Deutschland! Das war ein anständiges bewegendes Wort; es steckt darin gleichzeitig die Erkenntnis: Wir sind arm geworden in der Zeit, als Hitler
uns von der Welt abgeschlossen hat, aber die Welt mußte auch ohne
Deutschland ärmer werden.
Ich will noch einige Bemerkungen zum Schlusse machen und vom
Parteisinn sprechen, da wir als neuformierte vereinigte Partei vor die
deutsche Öffentlichkeit treten. Wir sehen unsere Aufgabe im realistischen Bewußtsein dessen, was von der Gegenwart uns aufgezwun-
gen wird. Infolgedessen sind wir Partei. Das Problem der Parteien in
Deutschland, seine Behandlung in Deutschland ist in dem Sinne symp-
tomatisch, daß sehr viele vor der Nazizeit und nach der Nazizeit über
die Parteien sich eine sonderbare Auffassung gemacht haben, es seien
Ehrgeizlinge und Wichtigtuer, die sich da begegnen. Es war in Deutsch-

land früher nicht so, vor 40-50 Jahren. Es ist in Deutschland so weit gekommen, daß der Mann und die Frau, die ins öffentliche Leben treten
und für ihre Weltanschauung oder Parteianschauung kämpfen, in die
Gefahr kommen, als selbstsüchtig bezeichnet und verleumdet zu werden. Das ist üblich und nicht schön. Die Parteien sind nicht bloß da, um
einen öffentlichen Willen zu gestalten, sondern die Parteien sind die
Stufe eines aktiven Parlamentarismus. Nur in den Parteien verwirklicht
sich in der Demokratie der aktive Wille zum Vaterland, und nur aus der
Kameradschaft erwächst die Kraft, aus der man das öffentliche Leben
bilden will und bilden kann. In der Zeit des Nationalsozialismus ist der
Begriff der Partei ruiniert worden. Die Nationalsozialisten waren ja
nicht Partei im eigentlichen Sinne. Eine Partei setzt die andere voraus,
die andere Partei, den Gegner, aber nicht den Feind, den man vernich-
ten will, sondern den Partner, mit dem man ringt um sachliche Staats-
gestaltung. Der Nationalsozialismus hat den echten Parteigedanken
zerstört, ausgehöhlt, vernichtet durch den Einheitsanspruch des Totalitarismus.

Wir begegnen in Deutschland bei den vielen Auseinandersetzungen
über die Parteien jetzt oft der Auffassung, ob das deutsche Parteisystem
nicht bereinigt werden könne (man sagt, es habe früher 20-30 Parteien
gegeben, weil so viel Wahlvorschläge abgegeben wurden. So viel Parteien hat es nie gegeben), ob es nicht notwendig sei, im Sinne der Demokratie zu einer Vereinfachung in den Parteien zu kommen, zu dem
Zwei- oder Dreiparteiensystem. Man verweist auf Amerika und England und sagt, dort hat man die Demokratie der zwei Parteien, und da
es so ist, also muß es auch bei uns so klappen. Weiß man überhaupt, ob
man so etwas nachmachen kann? Man verkennt einfach die historischen Voraussetzungen in England und Amerika. Das System funktioniert dort einigermaßen, es würde in Deutschland für den Staat vermutlich ruinös werden. Warum denn? Weil alle diese Demokratien,
England und Amerika, dieses Zweiparteien-System geschaffen und bis
jetzt erhalten haben in einem Zustand der öffentlichen Ordnung, in
dem das Berufsbeamtentum nicht die Rolle spielt, die es traditionell in
Deutschland spielt, und bei der deutschen Staatsstruktur auch heute
spielen soll und muß. Das Berufsbeamtentum würde hineingezogen
werden in das Spiel der Kräfte von links und rechts, aber die Exekutive
würde blockiert sein, wie es in den andern Staaten nicht ist, weil in
Amerika die Parteien selber die Beamten stellen und zurückziehen und

ein Berufsbeamtentum wie in Deutschland gar nicht existiert. Diese rein strukturelle Notwendigkeit stellt uns vor den Zwang, dieses System als für Deutschland falsch zu erkennen. Was ist nun unsere Mission? Wir sind nicht klüger als die anderen Parteien, auch nicht dümmer, auch nicht besser, nicht moralischer als die anderen Parteien. Das sind Dinge, die nicht zur Erörterung stehen. Aber was wir gegenüber den anderen Parteien, den großen Parteien, als Mission haben, ist, daß wir im deutschen Volk den Glauben an die schöpferische Ursprünglichkeit des Menschen nicht verwischen lassen, sondern ihn bewußt erneuern. Diejenigen Menschen, die zu uns kommen, um »etwas werden zu wollen«, die mögen fernbleiben. Wir wollen bei uns die Menschen sammeln, die nicht etwas werden wollen, sondern die etwas sein wollen, nämlich sie selber, Menschen eigenen Wuchses und eigener Verantwortung. Wir brauchen in Deutschland den lebendigen Menschen, der nicht Opfer der Apparatur geworden ist und auch nicht bloßes Glied der Apparatur sein will, der die innere Entscheidung für den eigenen Lebensweg erhalten und nicht verlieren möchte. Von einer solchen Weltanschauung aus wollen wir in unserem Teil, die wir dem öffentlichen Leben zugewandt sind, das tun und helfen, den rechten Staat, den Rechtsstaat, zu sichern, nicht als abstraktes politisches Paragraphengehäuse, sondern als den weiten Raum unseres gemeinsamen Lebens, um in seelischer Freiheit, mit religiöser Kraft ihn zu gestalten und mit dem Geist der Gerechtigkeit ihn zu erfüllen.

Hans-Heinrich Jansen

Die ersten 20 Jahre der FDP:
Der Weg zur Dritten Kraft

Die Stellung der FDP im deutschen Parteiensystem ist einzigartig. In der 50jährigen Geschichte der Bundesrepublik Deutschland war sie bisher nur acht Jahre in der Opposition, von 1956 bis 1961 und von 1966 bis 1969; die CDU war immerhin dreizehn Jahre in der Opposition, die SPD nur 16 Jahre an der Regierung. An allen grundlegenden Regierungsbildungen waren die Liberalen maßgeblich beteiligt. 1949 war die Bildung einer bürgerlichen Regierung nur unter Beteiligung der FDP möglich; ihr Ausscheiden aus der Regierung Erhard 1966 führte zur Großen Koalition; die Entscheidung Walter Scheels ermöglichte 1969 erstmals die Bildung einer sozialliberalen Bundesregierung; 1982 führten Hans-Dietrich Genscher und Otto Graf Lambsdorff die »Wende« zur Union herbei. Da absolute Mehrheiten und Große Koalitionen Ausnahmefälle darstellen, sind bisher Regierungsbildungen ohne die FDP zumeist unmöglich. Dies gilt auch für die Zeit nach 1983, als die FDP nicht mehr wie seit 1960/61 die einzige Fraktion im Deutschen Bundestag neben CDU und SPD stellte.

In den beiden ersten Jahrzehnten der FDP-Geschichte sind die Grundentscheidungen für diese keineswegs von Anfang an feststehende Stellung der Liberalen als Partei der Mitte im sich neu formierenden bundesdeutschen Parteiensystem gefallen. Zwei davon sollen in ihrer Entstehung und ihren Ursachen nachfolgend skizziert werden:

1) Zum ersten Mal in der Geschichte gelang es der FDP dauerhaft, die Spaltung des deutschen Liberalismus in einen rechten und linken Flügel zu vermeiden. Dabei war die Einheit der Partei 1951/52, aber auch 1956 in ernster Gefahr. Die FDP konnte jedoch dem Zerfall und dem Aufgehen in der CDU, dem Schicksal der anderen kleinen bürgerlichen Parteien, entgehen. Dazu mußte sie ebenso ihren inneren Zusammenhalt wie die fortdauernde Berechtigung einer liberalen Partei unter Beweis stellen. Dies war angesichts der Regelungen des Grundgesetzes nicht immer einfach, das klassische liberale Forderungen, z.B. im Bereich der Rechts- und Wirtschaftsordnung des neuen Staates, erfüllte.

2) Die FDP etablierte sich in der Mitte des Parteiensystems mit Koalitionsmöglichkeiten in beide Richtungen. Dabei erschien ein Bündnis mit der SPD wegen des breiten antisozialistischen Konsenses in der Partei anfangs nicht durchsetzbar; die FDP stand – und saß im Bundestag – rechts von der CDU. Es bedurfte mehrerer Anläufe, bis eine SPD/FDP-Koalition in Bonn möglich wurde. Auf dem Heppenheimer Parteitag im Dezember 1948 gründeten Landesverbände der Liberalen aus den drei Westzonen die FDP. In der neuen Partei fanden sich Liberale mit unterschiedlichen Traditionen und Zielen zusammen, von Dieter Hein treffend als »liberale Milieupartei« einerseits, »nationale Sammlungsbewegung« andererseits charakterisiert.¹ Der rechte Flügel, vor allem in den Landesverbänden NRW, Hessen und Niedersachsen, sah die Zukunft der FDP in einer großen bürgerlich-protestantischen Partei rechts von der CDU mit stark nationalem Gepräge. In dieser Konzeption kam der FDP die Rolle eines Kristallisationskerns für die zahlreichen kleinen rechten Parteien sowie für den protestantischen Teil der CDU zu, der man keinen dauerhaften Erfolg als überkonfessionelle Nachfolgepartei des Zentrums zutraute. Die FDP ging daher bei Bundes- und Landtagswahlen verschiedene Wahlbündnisse mit rechten Parteien ein, um sie an die FDP zu binden. Die Wahlerfolge, besonders in Hessen, schienen diesen Kurs zu bestätigen. Am Anfang der 50er Jahre war der nationale Flügel der FDP der stärkere und fühlte sich im Aufwind.

Dem gegenüber war der linke Flügel, vor allem aus Hamburg und Württemberg-Baden, in der Defensive und versuchte, mit der ebenfalls schwachen Mitte der Partei um den Vorsitzenden Franz Blücher, hinhaltenden Widerstand gegen die nationalen Umwandlungsversuche zu leisten. Das langfristige Ziel war, die FDP wie schon im Parlamentarischen Rat zwischen Union und SPD zu positionieren, um »eine Atmosphäre der Verständigung zu schaffen«.² Aus dieser Stellung, die weit mehr als Mehrheitsbeschaffung bedeuten sollte, hätten die Liberalen dann politische Entscheidungen in ihrem Sinne besonders wirksam beeinflussen können.

Aus den unterschiedlichen Konzeptionen resultierte in den Jahren 1950 bis 1952 ein innerparteilicher Machtkampf, der die Partei erheblich schwächte. Höhepunkt der Auseinandersetzung war die Vorlage des »Deutschen Programms« von seiten des nationalen Flügels und des als Gegenentwurf konzipierten »Liberalen Manifests« im Sommer bzw.

Herbst 1952. Beide verstanden sich als Entwürfe für das nach wie vor fehlende FDP-Parteiprogramm. Doch schon Theodor Heuss hatte sich in Heppenheim gegen programmatische Festlegungen, aber für »gute Politik«[3] ausgesprochen. Ebenso vermieden auch die folgenden Parteitage die Diskussion über ein Parteiprogramm, die entweder zu Formelkompromissen oder zu einer Entscheidung im Richtungsstreit hätte führen müssen. Ganz im Sinne von Heuss war dies vielen in der FDP recht; sie hielten ohnehin sachgerechte Lösungen für aktuelle Probleme für die beste liberale Politik, bei der programmatische Richtlinien nur störten. Durch die Vorlage des »Deutschen Programms« versuchte der rechte Flügel dann aber doch, den Kurs der Partei in seinem Sinne festzulegen. Nach der Vorlage des »Liberalen Manifests« wurden dann beide Vorlagen zunächst in der Beratung versenkt. Ein erstes Parteiprogramm sollten die Liberalen erst 1957 in Berlin verabschieden, dessen Autoren, allen voran Karl-Hermann Flach, dann schon den Mitte-Kurs der FDP repräsentierten.

Die Entscheidung des parteiinternen Machtkampfs fiel nicht in der FDP, weil keine der beiden Seiten sich für einen Alleingang stark genug fühlte. Bei einem Auseinanderfallen der Partei drohte letztlich beiden Flügeln der Verlust ihres politischen Einflusses. Hier dürfte wohl der Hauptgrund für den Fortbestand der Parteieinheit liegen. Das Ende der ›nationalen Sammlungs‹-Idee kam durch die Affäre um den ehemaligen Goebbels-Staatssekretär Werner Naumann, dem zu Unrecht enge Verbindungen zur nordrhein-westfälischen FDP nachgesagt wurden. Die FDP mußte sich in diesem Zusammenhang den Vorwurf gefallen lassen, sie sei von Nazis unterwandert. Durch die Naumann-Affäre wurde die Sammlungspolitik des rechten FDP-Flügels nachhaltig diskreditiert, weil die Vorwürfe an die Adresse der FDP eine gewisse Plausibilität hatten. Dazu trug neben der ablehnenden Haltung der FDP zur Entnazifizierung und dem engagierten Eintreten für die sozialen Belange der ehemaligen Wehrmachtssoldaten und der Kriegsopfer auch bei, daß viele jüngere NS-Funktionäre in der Parteiorganisation in nachgeordneten Positionen Beschäftigung gefunden hatten. Dabei ging es der FDP allerdings vor allem darum, die Kriegsgeneration politisch zu integrieren und davon abzuhalten, sich rechtsradikalen Parteien und Strömungen zuzuwenden.

Die internen Streitereien und die Naumann-Affäre schadeten aber nicht nur dem rechten Flügel, sondern auch der ganzen FDP bei der

Bundestagswahl 1953, bei der die Liberalen von den 1949 erzielten
11,9% auf 9,5% zurückfielen. Die Erfolge in der Regierungspolitik
wurden offenbar der CDU angerechnet. Dabei hatte die FDP die
wichtigen außenpolitischen Entscheidungen der ersten Legislaturperiode überwiegend mitgetragen. Mit Justizminister Thomas Dehler und
Hermann Höpker-Aschoff, dem ersten Präsidenten des Bundesverfassungsgerichts, hatte sie erheblichen Anteil am Ausbau des Rechtsstaats
nach der NS-Diktatur. Zu einem besseren Wahlergebnis verhalf der
FDP auch ihre Rolle bei der Ausgestaltung der marktwirtschaftlichen
Ordnung des Grundgesetzes nicht, zumal sie dabei gegen die SPD und
den Arbeitnehmerflügel der CDU auch nicht immer erfolgreich war.
So mußte sie in der Frage der Montanmitbestimmung hinnehmen, daß
sich 1951 die beiden großen Parteien auf die von den Liberalen abge-
lehnte paritätische Regelung einigten.
Die zweite Existenzkrise der FDP entwickelte sich aus der vielfach be-
schriebenen Kontroverse zwischen Adenauer und Dehler, der Anfang
1954 anstelle des glücklosen Blücher an die Spitze der Partei gewählt
worden war. Sie fand vor dem Hintergrund einer anderen Auseinandersetzung in der Regierung statt. Die Union, die 1953 die absolute
Mehrheit der Mandate gewonnen hatte, zeigte sich noch weniger als
zuvor bereit, auf ihre kleineren Partner Rücksicht zu nehmen. Dementsprechend gering war deren Einfluß nach 1953 dann auch. Erstes
Opfer des veränderten Koalitionsklimas war der Block der Heimatver-
triebenen und Entrechteten (BHE). Nach heftigen Kontroversen über
die Abstimmung zum Saarstatut, in der 16 Abgeordnete gegen und elf
für die Regierungsvorlage stimmten, traten im Sommer 1955 sieben
Abgeordnete zur CDU über, darunter die beiden Minister Kraft und
Oberländer, zwei gingen zur FDP; die restliche BHE-Fraktion ging in
die Opposition.
Diese Entwicklung hatte die FDP im Dehler-Adenauer-Konflikt stets
vor Augen. Zunächst stand auch hier die Außenpolitik im Vordergrund, doch spitzte sich die Auseinandersetzung auf den Fortbestand
der Koalition zu, als die Union versuchte, ihre Mehrheit durch eine
Wahlrechtsänderung festzuschreiben. Dies sollte durch den Verzicht auf
die Verrechnung der Direktmandate mit den Listenmandaten geschehen. Alle Parteien, die wie die Liberalen überwiegend auf Listenman-
date angewiesen waren, wären im Bundestag dezimiert worden. Diesem Anschlag begegneten die Liberalen mit der Drohung, die CDU/

FDP-Landesregierungen zu verlassen und durch Koalitionen mit der SPD die für die Wahlrechtsänderung notwendige Bundesratsmehrheit zu kippen.

Im Zentrum stand dabei die Düsseldorfer FDP, deren Verhandlungen mit der SPD schnell vorankamen und kurz vor dem Abschluß standen, als die Union plötzlich ihren Wahlrechtsvorschlag fallenließ. Damit war für die FDP eine neue Situation gegeben. Der überwiegende Teil des Bundesvorstands und der Bundestagsfraktion, der in den Gesprächen mit der SPD vor allem ein Druckmittel gegen die CDU gesehen hatte, trat für den Abbruch der Verhandlungen ein. Dehler und die große Mehrheit der nordrhein-westfälischen FDP sahen dies anders. Daher wählten die Düsseldorfer ›Jungtürken‹ um Willy Weyer am 20. Februar 1956 Fritz Steinhoff (SPD) zum Ministerpräsidenten, denn für sie bedeutete das Bündnis mit der SPD auch auf Bundesebene eine grundsätzliche Alternative zum bürgerlichen Regierungsbündnis. Dabei setzten sie vor allem auf Gemeinsamkeiten in der Deutschlandpolitik, wo sich die Positionen seit der Wahl Dehlers zum FDP-Vorsitzenden angenähert hatten. Große Teile beider Parteien sahen in Adenauers Politik der Westintegration zunehmend Gefahren für die Wiedervereinigung.

Starke Kräfte in der Bundestagsfraktion wollten die Düsseldorfer Entscheidung nach dem Rückzug der CDU nicht hinnehmen. Alle Bemühungen, sie rückgängig zu machen, scheiterten aber an der kompakten Haltung des NRW-Landesverbandes. Daraufhin entschlossen sich 16 FDP-Abgeordnete, darunter die vier FDP-Minister, zum Austritt aus der Fraktion. Im Konflikt zwischen der Fortführung der bisherigen Politik Adenauers und der Eigenständigkeit der FDP entschieden sie sich gegen ihre Partei. Ähnlich wie im Falle des BHE ging die verbleibende FDP-Fraktion in die Opposition. Die Frage war nun, ob es den Ausgeschiedenen gelingen könnte, eine größere Zahl von Parteimitgliedern oder gar ganze Landesverbände mitzuziehen. Zu ernsthaften Schwierigkeiten kam es jedoch nur in Berlin und in Hessen, wo immerhin fünf (von insgesamt neun) Abgeordneten zu der Abspaltungsgruppe gehörten. Trotzdem gelang es, das Ausscheiden eines ganzen Landesverbandes zu verhindern, weil die meisten FDP-Mitglieder in der Düsseldorfer Aktion einen berechtigten Notwehrakt sahen.

Nach dem Ausscheiden aus der Regierung mußte die FDP, ähnlich wie in der ersten Legislaturperiode bei der Montanmitbestimmung, in einer weiteren wichtigen wirtschafts- und sozialpolitischen Entscheidung eine Niederlage hinnehmen. Sie konnte nicht verhindern, wie sich die Mehrheit der Union 1957 mit der SPD in der Rentenfrage auf das Modell der dynamischen Rente einigte. Trotz der neuen Regierung in Düsseldorf hatten die Liberalen noch weniger Möglichkeiten als 1951, ihre marktwirtschaftlichen Bedenken gegen Adenauers Reformmodell zum Tragen zu bringen.

Die FDP stellte in der Folgezeit ihre Forderung nach einer aktiveren Deutschlandpolitik entschiedener in den Mittelpunkt ihrer Politik, als dies zuvor in der Kabinettsdisziplin möglich gewesen war. Dabei sollte vor allem das direkte Gespräch mit Moskau gesucht werden, um Möglichkeiten für die Wiedervereinigung Deutschlands auszuloten. Die Liberalen waren sogar bereit, für die Wiedervereinigung auf die Mitgliedschaft in der NATO und die bisher von allen Parteien getragene Forderung nach freien Wahlen in der DDR als Vorbedingung zu verzichten. Doch auch damit konnte die FDP in bürgerlichen Schichten, in denen sie wohl irrtümlich den Wunsch nach einer anderen Deutschlandpolitik vermutete, kaum Stimmen gewinnen.

Obwohl dies der Linie Dehlers entsprach, wurde er als Parteivorsitzender noch vor der Bundestagswahl 1957 abgelöst, weil sich die FDP unter der beständigeren und weniger polarisierenden Führung Reinhold Maiers ein besseres Abschneiden erhoffte. Ihm gelang es zwar, wieder Ruhe in die erschütterte Partei zu bringen, die Folgen der Dehler-Jahre konnte er gleichwohl nicht so schnell ausgleichen. Trotz allem schaffte es die FDP, als einzige der kleinen Parteien, zum dritten Mal hintereinander aus eigener Kraft die 5%-Hürde zu überwinden. Der gespaltene BHE schied nach nur einer Legislaturperiode wieder aus dem Parlament aus; die Deutsche Partei (DP) schaffte nur dank einiger mit Hilfe der CDU gewonnener Direktmandate ein letztes Mal den Einzug in den Bundestag und war völlig von der Union abhängig. Für die FDP bestand gleichwohl kein Anlaß zum Jubel, denn 7,7% bedeuteten, daß sie zum zweiten Mal nacheinander ein Fünftel ihrer Wähler verloren hatte. Immerhin war die FDP aber faktisch, was sie schon immer von sich behauptet hatte: die unabhängige dritte Kraft! Noch aber war nicht klar, ob sie damit auch zur Partei der Mitte mit Koalitionsoptionen nach rechts und links geworden war.

Die Frage einer Koalition mit der SPD stellte sich für die FDP spätestens seit Mitte der 50er Jahre. Bereits in der unmittelbaren Nachkriegszeit hatte es zwar mehrfach Mehrparteienregierungen unter Teilnahme von SPD, CDU und FDP gegeben. Die erste Landesregierung aus FDP, SPD und BHE, aber ohne die Union, bildete Reinhold Maier 1952 in Baden-Württemberg. Sie scheiterte jedoch nach gut einem Jahr, weil die Bundestagswahl 1953 Adenauer nachdrücklich bestätigte, während die südwestdeutsche FDP/DVP herbe Verluste hinnehmen mußte. Maier trat daraufhin zurück; die Landesregierung wurde unter Unionsführung umgebildet. Immerhin hatten die baden-württembergischen Liberalen deutlich gemacht, daß die FDP in ihren Augen Koalitionsoptionen nach beiden Seiten besaß.

Das zweite sozialliberale Modell war die bereits in ihrer Entstehung skizzierte Regierungsbildung in Düsseldorf 1956. Doch auch dieser Versuch scheiterte am Wähler. Wie schon vier Jahre zuvor, errang Adenauer 1957 einen triumphalen Wahlsieg, besonders in NRW, wo die Union um 13% zulegte. Im Juli 1958 errang die Union dann auch auf Landesebene die absolute Mehrheit. Die zweite Wahlniederlage in Folge bedeutete für den Kurs der Düsseldorfer FDP einen herben Rückschlag, zumal bundespolitische Entschuldigungen (Spaltung der Fraktion, Streit um Dehler), die 1957 noch gezogen hatten, 1958 nicht mehr weiterhalfen. Damit war zugleich die Option, auch auf Bundesebene eine Koalition mit der SPD anzustreben, zunächst erledigt.

1961 verlor die Union ihre absolute Mehrheit, u. a. weil der Mauerbau in Berlin am Vorabend der Wahl die Perspektivlosigkeit der Deutschlandpolitik Adenauers deutlich gemacht hatte. Die FDP, mittlerweile unter dem Vorsitz Erich Mendes, hatte wieder für eine Koalition mit der CDU, aber ohne Adenauer, optiert und erzielte damit ein Traumergebnis (12,8%). Folgerichtig kehrte sie in die bürgerliche Koalition zurück, in der sie einiges Gewicht besaß. So erreichte sie eines ihrer Hauptwahlziele, die Ablösung Adenauers, wenn auch nur mit einer zweijährigen Verzögerung. Ebenso belegen die Konsequenzen der *Spiegel*-Affäre 1962 die starke Position der Liberalen innerhalb der Bonner Koalition: Franz-Josef Strauß wurde zum Rücktritt gezwungen, Adenauer mußte seinen Rücktrittstermin endlich genau festlegen. Vor allem Wolfgang Dörings Rede im Bundestag, in der er die Beachtung rechtsstaatlicher Grundsätze einforderte, hatte den Kanzler und seinen Verteidigungsminister unter Druck gesetzt und gezeigt, daß eine liberale Partei als Hüterin der im Grundgesetz festgelegten Normen nach wie vor eine wichtige Aufgabe hatte.[4] Wichtige Erfolge konnten die

Liberalen auch in der Deutschlandpolitik für sich verbuchen. Die Anfänge der »Politik der kleinen Schritte« waren zumeist auf das Drängen
der FDP zurückzuführen: die ersten Passierscheinabkommen für das
geteilte Berlin, Rentnerreisen in die DDR und weitere Reiseerleichte-
rungen. Große Teile der Union waren dazu nach wie vor eigentlich
nicht bereit, weil sie in diesen Regelungen erste Schritte zu einer Anerkennung der DDR als Staat sahen.

Die Erfolge des kleineren Partners belasteten jedoch die Koalition und
führten letztlich im Herbst 1966 zum Bruch, weil die Liberalen die
Mehrausgaben bei den Stationierungskosten für die US-Streitkräfte in
der Bundesrepublik ganz im Sinne liberaler Haushaltsdisziplin und Beschränkung des Staates nicht durch Steuererhöhungen, sondern durch
Einsparungen an anderen Stellen finanzieren wollten. Im Rahmen der
Absprachen zur Bildung der Großen Koalition einigten sich Union und
SPD u. a. darauf, auf Bundesebene das Mehrheitswahlrecht einzuführ-
ren. Dadurch stand die FDP erneut vor einer existentiellen Bedrohung.
In Analogie zu Bonn wurde auch in Düsseldorf über die Bildung einer
großen Koalition verhandelt, da auch hier das CDU/FDP-Bündnis vor
dem Bruch stand. In dieser Situation entschloß sich die nordrhein-
westfälische FDP unter Weyers Führung, der SPD ein unabweisbares
Koalitionsangebot zu machen, das die Sozialdemokraten, nun von zwei
Seiten umworben, nach kurzem Zögern annahmen. Damit hatten die
Liberalen sich zunächst aus der drohenden Umklammerung der beiden
großen Parteien befreit. Zum zweiten Mal bedeutete die Bildung einer
SPD/FDP-Regierung in Düsseldorf die Rettung der FDP aus einer
bedrängten Situation.

Für einen Wechsel zur SPD auf Bundesebene sprach aus liberaler Sicht
dann auch, daß die Sozialdemokraten ihre Koalitionsvereinbarung mit
der CDU zur Wahlrechtsänderung nicht einhielten. Dennoch erschien
ein sozialliberales Bündnis in Bonn ausgeschlossen, solange der national-
liberale Mende die FDP führte. Bei den verschiedenen Gelegenheiten,
die sich in der ersten Hälfte der 60er Jahre für eine andere Regierungs-
konstellation geboten hatten, hatte er sich stets für eine Koalition mit der
Union entschieden. Dies galt nach der Bundestagswahl 1961, in der
Spiegel-Affäre 1962 und ebenso nach der Wahl 1965 sowie nach dem
Ende der Regierung Erhard.

In der FDP gewannen nach dem zweiten Scheitern einer bürgerlichen
Koalition in Bonn die Reformkräfte um Hans-Wolfgang Rubin, Ralf

Dahrendorf und, wie schon 15 Jahre zuvor, Karl-Hermann Flach immer mehr an Boden. Dies löste eine Programmdiskussion aus, die 1971 zu den Freiburger Thesen führte und die auch inhaltlich einer Koalition mit der SPD auf Bundesebene den Weg bereitete. Die fälligen gesellschaftspolitischen Reformen, z.B. in der Bildungspolitik, bei der Betrieblichen Mitbestimmung und im Strafrecht (§§ 175, 218 StGB), wurden nun neben einer entspannungsorientierten Ostpolitik zentrale Bestandteile des FDP-Programms. Gleichzeitig begann ein erheblicher Mitgliederaustausch in der FDP, der dazu führte, daß 1972 bereits die Hälfte der Mitglieder erst seit fünf Jahren oder weniger in der FDP war. Deutlichen Ausdruck fanden diese innerparteilichen Veränderungen in der Ablösung Mendes durch Scheel Anfang 1968.

Wichtig für die Eröffnung einer neuen Koalitionsoption in Bonn war es, der SPD die Verläßlichkeit der Liberalen unter Beweis zu stellen. Die Gelegenheit dazu bot sich bei der Bundespräsidentenwahl 1969. Trotz großer Schwierigkeiten gelang es Scheel, die ganz überwiegende Zahl der FDP-Wahlmänner für den SPD-Kandidaten Gustav Heinemann zu gewinnen. Damit waren auch die notorischen FDP-Kritiker in der SPD, Herbert Wehner und Helmut Schmidt, widerlegt, die bisher eine Regierungsbildung mit der FDP wegen deren Unzuverlässigkeit stets abgelehnt hatten. Willy Brandt konnte 1969 sein favorisiertes Regierungsmodell einer sozialliberalen Koalition durchsetzen, freilich mit einer stark geschwächten FDP, die bei der Bundestagswahl 1969 mit 5,8% ihr bis dahin schlechtestes Ergebnis erzielt hatte. Von SPD und Union umworben, bewies die FDP damit, daß sie nun auch auf Bundesebene nach beiden Seiten hin koalitionsfähig war. Diese Entscheidung, die dann zur neuen Ostpolitik führte, hatte eine Reihe spektakulärer Parteiwechsel zur CDU zur Folge, an der Spitze der ehemalige Vorsitzende Mende. Doch die Gefahr einer Spaltung bestand nicht mehr.

Der Erfolg der sozialliberalen Regierung bei den vorgezogenen Neuwahlen 1972 – die FDP als Partner der SPD erreichte 8,4% – bestätigte dann, daß die Liberalen in der einflußreichen Mitte des deutschen Parteienspektrums zur dritten Kraft geworden waren. Die Zeit des nationalliberalen Flügels war endgültig vorbei. Neben äußeren Faktoren – die Auswirkungen der Naumann-Affäre – und der Logik des Parteiensystems hatten der Selbstbehauptungswille und die programmatische Reformfähigkeit der FDP diese Entwicklung bestimmt.

Anmerkungen

[1] Dieter Hein, Zwischen liberaler Milieupartei und nationaler Sammlungsbewegung. Gründung, Entwicklung und Struktur der Freien Demokratischen Partei 1945-1949, Düsseldorf 1985.

[2] Theodor Heuss am 22. Februar 1949 im Hauptausschuß des Parlamentarischen Rats, in: Theodor Heuss Lesebuch, Tübingen 1975, S. 257.

[3] Theodor Heuss, Unsere deutsche Mission, s. Beitrag in diesem Buch.

[4] S. Döring-Beitrag in diesem Buch.

Thomas Dehler

Alle Deutschen müssen miteinander sprechen
Ansprache im Bayerischen Rundfunk am 10. Oktober 1956

Ich spreche aus Berlin, der alten Hauptstadt des Deutschen Reiches, dieser Insel in der Flut, die aus dem Osten heranbrandet, die stehengeblieben ist in einem jetzt von fremdem Geiste und fremdem Willen geprägten Stück Deutschland als Forderung auf Gerechtigkeit für unser Volk, als Mahnung an unser deutsches Gewissen, wach und tätig zu sein. Mein Blick schweift im Geiste zu Ihnen, nach Hof und Würzburg und Nürnberg und Regensburg und Augsburg und München über deutsche Städte, über Magdeburg und Wittenberg und Jena und Leipzig und Gotha und Eisenach: Wer von uns kennt sie noch? Was verbindet sie und ihre Bewohner mit uns, fühlen und denken sie noch so wie wir?

Ich bin am letzten Sonntag durch die Zone nach Berlin gefahren. Ich hatte bei den Presseleuten der Bundesrepublik je nach Temperament Heiterkeit über einen guten Scherz oder Empörung über eine einfältige Zumutung ausgelöst, weil ich angab, daß diese Fahrt der Erinnerung an meine Hochzeitsreise gewidmet sei. So schwer ist es, in der Politik die Wahrheit zu sagen oder gar sie glauben zu machen. Ich hatte wirklich meiner Frau aus Anlaß unseres 30. Hochzeitstages versprochen, zu der Tagung des Bundestages in Berlin mit ihr wie dereinst in den seligen Jugendtagen, als ich noch junger Anwalt in München war, die alten Kulturstädte Mitteldeutschlands aufzusuchen. So geschah es.

Daß mein Besuch einen anderen Hintergrund hatte und einen besonderen Sinn bekam, war zwangsläufig. Was haben diese 30 Jahre in der Welt, in unserem Vaterlande gewandelt, und was ist – trotz allem – bestehen geblieben?

Den deutschen Menschen in der von den Sowjets beherrschten Zone ist ein anderer Lebensrhythmus aufgenötigt worden; man hat versucht, sie in eine künstliche Gesellschafts- und Wirtschaftsordnung einzuzwängen; eine fremde Welt der Vorstellungen und Werte wird um sie aufgebaut. Die Begriffe bekommen einen eigenen Inhalt; wenn hier mit bitterstem Groll von dem »Spitzbart« gesprochen wird, bin ich aus bayerischer Kollegialität versucht zu erklären: »So schlimm sei nun der Alois Hundhammer auch wieder nicht«, aber sie meinen den Walter Ulbricht. Scherz beiseite. – Was ist »Arbeit«, was ist »der Arbeiter«, was ist »Demokratie«, was ist »Freiheit«, was ist »soziale Leistung und Errungenschaft«, was ist »der Staat«, was ist »die Partei«, »die Gewerkschaft«, was ist »Sinn und Inhalt der Politik«? – Begreifen wir unter den Worten noch den gleichen Sinn? Müssen wir nicht unser Denken und unsere Sprache neu regeln?

Es war für mich wichtig zu sehen, wie die Menschen in der Zone leben, wie sie aussehen, wie sie sich geben, ihre Luft einzuatmen, zu ahnen, was in ihnen vorgeht – die vergrämten, verhärmten Gesichter alter Frauen und Männer beim Gottesdienst in der St. Severinkirche in Erfurt, versunken im hingebungsvollen, trostbringenden Gebet – die hellen Augen frischer junger Mädchen in dem Goethehaus am Frauenplan in Weimar – die geweckten jungen Burschen, die sich wie eine Bienentraube an meinen BMW hingen und seine Technik bestaunten und des Fragens kein Ende fanden – die dichtgedrängten Gruppen aufgeschlossener Menschen, die sich im Naumburger Dom die steingewordene Geschichte der Eckardtiner und Wettiner Stifter erzählen ließen. Ein schmerzendes Glücksgefühl überkam einen: Das ist deutsches Land, das sind deutsche Menschen, das ist unser Fleisch, das ist unser Geist. Wir sind eins, und nichts kann uns scheiden. Was uns auseinanderzuhalten sucht, ist gegen die Natur, gegen die göttliche und menschliche Ordnung – und muß fallen. In dem kargen Schlaf- und Sterbezimmer Goethes wird das Bild der Dachkammer in Bonn, in der Beethoven geboren ist, lebendig. Hier und dort ist Deutschland. Meine Frau und ich lieben den Meister, der die edlen Gestalten im Westchor des Naumburger Domes, die Gerburg, die Reglindis und die Uta, den Hermann und den Ekkehard, den Kruzifixus und die Maria und den Johannes am Lettner geschaffen hat, er ist von Mainz hergekommen, er hat in meinem Bamberg gewirkt – aus den Figuren an den Schranken des Georg-Chores in Bamberg weht sein Geist – er hat sich in Naumburg vollendet: Dieses Band durch Deutschland besteht wie eh und je, es bindet und verpflichtet.

Als Thomas Mann, der große und tapfere Deutsche, vor Jahren in Weimar sprach, tadelte man ihn, weil er das »System« anerkenne. Er verteidigte sich nicht, sondern erklärte schlicht, er spreche überall, wo deutsch gesprochen werde. Darf ich sein Wort ausweiten und sagen:

Alle Deutschen müssen miteinander sprechen, wo und wann sie es nur können. Die Freien Demokraten haben in der gleichen Zeit, in der ich durch die Mitte, durch das Herz unseres Vaterlandes fuhr, in Weimar Gespräche mit Vertretern der Liberal-Demokratischen Partei geführt [1], also der Partei, die in ihrem Ursprung und in ihrer Zielsetzung die Idee und das Ideal der Freiheit als wirkende Kraft im wirtschaftlichen, im politischen und im geistigen Leben unseres Volkes vertritt, vertreten soll. Nicht zum ersten Male und nicht zum letzten Male wurde gesprochen. Ohne jede Illusion, in voller Erkenntnis der Schwierigkeiten und Gefahren. Wahrlich nicht aus kleiner Taktik und aus schlauem Kalkül. Aus tiefer Verantwortung, aus dem Bewußtsein, daß unsere Generation vor der Geschichte versagen wird, wenn sie die Spaltung unseres Volkes nicht überwindet, wenn sie nicht unser Volk wieder eint. Wahrlich nicht aus Schwäche oder als Opfer einer östlichen Propaganda, sondern aus dem stolzen Selbstbewußtsein der Überlegenheit als Vertreter der geistigen und politischen Grundsätze, die allein als wirkende Kraft der Ideologie der sowjetischen Welt entgegengesetzt werden können. Liegt nicht schon in der Tatsache, daß nur wir, die Freien Demokraten, Gesprächspartner sein können, der Auftrag zu unserem Schritt und seine Rechtfertigung? Die Sozialisten der Zone sind in den Sog des Bolschewismus geraten, sie sind in der Sozialistischen Einheitspartei Deutschlands aufgegangen. Die Christlichen Demokraten Adenauers sind unglaubwürdig geworden. Die Freien Demokraten sind legitimiert zum Gespräch über das deutsche Schicksal, das heute wie immer in unserer Geschichte in dem Ziele der deutschen Einheit und der deutschen Freiheit zugleich vor uns steht. Wir lassen uns durch den Kleinmut und den bösen Willen, die wir um uns herum spüren, nicht beirren. Wir können dieses tatenlose Geschwätz, das sich bei feierlichen Anlässen mit der Phrase von der Wiedervereinigung in Frieden und Freiheit begnügt, nicht mehr ertragen. Mögen sie zusammenschrecken in ihrer Hilflosigkeit und sich in Anklagen und Vorwürfen ergehen – wir vertrauen der Stärke unserer freiheitlichen Demokratie und trauen uns, in der Lebensfrage unseres Volkes zu handeln, wo dieses Handeln möglich ist. Wir schauen nicht tatenlos zu, daß sich der Riß in dem Körper unseres Volkes von Tag zu Tag weitet. Wir schlagen die Klammern. Wir suchen das Gespräch in dem zuversichtlichen Glauben an die Macht des Geistes, an die lösende Kraft des freien Gedankens und des freien Wortes. Wir wollen mit den deutschen Menschen in der Zone sprechen. Zuerst mit denen, die sich als Mitglieder der Liberal-Demokratischen Partei der Sache der Freiheit, die immer die Freiheit des Menschen und der menschlichen Gemeinschaft, die Freiheit aller Deutschen und des deutschen Staates ist, verpflichtet haben; später mit allen deutschen Menschen, die das Gespräch mit uns suchen. Es geht uns um die deutschen Menschen in der Zone. Sie sollen wissen, daß wir zu ihnen stehen und daß sie zu uns gehören. Diese Gemeinschaft muß sichtbar werden, muß zu einer Kraft wachsen, die alle Hemmnisse beiseiteschiebt. Uns bewegen die Menschen und das Menschliche. Auf welche Bereitschaft sind wir drüben schon gestoßen! Man wartet, man hofft auf uns. Rührend die Szene auf dem Weimarer Marktplatz, bevor meine Freunde abfuhren. Zwei alte Damen und ein Herr vergewisserten sich an dem Nummernschild des Wagens, daß er aus Bonn kam. Sie fragten dann scheu, wann der Herr Dehler komme. Auf dem Rücken hielten sie, in Papier verhüllt, ein paar Blumen. Diese Blumen sind mehr als die glatten schönen Worte kluger, allzu kluger Politiker.

Anmerkung

[1] Gemeint ist die Reise von Mende, Scheel und Döring nach Weimar vom 4. bis 7. Oktober 1956, Kommuniqué vom 6. Oktober 1956.

Wolfgang Döring

Recht und Gesetz sind unteilbar

Dies war Dörings letzte Rede vom 7. 11. 1962 im Deutschen Bundestag. Es ging um die Strauß-Affäre, auch »Spiegel-Affäre« genannt. In Dörings Rede wird noch einmal sein unbeirrbarer Einsatz für Recht und Gesetz deutlich. Dabei nahm er weder auf sich selbst noch auf die Koalition Rücksicht.

Herr Präsident! Meine Damen und Herren! Mein Kollege Mende hat vorhin erklärt, daß es notwendig sei, auf rechtsstaatliche Prinzipien insbesondere dann schärfstens zu achten, wenn es sich um ein umstrittenes Objekt handelt. Meine Damen und Herren, der Herr Bundeskanzler hat – ich glaube, nicht er allein – verschiedene Herren haben heute morgen bekräftigt, man dürfe sich nicht in ein schwebendes Verfahren einmischen. Aber mit den Ausführungen, die heute morgen gemacht worden sind, hat man sich – daran gibt es gar keinen Zweifel – zum Teil permanent in ein schwebendes Verfahren eingemischt.

(Sehr richtig! Bei der CDU/CSU.)

Der Herr Bundeskanzler hat hier gesagt, daß die Verhaftung dieses oder jenes Mannes bereits als Beweis für diese oder für jene Sache gelten könne. Ich glaube, Herr Bundeskanzler, es wäre im Zuge der Untersuchung vielleicht der Aufklärung wert, welcher Nachrichtendienst der Bundesrepublik es für zweckmäßig gehalten hat, mit dem »Spiegel« zu arbeiten, und welcher es für zweckmäßig gehalten hat, gegen ihn zu arbeiten.

(Sehr gut! Bei der SPD.)

Herr Bundeskanzler, es fällt mir sehr schwer, das zu sagen, was ich zu sagen mich jetzt verpflichtet halte. Ich glaube, ich brauche in diesem Hause niemandem zu sagen, daß ich mit Herrn Augstein seit Jahren befreundet bin. Ich glaube, ich brauche in diesem Hause auch niemandem zu sagen, daß es niemand mehr bedauern würde als ich selbst, wenn nach Recht und Gesetz der objektive Tatbestand des Landesverrats in diesem Falle festgestellt werden könnte.

Aber, Herr Bundeskanzler, ich bin es nicht nur meinem Freunde, sondern auch dem Staatsbürger Augstein und allen anderen schuldig, dagegen zu protestieren, daß Sie hier sagen: Herr Augstein verdient am Landesverrat. Dann haben Sie als erster hier ein Urteil gefällt, das zu fällen nur dem Gericht zusteht.

(Lebhafter Beifall bei Abgeordneten der FDP und bei der SPD.)

Herr Bundeskanzler, ich weiß, was ich sage. Ich bin nicht bereit – und das ist keine koalitionspolitische Frage – unwidersprochen hinzunehmen, daß letztlich durch eine ganz bestimmte Stimmungsentwicklung, gleichgültig wer sie bewirkt, Leute verurteilt sind, bevor sie überhaupt jemals einen Gerichtssaal gesehen haben.

(Beifall bei Abgeordneten der FDP und bei der SPD – Abg. Wacher meldet sich zu einer Zwischenfrage.)

Ich nehme im Augenblick keine Fragen an. Ich bin heute noch nicht bereit, hier darüber zu sprechen, welche Bemühungen ich persönlich angestellt habe, um einen auch mir unerträglich erscheinenden Kampf zwischen zwei Institutionen abzumildern oder beseitigen zu helfen. Ich werde vielleicht gezwungen sein, eines Tages hier darüber zu sprechen.

Aber ich sage Ihnen eines: Sowenig wie ich bereit bin, mich vor irgendeine gerichtlich bekräftigte Verfehlung meines Freundes Augstein oder seiner Redakteure zu stellen, so sehr fühle ich mich gezwungen, auch als Angehöriger dieser Koalition zu sagen, was an dem Tage, an dem der Verdacht aufkam oder gerechtfertigt erschien, es sei nicht alles ganz rechtens zugegangen, viele Menschen bewegt hat, u. a. einen Menschen, der mir am nächsten steht: meine eigene Frau, von deren 26 Familienmitgliedern 22 in deutschen Konzentrationslagern umgekommen sind, eine Frau, der es schwergefallen ist, nach Deutschland zurückzukommen, der ich mich wochen- und monatelang bemüht habe klarzumachen, daß all ihre Sorgen und Zweifel, die sie vielleicht hier oder da haben könnte, unberechtigt sind, die mich fragt: Ist es möglich, daß, wenn nur ein Verdacht besteht, es sei nicht alles mit rechten Dingen zugegangen, irgendwo eine Hemmung besteht, diesen Verdacht aufzuklären?

Meine Damen und Herren, ich beschwöre jetzt meine eigenen Koalitionsfreunde: Erwecken wir doch nicht einen Eindruck, es gehe hier etwa um eine koalitionspolitische oder machtpolitische Frage! Lesen Sie die Auslandszeitungen!

(Abg. Dr. Schäfer: Richtig!)

Wir haben alle gemeinsam Grund, dafür zu sorgen, daß nicht die Spur eines Verdachts an uns allen hängen bleibt.«

(Beifall bei der FDP – Anhaltender lebhafter Beifall bei der SPD.)

Wolfram Dorn

Notstandsrecht und Demokratie

Wolfram Dorn hielt diese Rede im Auftrag der FDP-Fraktion am 29. 6.
1967 im Bundestag. Er galt im Parlament als einer der härtesten Gegner
der von der Großen Koalition vorgelegeten Notstandsgesetzgebung.

Herr Präsident! Meine sehr verehrten Damen und Herren! Zum drit-
tenmal unternimmt eine Bundesregierung einen Anlauf, die Notstandsverfassung in diesem Hause durchzubringen. Der Entwurf, der
uns zum erstenmal vorlag, der Entwurf des damaligen Innenministers
Dr. Gerhard Schröder, hat in der parlamentarischen Beratung die erste
Lesung nicht überstanden. Für meine Fraktion hat damals Ewald Bu-
cher bereits die Bedenken der Freien Demokraten zu dieser Regelung
vorgetragen.

(Zurufe von der SPD.)

– Meine sehr verehrten Damen und Herren von der SPD, Sie können
mit Sicherheit darauf rechnen, daß ich auf Ihre Argumente in der damaligen und der heutigen Situation ausführlich zu sprechen komme:
Sie brauchen jetzt noch nicht unruhig zu werden.

(Beifall bei der FDP)

Der zweite Entwurf war der, den Innenminister Höcherl diesem Hause
zuleitete. Ich selbst habe damals für meine Fraktion bereits in der ersten
Lesung eine Reihe von erheblichen Bedenken vorgetragen, weil nach
unserer Auffassung auch dieser Regierungsentwurf in den Ermächti-
gungen für die Exekutive und für die Regierung zu weit ging. Ich habe
damals an dieser Stelle gesagt: Es muß ein deutlich sichtbares Stoppzei-
chen gegen die Absicht, ein Notverordnungsrecht für die Bundesregierung zu schaffen, aufgerichtet werden. Ich habe in einer ganzen Reihe
von Bemerkungen gegen Einzelbestimmungen dieses Entwurfs erhebliche Bedenken anmelden können, und es ist ja kein Geheimnis, daß in
der vorigen Legislaturperiode aus diesem Regierungsentwurf in der
zweiten und dritten Lesung in der Konzeption verfassungsrechtlicher
und verfassungspolitischer Art uns hier etwas völlig anderes vorgelegen
hat als bei der Einbringung des Entwurfs. Wodurch war das möglich?

Weil in den entscheidenden Ausschußberatungen im Rechtsausschuß
die Kollegen der sozialdemokratischen Fraktion und meine eigenen
Parteifreunde entscheidend dazu beigetragen haben, die Konzeption
der damaligen Regierungsvorlage zu ändern, so daß es überhaupt zu
dieser Regelung des Rechtsausschußberichtes gekommen ist. In der
zweiten und dritten Lesung haben die Kollegen der SPD-Fraktion dennoch diesem Gesetzentwurf ihre Zustimmung nicht geben können,
weil sie der Meinung waren, sie könnten nicht gegen ihre Parteitagsbeschlüsse verstoßen.

Damals hat eine große Anzahl von Journalisten in ihren Blättern darüber geschrieben, daß der Eindruck entstanden sei, die Sozialdemokratische Partei oder deren Bundestagsfraktion würde ihre Zustimmung
zur Notstandgesetzgebung nur gegen eine Regierungsbeteiligung ein-
tauschen. Wir sehen heute, wie vorausschaubar die Dinge für manche
damals schon zu sein schienen.

Es kam nicht zur Verabschiedung dieser Gesetzentwürfe, obwohl wir in
den Spitzengesprächen zum Schluß eine erhebliche Annäherung zwischen den Fraktionen erreichten. So ist es – das gestehe ich hier freimütig zu – unbestreitbar Ihr Verdienst, meine Damen und Herren von der
SPD, daß wir uns jetzt hier erneut über die Verfassungsänderung unterhalten müssen.

Aber die Diskussion ging seit 1965 weiter. Für keine Fraktion und für
keine Regierung ist ein Erfahrungsstillstand eingetreten. Das beweisen
auch die Ausführungen des Bundesministers des Innern, die er vorhin
hier gemacht hat. Es ist für uns nicht uninteressant, festzustellen, daß innerhalb der Bundesregierung zu diesem Komplex doch sehr unterschiedliche Meinungen geäußert worden sind. Ich denke z.B. an das,
was Bundesminister Carlo Schmid im Januar auf der Bundesdeligier-
tenversammlung des Sozialdemokratischen Hochschulbundes äußerte,
als er expressis verbis erklärte: Das im Rahmen der Notstandsgesetzgebung geplante Zivilschutzkorps für die Bundesrepublik wird nicht
aufgestellt werden. Wie völlig anders klang das, was der Herr Bundesinnenminister heute hier gesagt hat: Die Bundesregierung wird Vorschläge zur angemessenen Beschränkung und Vereinfachung des Zivilschutzkorps vorlegen. Was stimmt nun? – Natürlich stimmt das, was der
Bundesinnenminister gesagt hat. Die Vorlage des Bundesrates vom
2. Juni über die Verordnung zur Regelung des Vorgesetztenverhältnis-
ses im Zivilschutzkorps und die Änderungswünsche des Bundesrates

dazu beweisen eindeutig, wer sich dem Parlament und der Öffentlichkeit gegenüber richtig geäußert hat.
Lassen Sie mich ein anderes Beispiel aufgreifen. Am 8.
November 1966 erklärte der parlamentarische Geschäftsführer der SPD, der Kollege
Wienand: Wir haben schon einmal klargemacht, daß eine Notstandsgesetzgebung in ihrer Gesamtheit beraten wird, also auch die bereits gegen uns verabschiedeten Sicherstellungsgesetze. Ob sie vollkommen
neu eingebracht werden oder ob sie im Rahmen der Beratung novell-
iert werden, das lasse ich jetzt dahingestellt. Aber sie werden im gesamten, so wie ich es gesagt habe, eingepaßt werden; sonst wird es keine
Notstandsgesetzgebung geben.
(Abg. Schmitt-Vockenhausen: Das hat der Minister gerade gesagt.)
Herr Kollege Wienand, wir begrüßen diese Feststellung. Sie haben
auch in der vorigen Legislaturperiode diese Haltung von Anfang bis
Ende vertreten. Wir Freien Demokraten in diesem Hause haben in dieser Frage eine unterschiedliche Auffassung vertreten; das ist genauso
unbestritten. 27 unserer 65 Kollegen aus der damaligen Bundestagsfraktion haben den Sicherstellungsgesetzen in der seinerzeitigen Form zugestimmt.
*(Abg. Schmitt-Vockenhausen: und wie viele haben dagegengestimmt? –
Nur 11! Die anderen haben sich der Stimme enthalten!)*
– Herr Kollege Schmitt-Vockenhausen, Sie haben natürlich die Möglichkeit, nachher hier Ihre Auffassung zu vertreten. Sie werden es, wie
ich Sie kenne, auch sicher tun.
Unsere Erfahrungen, meine Damen und Herren, bei der Anwendung
der Sicherstellungsgesetze und der dazu erlassenen Verordnungen während der Fallex-Übungen haben aber unsere Bedenken, die ich damals
vorgetragen habe, noch erheblich verstärkt. Wir sind mit Ihnen und –
das ist völlig neu – inzwischen auch mit der Bundesregierung der Meinung, daß die Novellierung der Sicherstellungsgesetze gleichzeitig mit
der Verabschiedung einer Notstandsverfassung erfolgen muß. Meine
Argumente aus dem Jahre 1965 sind immerhin durch einige Verfas-
sungsgerichtsurteile von Ende 1966 über die Eingrenzung der Er-
mächtigungsbestimmungen eindeutig bestätigt worden.
An dieser Stelle ist heute morgen, als es um die Frage des Zivilschutzes
für die Bevölkerung ging, vom Bundesinnenminister ein Wort des
Dankes an diejenigen gesagt worden, die sich für diese Arbeit bisher der
Allgemeinheit zur Verfügung gestellt haben. Wir Freien Demokraten

haben in diesem Hause nie ein Hehl daraus gemacht, daß für uns militärische Verteidigung und Zivilschutz für die zivile Bevölkerung eine Einheit sind. Wir haben diese Auffassung bisher in allen Legislaturperioden eindeutig vertreten. Aber, meine Damen und Herren, die Bundesregierung hat mehrfach ihre Meinung geändert. Uns wurde am 25. November des vergangenen Jahres ein Gesetzentwurf vorgelegt, der, wenn ich mich recht erinnere, im April des vorigen Jahres im Bundesrat behandelt wurde. Es ist der Entwurf eines Gesetzes zur Fortführung des Zivilschutzes. Die Bundesregierung hatte damals in der Begründung dieses Gesetzentwurfes u. a. ausgeführt:

Durch das Haushaltssicherungsgesetz ist das Inkrafttreten ... der drei Zivilschutzgesetze um zunächst zwei Jahre hinausgeschoben worden. ... Die Folgen sind schwerwiegend; ... Das Vertrauen der Öffentlichkeit zu einer Zivilschutzplanung des Bundes geht mehr und mehr verloren. Zudem muß in steigendem Umfange eine Resignation der ehrenamtlichen Helfer aller Bereiche ... festgestellt werden.

Meine sehr verehrten Damen und Herren, wir bedauern das mit der Bundesregierung, der wir damals noch angehört haben. Aber was ist in der Praxis geschehen? Die Bundesregierung hat seit dem damaligen Zeitpunkt nichts getan, um hier die Glaubwürdigkeit der Sorge für die Zivilbevölkerung auch nur andeutungs- oder annäherungsweise sichtbar zu machen.

Was geschah denn? Dieser Gesetzentwurf ist bis heute im Deutschen Bundestag nicht beraten worden. Die Bundesregierung hat neuerdings – vielleicht durch die Auswirkungen von Fallex 66, so hat es der Herr Bundesinnenminister anklingen lassen – eine neue Konzeption erarbeitet. Es wird das Problem diskutiert, ob jetzt nur noch Freiwillige in Anspruch genommen werden könnten, und es wird das Problem diskutiert, ob nur noch diejenigen, die freiwillig und vielleicht auch auf eigene Kosten in der Lage sind, sich selbst im Rahmen des Schutzbaugesetzes zu schützen, nunmehr mit den gesetzlichen Vorschriften versorgt werden sollen. Was geschieht aber mit denen, die finanziell nicht in der Lage sind, für ihren eigenen Schutz etwas zu tun?

Meine sehr verehrten Damen und Herren, welch grausame Entwicklung ist von der damaligen Konzeption, die wir alle gemeinsam in diesem Hause vertreten haben, bis zu dieser neuen Entwicklung hier sichtbar geworden! Wir fragen den Bundesinnenminister, ob er nicht das Gefühl hat, daß er mit dieser Konzeption, die er jetzt vorträgt, endgültig vor dem Trümmerhaufen seiner Zivilverteidigungsvorstellungen steht. Lassen Sie mich nur noch kurz auf die Übung Fallex 66 eingehen. Wir haben mündlich und schriftlich gefragt, was sich in der zweiten und dritten Phase dieser Übung abgespielt hat. Wir haben leider bis heute keine Antwort bekommen, es sei denn, man wertet das, was ich von einem Journalisten über das erfahren habe, was sich in der zweiten Phase abspielte, und dessen Information vom Parlamentarischen Staatssekretär Benda stammen soll, als eine Information der Opposition in diesem Hause. Es ist also − so können wir nur feststellen − anscheinend nicht die Absicht dieser Regierung, das Parlament in dieser wichtigen Frage zu informieren. Sie will also das Parlament zur »uninformierten Gesellschaft« machen.

Der Bundesinnenminister hat dann erklärt: »Für die militärische und zivile Verteidigung wurden nach Fallex 66 neue Erkenntnisse gewonnen«. Das klang vorhin auch so in einigen Nebensätzen des Herrn Innenministers an. Damit ganz eindeutig klar wird, wie sich die Freie Demokratische Partei im Herbst des vergangenen Jahres geäußert hat, damit klar wird, daß wir nicht zu dem großen Chor der euphorischen Sänger gehörten, der das Lied der großen politischen Erfolge von Fallex 66 im Herbst des vergangenen Jahres gesungen hat, lassen Sie mich einige Zitate aus unserer Erklärung von damals vortragen.

Ich habe im Oktober des vergangenen Jahres gesagt:
Jedem politisch empfindenden Teilnehmer der Fallex-Übung müssen doch besorgniserregende Erkenntnisse erwachsen sein, wenn er an die militärische und zivile Entwicklung der Lage denkt, mit der er konfrontiert wurde. Darüberhinaus müssen sich für uns erhebliche politische Konsequenzen ergeben, wenn wir die uns im Bunker entwickelte Lage aufmerksam analysieren. Diese politischen Erkenntnisse sind für uns vorrangig auch bei einer künftigen Beratung und Verabschiedung der Notstandsgesetze.

Ich habe dann ergänzt:
Wenn man an die Äußerungen einiger Kollegen im Parlament und einiger Kabinettmitglieder nach der Fallex-Übung denkt, gewinnt man den Eindruck, als ob die Regierung jetzt nur noch die Notstandsgesetze vorlegen müsse, um eine sofortige Zustimmung im Parlament zu erhalten. So gut sei alles gewesen und habe alles funktioniert. Lassen Sie mich dazu sehr offen sagen, daß ich ob dieser Einschätzung

sehr betroffen bin, ja, daß sich bei uns vorhandene Bedenken nach der
Teilnahme an dieser Übung noch verstärkt haben.

Der Parlamentarische Staatssekretär im Innenministerium, Kollege
Benda, hat – ich weiß nicht, an welchem Tage, denn das steht nicht in den
Informationen des Bundesministers des Innern – eine sehr bemerkens-
werte Erklärung zu der Lage abgegeben, in der die Parteien am Ende der
vorigen Legislaturperiode waren sowie über das, was sie bis zum heutigen Zeitpunkt bei der Beratung des Fortgangs der Notstandsgesetzgebung miterlebt haben. Herr Kollege Benda, das, was Sie ausgeführt haben, wird von uns unterstützt und gleichzeitig auch, wie Sie es für sich,
für Ihre Fraktion und für die sozialdemokratische Fraktion getan haben,
von uns in Anspruch genommen, nämlich Ihre Erklärung:
Wichtig ist nicht so sehr, wer in dem früher so heftigen Meinungstreit
zwischen Regierung und damaliger Opposition Sieger geblieben ist,
sondern nur, ob die heute vorliegende Konzeption sachlich richtig,
rechtsstaatlich und zugleich im Hinblick auf die Realitäten eines Not-
standsfalles praktikabel ist.
   (Beifall bei der FDP und bei Abgeordneten der CDU/CSU.)
Meine Damen und Herren, das ist der Kernpunkt, auf den wir uns hier
heute verständigen und über den wir uns unterhalten müssen.
Der Bundesinnenminister hat in dem Buch »Vorbereitung auf den
Notstand«, das in der nächsten Woche in der Öffentlichkeit erscheinen
wird, u. a. erklärt:
Auf der Grundlage der Gespräche der Zwölfer-Kommission wurde
dann in meinem Hause ein erster neuer Entwurf einer Notstandsverfassung erarbeitet. Er lag der NATO-Übung Fallex 1966 zugrunde. Die
jetzige Vorlage beruht im wesentlichen auf diesem Entwurf.
Herr Innenminister, ich bitte Sie, doch noch einmal zu prüfen, ob das,
was Sie in diesem Buche geschrieben haben, so allein stehen kann.
Denn wir waren, glaube ich, alle, als wir an der NATO-Übung teilnah-
men, und auch, als wir uns in den Vorbesprechungen darüber verstän-
digten, nach welcher Konzeption wir arbeiten würden, immer davon
ausgegangen, der Entwurf des Rechtsausschusses aus der vorigen Legislaturperiode sei die Grundlage für unsere Übung im Bunker. Nun sprechen Sie hier von einem eigenen Entwurf. Diesen haben wir bis heute
nicht zugestellt bekommen, es sei denn, es ist der jetzt vorliegende Entwurf. Wir wären Ihnen daher dankbar, wenn Sie das, was Sie hier geschrieben haben, noch einmal überprüften.

Was sind nun die wirklichen Auswirkungen, welches sind die Erfahrungen aus Fallex 66? Herr Bundeskanzler, vielleicht sind Sie in der Lage, die Fragen, die wir an die Bundesregierung gestellt haben, zu beantworten, weil ja nach Ausführung Ihrer Regierung diese Übung mitentscheidend dazu beigetragen hat, diesen Gesetzentwurf so zu prägen. Ist die Zivilverteidigung völlig zusammengebrochen? Auf diese Frage haben wir seit dem 7. Dezember bis heute keine Antwort bekommen. Welche Konsequenzen soll denn das Parlament auch für die Zivilverteidigungsvorstellungen ziehen, wenn es über das, was sich abgespielt hat, nicht informiert wird?

Herr Bundeskanzler, wir wären auch für die Beantwortung der Frage dankbar, die der Bundesminister der Verteidigung in seinem Brief an mich zwangsläufig durch seine Äußerung aufgeworfen hat: Wer hat denn den Sieg zum Auszug der Parlamentarier im Bunker bestellt, die ganze Bundesregierung, nur einzelne Minister dieser Regierung? Das geht aus dem Schreiben des Bundesverteidigungsministers leider nicht hervor, sondern da steht nur, daß die Bundesregierung diesen Sieg bestellt hat. Wir fragen also, Herr Bundeskanzler: Ist es richtig, daß in Ihrem Kabinett auch heute noch derjenige sitzt, der diesen Sieg bestellt hat, und wenn, wie lange wollen Sie eigentlich diesen neuzeitlichen Potemkin in Ihrer Regierung behalten?

(Beifall bei der FDP – Lachen bei den Regierungsparteien.)

Meine Damen und Herren, die Vorlage dieser Regierung Kiesinger-Brandt, der alle Kabinettsmitglieder der Sozialdemokratischen Partei Deutschlands zugestimmt haben, bringt eine ganze Reihe von Verbesserungen, nicht vorhandene Grundrechtseinschränkungen, die in der vorigen Legislaturperiode noch diskutiert werden mußten und bei denen Sozialdemokraten und in einer Reihe von Fällen auch wir uns gemeinsam mit ihnen nicht gegen die CDU/CSU haben durchsetzen können. Wir erkennen an, daß hier ohne Zweifel Verbesserungen dieses Gesetzentwurfs liegen. Nach Pressemeldungen zu urteilen, soll das auch der Grund gewesen sein, weshalb der Herr Bundeminister Schröder diesem Gesetzentwurf nicht zugestimmt haben soll.

Aber es ist genauso unbestritten, daß eine große Anzahl höchst bedenklicher Bestimmungen in diesem Gesetzentwurf enthalten sind, die zum Teil überhaupt zum ersten Mal in der Diskussion über die Notstandsgesetzgebung auftauchen. »In diesem Gesetzentwurf ist eindeutig eine Strömung gegen die Arbeitnehmerschaft enthalten«.

(Lachen bei der SPD und der CDU/CSU. – Zuruf: Sie entdecken Ihr Herz für die Arbeitnehmer! – Unruhe. – Glocke des Präsidenten.)
– Meine sehr verehrten Damen und Herren, ich würde mit einer Reaktion dieser Art noch etwas warten, es kommt noch besser.
(Anhaltende Unruhe. – Zurufe. – Glocke des Präsidenten.)
»Nicht nur die Regelung des Streikrechts,
(Zuruf von der SPD: Fehlzündung!)
sondern auch andere Bestimmungen der Regierungsvorlage stimmen mit den Parteitagsbeschlüssen der Sozialdemokratischen Partei Deutschlands nicht überein.«
(Erneutes Lachen bei der SPD und in der Mitte. – Zuruf von der SPD: Darüber zerbrechen wir uns den Kopf und nicht Sie!)
– Das, meine Damen und Herren von der Sozialdemokratischen Partei – ich bitte zu entschuldigen, daß ich das nicht vorher gesagt habe – ist kein Zitat von mir, sondern von Ihrem Fraktionskollegen Matthöfer,
(Beifall und Heiterkeit bei der FDP)
das er so wörtlich in einer Veranstaltung der Universität Frankfurt am 19. Juni dieses Jahres vorgetragen hat.
(Erneuter Beifall bei der FDP – Zuruf des Abg. Matthöfer: Ich hoffe, Sie zitieren mich auch, wenn es um die Mitbestimmung geht!)
Wie ganz anders klingt das, was der Herr Bundesinnenminister hier verkündet hat: »Die Notstandsverfassung richtet sich weder gegen die Arbeiterschaft noch gegen die Gewerkschaften«. Wir überlassen es den Betroffenen selbst, ihr Urteil zu fällen und selbst zu entscheiden, ob Herr Kollege Matthöfer, der immerhin Mitglied einer Regierungsfraktion ist, oder das Kabinett einschließlich der sozialdemokratischen Minister in dieser Sache recht hat.
(Zurufe von der SPD.)
Aber es ist nicht uninteressant, daß Carlo Schmid vor dem Sozialdemokratischen Hochschulbund im Januar dieses Jahres sagte: »Ein künftiger Regierungsentwurf zur Notstandsgesetzgebung« wird sozialdemokratisch geprägt sein«.
(Sehr gut! bei der SPD. – Heiterkeit.)
Wir fragen die Herren der Sozialdemokratischen Partei
(Abg. Berkhan: Sie lassen sich doch auch nicht fragen!)
– denn der Bundesvorsitzende und sein Stellvertreter sitzen in diesem Kabinett und haben diesem Regierungsentwurf zugestimmt –,

(Zurufe von der SPD: Sie meinen, Sie können fragen!)
ob sie nicht zeitweilig vielleicht doch ihren Prägestempel unterwegs
verloren oder vergessen hatten.
*(Beifall und Heiterkeit bei der FDP – Lachen bei den Regierungspar-
teien.)*
Wir denken dabei an einzelne Bestimmungen dieses Gesetzentwurfs.
War die Begründung für die Ablehnung im Jahre 1965 unter Berufung
auf die Parteitagsbeschlüsse der wesentliche Grund für die SPD-Fraktion, den Gesetzentwürfen nicht zuzustimmen? Warum nehmen dann
die sozialdemokratischen Kabinettsmitglieder bei ihrer Zustimmung zu
diesem Gesetzentwurf heute keinen Anstoß daran, daß die jetzige Regierungsvorlage in ganz entscheidenden Fragen gegen die Parteitagsbeschlüsse der SPD verstößt?
Sie (zur SPD) haben in der vorigen Legislaturperiode Ihre Auffassung
zu unserer Zustimmung damals vorgetragen. Wir werden uns erlauben,
da Sie ja die Verantwortung mit tragen – »auf Gedeih und Verderb«,
nach den Worten dieses Bundeskanzlers mit tragen –,
festzustellen, wie Sie sich gegenüber Ihren Parteitagsbeschlüssen verhalten werden.
(Beifall bei der FDP)
Wir haben – –
*(Zurufe von der SPD: Zu feige, eine Frage zuzulassen! – Sagen Sie doch mal
Ihre Meinung! – Abg. Rasner: Haben Sie irgendeine Auffassung? – Abg.
Killat: Sagen Sie endlich, was die FDP zu sagen hat! – Abg. Schmitt-
Vockenhausen: Wir wollen doch wissen, wie die FDP zum Streikrecht
usw. steht! Sagen Sie das doch! – Anhaltende Unruhe.)*
– Herr Kollege Schmitt-Vockenhausen, unsere Auffassung hat sich in
dieser Frage bis zum heutigen Zeitpunkt unverändert erhalten.
*(Beifall bei der FDP – Abg. Schmitt-Vockenhausen: Sie sind also gegen
das Streikrecht?! – Abg. Rasner: Es gibt doch gar keine FDP-Auffassung! –
Weitere Zurufe von der SPD und von der Mitte.)*
– Das konzertierte Geschrei wird uns nicht daran hindern, hier unsere
Meinung vorzutragen.
*(Erneuter Beifall bei der FDP – Anhaltende Zurufe von der SPD und
von der CDU/CSU.)*
– Ich kann verstehen, daß Sie unruhig werden und daß Ihnen das alles
nicht paßt und nicht gefällt; denn Sie haben ja alles aufgegeben, von
dem Sie hier vor zwei Jahren gesprochen haben.

(Beifall rechts. – Anhaltende Unruhe bei der SPD.)
Nun, da Sie mich so provozieren, werde ich Ihnen das vortragen. Ich
hatte gedacht, ich könnte das jetzt einsparen. Die Sozialdemokratische
Partei hat sich auf den Parteitagen der vergangenen Jahre detailliert zur
Frage der Notstandsgesetzgebung geäußert. Nachdem Anfang April
die Vorlage der CDU/CSU-Regierung für eine Notstandsverfassung
vorliegt, erscheint es uns angebracht, daß wir uns mit diesem Entwurf
und mit Ihren Parteitagsbeschlüssen auseinandersetzen.
(Beifall bei der FDP)
Sie haben auf Ihrem Parteitag vom 26. bis 30. Mai 1962 in Köln einen
Beschluß gefaßt, dessen erster Punkt zum Thema »Frieden, Krieg,
Notstandsfall« folgendermaßen lautet:
Es ist eindeutig klarzumachen, in welchen Fällen und unter welchen
Umständen von einem Notstand gesprochen werden muß,
(Sehr gut! bei der SPD.)
der nur mit außerordentlichen Mitteln gemeistert werden kann. Dabei
ist zwischen innerem Notstand, drohendem Verteidigungsfall und Span-
nungszeit und äußerem Notstand zu unterscheiden.
(Sehr richtig! bei der FDP)
Im Regierungsentwurf, der von Ihnen geprägt ist, meine Damen und
Herren von der SPD, ist davon nichts mehr zu spüren. Die Gleichset-
zung von Verteidigungsfall und Spannungszeit, die Sie jetzt im Regierungsentwurf haben, widerspricht eindeutig dem, was Sie damals beschlossen haben.
*(Abg. Dr. h. c. Dr.-Ing. E. H. Möller: Zitieren Sie hier doch einmal Ihre
früheren Entscheidungen!)*
– Nein, nachdem Sie mich so provoziert haben, werde ich den Beweis
für das antreten, was ich hier gesagt habe; darauf müssen Sie sich einstellen.
(Beifall bei der FDP – Zurufe von der SPD und von der Mitte.)
Zur Frage der Zivildienstverpflichtung, die in Art. 12 geregelt werden
soll, haben Sie folgende Stellungnahme abgegeben: Es ist auszuschlie-
ßen, daß eine Einschränkung oder Drosselung der demokratischen
Grundrechte im gewerkschaftlichen und betrieblichen Bereich unter
dem Vorwand des Notstandes praktiziert werden kann.
Das ist die Ziffer 4 Ihrer Entschließung von Köln.
Unter Ziffer 11 h der Entschließung von Saarbrücken heißt es:
Nach übereinstimmender Meinung bleibt es dabei, daß Frauen nicht

zum Dienst im Verband der Streitkräfte verpflichtet werden können. Dann haben Sie sich zum Zivildienst und äußeren Notstand geäußert.

Nach Satz 1 Ziffer 6 des Beschlusses von Saarbrücken geht die SPD davon aus, daß im Falle des äußeren Notstandes Dienstleistungen für die Sicherung der Verteidigung auch außerhalb der Bundeswehr erforderlich sind.

Art. 12 Abs. 2 Satz 2 des Regierungsentwurfs kennt aber keine Begrenzung der Dienstverpflichtungsmöglichkeit auf den Zustand der äußeren Gefahr. Die Inpflichtnahme kann also schon im Frieden erfolgen. Auch diese Bestimmung des Regierungsentwurfs weicht eindeutig von Ihrem Parteitagsbeschluß ab.

(Beifall bei der FDP)

Sicherung der Arbeitnehmerrechte! Zu dieser Frage, die unter Ziffer 6 des Saarbrückener und unter Ziffer 4 des Kölner Parteitagsbeschlusses behandelt wird, sagt Friedrich Schäfer in seinem Buch auf Seite 126: Die Garantie des Streikrechts muß in die Verfassung aufgenommen werden. Dies kann nur dort erfolgen, wo die Koalitionsfreiheit gewährleistet ist: bei Artikel 9 des Grundgesetzes.

Und: Dem Vorschlag des Rechtsausschusses, dem Artikel 91 den vorgesehenen Abs. 2 – jetzt Abs. 4 – anzufügen und darüber hinaus eine Unterscheidung verschiedener Arten von Arbeitskämpfen zu treffen, wird man nicht folgen dürfen.

Eine gleiche Äußerung, Herr Kollege Matthöfer, steht als Leserzuschrift von Ihnen heute in der »Frankfurter Rundschau«. Ich bin also bereit, auch Ihnen das gleiche zu konzedieren.

Fritz Erler hat dazu in der Bundestagsdebatte in der 190. Sitzung der 4. Wahlperiode erklärt: Dabei muß aber die zivile Rechtsstellung der Arbeitnehmer gesichert werden.

Das steht auch unter Ziffer 4 Ihrer Kölner Beschlüsse. In der Vorlage ist es nicht erfüllt. In dem neuen Regierungsentwurf ist keine Rede mehr von einer verfassungsrechtlichen Fixierung des Streikrechts, so wie es damals von Ihren Kollegen und auf Ihren Parteitagen gefordert worden ist.

(Abg. Killat: Wollen Sie das politische Streikrecht in die Verfassung hineinschreiben?)

– Ich setze mich doch mit dem auseinander, was Sie bisher gefordert haben und von dem nichts mehr übriggeblieben ist, seitdem Sie in der Regierung sind.

(Beifall bei der FDP – Abg. Killat: Aber wir wollen von Ihnen wissen, was Sie wollen!)
Über das Notparlament haben Sie dann folgende Erklärungen abgegeben:
Die Verantwortlichkeit des Parlaments ist in jeder Lage zu erhalten. Die Notstandsregelung darf keine Möglichkeit des Abweichens des Parlaments aus seiner Verantwortung schaffen.
Das ist Ziffer 7 Ihrer Parteitagsbeschlüsse von Köln.

Nächster Punkt:
Die Verantwortung in jedem Stand des Verfahrens bei der Verkündung bestimmter Notfälle und bei der Anwendung bestimmter rechtlicher Regeln muß beim Parlament liegen. Kann es nicht zusammentreten – nur auf diesen Punkt konzentriert haben Sie das gesagt –, muß ein Notparlament aktionsfähig sein.
Meine Damen und Herren, das sind alles andere Vorstellungen, als sie in diesem Regierungsentwurf mit der Zustimmung Ihrer Minister in diesem Kabinett vertreten worden sind.
Lassen Sie mich nun auf die Einzelheiten dieses Gesetzentwurfs selbst eingehen. Die Delegationsmöglichkeit der originären Gesetzgebungsfunktion des noch funktionsfähigen Gesamtparlaments auf das neue Verfassungsorgan Gemeinsamer Ausschuß nach Eintritt des Zustands äußerer Gefahr ist jetzt – entgegen allen bisherigen Vorstellungen von Ihnen und von uns – hier in dieser Regierungsvorlage enthalten. Ich gebe natürlich zu, daß der Kollege Benda sich mit seiner Konzeption durchgesetzt hat. Am 12. Januar hat er laut dpa erklärt:
Es muß ernsthaft überprüft werden, ob das Notparlament in einer fortgeschrittenen Spannungssituation die ihm zugewiesenen Befugnisse nicht dann schon erhalten sollte, wenn die normalen Gesetzgebungsorgane noch zusammentreten können.
Meine Damen und Herren, wo bleibt denn bei einer solchen Konzeption in dieser Regierungsvorlage Ihr Protest? Sind Sie bereit, das so hinzunehmen? Ich habe damals erklärt, der Auffassung des CDU-Abgeordneten Benda, daß das sogenannte Notparlament zu einem Zeitpunkt, an dem der Bundestag noch beschlußfähig ist, irgendeine Funktion übernehmen soll, müsse energisch widersprochen werden. Der Vorschlag Bendas bedeute eine Aushöhlung der parlamentarischen Demokratie in der Bundesrepublik. Ihr, meine Damen und Herren, werden wir Freien Demokraten nie zustimmen.

(Beifall bei der FDP)
Wir sind der Meinung, für die Bundesregierung wäre es, statt solche
Überlegungen schon jetzt zu fixieren, wichtiger, ihren ganzen Ideen-
reichtum dazu zu verwenden, Sicherheiten und Organisationsformen
zu finden, um das Parlament auch in Krisenzeiten zusammentreten zu
lassen.
(Beifall bei der FDP)
Ihr Fraktionskollege Pöhler hat am 11. 5. 1967 in einer Diskussion vor
dem Bonner Lehrerseminar, an dem er und auch ich teilgenommen ha-
ben, erklärt: »Der Gemeinsame Ausschuß darf so lange nicht tagen, wie
das Parlament noch tagen kann«. Wir haben dem nichts hinzuzufügen!
(Abg. Schmidt (Hamburg): Wir auch nicht!)
Wir sind der gleichen Meinung. Wenn Sie aber, Herr Kollege Schmidt,
dieser Auffassung sind, werden Sie diese Regierungsvorlage ändern
müssen.
(Zurufe von der SPD: Allerdings! Das wollen wir auch!)
– Es ist sehr interessant, jetzt von Ihnen das Eingeständnis zu hören, daß
Sie das ändern wollen.
(Zurufe von der SPD).
– Herr Kollege Schmidt, ich kann es mir natürlich nicht versagen,
nachher einige Zitate prominenter Sozialdemokraten zu bringen, die
bisher dazu genau das Gegenteil ausgesagt haben. Wir freuen uns, daß
Sie heute so weit sind, daß Sie wenigstens die Absicht erkennen lassen,
das nun mit ändern zu wollen.
(Beifall bei der FDP)
Wir, meine Damen und Herren, gehen in der Einschränkung der
Möglichkeit, dem Gemeinsamen Ausschuß Aufgaben und Funktionen
zu übergeben, noch weiter. Wir sagen genau das, was wir während der
Fallex-Übungen erklärt haben, erneut auch an dieser Stelle:
Der Gemeinsame Ausschuß muß vor entscheidenden Abstimmungen
immer wieder prüfen, ob das Parlament nicht inzwischen funktionsfä-
hig und beschlußfähig geworden ist.
(Beifall bei der FDP)
Meine Damen und Herren! Das Problem der alliierten Vorbehaltsrechte ist vom Bundesinnenminister hier zu Recht angesprochen worden. Wir Freien Demokraten stellten dazu fest, daß weder die freiheitliche demokratische Grundordnung der Bundesrepublik Deutschland
noch ihre Souveränität noch ihre Stellung im westlichen Vertrags-

system Eingriffe der Alliierten in die verfassungsmäßige Ordnung und
in die Grundrechte der Bürger duldet. Die Vorbehaltsrechte der Alliierten sind zudem auf die Garantie der Sicherheit der alliierten Streitkräfte gegen eine Drohung von außen beschränkt. Sie können deshalb
nicht Rechtsgrundlage für eine vorweggenommene deutsche Notstandsgesetzgebung sein.

Der Kollege Wehner hat am 28. Juni 1967 in einem Zeitungsartikel geäußert:

Jeder anständige Staat hat für solche Zeiten Vorsorge getroffen. Bisher
hatten die gesetzgebenden Organe in der Bundesrepublik keinen Einfluß auf diese delikate und heikle Angelegenheit.

Er sprach damit das Problem der Schubladengesetze an. Ich bin mit
meiner Fraktion und neuerdings anscheinend sogar mit einem Teil der
Bundesregierung, aber mit Sicherheit mit den Sozialdemokraten der
Auffassung, daß wir jetzt endlich dazu kommen werden, vor Verabschiedung der Notstandsverfassung die Schubladengesetze auf den
Tisch des Hauses zu bekommen. Wir freuen uns darüber, daß das ständige Mahnen der Sozialdemokraten und der Freien Demokraten wenigstens in diesem Teil fruchtbar gewesen ist.

Das nächste entscheidende Problem des Regierungsentwurfs, das mit
einer gefährlichen Idee für die verfassungsrechtliche und verfassungspolitische Beurteilung dieses Gesetzes verbunden ist, ist die Zusam-
menlegung von Spannungszeit und Verteidigungsfall zum Zustand der
äußeren Gefahr. Wir haben genau wie Sie von der SPD, in der vorigen
Legislaturperiode in der zweiten und dritten Lesung des Entwurfs, dem
wir unsere Zustimmung geben wollten, immer großen Wert darauf gelegt, daß Verteidigungsfall und Spannungszeit nicht das gleiche sein
dürfen, daß man für diese beiden Fälle entscheidend unterschiedliche
Maßnahmen anwenden muß. Sie verlegen nun die Schwelle der möglichen Eingriffsmaßnahmen schon in die Spannungszeit und werden damit einer Forderung, die Sie bisher immer erhoben haben, nicht mehr
gerecht. Hier ist das Problem des Streikrechts von ganz entscheidender
Bedeutung. Meine Damen und Herren, auch wenn es Ihnen nicht
paßt, wiederhole ich es an dieser Stelle: Wir Freien Demokraten haben
in der vorigen Legislaturperiode eindeutig erklärt, daß es für den Zeitpunkt der Spannungszeit keine Einschränkung des Streikrechts geben
darf.

(Beifall bei der FDP)

Aber wir haben genauso deutlich gesagt – und dazu bekennen wir uns
auch heute –, daß für den Zustand des Verteidigungsfalles, für den Zeitpunkt der militärischen Auseinandersetzung das Streikrecht nicht ab-
geschafft, sondern suspendiert werden sollte.

(Lachen bei der SPD.)

– Ja, Sie haben anscheinend noch gar nicht begriffen, was Sie hier neuerdings fabriziert haben.

(Beifall bei der FDP)

Denn jetzt, meine Damen und Herren, ist das, was Sie nicht wollten,
sogar schon für Spannungszeiten dadurch ermöglicht, daß Sie den Zustand der äußeren Gefahr mit einem völlig anderen Begriffsinhalt ver-
sehen, als es bisher der Fall gewesen ist.

Was dann gesagt wird – der Gemeinsame Ausschuß habe in Spannungszeiten den Feststellungsbeschlüssen der Bundesregierung zuzustimmen, die Entscheidungen über den Eintritt des äußeren Notstandes
und über seine Dauer lägen beim Parlament –, das, meine sehr verehrten Damen und Herren, klingt alles sehr harmlos. Nur hat es leider
nicht den Vorzug, mit dem Inhalt dieses Gesetzes übereinzustimmen.
Denn den Begriff des äußeren Notstandes, der in der vorigen Legislaturperiode allein den Verteidigungsfall zum Inhalt hatte, spricht man
zwar hier an, aber im Gesetzentwurf ist davon keine Rede mehr.

Eine neue Idee dieser Regierung Kiesinger-Brandt hat eine lebhafte
Diskussion ausgelöst – der Herr Bundesinnenminister hat das vorhin zu
Recht betont –, nämlich die Zusammensetzung des Gemeinsamen
Ausschusses, der nunmehr mit der Zweidrittelmehrheit der Abgeord-
neten des Gesamtparlaments gewählt werden soll, nicht mehr nach der
Fraktionsstärke. Hier beginnt das gefährliche Spiel der parteipolitischen
und der personellen Manipulation.

(Beifall bei der FDP)

Meine Damen und Herren, der Kollege Wehner hat im Jahre 1960 zu
dem Schröder-Entwurf unter anderem geschrieben:

(Zuruf von der SPD: Dem haben Sie doch zugestimmt)

– Ach, so viel Unsinn in einer Behauptung habe ich wirklich heute
noch gar nicht angetroffen. –

(Beifall bei der FDP)

Nun muß die Bundesregierung – so Kollege Wehner – und die sie tragende Partei CDU/CSU den Beweis erbringen, daß es auch ihnen um
die Sicherung der freiheitlich-demokratischen Grundordnung gegen

Gefahren geht und nicht darum, diese Grundordnung zugunsten einer Mehrheit, d. h. ihrer eigenen Mehrheit, zu manipulieren.

So Herbert Wehner 1960, und die Hereinnahme der Manipulationsmöglichkeit seine Antwort im Jahre 1967.

(Beifall bei der FDP – Zurufe von der SPD: Wo denn?)

Hier wird natürlich für uns Freie Demokraten etwas von einem Geist spürbar, der uns in allem Ernst bedrückt. Denn wie ein roter Faden, der an einer Stelle, an einer Mittelstelle vielleicht etwas schwarz durchbrochen ist, geht es durch die Vorstellungen und Konzeptionen führender Politiker zu dieser Äußerung. Der Senator Heinsen hat im Bundesrat erklärt:

Der Rechtsausschuß war sich dabei bewußt, daß der uns vorliegende Entwurf ein mühsam ausgependelter Kompromiß ist und daß jede Veränderung eines der tragenden Pfeiler das ganze Gebäude zum Einsturz bringen könnte.

Das war die erste unüberhörbare Mahnung an das Parlament: »Oh, rühre nicht daran! Der Proporz der Meinungen ist hier so gut gelungen, er darf nicht mehr gestört werden, sonst bricht alles zusammen. Es darf nicht mehr geändert werden. Und du, Parlament, und du, Bundesrat, geh diesen Weg.« Der Weg, meine Damen und Herren, der hier erkennbar wird, ist nicht sehr weit zu der Erklärung des Herrn Bundeskanzlers – auch wenn sie in einer anderen Sache gemacht worden ist – :

(Zuruf von der CDU/CSU: Das macht gar nichts; Hauptsache, es paßt in Ihr Konzept!)

»Sollte das Parlament in einer lebenswichtigen Frage etwas beschließen, was ich nicht glaube verantworten zu können, dann werde ich das nicht ausführen, sondern meinen Platz räumen für jemand, der williger ist, als ich es bin.«

(Zurufe: Eine saubere Haltung! – Haben Sie etwas dagegen?)

– Meine sehr verehrten Damen und Herren, diese Konzeption – das zu tun oder nicht zu tun, wie er es hier sagt, was das Parlament für richtig hält –, zu werten, dazu werden wir gleich kommen.

Der Kollege Jahn, immerhin Parlamentarischer Staatssekretär und prominentes Mitglied der sozialdemokratischen Bundestagsfraktion, hat im Fernsehen in einer Diskussion am 30. März dieses Jahres unter anderem erklärt:»Die SPD wird der Verfassungsänderung nur zustimmen –

(Zuruf von der SPD: Furchtbar!)

– Ja, hören Sie zu, wie furchtbar das ist! –»Die SPD wird der Verfas-
sungänderung nur zustimmen, wenn das Gesetz von der ersten bis zur
dritten Lesung unverändert bleibt.«
(Zuruf von der SPD. Wer hat das gesagt?)
– Wenn Sie zugehört hätten, Herr Kollege Schmidt, wüßten Sie es: der
Kollege Jahn, Mitglied Ihrer Bundestagsfraktion.
(Abg. Dr. h. c. Dr.-Ing. E. H. Möller: Hat er nie gesagt!)
Soll das Parlament also die Rolle der schweigenden Masse in einem an-
tiken Drama hier wahrnehmen?
(Beifall bei der FDP – Lachen bei den Regierungsparteien.)
Was ist das für eine verfassungspolitische Gesinnung, die hier spürbar
wird! Von diesem Parlament –»Du hast nur in meinem Sinne abzustim-
men!«– bis zum»L'état c'est moi« ist nur ein kleiner Schritt, meine Da-
men und Herren,
(Beifall bei der FDP – Lachen bei den Regierungsparteien.)
und Sie werden sich mit dieser politischen Gesinnung noch auseinandersetzen müssen bis zum Jahre 1969.
(Zurufe von der SPD.)
Meine Damen und Herren, wollen Sie das eigentlich, so frage ich Sie.
Ist das wirklich Ihre Vorstellung von einer parlamentarischen Demokratie in Deutschland?
Sie, meine Damen und Herren von der sozialdemokratischen Fraktion,
möchte ich an dieser Stelle ganz besonders und auch sehr persönlich
ansprechen. Spüren Sie bei dem, was hier zitiert worden ist, auch von
führenden Leuten Ihrer Fraktion, eigentlich nicht, was an Problemen,
an Schwierigkeiten und auch an undankbaren Diskussionen auf Sie zukommen wird, und spüren Sie nicht die Besorgnis vieler Menschen in
diesem Staate, daß eine Manipulation der Machtverhältnisse über den
Gemeinsamen Ausschuß erfolgen könnte? Wenn Sie sich die Vertreter
der Länder und ihre parteipolitische Zugehörigkeit ansehen, wenn Sie
sich die Zusammensetzung dieses Gemeinsamen Ausschusses ansehen
und wenn Sie aus der Fallex-Übung wissen, daß die Ländervertreter
nicht als Bundesrat zusammengetreten sind, sondern nach ihrer parteipolitischen Zugehörigkeit an den Fraktionssitzungen des Gemeinsamen Ausschusses teilgenommen haben, spüren Sie nichts von der Gefahr, die darin liegt, Herr Kollege Hirsch, daß auch ohne ein Ermächtigungsgesetz mit dieser Regelung der personellen und parteipolitischen Manipulation Gefahren auf Sie zukommen können, die, wenn

die Regelung erst einmal mit Zweidrittelmehrheit verabschiedet ist,
auch von Ihnen nicht mehr aufgehoben werden können? Wissen Sie
denn nicht selbst, daß auch Sie in der Vergangenheit in zwei Legislaturperioden in diesem Hause nicht das eine Drittel der Sperrminorität besessen haben?

Meine sehr verehrten Damen und Herren, dieser Gesetzentwurf der
Bundesregierung hat nicht den freiheitlichen Geist, der es uns ermöglichen könnte, ihm so, wie er vorliegt, zuzustimmen. Wir werden daher
unsere Aufgabe als Opposition wahrnehmen und im Oktober dieses
Jahres einen eigenen Gesetzentwurf vorlegen, der politische Alternativen zum Inhalt hat. Wir sind – damit das an dieser Stelle völlig klar ist –
für die Verabschiedung einer Gesetzgebung für die Stunde der Not;
aber es muß ein freiheitliches Gesetz sein, es muß eine Regelung gefunden werden, die mögliche Einschränkungen nur auf den Verteidigungsfall konzentriert. Dabei müssen die alliierten Vorbehaltsrechte
abgelöst werden, und die Schubladenentwürfe müssen vorher auf den
Tisch dieses Hauses und müssen hier verabschiedet werden, bevor eine
Notstandsverfassung verabschiedet werden kann. Ohne diese Voraussetzung werden Sie mit unserer Zustimmung nicht rechnen können.
Denn für uns Freie Demokraten sind in einer parlamentarischen Demokratie Freiheit und Recht der Staatsbürger keine manipulierbaren
Größenordnungen oder wandelbaren Begriffe;

(Beifall bei der FDP)

für uns sind sie die ethische und verfassungspolitische Rechtsgrundlage,
auf der allein diese Demokratie erhalten werden kann.

(Beifall bei der FDP)

Walter Scheel

Normalisierung der Beziehungen zu den östlichen Nachbarn

Einbringungsrede der Ratifikationsgesetze zu den Ostverträgen im Deutschen Bundestag am 23. Februar 1972

Die allgemeine Lage der Welt, die den politischen Hintergrund für die Einbringung der Verträge von Moskau und Warschau bildet, ist ernst. Wir wissen, daß der Zweite Weltkrieg Probleme hinterlassen hat, die ungleich gefährlicher sind als diejenigen, die zu den früheren Konflikten geführt haben. Ost und West in Europa, in Militärbündnissen zusammengefaßt, stehen einander hochaufgerüstet gegenüber. Die Trennlinie der Konfrontation verläuft mitten durch unser Land und teilt es gegen den Willen der Deutschen. Die Bundesrepublik und die DDR sind heute gegeneinander in stärkerem Maße abgeschlossen als gegenüber jedem anderen Land der Welt. Mauer und Stacheldraht, Mißtrauen und Ideologien trennen uns. Die nukleare Konfrontation der Weltmächte, zu denen China jetzt hinzugetreten ist, stellt die Menschheit vor ihre Existenzfrage wie nie zuvor in der Geschichte. Dies erklärt, warum der amerikanische Präsident sich in Peking aufhält und wenig gefragt hat nach protokollarischen oder formaljuristischen Bedenken gegen eine solche Reise. Er will nichts unversucht lassen, um noch einmal, bevor es zu spät ist, an die Stelle der Feindschaft die Vernunft und an die Stelle des Rüstungswettlaufs die wirtschaftliche Zusammenarbeit zu setzen. Aus diesem selben Grunde wird er nach Moskau reisen. Bei seinen Moskauer Gesprächen wird er sich auf die ersten Ergebnisse der Verhandlungen stützen können, die seit Jahren zwischen der Sowjetunion und den Vereinigten Staaten über die Begrenzung der strategischen Angriffswaffen geführt werden.

Allenthalben in der Welt sind Aggression und Gewalt im Vormarsch. Was Ortega y Gasset einmal den »vertikalen Einbruch der Barbarei« genannt hat, scheint sich in unseren Tagen abzuzeichnen. Die Kluft zwischen den industrialisierten Ländern und den Entwicklungsländern verbreitert sich. Das provozierende Gefälle zwischen reich und arm im Weltmaßstab könnte eines Tages den Nährboden für elementare Ge-

waltausbrüche bilden, deren Ausmaß wir uns heute noch gar nicht vor-
zustellen vermögen.

Wenn der Erste Weltkrieg noch 9 Millionen Tote, der Zweite bereits 30
Millionen Tote gekostet hat, so wird ein neuer Weltkonflikt mit Sicherheit das Ende dieser unserer Zivilisation bedeuten, und niemand kann
daran zweifeln, daß ein Konflikt zwischen Ost und West in Europa ein
Weltkonflikt sein würde. Jedermann weiß, daß ein möglicher Konflikt
in Europa dort seinen Ausgang nehmen würde, wo die Interessen und
Armeen am dichtesten aufeinanderstoßen, nämlich entlang der Linie,
die Deutschland in zwei deutsche Staaten unterschiedlicher Gesellschaftsordnung teilt.

Diese Bundesregierung – so wie andere vor ihr – hätte ihre Verantwortung für das Wohl dieses Volkes auf das sträflichste mißachtet, wenn sie
nicht versucht hätte, ihren Teil zur Entschärfung der Lage beizutragen.
Sie weiß, daß es sich in der Lage, in der wir uns befinden, nicht nur um
ungelöste Grenzfragen handelt, sondern daß die physische und biolo-
gische Erhaltung unseres Volkes auf dem Spiele steht. Das Friedensin-
teresse einer so arbeitsteiligen und hochindustrialisierten Gesellschaft
wie der unsrigen muß noch größer sein als dasjenige anderer Staaten.
Die geringste internationale Erschütterung ist geeignet, unseren anfäl-
ligen und gefährdeten Produktionsapparat in Unordnung zu bringen.
Alle Krisen, sei es in Berlin, im Mittelmeer, im Mittleren oder Fernen
Osten, haben eine direkte Auswirkung auf unsere Wirtschaft, die die
Grundlage unserer Lebensverhältnisse bildet. Es liegt aber nahe, daß
sich unser Staat, noch mehr als andere, um den Frieden bemüht und,
wenn es sein muß, dafür auch Opfer bringt.

Wenn ich »Staat« sage, dann meine ich nicht nur die Regierung, sondern alle, die politische Verantwortung tragen, in Regierung und Opposition. Die Bundesregierung bestreitet der Opposition nicht ihren
Friedenswillen. Wie könnte sie das? Haben wir nicht alle die Schrecken
des Krieges erlebt? Haben wir nicht alle gemeinsam, jeder auf seinem
Weg, seit 1945 nach innen und nach außen einen Staat aufgebaut, der
für sich in Anspruch nehmen kann, aus der Geschichte gelernt zu haben? Es gibt keinen vernünftigen Grund, daß sich die demokratischen
Kräfte in diesem Lande heute zerstreiten, wo sie gemeinsam eine Demokratie errichtet haben, die ihre Leistungen erbracht hat und die sich
in der Welt sehen lassen kann.

Die Fraktion der F.D.P., der ich angehöre, hat die Verwirklichung der

Westverträge in den fünfziger Jahren mitgetragen und mitverantwortet, zusammen mit der heutigen Opposition. Das ist für uns nicht der Augenblick, die Leistungen der Vergangenheit, die darin liegen, zu verleugnen. Diese liberale Fraktion trägt und verantwortet heute zusammen mit der Opposition von gestern die Ostverträge, die die notwendige Ergänzung zu den Westverträgen darstellen. So wie die kleine Gruppe der Liberalen im englischen Unterhaus den Ausschlag für das englische Ja zu Europa gegeben hat, so schicken wir, die deutschen Liberalen, uns an, das Ja zum Frieden und zur Entspannung in Europa zu sichern.

Wenn wir in fairer Grundeinstellung an die vor uns liegende Debatte herangehen, werden wir diesem Staat nach außen und nach innen einen großen, vielleicht einen entscheidenden Dienst erweisen. Nach außen, weil die Welt in diesen Tagen auf den Deutschen Bundestag blickt. Sie will nicht nur wissen, was für und was gegen die Verträge gesagt wird, die Welt wird vor allem auf die Halbtöne hören, die ihr vielleicht Rückschlüsse auf das innere, das tiefere Denken unseres Volkes ermöglichen. Noch wichtiger als die Frage, mit welcher Mehrheit die Verträge verabschiedet werden, wird sein, ob wir uns den Frieden nicht nur als Ziel gewählt haben, sondern ob wir auch eine Sprache des Friedens führen. Gelegentlich wird darauf hingewiesen, daß die Weimarer Republik zugrunde gegangen sei, weil die Mitte und die Rechte des Reichstags den braunen Faschismus unterschätzt hätten. Das mag zum Unheil beigetragen haben. Mit Sicherheit war es die Unfähigkeit jener Republik, die Spielregeln und die Würde des Parlaments zu achten. Sie hat jenen Weimarer Staat der Verachtung durch die eigenen Bürger preisgegeben. Dann erst, auf den Trümmern des Parlaments, konnte der braune Faschismus ins Kraut schießen.

Dies ist eine große Stunde für unser Parlament und unseren Staat. Der Bundesrat hat mit seiner sachlichen und würdigen Debatte eine Norm gesetzt. Ich möchte wünschen, daß wir sie beachten.

Die Art und Weise, wie wir diese Debatte führen, wird aber auch für die Zukunft unseres Landes von Bedeutung sein. Wollen wir sie so führen, daß der nationalen Teilung ein innerer Graben in der Bundesrepublik hinzugefügt wird? Soll nach der Annahme der Verträge, eine Annahme mit vielleicht geringer Mehrheit, der Kampf gegen die Verträge weitergehen, und sollen damit die in ihnen liegenden Chancen im Keim erstickt werden? Oder sollen die Objektivität und die Sachlich-

keit der Debatte den Beweis erbringen, daß bei uns jenes Maß an diszi-
plinierter Selbstkontrolle herrscht, das in dieser Welt heute und in Zukunft erforderlich ist? Gemeinsam wollen wir den Beweis der Zuverläs-
sigkeit und der demokratischen Reife erbringen. Die Bundesregierung
ist jedenfalls entschlossen, ihre Darlegungen in einem Geist und einem
Ton zu machen, die den inneren Frieden für die Zukunft intakt lassen.
Die Bundesregierung steht vor der schwierigen Aufgabe zu überzeugen, wo die Entscheidung schon getroffen worden ist. Auch das, was in
den Ausschüssen von der Bundesregierung an Informationen und Argumenten noch geliefert werden wird, wird gegen den Beschluß der
Oppositionsfraktion, zu den Verträgen nein zu sagen, wahrscheinlich
wenig ausrichten.
Gleichwohl würde diese Regierung ihrer Aufgabe und ihrer Verantwortung nicht gerecht, wenn sie nicht alles täte, um noch einmal in der
eindringlichsten Weise die Bedeutung der Verträge für den Frieden
und für die Zukunft dieses Landes vor aller Welt klarzumachen. Einen
ersten Test haben die Verträge erfolgreich bestanden. Ohne sie würde
es eine Berlin-Regelung nicht geben. Das Viermächteabkommen über
Berlin aber war der Prüfstein – nicht nur für uns –, ob die Sowjetunion
bereit sein würde, über Entspannung nicht nur zu reden, sondern sie
auf der Grundlage eines vertretbaren Kompromisses auch konkret zu
vereinbaren. Daher sagte der amerikanische Präsident, daß diese Regelung ein Meilenstein gewesen ist, daß dieses Berlin-Abkommen ihm
ermöglicht habe, den Weg nach Moskau zu gehen. An die erwiesene
Bereitschaft zum Kompromiß knüpfen sich die Erwartungen, auch auf
anderen Gebieten zu Regelungen zu kommen. Das ist die Bedeutung
dieser Abmachung.
Der Kern unserer Ost-West-Politik, das Verhältnis zwischen den beiden Staaten in Deutschland, wird von diesen Verträgen natürlich beein-
flußt. Sie haben ein Recht darauf, zu erfahren, ob die Perspektive der
Einheit Deutschlands mit den Verträgen verbessert oder ob die Spaltung Deutschlands vertieft wird. Diese Debatte gibt Gelegenheit, darüber zu diskutieren. Nicht nur dieses Parlament, sondern das ganze
deutsche Volk hat ein Recht auf diese Antwort; denn die deutsche
Frage bleibt für uns – und ich meine, für uns alle – im Mittelpunkt unserer Entspannungs- und Friedenspolitik.
Diese Bundesregierung würde jedoch ihre Pflicht in bedenklicher
Weise verletzen, wenn sie es unterlassen würde, auf die möglichen Fol-

gen einer Ablehnung der Verträge hinzuweisen. Die Bundesregierung muß mit dem gebotenen Ernst die Frage nach der Alternative stellen – das ist eine Frage, die zu beantworten die Opposition uns schuldet. Denn welches wäre der Wert eines ablehnenden Votums, wenn es nicht abgesichert wäre durch eine tragfähige und erfolgversprechende Alternative?

Lassen Sie mich zum Inhalt der Verträge Stellung nehmen. Erstens. Die Verträge enthalten einen umfassenden Gewaltverzicht. Danach ist nicht nur die Anwendung von Gewalt, sondern auch die Drohung mit Gewalt ausgeschlossen. Dieser Ausschluß gilt für alle Aspekte der gegenseitigen Beziehungen zwischen den Vertragspartnern. Er bedeutet, daß alle Streitfragen ausschließlich mit friedlichen Mitteln zu lösen sind. Worin liegt die politische Bedeutung dieses Gewaltverzichts? Die Sowjetunion kann sich jetzt nicht mehr wie noch 1969 auf ein angebliches Interventionsrecht aus den Artikeln 53 und 107 der Satzung der Vereinten Nationen berufen. Das wurde ausdrücklich durch den sowjetischen Außenminister bestätigt.

Zweitens. Diese Verträge enthalten eine Aussage über die Grenzen. Sie schaffen keine Rechtsgrundlagen für bestehende Grenzen und enthalten keine Stellungnahme zur Entstehung dieser Grenzen. Sie enthalten aber Verpflichtungen. Im deutsch-sowjetischen Vertrag verpflichten sich die Partner, die Grenzen als unverletzlich zu achten. Das bedeutet, sie können nicht mit Gewalt geändert werden. Eine friedliche und einvernehmliche Änderung der Grenzen ist damit natürlich nicht ausgeschlossen. Das hat der sowjetische Außenminister ebenfalls ausdrücklich bestätigt. Ferner haben in dem deutsch-sowjetischen Vertrag beide Seiten erklärt, daß sie keine Gebietsansprüche haben. Das entspricht unserer bisherigen Politik. Die Bundesrepublik hat auch in der Vergangenheit keine Gebietsansprüche geltend gemacht, weder auf die Gebiete jenseits von Oder und Neiße noch auf das Gebiet der DDR. Die Einheit Deutschlands wird nur dadurch erreicht, daß die Bundesrepublik das Selbstbestimmungsrecht des deutschen Volkes zur Grundlage einer solchen Entwicklung macht. Daß eine Politik, die darauf abzielt, auf einen Zustand des Friedens in Europa hinzuwirken, in dem das deutsche Volk in freier Selbstbestimmung seine Einheit wiedererlangt, nicht gegen diese Bestimmungen des Vertrages verstößt, ergibt sich – um das zu beantworten – aus dem Brief zur deutschen Einheit, den ich anläßlich der Unterzeichnung des Moskauer Vertrages an den sowjetischen Außenminister richtete. Dieser Brief wurde von der sowjetischen Seite ohne Widerspruch entgegengenommen.

Im deutsch-polnischen Vertrag ist die Aussage zur Grenze konkretisiert. Diese Aussage stellt klar, daß die Bundesrepublik die Oder-Neiße-Linie als Westgrenze Polens nicht mehr in Frage stellt. Dies bedeutet, daß die Gebiete jenseits dieser Grenze von der Bundesrepublik Deutschland für die Dauer ihrer Existenz als polnisches Staatsgebiet zu betrachten und zu respektieren sind, wenngleich eine friedensvertragliche Regelung für Deutschland noch nicht zustande gekommen ist und die Rechte und Verantwortlichkeiten der Vier Mächte in bezug auf Deutschland als Ganzes fortbestehen.

Diese Grenzregelung hat nichts mit den Individualrechten der Deutschen, die in den Gebieten jenseits von Oder und Neiße leben, zu tun. Diese Rechte waren nicht Gegenstand der Verträge. Ich habe, um das klarzustellen, in den Verhandlungen förmlich erklärt, daß niemand durch den Vertrag Rechte verliert, die ihm nach den Gesetzen der Bundesrepublik Deutschland zustehen.

Der deutsch-polnische Vertrag schafft allerdings kein Optionsrecht für die Deutschen jenseits von Oder und Neiße. Im Zuge der Verbesserung unserer Beziehungen zu Polen eröffnet er uns jedoch die Möglichkeit, uns für diese Deutschen zu verwenden.

Drittens. Beide Verträge enthalten eine Bestimmung, in der klargestellt wird, daß früher geschlossene Verträge der Vertragspartner nicht berührt werden. Das gilt auch, wie unseren Vertragspartnern bekannt ist, für den Deutschland-Vertrag, den wir mit unseren drei westlichen Verbündeten abgeschlossen haben. Dort heißt es, daß sich die Unterzeichnerstaaten darüber einig sind, daß ein wesentliches Ziel ihrer gemeinsamen Politik eine frei vereinbarte friedensvertragliche Regelung für ganz Deutschland ist, und daß sie sich weiterhin darüber einig sind, daß die endgültige Festlegung der Grenzen Deutschlands bis zu dieser Regelung aufgeschoben werden muß. Damit ist klargestellt, daß die Bundesrepublik nur für sich, nicht für einen gesamtdeutschen Souverän sprechen kann. Ferner ist gesichert, daß die Rechte der Vier Mächte hinsichtlich Deutschland als Ganzes unberührt bleiben.

Viertens. Beide Verträge enthalten schließlich als Ziel der Vertragspartner die Normalisierung der Beziehungen. Diese Normalisierung soll sich auf alle Bereiche der gegenseitigen Beziehungen erstrecken. Sie ist das eigentliche politische Ziel der Verträge, das in die Zukunft weist.

Die Rechte und Verpflichtungen aus den Verträgen sind eindeutig formuliert. Sie geben keinen Anlaß zu einem Dissens zwischen den Vertragspartnern. Völkerrechtliche Verträge sind grundsätzlich von ihrem Wortlaut her auszulegen; ihre Auslegung kann nicht über das hinausgehen, worüber zwischen den Vertragspartnern Einigung erzielt worden ist. Auch die Verpflichtungen hinsichtlich der Respektierung der Grenzen sind eindeutig.

Entspannung und Normalisierung sind die Grundpfeiler des politischen Prozesses in Europa, der von beiden Seiten in Europa getragen wird und dessen Ziel die Erhöhung der Sicherheit in Europa ist. Davon werden natürlich spezifische politische Zielvorstellungen, die die jeweiligen Vertragspartner haben mögen und die sie vielleicht auch mit den Verträgen verbinden, nicht berührt. Diese Zielvorstellungen sind ebensowenig in den beiden Verträgen wie in anderen völkerrechtlichen Verträgen Gegenstand der Regelung. Sie konnten es auch gar nicht sein.

Es liegt in der Natur des Menschen begründet, daß er den Wunsch nach Entspannung und Frieden in ruhigen Zeiten nicht so deutlich bekundet wie in Augenblicken der Krise. Konrad Adenauer wußte, wovon er sprach, als er am 20. November 1958, auf dem Höhepunkt der Berlin-Krise, zum sowjetischen Botschafter Smirnow sagte: »Oberstes Ziel jeglicher Politik muß es sein, eine Entspannung der Weltlage anzustreben. Demgegenüber hat alles andere zurückzutreten!«

Wir, die Abgeordneten des Bundestages, sollten uns solcher Einsichten nicht nur entsinnen, wenn eine Krise vor der Tür steht oder sie schon ausgebrochen ist.

Diese Bundesregierung hat jedenfalls vom ersten Tag ihrer Regierungszeit an ihr Sinnen und Trachten auf die Verwirklichung einer Entspannung zwischen Ost und West in Europa gerichtet.

Entspannung entsteht nicht dadurch, daß man von Entspannung redet und sich vielleicht auch einer gemäßigten Sprache bedient. Entspannung ist nur dort möglich, wo ein Minimum an Vertrauen entsteht, wo die Vernunft langsam die Oberhand über Vorurteile und Mißtrauen gewinnt.

Aber da gibt es – so wird man einwenden – die ungelösten Probleme, die uns der Zweite Weltkrieg beschert hat. Wie wollen wir zu Entspannung kommen, wenn sich die Probleme als unlösbar erweisen, wie die

Erfahrung von mehr als 25 Nachkriegsjahren gezeigt hat? Meine Antwort ist einfach: Gerade weil wir es in unserem Verhältnis zu Osteuropa mit Fragen zu tun haben, die heute unlösbar sind, brauchen wir Entspannung und Zusammenarbeit. In der gefährlichen Welt, in der wir leben, können wir nicht immer sicher sein, daß sich die Entspannung einstellt, wenn wir sie gerade brauchen.

Auch angesichts der heute unlösbaren Fragen, die man das Deutschlandproblem nennt, ist die Entspannung und Zusammenarbeit zwischen Ost und West in Europa möglich, und zwar durch den gegenseitigen, vertraglich vereinbarten Gewaltverzicht auf der Grundlage des Status quo. Ohne diesen Gewaltverzicht, ohne eine klare und rückhaltlose Äußerung zum Status quo gibt es weder Entspannung noch Zusammenarbeit mit den osteuropäischen Ländern. Hiervon müssen wir ausgehen, und hiervon muß auch jeder ausgehen, der zu einem besseren Verhältnis zu den Völkern Osteuropas kommen will. Bereits 1966 hat der damalige amerikanische Präsident Johnson das so ausgedrückt: »Unsere Aufgabe ist es, eine Wiederversöhnung mit dem Osten zu erreichen, einen Übergang von der engen Konzeption der Koexistenz zu der größeren Vision des friedlichen Engagements ... Hand in Hand mit diesen Maßnahmen zur Stärkung der Ost-West-Beziehungen müssen Maßnahmen zur Beseitigung der territorialen Grenzstreitigkeiten gehen, die eine Quelle von Spannungen und Reibungen in Europa bilden.«

Nun, die vorliegenden Verträge schaffen die Voraussetzung dafür, daß trotz der ungelösten Probleme eine genügend tragfähige Grundlage für den politischen Dialog mit dem Osten und eine für beide Seiten vorteilhafte wirtschaftliche, technologische, wissenschaftliche und kulturelle Zusammenarbeit zustande kommt. Auch hier gilt, daß man wirtschaftliche Zusammenarbeit nicht erst dann herstellen kann, wenn sie am dringendsten gebraucht wird. Regieren heißt ja voraussehen.

Am 9. Februar dieses Jahres sagte Präsident Nixon in seinem Bericht an den Kongreß: »Die Vier Mächte erzielten eine Übereinkunft über Berlin, die dazu bestimmt ist, die ständigen Krisen über diese Stadt in der Nachkriegszeit zu beenden und die Lage der tapferen Bevölkerung West-Berlins in konkreter Weise zu verbessern. Zum erstenmal ergab sich die Aussicht auf konkrete Gespräche mit dem Osten über andere ungelöste Fragen der Sicherheit und Zusammenarbeit in Europa.«

Ich habe vorhin schon erwähnt, daß es ohne Gewaltverzicht und ohne

Beachtung der Realitäten dieses Berlin-Abkommen nicht gegeben hätte. Und selbst der grimmigste Kritiker dieser Regierung wird ihr zugestehen müssen, daß während der Verhandlungen in Moskau die Sorge um die Lebensfähigkeit Berlins ihr Handeln und ihre Schritte täglich bestimmt hat. Kein Mitglied der damaligen Verhandlungsdelegation wird vergessen, wie in der letzten Nacht der Verhandlungen vor der Paraphierung alle Beteiligten innerlich auf das äußerste angespannt waren, als ich meinem sowjetischen Kollegen immer noch einmal wiederholte, daß es ohne eine befriedigende Berlin-Regelung keinen Vertragsabschluß geben könne.

Ich habe Herrn Gromyko den Kabinettsbeschluß vom 23. Juli 1970, den ich auch hier noch einmal in Erinnerung bringen darf, wörtlich verlesen. Das Kabinett sagte damals: »Der Rahmen, in dem sich die Verhandlungen halten werden, ist durch den Auftrag des Grundgesetzes zur Wahrung der Einheit der deutschen Nation, durch die Rechte und Verantwortlichkeiten der Drei Mächte für Deutschland als Ganzes und Berlin und durch die internationalen Verpflichtungen der Bundesrepublik Deutschland gegeben. Die Bundesregierung ist der Auffassung, daß Fortschritte in der europäischen Entspannung untrennbar verbunden sind mit Fortschritten in Richtung auf eine befriedigende Regelung der Lage in und um Berlin. Ein Gewaltverzichtsvertrag wird daher erst dann in Kraft gesetzt werden können, wenn entsprechende Vereinbarungen vorliegen.«

Inzwischen liegt das Ergebnis der langen und schwierigen Verhandlungen über Berlin vor uns. Nie zuvor in der Geschichte der modernen Diplomatie hat es eine so enge Abstimmung, ein so enges Zusammenwirken verbündeter Staaten gegeben, wie dies in diesen Verhandlungen zwischen den drei Westmächten und uns der Fall war. Für die Solidarität, die sie uns gegenüber bewiesen haben, und für die mit den Verhandlungen verbundenen ungewöhnlichen Anstrengungen schulden wir den drei westlichen Verbündeten Dank, auch den Dank dieses Hohen Hauses.

Die Gerechtigkeit gebietet es, auch die Bereitschaft der Sowjetunion anzuerkennen, trotz aller Schwierigkeiten, trotz Zähigkeit zu einem positiven Abschluß beizutragen. Und schließlich sollten wir nicht vergessen, daß auch die Mitwirkung der DDR notwendig war, um zu dem vorliegenden Ergebnis zu kommen.

Die Opposition war zunächst ganz konsequent, wenn sie erklärte, die

Berlin-Regelung werde der Prüfstein für die Qualität der Verträge sein; sie würde auch ein Test für die Bereitschaft der Sowjetunion, zur Entspannung beizutragen, sein. Jetzt, nachdem eine befriedigende Berlin-Regelung darauf wartet, in Kraft gesetzt zu werden, ist bei Ihnen davon allerdings weniger die Rede.

Die Berlin-Regelung – und ich nehme an, daß Sie mir da zustimmen werden – öffnet und sichert die Wege von und nach Berlin und von Berlin zu uns, sie öffnet den Berlinern eine Pforte zu Besuchen in der DDR, sie bringt die Anerkennung der Bindungen West-Berlins an den Bund, sie festigt die internationale Position Berlins und seine Vertretung durch die Bundesrepublik und bestätigt die Viermächte-Verantwortlichkeit für Berlin. Damit ist ein hochempfindliches krisenträchtiges Problem vertraglich unter Kontrolle gebracht worden. Es ist uns gelungen, darüber hinaus erhebliche praktische Verbesserungen zu erreichen. Die Visagebühren sind pauschaliert worden, die Fernmelde- und Fernschreibverkehrsverbindungen zwischen Berlin und der DDR sind ausgeweitet worden. Das klingt bescheiden, das klingt für Sie vielleicht bescheiden; für einen Berliner, der seit zehn Jahren nur noch unter großen Schwierigkeiten mit seinen Verwandten und Bekannten in Ost-Berlin und der DDR telefonieren konnte, sieht sich die Sache anders an. Niemand konnte erwarten, daß eine Berlin-Regelung die Mauer zum Verschwinden bringen würde. Aber mit dem Abkommen ist sicher eine Forderung auch der Opposition erfüllt worden: die Mauer ist mit dem Abkommen durchlässiger geworden.

Die Bundesregierung bringt die beiden Verträge jedenfalls mit dem guten Gefühl ein, für die Lebensfähigkeit Berlins und für das Los seiner Bürger mehr erreicht zu haben, als viele von uns, wenn sie aufrichtig sind, vor einigen Jahren zu hoffen wagten.

Was sagte doch der damalige amerikanische Außenminister Dean Rusk 1968 auf der NATO-Konferenz: »Wenn man die Pauschalierung der Zugangsgebühren erreichen könnte, so wäre dies wohl eine große Sache.«

Die Pauschalierung der Gebühren damals eine große Sache! Vergleichen Sie damit doch einmal den Inhalt des Viermächteabkommens über Berlin.

Es wird sich immer jemand finden, der die Dinge ins Gegenteil zu verkehren versteht. Er wird erklären, daß sich das Parlament mit der Berlin-Regelung nicht unter Druck setzen lasse. Darum kann es sich auch nach der Auffassung der Bundesregierung gewiß nicht handeln. Bedenken Sie aber, bevor Sie so etwas aussprechen, wie die Lage Berlins war und wie sie mit der Regelung sein wird. Handeln Sie im Sinne der Präambel des Grundgesetzes wenigstens für diejenigen, für die Sie jetzt wirklich handeln können, für die Berliner.

Ich darf nunmehr einmal an etwas erinnern, was der Kollege Barzel hier im Bundestag vor zwei Jahren gefragt hat: »Was also, Herr Bundeskanzler, werden Sie erklären, oder was würden Sie erklären, falls die Sowjetunion Ihnen – wie 1968 uns zusammen – die Frage anträgt: Seid ihr bereit, nicht nur auf Gewalt, sondern auch auf friedliche Veränderung der deutschen Dinge mit dem Ziel der Selbstbestimmung des deutschen Volkes zu verzichten? Das ist der Kern, das ist die Frage.«

So die Frage von Herrn Barzel im Bundestag. Herr Dr. Barzel, ich kann Ihnen zu diesem Komplex sagen, was ich selbst dazu in den Verhandlungen in Moskau vorgetragen habe. Auf der Verhandlungssitzung am 30. Juli 1970, in der ersten Phase der Verhandlungen, habe ich folgendes dazu gesagt: »Es muß volle Klarheit herrschen, wenn der Vertrag zur Grundlage besserer Beziehungen und schließlich hoffentlich freundschaftlicher Beziehungen zwischen unseren beiden Ländern werden soll. Dabei darf ich wiederholen: Für jede Bundesregierung, gleich wie sie aussieht, bleibt die Einheit der Deutschen ein unverzichtbares politisches Ziel. Ich sage das, um klarzumachen, daß eine friedliche Politik, die auf diesen Prinzipien – Gewaltverzicht, Achtung der territorialen Integrität, keine Verletzung der Grenzen – beruht und der Einheit der Deutschen im Rahmen einer europäischen Friedensordnung dient, keine Verletzung des Vertrages darstellt. Ich weise noch einmal darauf hin, daß wir einer ausführlichen Erwähnung der Grenze zwischen der Bundesrepublik Deutschland und der DDR in dem Artikel über die Achtung der territorialen Integrität zugestimmt haben. Was wir nicht aufgeben können, ist das Recht der Regierung und der Bevölkerung, die nationale Einheit im Rahmen einer europäischen Friedensordnung und auf der Grundlage der freien Selbstbestimmung mit friedlichen Mitteln anzustreben. Es wäre niemandem in Europa damit gedient, wenn man ein Volk dazu bringen wollte, seine Identität zu verleugnen. Deshalb haben wir mit großer Befriedigung Ihre Erklärung über das Recht der Völker und Staaten, sich friedlich zu vereinigen, zur Kenntnis genommen.«

Herr Barzel, das ist die Antwort auf Ihre Frage gewesen.

Das Ergebnis dieser Verhandlungen war der Brief zur deutschen Einheit. Er gehört zusammen mit den anderen begleitenden Dokumenten zu den Ratifizierungsunterlagen. Ich möchte seinen Inhalt, der von der sowjetischen Seite unwidersprochen entgegengenommen worden ist, hier noch einmal zitieren:

»Sehr geehrter Herr Minister,

im Zusammenhang mit der heutigen Unterzeichnung des Vertrages zwischen der Bundesrepublik Deutschland und der Union der Sozialistischen Sowjetrepublik beehrt sich die Regierung der Bundesrepublik Deutschland festzustellen, daß dieser Vertrag nicht im Widerspruch zu dem politischen Ziel der Bundesrepublik Deutschland steht, auf einen Zustand des Friedens in Europa hinzuwirken, in dem das deutsche Volk in freier Selbstbestimmung seine Einheit wiedererlangt.

Genehmigen Sie, Herr Minister, die Versicherung meiner ausgezeichnetsten Hochachtung.«

Die Bundesregierung ist weder so illusionistisch, zu glauben, noch so unaufrichtig, andere glauben zu machen, als sei uns mit diesem Brief eine politische Waffe in die Hand gegeben, mit der wir die Wirklichkeit, die traurige Wirklichkeit der deutschen Teilung aus den Angeln heben könnten. Dieser Brief zur deutschen Einheit hält zusammen mit anderen Teilen des Vertragswerkes die deutsche Frage offen. Das ist schon etwas, und das war gar nicht so selbstverständlich, wie sich das heute vielleicht für manchen ansehen mag. Hätte die Opposition im Sommer 1970, der Einladung der Bundesregierung folgend, einen Vertreter zu den Verhandlungen entsandt, dann hätte sie sich an Ort und Stelle ein Bild von der Härte der Verhandlungen, insbesondere in dieser Frage, machen können. Nein, die Wirklichkeit der Teilung kann man nicht mit juristischen Vorbehalten wegzaubern. Sie ist die unmittelbare Folge des von Hitler angezettelten und von uns allen verlorenen Krieges. Und jeder, der diese Teilung kennt, wie wir sie in Erfurt und Kassel erlebt haben, der weiß, daß die Teilung kaum noch vertieft werden kann, es sei denn durch eine Politik, die sich auf Deklamationen beschränken würde. Nein, wenn es einen Weg zur Einheit der Nation gibt, dann nur über eine allgemeine Entspannung in Europa, die tragfähig genug ist, das Trennende zwischen uns und der DDR in den Hintergrund treten zu lassen. Nicht die friedliche Konkurrenz der beiden deutschen Staaten um den besten Beitrag zum Frieden und zur Zusammenarbeit vertieft die Spaltung weiter. Wenn etwas die beiden Teile noch weiter und endgültig voneinander entfernen kann, dann ist es die Indifferenz, die sich hinter unerfüllbaren Forderungen verbirgt.

Wenn auf der Grundlage dieser Verträge Entspannung und Zusammenarbeit zwischen Ost und West in Europa in Gang kommen, dann wird auch das Verhältnis der beiden deutschen Staaten zueinander eingebettet sein in ein Klima, in dem es leichter sein wird, mehr Austausch, mehr Kommunikation und mehr Freizügigkeit zu erreichen. Wer aber Angst vor der eigenen Courage hat, wer befürchtet, mehr Kommunikation und Freizügigkeit importiere bei uns den Kommunismus, der erhebt doch indirekt die Forderung, die Regierung der DDR müsse erst kapitulieren, bevor es zu Kontakten mit der Bundesrepublik kommen darf. Von beiden können wir nur eines haben: entweder wir folgen dem Beispiel Honeckers und grenzen uns ab aus Furcht vor Ansteckung, oder wir sind uns der Stärken der freiheitlichen Ordnung bewußt und trauen uns den friedlichen Wettbewerb mit der DDR überall dort, wo er möglich ist, zu.

Die Frage, ob der Kommunismus bei uns eine Chance hat, wird von uns, ganz allein von uns, entschieden. Die Verträge sind ein Kernstück der friedlichen Koexistenz zwischen West und Ost und der Sicherheit in Europa. Die Bundesrepublik Deutschland will mit ihnen nicht nur ihre eigene Lage verbessern, auch nicht nur die Lage Berlins verbessern. Wir sehen in den Verträgen einen wichtigen Beitrag zur Stabilität unseres Kontinents. Die Verträge fördern das, was die Europäer erhoffen: die Milderung der Spaltung des alten Weltteils durch friedlichen Austausch und Zusammenarbeit.

1815, auf dem Wiener Kongreß, war es noch die europäische Staatskunst, die die Folgeprobleme der napoleonischen Kriege löste. 1918, in Versailles, fehlte Rußland. Dann zog Amerika sich zurück. Es gelang nicht, ein Gleichgewicht zu schaffen. 1945, in Potsdam, hatte Westeuropa so gut wie kein Gewicht mehr. Diese Verträge, als Teil westeuropäischer Politik konzipiert, in ständigen Konsultationen mit den Bündnispartnern erarbeitet, künden an: das wiedererstandene Westeuropa beginnt Herr seiner eigenen Probleme zu werden.

Die Politik, die zu den Verträgen geführt hat, hat wesentlich zum Zusammenhalt des sich gestaltenden Westeuropas beigetragen. Es war kein leeres Wort, als wir vor den Verhandlungen sagten, unsere gesamt Osteuropapolitik baue auf der fortschreitenden Integration Westeuropas auf. In anderen Fragen mag es Nuancen und Meinungsverschiedenheiten unter Europäern geben; was unsere Osteuropapolitik angeht, bestehen keine. Präsident Pompidou sagte noch am 11. dieses Monats in Paris: »In den Beziehungen zum Osten haben wir eine vollendete Übereinstimmung zwischen der Politik der Bundesrepublik und der französischen Politik festgestellt. Ich hatte Gelegenheit, dem Bundeskanzler erneut die vorbehaltlose Unterstützung zu bestätigen, die wir seiner Politik auf diesem Gebiete zollen.« Soweit Pompidou! Der britische Außenminister Douglas-Home äußerte sich am 13. Februar noch: »Die britische Regierung hat die Ostpolitik von Anfang an voll unterstützt und hat die Verträge von Moskau und Warschau als wichtige Beiträge zu den Beziehungen zwischen Ost und West begrüßt.«

Blicken wir doch einmal auf das, was seit Beginn unserer Regierungszeit in Westeuropa geschehen ist. Wir haben den inneren Ausbau der Gemeinschaften, wie er in den Römischen Verträgen vorgesehen ist, vollendet. Mit der Wirtschafts- und Währungsunion haben wir den ersten Schritt zu einem geschlossenen Binnenmarkt mit freiem Verkehr von Menschen, Gütern und Kapital getan. Die Erweiterung der Gemeinschaften ist gelungen. Damit ist der Stein aus dem Weg geräumt, der die Fortentwicklung Europas seit den sechziger Jahren blockierte. Die politischen Konsultationen erst der Sechs, dann der Zehn, sind in Gang gekommen. Was mit dem Fouchet-Plan 1962 endgültig gescheitert schien, konnte damit wieder auf den Weg gebracht werden. Unsere Ostpolitik, die europäische Ostpolitik, hat die Stagnation überwunden. Die Europäer haben sich zu einer gemeinsamen Standortbestimmung in dieser Politik aufgerafft. Sie haben daraus identische Konsequenzen gezogen. Hieraus sind die ersten Ansätze einer gemeinsamen Politik für die Zukunft erwachsen. Niemand auf der Welt verkennt dies, auch die Sowjetunion nicht. Das ist doch das Entscheidende. Es kommt doch nicht auf die förmliche Anerkennung der Europäischen Gemeinschaften an, von der uns die Juristen der Kommission in Brüssel noch letzte Woche sagten, so etwas gebe es überhaupt nicht. Es kommt doch darauf an, daß der dynamische Prozeß der europäischen Einigung, wirtschaftlich und politisch, von jedem als unabänderlich betrachtet wird und daß daraus die richtigen Folgerungen für Entspannung und für Zusammenarbeit gezogen werden.

Ich habe während der Verhandlungen in Moskau und danach bei jedem Gespräch mit sowjetischen Politikern darauf hingewiesen, daß auch diese Entwicklung Teil einer europäischen Realität sei. Lassen Sie mich hierzu aus einer Aufzeichnung über meine Gespräche in Moskau vom 28./29. November 1971 zitieren. Dort heißt es:»Der Bundesminister des Auswärtigen wies auf die entscheidende Bedeutung der Gemeinschaft im Welthandel hin. Er schilderte ausführlich und eindringlich die Integrationsautomatik, insbesondere den Beginn der Übergangsphase der Gemeinschaften vom 1. Januar 1973 an. Er betonte auch die Bedeutung, die den Europäischen Gemeinschaften als Faktor für Sicherheit und Zusammenarbeit in Europa zukommen werde. Der Außenminister erklärte unmißverständlich, daß eine Änderung unserer EWG-Politik völlig ausgeschlossen sei.«

Ich habe auch nie einen Zweifel daran gelassen, daß diese Verträge nur auf der Grundlage des bestehenden militärischen Gleichgewichts in Europa möglich sind. Schon in der Zeit, als ich Oppositionsführer im Deutschen Bundestag war, habe ich in einem Gespräch mit Ministerpräsident Kossygin betont, daß eine funktionierende Allianz mit intakter amerikanischer Truppenpräsenz die Grundlage für die Entspannung in Europa sei. Wir haben diese Politik im Bündnis und gegenüber unseren Vertragspartnern beharrlich weiterverfolgt. Es ist deshalb wiederum kein Zufall, daß es in dem Abschlußkommuniqué der NATO-Ministerratskonferenz vom 4. Dezember 1970 heißt:»Die Minister der NATO-Länder begrüßten diese Verträge als Beitrag zur Minderung der Spannung in Europa.« Denn in der Tat ist der Zusammenhalt der Allianz, seitdem wir unsere Osteuropapolitik begannen, besser geworden. Das, was im Harmel-Bericht 1967 vorgezeichnet wurde, ein Bündnis, dessen Sicherheit nicht nur auf der Abschreckung, sondern auch auf der Entspannung aufbaut, wird jetzt Wirklichkeit. Allerdings: »Vor nicht allzu langer Zeit waren unsere Bündnisse ausschließlich auf die Eindämmung der Sowjetunion und der Volksrepublik China gerichtet. Jetzt aber muß mehr in unsere Allianz hineinkommen. Es ist relativ einfach, sich über das zu einigen, wogegen man ist; es ist sehr viel komplizierter, eine Allianz auf der Grundlage dessen zusammenzuhalten, wofür man ist.« Ich habe jetzt Präsident Nixon zitiert.

In den letzten Monaten hat die Opposition eine stets wachsende und auch stets wechselnde Argumentation gegen die Verträge ins Feld geführt. Dafür war vom Inhalt der Verträge immer weniger die Rede. Es handelt sich um Argumente von unterschiedlichem Gewicht. Allen ist gemeinsam, daß sie nicht auf dem Wortlaut der Verträge aufbauen, sondern daß sie das Produkt manchmal ganz unbegrenzter politischer Spekulationen darstellen. Aber die Geschichte ist kein Produkt von Spekulationen. Sie setzt sich zusammen aus schwierigen Entwicklungen und mutigen Entscheidungen. Niemand in unserer jüngsten Geschichte hat dies besser gewußt als der Bundeskanzler, auf den sich die Opposition gern beruft. In seinen Erinnerungen zum Jahr 1955, dem Jahr seiner Moskau-Reise, schrieb Konrad Adenauer in aller Nüchternheit: »Es würde dies ein langer und mühseliger Weg schwierigster Verhandlungen sein, ein Weg, auf dem man manche Umwege in Kauf nehmen müßte, die zweifellos auch mit Gefahren verbunden sein würden. Es müßte versucht werden, einen Weg zu finden, der auch der Sowjetunion akzeptabel erschiene und bei dem sie hoffen könnte, ihre Zielsetzung gewahrt zu wissen.« Meine verehrten Kollegen von der CDU/CSU, denken Sie doch einmal über diese Worte nach! Fragen Sie sich, ob wir etwas anderes getan haben als das, was 1955 Konrad Adenauer als die Umrisse einer Verhandlung mit der Sowjetunion entworfen hat!

An einer Behauptung kann die Bundesregierung allerdings nicht vorbeigehen, ohne ihr mit allem Nachdruck zu widersprechen. Weder in den Verträgen noch in den begleitenden Dokumenten gibt es einen Anhaltspunkt für die wirklich grob fahrlässige Behauptung, diese Verträge würden Forderungen auf Reparationsleistungen an die Bundesrepublik Deutschland begründen.

Wer unseren Steuerzahlern das Schreckgespenst der Reparationen an die Wand malt, handelt genauso unverantwortlich wie jener, der um jeden Preis eine Inflation herbeidiskutieren möchte. Oder wollen wir etwa dem Ausland suggerieren, bei uns gäbe es etwas zu holen? Ich hoffe, daß die Abgeordneten der Opposition selbst für die notwendigen Klarstellungen hier im Deutschen Bundestag sorgen. Es darf nicht der Eindruck entstehen, als würde es die CDU/CSU zulassen, daß einzelne ihrer führenden Mitglieder mit diesen trüben Gerüchten weiter hausieren gehen.

Argumente lassen sich immer finden und ins Feld führen, wenn es sich darum handelt, die bereits getroffene Entscheidung, nein zu den Verträgen zu sagen, zu begründen. Argumente entstehen und Argumente verschwinden wieder. Aber noch so viele Argumente gegen eine Politik machen noch keine Alternative. Und hier liegt in der Tat die größte Schwäche der Opposition. Wie würde die Politik aussehen, die Sie an die Stelle derjenigen setzen wollen, die die Bundesregierung verfolgt?

Wie soll eine Entspannungspolitik aussehen, wenn sie ohne die Grundlage des Status quo freischwebend in der Luft hängt? Verhandeln heißt doch nicht eigene Wunschzettel ausfüllen! Oder glauben Sie gar, es seien die Zeit und die Gelegenheit gekommen, sich politisch einzugraben, wenn unsere Freunde und Verbündeten längst die Bewegung gewählt haben? Sollen wir die halbverfallenen Unterstände des Kalten Krieges wieder beziehen, wenn sich unsere mächtigsten Verbündeten zur Entspannung und Zusammenarbeit entschieden haben? Macht es überhaupt keinen Eindruck auf die Opposition, wenn alle unsere Verbündeten geschlossen für diese Politik, die wir gemeinsam treiben, eintreten?

Die Argumente der Opposition sind deswegen so wenig einleuchtend, weil keine brauchbare und keine machbare Alternative hinter ihnen steht. Es gibt allerdings die möglichen Folgen einer Ablehnung der Verträge. Das ist aber etwas anderes als eine Alternative.

Mein französischer Kollege, Maurice Schumann, wurde in einem Interview, das in der »Welt« abgedruckt war, gefragt, wie sich die Lage nach einer möglichen Ablehnung der Ratifizierung darstellen könnte. Er antwortete, daß er sich weigere, diese Möglichkeit überhaupt ins Auge zu fassen. So sehr sind die Verträge heute schon Teil auch der Außenpolitik unserer Verbündeten, daß die Folgen einer Ablehnung in ihrer politischen Wirkung einfach unübersehbar sein würden. Die Entspannungsmöglichkeiten im Osten wären auf unabsehbare Zeit verschüttet. Die Verbündeten im Westen empfänden die Ablehnung als ein Torpedo gegen ihre eigene Entspannungspolitik. Wir Deutschen hätten in Europa die Vorhänge heruntergelassen, gerade als das erste Licht heraufzudämmern begann.

Die Bundesregierung und die hinter ihr stehende Mehrheit werden dafür sorgen, daß diese bedrückende Vorstellung, wir könnten in eine totale Isolierung geraten, nicht verwirklicht wird. Wir wollen der Opposition keine falsche Verantwortung aufbürden. Die Mehrheit bringen wir selbst auf. Aber wir tun es in der festen staatspolitischen Hoffnung, daß auch die Opposition nach der Ratifizierung das als Grundlage ihres Handelns nimmt, daß Verträge, die abgeschlossen sind, zu halten sind.

Es gibt in der Kette der Gegenargumente allerdings eines, das von grundsätzlicher Bedeutung ist. Ich meine das Argument, mit kommunistischen Staaten könne man keine Verträge schließen, die Macht-

strukturen und der Verhaltenskodex in Ost und West seien zu verschie-
den, der Westen zahle bei solchen Verträgen unweigerlich drauf.

Wenn dem so ist, dann lassen wir alle Hoffnung fahren, daß der Frieden
und das physische Überleben dieser Welt durch Rüstungskontrolle und
Rüstungsbegrenzung zwischen Ost und West gesichert werden können. Dann sind alle internationalen Abkommen vom Teststoppvertrag
1963 über den Weltraumvertrag 1967, den Nichtverbreitungsvertrag
1968, den Meeresbodenvertrag 1971 bis zum Vertrag zwischen den
Vereinigten Staaten und Rußland zur Verminderung des Risikos des
Ausbruchs eines Nuklearkrieges nur eine zynische Staffage für die her-
aufziehende und unvermeidliche nukleare Konfrontation. Dann sind
die Amerikaner, die sich seit Jahren um ein Abkommen mit der Sowjetunion über die Begrenzung strategischer Nuklearwaffen bemühen, ebenso naiv wie wir, die wir glauben, daß es möglich und notwendig ist, die Risiken des nuklearen Zeitalters Schritt für Schritt durch
eine vertragliche Kodifizierung des Verhaltens der beiden Staaten ein-
zuengen.

Das ist doch der Kern des Problems unserer Zeit, daß zwei Mächte –
zwei Mächte! – über die Mittel verfügen, unser aller Zivilisation zu zerstören. Eine dieser Mächte ist ein kommunistisches Land. Darin liegt
der Zwang, daß sich die Verantwortung dieser beiden Mächte paart.
Dazu gibt es keine Alternative auf der Welt.

Diese Dinge sind viel zu ernst, um sie in überkommene Schablonen des
Antikommunismus hineinzuzwängen. Gewiß, die Sowjetunion ist eine
Weltmacht, und jeder, der mit ihr verhandelt, bekommt den Druck des
dahinterstehenden gewaltigen Potentials zu spüren. Die Sowjetunion
macht keine Geschenke, wir haben solche auch nicht erwartet. Aber
die Weltmacht Sowjetunion ist ebenso wie wir in den fatalen Mecha-
nismus von nuklearer Bedrohung und Abschreckung eingebunden.
Aus diesem Grunde – und zuallererst aus diesem Grunde – ist sie daran
interessiert, den permanenten Krisenherd Zentraleuropa zu beseitigen.
Daß dies so ist, ist unsere Chance. Nur auf dieser realistischen Grundlage konnten wir überhaupt zu einem Abkommen mit der Sowjetunion gelangen.

Lassen Sie uns nicht übersehen, daß auch die Bewußtseinslage von
Weltmächten einem Wandel unterworfen ist! Ein gewisser Pragmatismus in der Außenpolitik wird spürbar. Es wird erkannt, daß andere gesellschaftliche Systeme nicht kurz- oder mittelfristig zu ändern sind. Es

wird mit längeren Zeiträumen gerechnet. Den Nachteil der anderen setzt man nicht mehr absolut mit dem eigenen Vorteil gleich. Eine begrenzte Interessenübereinstimmung entwickelt sich über die Systeme hinweg, im Verkehr, im Kulturaustausch, im Handel, in der Technologie.

Lassen Sie mich einmal erwähnen, was Ministerpräsident Kossygin in seinem Bericht über den Plan am 6. April 1966 über ein Spezialgebiet der technologischen Zusammenarbeit sagte: »Bis vor kurzem neigten wir dazu, die Bedeutung des Handels mit Patenten und Lizenzen zu unterschätzen ... Wir können und müssen den uns gebührenden Platz auf dem Weltmarkt in Lizenzen einnehmen ... Der Kauf von Patentrechten wird uns ermöglichen, Hunderte von Millionen Rubel an wissenschaftlichen Forschungskosten zu sparen.«

Vergleichen wir damit einmal das, was Stalin 1952 in »Wirtschaftliche Probleme des Sozialismus« an Einstellung zum Weltmarkt bekundete: »Die Desintegration eines einzigen, allumfassenden Weltmarkts muß man als die wichtigste ökonomische Konsequenz des Zweiten Weltkriegs betrachten ... Dies hat auch zur Folge, daß sich die allgemeine Krise des kapitalistischen Systems vertieft.« Deutlicher läßt sich der Wandel der Zeit doch kaum kenntlich machen: der Unterschied zwischen ideologisch bestimmtem Antagonismus und pragmatischer Bereitschaft zur Zusammenarbeit. Wer glaubt, sich leisten zu können, auf eine Regelung mit der Sowjetunion zu verzichten, soll uns doch einmal erklären, wie und mit wem er über die Besserung der Verhältnisse in Zentraleuropa sprechen will.

Ich habe eigentlich schon immer darauf gewartet, und jetzt ist es so weit: Wer eine Ostpolitik machen will – so wird jetzt verkündet –, braucht vor allem eine Fernostpolitik. Es ist etwas Wahres daran. Aber hüten wir uns vor der manchmal hier in Deutschland anzutreffenden Neigung zum politischen Eskapismus! Wer sich nicht in der Lage sieht, mit dem Problem des europäischen Ostens fertigzuwerden, weicht gern aus auf die etwas undeutlicheren Konturen der chinesischen Mauer. Weil das Naheliegende und Dringende so unbequem ist, flieht man in die Ferne.

Seien Sie beruhigt, die Bundesregierung hat eine Fernostpolitik. Sie wird sich allerdings von derjenigen des Jahres 1964 vielleicht etwas unterscheiden. Wir wissen, daß die asiatischen Dinge behutsam angefaßt werden müssen. Wir wissen auch, daß es heute nicht mehr darum geht,

die bestehenden guten Handelsbeziehungen auf rein privater Basis jetzt
Schritt für Schritt allmählich weiterzuentwickeln, sondern es geht jetzt
um diplomatische Beziehungen. Das wissen wir. Sie mögen versichert
sein: die Bundesregierung wird zum richtigen Zeitpunkt das Nötige
tun. Erlauben Sie mir, zum Schluß ein paar persönliche Bemerkungen zu
machen. Eine Politik schwebt nicht im luftleeren oder geschichtslosen
Raum. Sie ist das Produkt vieler Faktoren, und nicht zuletzt stehen
hinter ihr Menschen mit unterschiedlicher Erfahrung, mit unterschiedlicher Vergangenheit. Damit wir uns nicht mißverstehen, ich will
damit nicht etwa sagen, daß wir die Ambition hätten, in der Politik
nach dem Schlagwort vorzugehen:»Männer machen Geschichte.«
Nein, wir wollen lediglich jene Überzeugung vollziehen, die wir als
Männer einer ganz bestimmten Generation aus dem Wahnsinn des
Zweiten Weltkrieges herübergerettet haben, die Überzeugung nämlich, daß Grenzen, Gebietsansprüche, Gewalt und Krieg für uns ein für
allemal ihren Sinn verloren haben. Wenn ich heute schon wieder Flug-
blätter in die Hand gedrückt bekomme, in denen ein größerer Lebensraum für Rumpfdeutschland, wie es heißt, gegenüber Polen verlangt
wird, dann schaudert mich. Mich schaudert bei dem Gedanken, all die
schreckliche Erfahrung könnte umsonst gewesen sein. Umsonst, weil
die einen, die wissen, zu feige sein könnten, den Demagogen von Anfang an zu widerstehen, und weil die, die heute wieder an Lebensraum
und derlei Dinge denken, von unserer Erfahrung nichts wissen.
Diese Verträge mögen und werden die Voraussetzung und die Grundlage für Entspannung, Zusammenarbeit und Frieden in Europa bilden.
Aber ebenso bedeutend sind sie in ihrer Wirkung nach innen. Über 25
Jahre nach dem Krieg machen diese Verträge deutlich, was unserem
Vaterland durch Verblendung und Verbrechen angetan wurde. Wir
können diese Wirklichkeit nicht wegwischen. Sie werden aber auch
deutlich machen, daß wir die Möglichkeit haben, aber auch die Verant-
wortung, von der Ausgangsposition eines freiheitlichen deutschen
Staates aus die Lehren der Geschichte zu beherzigen.
Wenn uns dies gelingt, so hat meine Generation, die man im Blick auf
ihre vielen Toten im letzten Krieg die »geopferte« genannt hat, das
Höchste erreicht, was sie erreichen konnte: den Frieden für sich und
die Generation ihrer Kinder.

Martin Bangemann

Grundwerte liberaler Politik
Referat vom 30. 11. 1974 in der Katholischen Akademie Bayern

Das Thema, das ich zu behandeln habe, ergibt bei der Definition von ›Staat‹, ›Gesellschaft‹, ›Kirche‹, ›Liberalismus‹ bestimmte Schwierigkeiten, über die wir uns zunächst vergewissern müssen, um sie dann außer acht lassen zu können. Diese Schwierigkeit besteht darin, sich über das zu verständigen, was mit diesen Begriffen gemeint ist.

Es handelt sich um geistige Realitäten, also nicht um eine Realität, die man messen, wiegen oder sonst eindeutig definieren könnte. Es handelt sich um Begriffe, die von einem bestimmten politischen Kontext her verstanden werden und die deswegen in der Definition dessen, der sie gebraucht, eine jeweils neue Gestalt gewinnen. Das ist eine bekannte Schwierigkeit. Ich schicke das voraus, nicht weil ich glaubte, alle Mißverständnisse vermeiden zu können, sondern um deutlich zu machen, daß ich diese Begriffe in einem Kontext liberaler Politik benutzen werde, das heißt also, meinen eigenen Begriffsinhalt verwende. Ich möchte Sie bitten, diesen Hintergrund mit zu berücksichtigen.

Zunächst möchte ich anhand einiger Thesen grundsätzliche Positionen des politischen Liberalismus beziehen, die vielleicht auch einiges von dem aufgreifen, was in der Diskussion schon angeklungen ist, vor allem die Frage: Wieweit ist Liberalismus eine allgemeine geistige Haltung, die nicht dafür ausreicht, eine politische Richtung zu charakterisieren? Wieweit ist der Liberalismus einmal eine solche politische Haltung gewesen, aber dann zum Allgemeingut der Parteien geworden? oder: Inwieweit ist der Liberalismus eine Ausprägung politischer Gedanken und politischer Ziele, die je für sich typisch und je für sich auch charakteristisch sind für eine Partei, charakteristisch zumindest für eine politische Grundhaltung?

Ich bin der Meinung, daß vieles von dem, was heute von anderen Parteien und anderen politischen Richtungen vereinnahmt wird, aus der Geschichte des Liberalismus stammt. Selbstverständlich gehörte es zum Kern liberaler Politik im 18. und 19. Jahrhundert, Verfassungsgarantien durchzusetzen.

Mit der Durchsetzung dieser Garantien ist ein wesentliches Element
damaliger konkreter liberaler Politik erfüllt. Die Übernahme der Ergebnisse dieses Bemühens durch andere Parteien scheint den Vorwurf
oder die Feststellung zu rechtfertigen, politischer Liberalismus habe seinen Zweck und seinen politischen Gehalt heute verloren. Es ist immer
einfach, die Ergebnisse eines politischen Meinungskampfes aufzugrei-
fen. Die Schwierigkeit liegt darin, diese Ziele in einem solchen Kampf
erst einmal durchzusetzen. Es kommt hinzu, daß die damalige konkrete
Ausgestaltung liberaler Prinzipien ja nur den damaligen politischen
Horizont ausgefüllt hat, aber ganz zweifellos nicht alles das umfaßte,
was heute, auch von einer liberalen Grundhaltung her, an politischen
Problemen zu bewältigen ist. Politische Grundhaltungen bestimmen
auch heute noch die Lösung konkreter politischer Fragen ganz wesentlich mit. Das ist keine Rückkehr zur Weltanschauungspartei, sehr wohl
aber ist es das, was ich mit der ersten These so ausdrücken möchte: *Politischer Liberalismus ist eine werthafte, normative, ideologische Position.*
Die mag den einen oder anderen wundern, der daran gewöhnt ist, Liberalismus im wesentlichen mit dem Begriff der Rationalität in Verbindung zu bringen, Rationalität wiederum als einen wertneutralen Begriff anzusehen, der im wesentlichen technokratische, pragmatische
Abläufe von Politik und deren begleitendes Bewußtsein bei Politikern
bezeichnet und der von daher dann zu dem Fehlschluß kommt, Liberalismus sei eine wertneutrale, über den Ideologien stehende politische
Grundhaltung. Das ist falsch. ›Ideologisch‹ verstehe ich in dem Sinn,
wie Herr Professor Mommsen es geschildert hat, nämlich als Politik,
die vor einem Werthintergrund definiert und formuliert wird.
Daraus ergibt sich, daß politischer Liberalismus pragmatische Problem-
lösungshaltungen nicht akzeptieren kann. Für Liberale und liberale Politik kann die Lösung eines politischen Problems nicht damit begründet
werden, daß sie sich aus technokratischen Überlegungen angeblich
zwingend ergebe. Liberalismus, so wie er heute politisch wirksam ist,
mißtraut dem sogenannten Sachzwang. Daraus ergibt sich eine besonders skeptische Haltung gerade bei den politischen Problemlösungen,
die aus angeblichen Sachzwängen offeriert werden mit dem Vorwand,
es gebe hier keine andere Lösung, keine Alternative. Meistens sind das
Rationalisierungen von Werthaltungen, die nicht offengelegt werden.
Ich glaube, daß es zu einem Merkmal liberaler Positionen gehört, daß
man sich der Werthaltung, die man selbst hat, bewußt ist und das auch

offenlegt. Das heißt nun nicht, daß ich auf der Hintertreppe den Begriff der Rationalität als inhaltlichen Wert wieder einführen will, sondern der Begriff der Rationalität gewinnt in diesem Kontext liberaler Politik einen Verfahrenswert. Über die naive Rationalität der ersten Aufklärung sind Liberale von heute hinweg. Ihnen vorwerfen zu wollen, sie wüßten nicht, daß im Ensemble menschlicher Verhältnisse Vernunft nur eben *ein* bestimmendes Merkmal sei, sie seien nicht in der Lage, alle übrigen menschlichen Eigenschaften, die Politik und politische Lösungen mitbestimmen, einzubeziehen: dies geht an der Wirklichkeit des Liberalismus von heute vorbei. Wir lehnen uns nicht mehr an das platte Vorurteil der frühen Aufklärung an, es gehe nur darum, menschliche Rationalität aus den Fesseln der Unvernunft zu befreien, und damit hätte man schon humanes, gerechtes Leben möglich gemacht. Aber wir halten daran fest, daß Rationalität ein Verfahrenswert in der Politik ist, das heißt, wir bekämpfen Emotionalität, Vorurteil und auch Dummheit bei der Lösung politischer Probleme. Darin mag, wenn man das so ungeschützt sagt, ein Anflug von elitärem Denken liegen. Den damit gemeinhin verbundenen Vorwurf kann man allerdings ausräumen.

In der Feststellung, Liberalismus sei eine werthafte, normative, ideologische Position, liegt auch die Ablehnung einer dogmatischen Fixierung politischer Problemlösungen. Gerade Pragmatismus und Ideologie (in einem negativen Sinne) führen zu verfestigten dogmatischen Positionen. Es gibt natürlich auch dogmatische Positionen in der Wissenschaft, aber die lassen sich relativ leicht auflösen. Die dogmatischen Positionen, die vor einem Werthintergrund stehen, verfügen jedoch über eine ungleich größere Festigkeit und behindern dadurch politische Lösungen, weil sie bestimmte Verfahren vorschreiben. Sie führen zu Vorurteilen und erschweren dadurch politische Lösungen.

In seiner normativen Grundhaltung ist der Liberalismus zwar nicht autonom, aber selbständig. Er wird nicht eine Position halten, die unbeeinflußt von allen Strömungen, auch den politisch-philosophischen Auseinandersetzungen der Zeit, formuliert werden könnte. Er repräsentiert gleichwohl eine selbständige Position. Das heißt auch, daß die politische Methode, die wir anwenden, kein ›dritter Weg‹, etwa zwischen Sozialismus und Kapitalismus, sein kann. Bei der Suche nach dem ›dritten Weg‹ übernimmt man Implikationen der beiden anderen gedachten Wege, sei es auch nur abwehrend, sei es auch nur in dem

Versuch, sie zu überwinden. Liberale Politik muß ohne Rücksicht auf andere Problemlösungen formuliert und politisch durchgesetzt werden. Wir sollten uns nicht auf den Irrweg begeben, in der Auseinandersetzung zwischen Kapitalismus und Sozialismus das Gute am Sozialismus und das Akzeptable am Kapitalismus zu einem Einheitsbrei zusammenzurühren und diesen dann mit etwas liberaler Soße anzurichten.

Ich habe nun die Aufgabe, die Grundwerte anzugeben, vor denen sich liberale Politik vollzieht. Da wird etwas Erstaunliches festzustellen sein, nämlich wie konstant diese Grundwerte des Liberalismus geblieben sind und wie sehr sie in der Lage sind, konkrete Problemlösungen, die Liberale anbieten, auch heute noch zu rechtfertigen.

Wir haben als erstes den Grundwert der *Individualität*. Die Hinwendung zu dem Grundwert Individualität erfordert eine Entscheidung, auch eine politische Entscheidung im polaren Verhältnis von Individuum und Gesellschaft. Dabei ist letztlich nur eine Entscheidung für das eine oder andere möglich. Das bedeutet nicht, daß in der Hinwendung zum Individuum, in der Bejahung von Individualität, eine Verengung eintreten muß, wie man sie dem klassischen Liberalismus vorwirft, eine Verengung nämlich auf die rein menschliche, nur grundrechtliche Seite der Individualität und die Außer-acht-Lassung der Bedingungen der sozialen Umwelt, in der Individualität erst entsteht. Wir wollen und müssen diese soziale Umwelt mit einbeziehen. Die Bedingungen der Sozialisation der Individuen gehören mit in das Umfeld liberaler Politik. Aber − und das ist das große Aber − wer daraus den Schluß zieht, daß sich in dieser Sozialisation und in dieser Bindung an die Gemeinschaft das Wesen der Individualität erst erfülle, der verläßt liberale Grundwerte. In der radikalen Hinwendung zur Individualität liegt auch heute noch ein Grundwert des Liberalismus. Die Polarität, ›Individuum − Gesellschaft‹ aufzuheben, wird auch von anderen politischen Richtungen versucht. Gerade sozialistische Versuche, diese Polarität zu überwinden, wollen aber durch die Bindung des Individuums an seine Sozialisations-Elemente die Individualität, im Grunde genommen, aufheben. Das ist der harte Kern des Unterschieds zwischen Liberalismus und Sozialismus. Daran ändern auch die Bemühungen des demokratischen Sozialismus nichts, diese Aufhebung durch Einführung individueller Grundrechte als äußerste Grenze dieser Bindung zu mildern. Auszuschließen ist diese Aufhebung eben nur durch eine radikale

Fassung des Grundwertes Individualität, wie ich sie angedeutet habe.
Die individuelle Freiheit, von der Liberale sprechen, ist nur als Element
gesellschaftlichen Zusammenlebens denkbar, und Individualität, und
damit auch Freiheit, entsteht in diesem Zusammenleben gerade auch
im aktiven Handeln. Das alles ist nicht etwa ein Problem der Theorie,
sondern ein Problem praktischen Lebens. Ich habe erwähnt, daß in
meiner Definition Individualität auch sehr viel mit Freiheit zu tun hat,
und damit bin ich bei dem sicher allzu bekannten und in der Geschichte der Liberalen auch vielleicht strapazierten zweiten Grundwert,
dem der *Freiheit*.

Der Liberalismus hat in einem Punkt seinen Kritikern leider allzu rasch
nachgegeben, nämlich der Behauptung gegenüber, Freiheit sei ein lee-
rer Begriff und gewinne seinen wahren Inhalt, seine politische Bedeutung erst dadurch, daß man ihn ausfülle. Man könne die Frage nach der
Freiheit immer nur stellen als Frage nach der Freiheit wozu. Ich halte
das für gefährlich, weil ich glaube, daß in der formalen Entscheidungs-
und Entwicklungsfreiheit eben auch ein materialer Wert aufscheint
und daß diese formale Freiheit gerade in einer modernen Industriegesellschaft in einem Maß eingeschränkt wird, das, gemessen an dem Maß
der Einschränkung formaler Entscheidungsfreiheit etwa in autokra-
tischen Regierungsformen des Mittelalters oder der frühen Neuzeit,
durchaus die gleichen Gefahren aufweist. Dieser Grundwert wird uns
zur immer wieder neuen politischen Aufgabe. Die Mobilität einer
Industriegesellschaft, um ein Beispiel zu nennen, hängt entscheidend
davon ab, in welchem Maß eine solche Gesellschaft in der Lage ist, formale Entscheidungsfreiheiten zu garantieren. Die tradierten Verhal-
tens- und Moralvorstellungen müssen gerade durch individuelle Entscheidungen durchbrochen werden können. Mobilität hängt davon ab,
daß Individuen bereit sind, sich in einem gegebenen konkreten Moment gegen eine tradierte Moralvorstellung so aufzulehnen, daß neue
Werthaltungen entstehen können.
Lassen Sie mich eine konkrete Anmerkung anfügen: Manchmal erfüllt
es mich mit bitterer Ironie zu sehen, daß dieselben Menschen, dieselben Gruppen, die tradierte Werthaltungen gegen den Liberalismus verteidigen und die in der politischen Auseinandersetzung entschieden
Stellung beziehen gegen Liberale und den Liberalen Schwierigkeiten
machen, mit leisem Lächeln die Ergebnisse übernehmen, die Liberale
vorgeschlagen haben, nachdem die politische Auseinandersetzung aus-

gestanden ist. Sie behaupten dann auch noch, es sei eigentlich gar nicht
notwendig gewesen zu kämpfen, denn es sei ja selbstverständlich, daß
man einen solchen Wert übernehme. Es gehört deshalb zum Selbstbewußtsein des Liberalismus, daß politische Ergebnisse, die man später als
selbstverständlich hinstellt, erst nach entschiedenem Kampf zu erreichen sind, einem Kampf, an dem sich Liberale immer wieder beteiligen, nicht aber diejenigen, die das Ergebnis dann hinterher bejubeln.
Diese Gesellschaft, die wir uns wandlungsfähiger wünschen müssen,
auch unserer eigenen materiellen Sicherheit wegen, braucht auch formale Freiheit. Selbstverständlich aber – und das ist nun die Wendung zu
einem modern verstandenen Liberalismus – braucht sie auch die Möglichkeit der materialen Ausfüllung dieser formalen Freiheitschancen.
Das ist es, was Werner Maihofer mit der Entwicklung des demokratischen Liberalismus zum sozialen Liberalismus meint. Die Vorstellung
nämlich, daß die formalen Freiheitschancen der einzelnen Mitglieder
der Gesellschaft nur so lange politisch akzeptiert werden können, wie
sie begleitet sind von der Möglichkeit, sie auch materiell zu nutzen.
Lassen Sie mich nun den dritten Grundwert erwähnen, die *Toleranz*.
Toleranz gehört zu den charakteristischen Grundzügen liberaler politischer Haltung, nicht im Sinne von Neutralität oder Gleichgültigkeit,
sondern als bewußte und gewollte Förderung von Alternativen, die
eine Gesellschaft offenzuhalten in der Lage sind. Das und nichts anderes
ist liberale Toleranz. Die offene Gesellschaft muß das Verfahren von *trial
and error* nutzen, um politisch zu Ergebnissen zu kommen, die eine Geschlossenheit und damit Stagnation gesellschaftlicher Prozesse verhindern. Darin liegt auch ein Element von Formalität, das sehr deutlich
wird bei der Frage: Wie soll ich Mehrheitsentscheidungen bewerten?
Auch und gerade im Sinne liberaler Toleranz wird Mehrheit niemals
Richtigkeitskriterium sein, sondern sie ist immer nur Gültigkeitskri-
terium. Das heißt: der demokratische Abstimmungsprozeß verpflichtet
niemanden, das, was im Wege einer Mehrheitsentscheidung gefunden
worden ist, als je für sich richtige Meinung zu akzeptieren, sondern verpflichtet ihn nur, dieses Ergebnis seinem aktiven politischen Handeln
als Bürger zugrunde zu legen. Er ist verpflichtet, die Entscheidung als
verbindlich hinzunehmen. Deswegen ist die Position der Minderheit
nicht nur eine Frage der Grundrechte – obwohl auch dies –; denn
selbstverständlich sind Grundrechte auch die inhaltliche Begrenzung
des Mehrheitsprozesses. Es gibt keine Mehrheit, es darf keine Mehrheit

geben, die solche Grundsätze, solche Rechte überschreitet. Aber Minderheitenpositionen sind auch Fragen einer methodischen Toleranz. Die Zulassung von Minderheiten, die Zulassung des *dissenting vote*, entscheidet darüber, in welchem Maß Liberalität eine Gesellschaft charakterisiert. Das ist der Kern des Begriffs ›Liberalität‹. Das ist leider noch nicht allgemein bekannt. Befragte übersetzen den Begriff ›liberal‹ mit ›sympathisch‹. Liberale sind ›sympathische Menschen‹. Darin steckt, wenn Sie wollen, das ganze politische Dilemma der Liberalen, denn einerseits ist das ein Kompliment, gleichzeitig aber auch eine Begrenzung, denn wir wollen, daß über die Sympathie hinaus politische Zustimmung entsteht.

Lassen Sie mich den vierten und letzten Grundwert nennen, den Grundwert der *Humanität*. Dieser Grundwert kann und muß sowohl faktisch als auch normativ verstanden werden. Ganz zweifellos gehört dazu das Ensemble menschlicher Kreatürlichkeit und menschlicher Kreativität. Das heißt, diejenige politische Haltung, die nicht in der Lage ist, Bedingungen menschlicher Kreatürlichkeit zu akzeptieren und mit aufzunehmen in politische Ziele, kann nicht liberal genannt werden. Es kann aber auch diejenige politische Grundhaltung nicht liberal genannt werden, die Humanität nicht gleichzeitig versteht als Aufforderung zu und als Bedingung von menschlicher Kreativität. Im Faktischen des Begriffs liegt gleichzeitig die Ablehnung eines naiven Fortschrittsglaubens. Der Liberalismus ist darüber hinaus, anzunehmen, daß mit der Befreiung der Vernunft der Zug ›Fortschritt‹ aufs Gleis gebracht ist und nun eben nur noch fahren muß. Im Normativen des Begriffs der Kreatürlichkeit, der Humanität, liegt der Versuch der Emanzipation, der Befreiung des Menschen aus Unmündigkeit. Dieser Grundwert fordert geradezu das Aufbrechen von Schranken, die menschlicher Entfaltung entgegenstehen. Zukunft wird für einen Liberalen nicht festgeschrieben, sondern als Hoffnung auf eine Vielfalt möglicher Lösungen offengehalten. Die Bestimmung des Menschen, so wie Liberale sie vornehmen, geschieht aus dem offenen Horizont seiner Freiheiten, nicht aus den engen Schranken seiner Notwendigkeiten.

Ich habe den Versuch unternehmen wollen, Ihnen einen theoretischen und vielleicht auch moralischen Hintergrund des politischen Liberalismus zu zeichnen. Nun lassen Sie mich eingehen auf einige politisch-praktische Probleme; denn selbstverständlich ist das hier nicht etwa eine

Philosophie, die für den politischen Liberalismus keine Bedeutung hätte, sondern gleichzeitig auch die Aufforderung, sein politisches Handeln danach auszurichten.

Ich möchte das darstellen an den Begriffen ›Gesellschaft‹, ›Staat‹, ›Kirche‹.

Wenn wir ›Gesellschaft‹ definieren als »menschliche Gesellschaft, die nach anerkannten Regeln zusammenlebt«, dann ist Staat nichts anderes als die politische Organisation dieses Zusammenlebens. Staat ist also nicht die Hypostasierung eines leeren Begriffs, Staat ist auch nicht der neutrale Schiedsrichter, der sich aus den gesellschaftlichen Wirren heraushält und dem die Aufgabe zufällt zu schlichten. In dieser Auffassung, in diesem Dualismus, der ja auch in der Politikwissenschaft konservativen Zuschnitts eine große Rolle spielt, liegt eine Verfehlung des Wesens des Staates. Staat entfaltet kein Eigenleben. Staat ist eine bestimmte Ausprägung menschlichen Zusammenlebens, er ist die Organisation dieses Zusammenlebens.

Hegel beispielsweise begründet in seiner ›Rechtsphilosophie‹ den konservativen Dualismus zwischen Gesellschaft als einem ›System der Bedürfnisse‹ und dem Staat als ›Wirklichkeit der sittlichen Idee‹. In diesem Auseinanderfallen, in diesem Dualismus wird ein ganzer Freiraum konservativer Politik eröffnet, den wir nicht akzeptieren. Der Liberalismus hat dies auch schon früh als Rationalisierung eines Machtanspruchs entlarvt. Der liberale Kampf gegen den Staat konservativen Verständnisses war ein Kampf um die politische Organisation der Gesellschaft nach ihren eigenen Bedürfnissen. Es liegt also auch in dem traditionellen Kampf der Liberalen um Konstitutionen ein Moment der Emanzipation. Dieser Kampf richtet sich zunächst auf formale Gleichheit. Diese Forderung war auch so weit und so lange emanzipativ, wie die formale Ungleichheit noch Basis autokratischer Machtausübung und ungerechter Privilegien war. Man ist sich ja heute selten darüber klar, daß unsere liberalen Vorväter im 19. Jahrhundert, wenn sie für den konstitutionellen Staat kämpften, damit eine revolutionäre Forderung durchgesetzt haben. Nachdem diese Basis ungerechter Privilegien aber beseitigt war, stellte sich heraus, daß sich individuelle Gleichheit in formalen Rechtspositionen nicht nur mit individueller Not und materieller Ungleichheit verband, sondern der Staat dabei auch individuelle Privilegien auf Kosten gesellschaftlicher Gleichheit bewahrte.

Die Ungleichheit gesellschaftlichen Lebens wurde mit der staatsbürgerlichen Gleichheit sogar noch gerechtfertigt. An diesem Punkt ist *sozialer Liberalismus* als eine neue politische und zugleich auf alten Idealen basierende politische Bewegung aufgebrochen. Das hat in den Freiburger Thesen sinnfälligen Ausdruck gefunden. Spät, aber nicht zu spät haben die Liberalen bemerkt, daß die liberale Verfassungsidee formaler rechtlicher Gleichheit durch die Idee liberaler Gesellschaftspolitik mit dem Ziel materialer Chancengleichheit ergänzt werden muß. Daß sich hierbei neue Probleme ergaben, versteht sich von selbst. Ich will einige dieser Probleme nennen.

1. Es bleibt eine politische Aufgabe des Liberalismus, die demokratischen und liberalen Errungenschaften des freiheitlichen Rechtsstaates, insbesondere auch die Verbürgung der Grundrechte, des Minderheitenschutzes, der Gewaltenteilung (in einem bestimmten Sinn) und der Rechtsbindung aller Gewalt im Staat zu verteidigen und auszubauen. Wer glaubt, daß dies eine Aufgabe sei, die man vernachlässigen könnte, den bitte ich, sich an den politischen Auseinandersetzungen dieser Tage zu beteiligen. Es ist kein liberales Grundrecht nur historischen Zuschnitts, daß man jemanden, der angeklagt oder angeschuldigt ist, nicht als verurteilt betrachten darf, sondern dies wird heutzutage zu einer politischen Aufgabe, wenn man sich einmal die Verurteilungen von Menschen, die eben noch nicht verurteilt sind, durch die öffentlichen Medien vor Augen hält. Es ist eine liberale Aufgabe, die Rechtspositionen des 19. Jahrhunderts auch im 20. Jahrhundert zu verteidigen. Der Schutz des einzelnen vor dem Staat ist nicht bloß ein historisches Verdienst der Liberalen, er ist auch eine aktuelle Aufgabe.

2. Es ist eine Aufgabe der Liberalen und des Liberalismus, politische Organisationen und damit Staatsideale immer wieder zu prüfen und vor Dogmatisierung zu bewahren. Ich behaupte, daß die Zukunft des Liberalismus zu einem Teil darin liegt, daß und ob es ihm gelingen wird, ein Dilemma zu lösen, mit dem wir heute leben: Heute erweisen sich die bestehenden politischen Organisationsformen als ungeeignet zur Lösung der gesellschaftlichen Probleme, die auf uns zukommen. Ich behaupte also, daß die Formen politischer Organisation einschließlich der Formen staatlichen Zusammenlebens, auch einschließlich der Formen internationalen Zusammenlebens, den Problemen von heute nicht mehr gerecht werden. Wir leben mit politischen Formen, die vor einem anderen Problemhintergrund einmal nützlich waren, heute aber weitgehend in die Gefahr geraten zu versagen.

Ich will das am Beispiel der Gewaltenteilung darstellen. Sie kennen das
seit Montesquieu bekannte Modell der Dreiteilung der Gewalten, auch
und gerade im liberalen Sinn verstanden als Trennung und gegenseitige
Kontrolle, als ein System von *checks and balances*, um ein Höchstmaß an
individueller Freiheit zu erreichen. Diese Dreiteilung der Gewalten ist
in einem sehr wichtigen Bereich, nämlich hinsichtlich der Trennung
von Regierung und Parlament, von Exekutive und Legislative, zu einer
Fiktion geworden. Dieser Gewaltenteilungsbegriff geht von dem traditionellen Bild eines Gegenübers von Parlament und Regierung aus und
übersieht dabei, daß zwischen Regierung und der sie tragenden Parlamentsmehrheit ein solches Verhältnis bei weitem nicht mehr besteht.
Es ist ganz offensichtlich, daß die Parlamentsmehrheit, die die Regierung bildet, darauf aus ist und darauf aus sein muß, die Regierung zu
stützen und daß allenfalls nebenher die Aufgabe wahrgenommen wird,
die Regierung zu kritisieren und zu kontrollieren. Diese Arbeit fällt im
wesentlichen der Opposition, das heißt aber einem *Teil* des Parlaments,
zu. Es gibt eben nicht mehr *das* Parlament, das den traditionellen Gegenspieler der Regierung abgibt, wie es das Idealbild des deutschen
Konstitutionalismus will. Dieses Bild bestimmt aber nach wie vor die
Auffassung von der Rolle des Parlaments in der Öffentlichkeit und
sogar das Selbstverständnis des Abgeordneten. Dieses Mißverständnis
kommt indes nicht dem Parlament, sondern der Exekutive zugute. Das
ist ein ganz wichtiges liberales Verfassungsproblem in der heutigen Zeit.
Der Bundestag spielt nämlich bei der Gesetzgebung, entgegen den
Vorstellungen des Verfassungsgebers, keine entscheidende Rolle mehr.
Die Entscheidungen fallen im wesentlichen, und in sehr vielen Fällen,
nicht im Bundestag. Auch dem einzelnen Abgeordneten sind die Ent-
scheidungsmotivationen kaum zugänglich, es sei denn, er gehört zu
dem engen Kreis der Informierten, zu dem engen Kreis derjenigen, die
tatsächlich über Information als Herrschaftswissen verfügen. Er kann
darum seine Kontrollfunktion nicht wahrnehmen. Hier muß eine Reform des Parlamentarismus dazu führen, daß man den dogmatisierten
Gegensatz zwischen Exekutive und Legislative mit der Verfassungswirklichkeit vergleicht und dann aus der Verfassungswirklichkeit recht-
liche Konsequenzen zieht, nicht aber versucht, eine Fiktion aufrecht-
zuerhalten, die mit modernem Regieren, auch mit der Rolle, die ein
Parlament heute haben kann, nicht mehr übereinstimmt. Diese, wenn
ich das einmal so sagen darf, *Parlamentarisierung der Exekutive* darf nicht

in dem alten Schema des Gegensatzes zwischen Exekutive und Legislative hängenbleiben. Diesem alten Schema sind auch die Vorstellungen über die Funktion der Minister wie der Parlamentarischen Staatssekretäre verhaftet, wenn sie beispielsweise einen Unterschied machen zwischen ihrer Rolle als Abgeordneter und als Angehöriger der Exekutive. Es gilt schon fast als ungehörig, wenn ein Parlamentarischer Staatssekretär im Parlament als Abgeordneter das Wort ergreift. Man akzeptiert das nicht und hält damit künstlich einen alten Gegensatz aufrecht, den es heute nicht mehr gibt. Dieser Gegensatz, diese künstliche Trennung betrifft auch das Problem der Verwaltung im Sinn von Bürokratie. Die Bürokratie in ihrer heutigen Gestalt verstärkt einerseits die Macht und die Gewalt der Exekutive, anderseits droht sie sie zu entpolitisieren. Sie droht, sie in bestimmten Sachzwängen zu ersticken, was man sehr häufig erleben kann, wenn etwa bestimmte Vorstellungen, die von einer Fraktion oder auch einem Minister entwickelt werden, auf den Widerstand der Bürokratie treffen. Dann geschieht in diesem politischen Entscheidungsprozeß etwas Verhängnisvolles: Bürokratie, ausgestattet mit größerem sogenanntem Sachwissen, tritt einem politischen Willen entgegen und sabotiert diesen politischen Willen.

3. Wir haben heute eine in ihrer Bedeutung zunehmende Funktion des Staates gegenüber der Macht gesellschaftlicher Verbände im Sinne des Freihaltens von Freiräumen der Individuen. Dieses Verbandsproblem kann nicht etwa dadurch gelöst werden, daß man dem Staat die Rolle des Schiedsrichters zuschiebt und behauptet, der Staat sei jemand, der im Hegelschen Sinne eine höhere Sittlichkeit zu vertreten habe und deswegen Verbandsmacht, wie etwa ein Schiedsrichter im Fußballspiel, ›abpfeifen‹ könne, sofern die Verbände sich ein ›Foul‹ leisten; im übrigen müsse er den Kampf aber laufen lassen. Im Sinn der liberalen Schutzfunktion gegen moderne Industrie-, Verbands- und Bürokratietendenzen ist das Problem nicht formal, sondern nur inhaltlich zu beschreiben. Das heißt, Staat, politische Organisation, muß mittels Sachkriterien in diese organisierten Formen gesellschaftlicher Macht eingeführt werden. Wir müssen zum Beispiel in einem Verbandsgesetz Verbänden Grundregeln demokratischer Entscheidung vorschreiben, weil zunehmend Verbände nicht nur für sich und ein Organisationsinteresse sprechen, sondern Allgemeinansprüche erheben und in diesem Sinne einer demokratischen Legitimation nicht nur bedürfen, sondern ausdrücklich unterworfen werden müssen.

4. In diesem Zusammenhang ist auch das Verständnis des Liberalismus von Kirche anzusiedeln. Ich will darauf kurz eingehen, weil ich mich einmal der Illusion hingeben will, daß alle hier Anwesenden das Kirchenpapier gelesen haben, und zum anderen das Kirchenpapier, falls sie es gelesen haben, voll und ganz unterstützen. Das Mißverständnis dieses Papiers ist dadurch entstanden, daß man es mit liberalen Positionen verglich, die wir im 19. Jahrhundert politisch vertreten haben. Ich will nicht behaupten, daß wir alles getan haben, um dieses Mißverständnis zu verhindern oder zu mildern. Wir haben vielleicht das eine oder andere Mißverständnis durch die eigene Behandlung dieses Problems auch selbst hervorgerufen, zum Beispiel dadurch, daß wir eben *nicht* gesagt haben: hier liegt ein Problem gesellschaftlichen Zusammenlebens. Das nämlich ist das Problem des Kirchenpapiers, nicht die Frage des Antichristentums oder antikirchlicher Haltung. Das Problem, um das es geht und das im übrigen im Grundgesetz unmißverständlich formuliert ist, ist das Verhältnis von Staat und Kirche (als einem sehr wichtigen gesellschaftlichen Verband). Sehr vieles aus dem Papier bedeutet schlicht die Übernahme von Forderungen des Grundgesetzes. Es sind Texte und Formulierungen mit Entschiedenheit bekämpft worden, die eigentlich verfassungsrechtliche Grundlegung unserer Politik, unserer gemeinsamen Politik, sein sollten. Der Auftrag ist völlig klar: Das Bundesverfassungsgericht hat in Auslegung des Grundgesetzes und des Teiles der Weimarer Verfassung, der in diesem Bereich weiter gilt, 1965 unmißverständlich formuliert:

»Das Grundgesetz legt durch Art. 4 Abs. 1, Art. 3 Abs. 3 Art. 33, Abs. 3 GG sowie durch Art. 136 Abs. 1 u. 4 und Art. 137 Abs. 1 Weimarer Verfassung in Verbindung mit Art. 140 GG dem Staat (also der politischen Organisation in seinem Verständnis) als Heimstatt aller Staatsbürger ohne Ansehen der Person weltanschaulich-religiöse Neutralität auf. Es verwehrt die Einführung staatskirchlicher Rechtsformen und untersagt auch die Privilegierung bestimmter Bekenntnisse.«

Das ist nicht aus dem Kirchenpapier der F.D.P. zitiert, sondern aus einem Urteil des Bundesverfassungsgerichts. Das, meine Damen und Herren, ist die Tendenz und das sind die Grundsätze dieses Papiers! Der Staat soll befreit werden von Einwirkungsmöglichkeiten auf die Kirche, die es in der Tat noch gibt, aber auch von Dienstleistungen für die Kirche, weil es ein staatskirchliches Verständnis nach dem Grundgesetz nicht mehr gibt und nicht mehr geben darf. Dies war unser Ziel. Wieweit es erreicht ist, ob es in Einzelheiten erreicht ist, will ich hier nicht untersuchen. Sie werden sich ja noch damit befassen. Ich will nur einige ganz wichtige Punkte herausgreifen. Wenn man die gegenseitige Unabhängigkeit von Staat und Kirche erreichen will, dann erfordert das natürlich auch die Herstellung der Unabhängigkeit in beiden Richtungen. Wenn man öffentliche Bedeutung und öffentliches Wirken der Kirchen — und beides anerkennen die Freien Demokraten — von dem Rechtsverhältnis zum Staat befreien will, dann kann man den Kirchen die Rechtsstellung einer Körperschaft öffentlichen Rechts im Grunde genommen nicht zumuten. Wir haben damit nur Ansätze der innerkirchlichen Diskussion aufgenommen. Manche Mitglieder der Kirche haben deshalb das Gefühl, hier mische sich eine Partei in das ein, was sie eigentlich selbst zu betreiben hätten, und was sie tatsächlich schon sehr weit betrieben haben. Das ist ein notwendiges Dilemma; denn auch Angehörige der F.D.P., auch Liberale sind ja Mitglieder einer Kirche und sind als solche verpflichtet, auch zu diesen Dingen Stellung zu nehmen, wenngleich natürlich dann immer das Mißverständnis entsteht, hier mische sich eine Partei in das Selbstverständnis von Kirche ein. Hier wurde ein Verständnis von Kirche formuliert, das sich abhebt von dem Verständnis von Kirche, das andere Mitglieder von Kirchen haben. Diesem Papier liegt eher ein Verständnis von Kirche als Glaubensgemeinschaft zugrunde denn als institutionalisierter Organisation. Wir werden dieses sogenannte Kirchenpapier nicht in die Archive der Partei verdammen. Wir werden es ernst nehmen. Wir werden aber, und wir sind bereit dazu, bei der konkreten Ausfüllung dieses Papiers mit den Kirchen und mit allen, die daran interessiert sind, ernsthaft sprechen. Deswegen waren viele Liberale auch ein wenig bekümmert darüber, daß die erste Reaktion durch Emotionalität belastet war. Ich hoffe, daß es uns im Lauf der Gespräche und der Diskussion gelingen wird, aus dieser Emotionalität herauszukommen und sich rational mit den Problemen zu befassen, die angesprochen worden sind.

5. Lassen Sie mich in einem Schlußabschnitt über die Chance der Liberalen heute sprechen. Im Parteiensystem der Bundesrepublik nimmt die F.D.P. eine Position ein, die zunächst einmal, wenn man sich die bloßen Zahlen anschaut, in der Überlegung charakterisiert werden kann: »Lohnt es eigentlich, sich mit einer kleinen Partei zu befassen?« Das ist eine vordergründige Betrachtungsweise. Ich möchte das mal ins Latein übersetzen (mit der Erlaubnis des Diskussionsteilnehmers, der

der Meinung war, das Überhandnehmen von Latinismen sei ein Beispiel für die konservativen Tendenzen in der Bundesrepublik). Die
Zahl, übersetzt also als Quantität, ist noch niemals Ausweis der Qualität
gewesen. Ich sage das nicht mit einem elitären Bewußtsein, sondern in
dem Versuch, schiere Realität zu erfassen. Wir haben in der Tat zwei
andere Parteien, die unter ihrer Größe leiden. Warum? Weil sie dem
Erfolgszwang unterliegen, 51% der Stimmen gewinnen zu müssen.
Weil sie ein Bild von sich entworfen haben, das diesem Erfolgszwang
entspricht, das Bild der sogenannten Volkspartei. Ich will das jetzt nicht
am Beispiel der beiden Parteien belegen, die wir hier in der Bundesrepublik haben. Wählen wir das Beispiel von Nordamerika. Der Liberalismus hat dort nicht eine eigene parteipolitische Struktur gewonnen,
sondern die Liberalen, sagt man, seien in beiden großen Parteien, den
Demokraten und den Republikanern, zu Hause. Wozu führt das? Das
führt dazu, daß in einem solchen System die beiden Parteien sich nicht
mehr ideologisch verstehen. Das heißt, sie fühlen sich nicht einem
Werthintergrund verpflichtet, sondern sie verstehen sich im wesentlichen pragmatisch. Sie gehen darauf aus, die bessere Regierung sein zu
wollen.

Das ist das Dilemma des Konservativismus. Dieses Dilemma ergreift sowohl die Demokraten als auch die Republikaner, wenngleich in unterschiedlichem Ausmaß. Die Liberalen in diesen beiden Parteien sind die
Figuren zum Vorzeigen. Aber im übrigen haben sie keine politische
Bedeutung. Der politische Liberalismus versinkt in der pragmatischen
Grundhaltung beider Parteien, die eine Art Bäumchen-wechsle-dich-
Spiel bei der Erringung der Macht betreiben. Das Potential für Kritik
und Innovation fehlt in einem solchen Parteiensystem. Und genau dieses Potential füllt eine liberale Partei aus.

Ich will nicht behaupten, daß wir das immer richtig gemacht haben,
daß wir unsere Aufgabe immer so gesehen hätten, aber es ist eine Aufgabe, die das Selbstverständnis der F.D.P. als liberale Partei ausmacht. Es
gibt die Aufgabe der Innovation gerade in einer Industriegesellschaft,
und diese Aufgabe kann, das behaupte ich, von einer Partei, die um
die absolute Mehrheit kämpfen muß, nicht wahrgenommen werden.
Denn Innovation heißt ja nichts anderes als den Versuch unternehmen,
gegen tradierte Denkvorstellungen, gegen überlieferte politische Lösungen anzugehen und neue anzubieten. Dies wird Widerstand her-
vorrufen, und es wird von Mehrheiten, die der menschlichen Trägheit

in der Regel auch im Politischen nachhängen, nicht akzeptiert werden. Hierin liegt der große Wert der Organisation des politischen Liberalismus in der Bundesrepublik. Ohne eine solche politische Organisation des Liberalismus in der Bundesrepublik hätten wir die Innovation, die beispielsweise in der Reform des Schulwesens liegt, eben nicht bekommen. Das läßt sich aus der politischen Geschichte der Bundesrepublik ableiten, und ich meine, daß dieses Potential zur Kritik und Innovation dem Liberalismus, so wie ich ihn geschildert habe, zugeschrieben werden muß.

Nun ergibt sich die Frage, die auch in vielen Diskussionen auftaucht: Wie kann man das vereinen mit der Notwendigkeit und dem Zwang, Stimmen für diese Politik zu gewinnen? Das heißt, wie sehen die Wähler eines solchen kritischen Innovations-Potentials aus? Man kann sie demographisch beschreiben. Wir wissen aus vielen Untersuchungen, daß es gewisse Merkmale gibt, die Liberalität aufzeigen und vermuten lassen. Man kann z.B. sagen, die Bereitschaft, F.D.P. zu wählen, wächst mit dem formalen Bildungsgrad. Ich sage bewußt formal, weil ich den Eindruck vermeiden will, daß ich der Meinung sei, jeder Abiturient sei gebildet und jeder Nichtabiturient sei es nicht. Die Bereitschaft, F.D.P. zu wählen, wächst auch bei einer sozialen Lage, die sich vom Durchschnitt abhebt. Daraus wird oft der falsche Schluß gezogen, es handle sich dabei um Leute, die ihre materiellen Interessen bei der F.D.P. aufgehoben wissen. Das ist falsch. Wir haben auch in der Vergangenheit schon sehr oft erfahren müssen, daß solche sogenannten ›sozialen Aufsteiger‹ ein politisches Bewußtsein haben, das sich nicht adäquat ablesen läßt an ihrem sozialen Standard, daß sie also über den marxistischen Grundsatz, ›das Sein prägt das Bewußtsein‹, hinausgewachsen sind. Darin liegt übrigens eine generelle Hoffnung des Liberalismus. Aber das alles ist nicht entscheidend. Ich würde eine Politik, eine Strategie und Taktik der F.D.P., die darauf abzielte, bestimmte demographisch zu fixierende Gruppen anzusprechen, für verhängnisvoll halten. Auch bei liberalen Gruppen, etwa bei Beamten und leitenden Angestellten, würde ich es für eine Fehlhaltung des politischen Liberalismus halten, wollte er sich auf die Wahrung von Interessenstandpunkten reduzieren. Denn diese kritische Rationalität, diese Bereitschaft zur Innovation, die Bereitschaft zu einem kreativen menschlichen Leben ist eben nicht abhängig von soziologisch beschreibbaren Merkmalen. Sie ist überall festzustellen und überall zu finden. Natürlich ergeben sich strategische und taktische Überlegungen aus der einen oder anderen Beschreibung des Wählers. Aber dies möchte ich jetzt hier nicht weiter ausbreiten. Dies war der Versuch einer Beschreibung des politischen Liberalismus, wie er, nach meinem Verständnis, weiterleben kann. Denn ich bin der Meinung, daß die Aufgabe etwa der Toleranz, die Aufgabe der Durchsetzung des Grundwertes der Humanität, so wie ich ihn vorhin beschrieben habe, in einem so verstandenen Liberalismus einen Schwerpunkt politischen Handelns abgibt, der von einer anderen Partei so nicht wahrgenommen werden kann. Darüber täuscht auch manche vordergründige Übereinstimmung in manchen grundsätzlichen Positionen nicht hinweg. In politischen Fragen, zum Beispiel bei der Verteidigung der Position von Minderheiten, wird irgendwo mal deutlich, ob jemand mehr konservativ denkt und deswegen mehr auf einen generellen Konsens abzielt und nicht so sehr auf die Wahrung der Position der Minderheit, wie das ein Liberaler tut. Wir erleben das in der praktischen Arbeit immer wieder. Wenn es etwa darum geht, das illiberale Prüfungsverfahren der Gewissensentscheidung eines Kriegsdienstverweigerers abzuschaffen, dann entscheidet sich die Frage nach der Liberalität. In solchen Fragen bestimmen grundsätzliche ideologische Positionen weithin auch die politischen Positionen unseres heutigen Lebens. Ich bin der Meinung, daß der politische Liberalismus, wenn er seine Grundwerte verwirklichen will, gerade heute eine Aufgabe hat, die sich so zwingend nur ihm stellt. Ich bin auch der Meinung, daß die F.D.P. um so überzeugender auf ihre Wähler wirken wird, je mehr sie ihrem eigenen Anspruch gerecht wird. Darin liegt unser Risiko, darin liegt aber auch unsere Chance.

Karl-Hermann Flach

Die Zukunft der Liberalen
Antrittsrede als Generalsekretär der F.D.P. auf dem Bundesparteitag am 25. Oktober 1971 in Freiburg

Hiermit melde ich mich aus der Reserve wieder in den aktiven Dienst der F.D.P. zurück. Fast ein Jahrzehnt lang war ich ein gänzlich Freier Demokrat, stand außerhalb der Zucht der Partei und konnte mich beobachtend und schreibend dem Ideal liberaler Selbstverwirklichung nähern. Denn Journalismus ist ja nichts anderes als berufliche Inkarnation des Liberalismus (das hat sich nur noch nicht überall – vor allem noch nicht bis in die »Welt« hinein – herumgesprochen). Ich leugne auch nicht, daß mir der Entschluß schwergefallen ist, für das Amt des Generalsekretärs der F.D.P. zu kandidieren. Meine Familie, meine Freunde, meine Kollegen haben mir einmütig davon abgeraten – da wußte ich, daß ich es tun muß! Es gibt nun einmal Zeiten, in denen das Verfassen mehr oder minder geistvoller Abhandlungen nicht genügen kann und am Ende auch nicht befriedigt. Jeder muß schließlich seinen Weg nach dem Gesetz gehen, nach dem er einmal angetreten ist. Ich bin vor mehr als einem Vierteljahrhundert als Sechzehnjähriger in Rostock in die dortige Liberal-Demokratische Partei eingetreten, weil mich nach Jugenderfahrungen mit dem totalitären Nationalsozialismus und in einer Umwelt des totalitären Stalinismus der Gedanke der Freiheit faszinierte. Wir jungen Liberaldemokraten waren damals zu jedem Opfer bereit, haben Freiheit und Leben riskiert, und es wäre kümmerlich, wenn man in andersgearteter Situation nicht einmal berufliche und persönliche Interessen zurückstellen kann, um der Partei der Freiheit in einer schweren Stunde zu dienen. Ich bin in Königsberg, in der Stadt Immanuel Kants, geboren und liberaler Preuße und kenne – so altmodisch das klingen mag – so etwas wie einen liberalen Pflichtbegriff. Wir wollen uns ja hier nichts vormachen: Rosa Zeiten für die Liberalen sind das nicht. Uns bläst der Wind ins Gesicht! Der Kampf, den wir nun gemeinsam kämpfen werden, ist nichts für schwächliche Charaktere und ängstliche Naturen. Er verlangt ein hohes Maß an Selbstdisziplin, Selbstsicherheit und Stehvermögen, er bringt wenig ein und kostet Kraft, Schweiß und Nerven. Warum haben wir Liberalen es so schwer? Im Grunde, weil wir so hohe Anforderungen stellen, und ein wenig auch, weil wir selber diesen hohen Anforderungen nicht immer gerecht geworden sind.

Im Gegensatz zu dem törichten Wort von den liberalen Scheißern stellt der Liberalismus die höchste Anforderung an den menschlichen Geist und an die menschliche Reife.

Es ist natürlich nichts einfacher, als die Entwicklung der Gesellschaft allein vom Standpunkt seines persönlichen materiellen Interesses aus zu sehen; die Dinge, wie sie sich nun einmal entwickelt haben, als ideal zu bemessen; überkommene Ordnungs- und Wertbegriffe kritiklos zu übernehmen; den Weg des geringsten Risikos zu gehen und dann, wenn es nicht funktioniert, nach Gewalt zu schreien. Und es ist ebenso einfach, die Welt und die Menschen in das geistige Korsett politischer Heilslehren zu zwängen, für alle Probleme der Gesellschaft Patentrezepte bereitzuhalten, für alle Fragen schon vorgeformte Antwortklischees nur abzurufen und alle Übel allein dem modernen Ersatzteufel,»dem System«, in die Schuhe zu schieben. Politische Ersatzreligionen haben geradezu eine metaphysische Anziehungskraft auf Leute, die ernsthaft glauben, sie würden kritisch reflektieren.

So einfach können wir es uns nicht machen. Wir müssen jedes Konzept, jedes Gesetz, ja, jedes Wort darauf abklopfen, ob es wirklich liberalen Maßstäben standhält, ob es nämlich nicht nur theoretisch, sondern tatsächlich mehr Freiheit für mehr Menschen bringt.

Wir sind dabei, zu den liberalen Wurzeln zurückzufinden, unsere großen Denker wie Friedrich Naumann nicht nur bei Kerzenlicht und Streichquartett in wohlgesetzten Reden zu feiern, sondern beim Wort zu nehmen, den alten liberalen Idealen »Freiheit der Persönlichkeit« und »Wahrung der Würde des Menschen« unter neuen Bedingungen in der modernen Industriegesellschaft einen Platz zu behaupten. Einige sind diesen mühevollen Weg nicht mitgegangen, andere sind neu zu uns gestoßen. Das ist ganz natürlich. Eine kleinere und offene Partei wie die F.D.P. reagiert sensibler auf die geistigen Strömungen der Zeit, sie ist aufnahmebereiter, kritikfähiger, schneller und daher auch größeren Mißverständnissen ausgesetzt als die trägen Massenparteien.

Und sie wird getreten und verketzert, weil allein ihre Existenz das Gewissen der politischen Tugendwächter und Ordnungshüter nicht zur Ruhe kommen läßt und den Denkfaulen und Patentrezeptinhabern den Schlaf raubt. Die Lösung dieses Problems wird dann am liebsten auf echt deutsche Weise betrieben: Ein Mann, der es gelernt hat, gab die Parole: Hinauskatapultieren!

Doch so einfach, wie sich das einige Politstrategen in den letzten Jahren gedacht haben, wird es nicht werden. Wir werden kämpfen, und die Leute werden sich wundern, wie wir kämpfen können!

Wenn wir zwischen konservativer Erstarrung und sozialistischer Utopie nicht einen dritten Weg der liberalen Gesellschaftsreform aufzeigen würden, dann müßte dieses Land in eine Periode unerträglicher politischer Polarisierung geraten, mit allen unheilvollen Folgen für die Liberalität, Humanität und für den Bestand dieser Demokratie – und, was viele nicht kapieren, auch für den Bestand der Wirtschaft.

Entweder es gelingt uns, der Freiheit durch mehr Gleichheit und Gerechtigkeit auch in der industriellen Massengesellschaft eine Zukunft zu sichern, oder wir werden die Freiheit nach einer Periode härtester Gesellschaftskämpfe zugunsten der Utopie von der totalen Gleichheit verlieren.

Es ist daher Ausfluß geistiger Armut oder nackte Böswilligkeit, wenn unser Versuch der Neubestimmung liberaler Gesellschaftspolitik, also unser Kampf um die Freiheit unter neuen Bedingungen, als Abkehr vom Liberalismus oder Hinwendung zum Sozialismus denunziert wird.

Das, was wir hier in mühsamen Sachdiskussionen These für These erarbeiten, das Konzept einer modernen liberalen Gesellschaftspolitik, ist in Wahrheit die einzige tragfähige und zukunftsträchtige Alternative zu den sozialistischen Programmen aller Schulen.

Denn der erstarrte Konservativismus ist diese Alternative nicht. Wer das nicht begreift, verhält sich etwa so intelligent wie jene kurzsichtigen Feudalisten am Vorabend der Französischen Revolution wie auch der russischen Oktoberrevolution, die in ihrer ganzen Engstirnigkeit auch damals den liberalen Reformen in die Arme fielen und dem gewaltsamen Umsturz so den Weg bereiteten.

So gesehen, sind die CDU/CSU und die hinter ihr stehenden gesellschaftlichen Machtgruppen die einzige revolutionäre Gefahr in diesem Land.

Und aus diesem Grunde war unsere Entscheidung 1969 richtig und im

liberalen Sinne unausweichlich. Mit Beginn der sicher noch unvoll-
kommenen und gelegentlich schwerfälligen Reformpolitik der sozial-
liberalen Koalition wurden zwar nicht die gesellschaftlichen Konflikte
beseitigt – das geht gar nicht und liegt auch nicht im liberalen Sinne –,
aber die Voraussetzungen dafür geschaffen, daß sie den Rahmen des demokratischen Systems nicht sprengen.

Wir werden häufig dafür bestraft, daß wir die Nase vorn haben. Wie hat
man auf uns dreingeschlagen, als wir als überzeugte Anhänger und Mitträger des westlichen Bündnisses den Bündnisausgleich mit dem Osten
forderten und frühzeitig die Denkansätze für die Friedens- und Entspannungspolitik der heutigen Bundesregierung entwickelten. Wie hat
man sie geprügelt, denunziert und verlacht: Karl Georg Pfleiderer, Josef
Ungeheuer, Max Becker, Thomas Dehler, Wolfgang Döring.

Man hat uns in die Nähe des Landesverrats gerückt, weil wir schon damals den Frieden festigen und die in zwei Weltkriegen reduzierte, uns
verbliebene Substanz der deutschen Nation sichern wollten.

So ähnlich geht es uns heute mit unserer Gesellschaftspolitik. Man will
uns weit in die linke Ecke drücken, weil wir die Probleme von morgen
nicht mit den Methoden von gestern lösen wollen.

Ich sage Ihnen eines voraus: Wenn die freie Gesellschaft in diesem
Lande erhalten bleibt, dann wird die Lösung ihrer Probleme ungefähr
in Richtung unserer Thesen erfolgen. Und dann werden sich eines Ta-
ges große politische Parteien rühmen, diese Politik betrieben zu haben.
Und unser Urheberrecht wird vergessen sein, weil wir bereits an neuen
Problemlösungen arbeiten.

Das ist das Risiko, aber auch die Chance einer vorwärtsdenkenden Partei. Wo sie wegfällt, verarmt das politische Leben. Wie öde wurde es in
den Ländern, in denen wir zeitweilig nicht in den Parlamenten waren,
und wie schnell korrigierten die Bürger aus gutem Grund ihre Entscheidung in Berlin und in Bayern, wie sie sie in Niedersachsen, Schleswig-Holstein und im Saarland auch korrigieren werden.

Wir müssen als kleine Partei eine besonders große Verantwortung tragen. Wenn die F.D.P. nicht durchhält und nicht durchkommt, dann hat
das nicht nur tiefgreifende Folgen für die bundesdeutsche Innenpolitik,
sondern auch für die europäische Entspannungspolitik, ja, dann hat das
sogar weltpolitische Wirkungen, so übertrieben das im Augenblick
klingen mag. Die CDU/CSU will die totale Konfrontation, auch wenn
sie das auf einmal nicht mehr wahrhaben möchte, weil es bei den Bür-

gern nicht so ganz ankommt. Und die CDU/CSU will den Einbruch dort erzielen, wo es nach oberflächlicher Lagebeurteilung am leichtesten erscheint, nämlich an der Stelle, wo wir stehen. Ungewöhnliche Kräfte und Mittel werden auf uns konzentriert, weil man uns weg haben will, um Strauß und Barzel die absolute Herrschaft zu verschaffen.

Wenn wir das nicht klar erkennen, wenn wir die politischen Prioritäten im Hinblick auf das Entscheidungsjahr 1973 nicht sehen und unser Verhalten als Partei nach außen und nach innen diesen Prioritäten nicht unterordnen könnten, wir würden politisch versagen. Die CDU/CSU war ihren Partnern gegenüber noch nie fair. Sie hat eine kleinere Partei nach der anderen umarmt, erdrückt und verspeist und ist ganz böse, daß wir das nicht auch mit uns machen ließen.

Dreimal hat die CDU/CSU versucht, uns politisch zu ermorden:

– Das erste Mal 1956/57 mit dem Grabenwahlrecht. Das war der Dank für unsere Stimme für ihren ersten Kanzler, für ihren Kurs des Westbündnisses, für das Durchsetzen der Marktwirtschaft und für jahrelange Partnerschaft.

Maßgebende Kreise der deutschen Wirtschaft waren damals der Ansicht, wir müßten uns diesem großen Adenauer selbst zum Opfer darbieten. Wirtschaftliche Macht und politischer Verstand waren in diesem Lande leider noch nie nahe beieinander.

– Das zweite Mal versuchte es die CDU/CSU 1966/67 mit Lückes Mehrheitswahlrecht. Damit der »Bayernkurier« – dieses Organ der wiederauferstandenen Hugenberg-Presse im weiß-blauen Gewande – mich nicht wieder einen Märchenerzähler und Legendenbilder nennt, füge ich hinzu: damals mit tätiger Mithilfe führender Kreise der SPD. Zur Ehre der Sozialdemokraten sei gesagt, daß die Mehrheit vor Ausführung der ruchlosen Tat dann doch noch zurückschreckte.

– Das dritte Mal versuchte es die CDU/CSU durch Kiesingers berühmtes Hinauskatapultieren aus den Landtagen.

Wir Liberalen sollten aus den Parlamenten vertrieben werden, die unsere Vorväter erst erkämpft und geschaffen haben, zu einer Zeit, als die geistigen Vorväter der CDU/CSU noch das Gottesgnadentum der absoluten Fürsten predigten. Leider ist das in einigen Fällen gelungen, mit Hilfe unserer eigenen Verunsicherung, aber wir haben die entscheidenden Bastionen halten können, und dort, wo die CDU am lautesten auf die Pauke schlug, in Bayern, haben wir uns

mit Hilfe einer charmanten Frau (gemeint ist Hildegard Hamm-
Brücher. Die Red.) wieder hineinkatapultiert.

Angesichts dieser historisch einwandfrei belegbaren Mordversuche am
politischen Liberalismus fehlt mir manchmal das Verständnis dafür, daß
bei uns einige sein sollen, die diese Leute immer noch für seriöse Partner halten.

Die CDU hat sich in Saarbrücken entschieden. Sie hat sich Franz Josef
Strauß unterworfen und will mit Rainer Barzel die absolute Mehrheit
erobern. Aus der alten Kanzlerpartei wurde die Kanzlerkandidaten-
Partei – mehr hat sich nicht geändert.

Die Reform-Alternative in Gestalt von Helmut Kohl wurde niederge-
stimmt, die Vernunft-Alternative in Gestalt von Gerhard Schröder zur
Resignation gezwungen. Die CDU-Delegierten haben hoffentlich gewußt, was sie taten.

Die CDU beschwört immer heuchlerisch die Gefahr, die kleine F.D.P.
könnte in die Abhängigkeit der großen SPD geraten. Nun, diese Sorge,
die in Wahrheit eine Hoffnung für sie ist, werden wir ihr rechtzeitig
nehmen.

Doch die große CDU ist nichts anderes als ein Satellit der kleinen CSU.
Strauß genießt es geradezu, Barzel ratenweise kleinzuklopfen. Da muß
der arme Mann, der einmal die Richtlinien der deutschen Politik bestimmen will, doch allen Ernstes erst eine große Verhandlungskommis-
sion benennen, ehe Strauß geruht, die Kanzlerkandidaturfrage auch
nur zu erörtern. Er verspottet seinen Fraktionsvorsitzenden noch, indem er verkündet, man könne eher einen Ziegenbock melken als von
ihm erfahren, wer Kanzlerkandidat wird.

Aber wir können beruhigt sein. Ich habe erfahren, daß die Sache große
Fortschritte gemacht hat. CDU-Generalsekretär Kraske hat bei CSU-
Generalsekretär Tandler tatsächlich schon einen Termin bekommen,
um wiederum einen Termin zu vereinbaren, an dem die Verhandlungs-
kommissionen von CDU und CSU sich über eine Prozedur einigen
wollen, nach der man in das erste Stadium von Verhandlungen über das
Sachprogramm als Voraussetzung von Gesprächen über eine gemeinsame Regierungsmannschaft zu treten gedenkt, als deren Folge auch
über eine Kanzlerkandidatur Barzels gesprochen werden könnte.

Eine Koalition zwischen Todfeinden ist in gemeinsamer Not leichter
zu bewerkstelligen als dieses Bündnis unter Brüdern.

Die CDU will nunmehr positiv werden. Ein ganz neues Oppositions-

gefühl soll sich verbreiten. Solange die Koalition die rechte Backe hin-
hielt, wenn sie auf die linke einen Streich erhalten hatte, diente die
totale Konfrontation der Opposition zur Ermunterung. Seit wir beginn-
nen, auf einen groben Klotz auch einmal einen groben Keil zu setzen,
will die CDU, die im Austeilen von Schlägen gar nicht zimperlich ist,
auf einmal von Konfrontation nicht mehr viel wissen.

Die dachten immer, Konfrontation sei eine einseitige Sache, Konfrontation bedeute, daß die Opposition auf die Koalition über und unter der
Gürtellinie dreinschlägt und die Koalition sich dafür entschuldigt.
Ich jedenfalls fühle mich in meiner Ansicht bestätigt, daß wir nicht den
geringsten Grund haben, unsere Politik aus der Defensive heraus zu betreiben. Nur ein paarmal kräftig zurückgeschlagen, und schon werden
die großen Angreifer unsicher.

Wir werden die Union nicht aus der Verantwortung entlassen, vor allem nicht in der Ostpolitik.

Solange sie weiterhin ohne Rücksicht auf Verluste vom Ausverkauf
spricht, solange sie die Weltpolitik weiterhin aus der bayerischen Bier-
tischatmosphäre oder aus der nur scheinbar exklusiven, in Wahrheit tief
deutsch-provinziellen Golfperspektive der Herren Boenisch und Sprin-
ger sieht, solange sie – wie ihr Spitzenkandidat Cassens im bremischen
Wahlkampf öffentlich bekundete – lieber Berlin in neue Unsicherheit
stürzen als den Verträgen von Moskau und Warschau zustimmen
würde, solange sie nicht die Versuche aufgibt, die Vertragswerke über
den Bundesrat zu Fall zu bringen, so lange ist sie nun einmal die
»Nein«-Sager-Partei in der Friedenspolitik.

Am Wochenende hat Herr Strauß in den »Harburger Anzeigen und
Nachrichten« in dunklen Andeutungen erklärt, bestimmte Schachzüge
der Regierung gegen die Kritiker der Ostverträge seien nicht in Bonn
ersonnen worden.

Solange Barzel sich von solchen schamlosen Verdächtigungen nicht
klar distanziert, bleibe ich bei meinem Wort: So lange benimmt auch er
sich nicht wie ein Kanzler von morgen, sondern wie der Führer einer
kleinen rechtsextremen Partei ohne Chancen und ohne Verantwortung.

Die CDU/CSU hat in den beiden ersten Jahren von der Panik gelebt,
die sie selbst erzeugt hat. Sie ging nach der uralten Erfahrung vor, daß
sich die Ängstlichen in der ersten Schrecksekunde immer um die
Angstmacher scharen.

Doch die Schrecksekunde ist vorbei, die Panik verfliegt, und nun ruft
Barzel nach Gemeinsamkeit, ohne wirkliche Bereitschaft zur Solidarität wenigstens in einigen Kernfragen der Nation auch nur anzudeu-
ten.

Denn es hat sich inzwischen herumgesprochen, daß diese Regierung
die Interessen des eigenen Landes in selbstverständlicher Bündnistreue
und in europäischer Solidarität selbstbewußter vertreten kann als die
Leute mit dem schlechten Gewissen.
Wir haben in dieser sozial-liberalen Koalition das ungewohnte Erlebnis
fairer Partnerschaft erfahren. Doch wir sind kein Flügel der Sozialdemokratie. Wir haben eine eigene Tradition zu wahren. Unsere geistig-
politischen Wurzeln reichen weiter in die deutsche Geschichte zurück
als die der SPD.
Der kommende Programmparteitag der Sozialdemokraten in Bonn
wird beweisen, daß wir uns vom Grundansatz her unterscheiden. Es
geht den Sozialdemokraten wie uns um den Menschen. Doch die Sozialdemokraten, vor allen Dingen die Sozialisten unter ihnen, neigen
zu dem, was ich einmal den institutionellen Aberglauben oder den
technokratischen Irrtum nennen möchte. In ihnen lebt immer noch
die säkularisierte Heilserwartung, daß die Veränderung der gesellschaftlichen Bedingungen auch den neuen Menschen produziert.
Wir sind da skeptischer. Wir verarbeiten mehr Erfahrungen. Unser Ansatz ist die Liberalität.
Der Liberalismus ist eine politische Relativitätstheorie. Wir wissen, daß
es keine letzten Erkenntnisse irdischer Natur gibt und die Wahrheit von
heute den Irrtum von morgen umschließt. Darum bemühen wir uns
nicht nur, die ideologische Verschleierung der bestehenden Machtverhältnisse aufzuklären, sondern auch die Grenzen und Gefahren bei der
Verwirklichung der großen Utopien aufzuzeigen. Wir haben auch gegenüber bestimmten Kräften in der SPD ein Wächteramt.
Wir müssen immer wieder klarzumachen versuchen, daß allein die
Veränderung der Eigentumsverhältnisse noch lange keine Verbesserung
der Herrschaftsverhältnisse schafft und daß der Austausch der Macht-
eliten, das heißt die Ablösung des Regimes einiger großer Kapitaleig-
ner durch das Regime der Funktionäre nicht mehr Freiheit für mehr
Menschen erzeugt.
Und wir müssen auch darauf achten, daß der notwendige Kampf um
soziale Gerechtigkeit nicht zu Niveausenkung und öder Gleichmache-

rei führt, die Leistungsanreize abtötet und am Ende zu wenig erzeugt, was sozial gerechter verteilt werden kann.

Vor allem müssen wir immer daran erinnern, daß jede Bewegung, die in der Phase des Machterwerbs Liberalität klein schreibt, später niemals in der Lage ist, mehr Freiheit zu produzieren. Sie wird zum Spiegelbild der gekämpften Machtgruppe, sie verfestigt die Herrschaftsverhältnisse unter umgekehrten Vorzeichen. Doch führen wir die Auseinandersetzung mit sozialistischen Utopien und ihren Anhängern nicht so primitiv wie die CDU/CSU. Wir diffamieren nicht, wir diskutieren.

Über eines kann doch kein Zweifel sein, daß die Träger neomarxistischer Heilslehren die Töchter und Söhne des gehobenen Bürgertums sind. Ich behaupte, daß es der bürgerliche Materialismus ist, der den dialektischen Materialismus fördert. Weil zu viele Menschen in diesem Lande nur noch in ihren und den ihnen anvertrauten materiellen Interessen denken können, wendet sich ihr eigen Fleisch und Blut mit Ekel von ihnen ab.

Die Liberalität, die Diskussionsbereitschaft und Diskussionsfähigkeit, das politische Interesse und die politische Bildung in führenden Kreisen unserer Gesellschaft sind zu gering, die Argumente, die für unser System vorgebracht werden, sind teilweise zu schwach, vor allem die sogenannte Wirtschaft ist politisch miserabel vertreten – kein Wunder, daß die Jugend sich abwendet.

Wir werben um diese jungen Menschen. Als sie auf die Straße gingen, um zu protestieren, hieß es: Geht doch in die Parteien. Nachdem sie dies mit Erfolg tun, ist das einigen auch nicht recht. Sollen sie sich denn in Luft auflösen oder politisch total resignieren? Das alles ist innerparteilich nicht leicht, aber wir – wie auch die SPD – leisten hier ein Stück Integrationsarbeit für diese Demokratie, die die CDU/CSU nicht leistet, bei der sie ebenso versagt wie in ihrem Verhältnis zu den Intellektuellen in diesem Lande.

Nur müssen die Jusos, ebenso wie einige unserer jungen Freunde, darauf achten, daß sie nicht zu »nützlichen Idioten« der konservativen, autoritären und reaktionären Kräfte in diesem Land werden. Wer die Menschen ständig mit neuen Denkmodellen überfordert, wer sich an der Orientierungslosigkeit und an der Unsicherheit noch freut, der schafft falsche Solidarisierungen und stärkt am Ende die Kräfte, die für die Ordnung dieser Gesellschaft weiß Gott kein liberales Konzept anzubieten haben.

Wir haben gegenüber der SPD unser eigenes Gewicht. Aus diesem Grunde brauchen wir uns nicht zu verkrampfen und, wie Walter Scheel schon sagte, auch nicht in eine Profilneurose zu verfallen. Es gibt schon genug Genossen, deren Existenz und deren Wirken allein den Zwang zur Koalition mit den Liberalen als sehr heilsam erscheinen läßt. Ich brauche ja nicht bis nach Berlin zu blicken, wo man diese Koalition schmerzlich vermißt.

Es gibt vor allem innerhalb der SPD Frontbildungen und Kräfteverhältnisse, die sich fast nur im Bündnis mit den Liberalen ausbalancieren lassen. Ich persönlich schätze Willy Brandt viel zu sehr, um ihm eine absolute Mehrheit der SPD zu wünschen.

Die Diskussion um den § 218 zeigt, daß die Liberalität in der SPD gelegentlich kleinbürgerlich-konservativ überlagert wird. Wenn es nicht zu einer liberalen Lösung kommt, dann scheitert sie an der SPD, und dann sollte sich nicht ein Flügel, der sich nicht durchsetzen kann, mit unseren Fortschrittsfedern schmücken wollen.

Und ich sage auch das: Ich habe manchmal Sorge, daß man in einigen Kreisen der SPD und innerhalb der Gewerkschaften auch die politischen Prioritäten nicht klar sieht. Diese Genossen werden einmal von der Geschichte nicht gefragt werden, ob sie ein oder zwei Prozent mehr Lohnerhöhung herausgeschlagen haben, sondern ob sie mit allen ihren Kräften den bedeutendsten Kanzler gestützt haben, den die deutsche Arbeiterbewegung jemals hervorgebracht hat.

Und wenn sie durch kurzsichtige und engstirnige Interessenvertretung ungewollt dazu beitragen, daß Strauß und Barzel in diesem Lande an die Macht kommen – die Märtyrer und die toten Veteranen der Arbeiterbewegung würden aus den Gräbern aufsteigen und sie verfluchen!

Auch uns wird man nicht danach messen, wie fleißig wir innerparteiliche Auseinandersetzungen um Lappalien geführt oder wie fleißig wir die Argumente unserer politischen Gegner in der Partei verbreitet haben. Manchmal fürchte ich, daß diese Partei glaubt, sich alles leisten zu können. Das macht sie so liebenswert, doch ich muß schon jetzt um Verständnis dafür bitten, daß ich auf das Bild und die Schlagkraft dieser Partei achten und notfalls auch einmal dazwischenfahren werde, wenn Sie mir das Mandat dazu erteilen.

Wer mich kennt, weiß, daß ich kein Mann der Verkleisterung bin und daß ich auch innerparteiliche Konflikte für notwendig halte. Doch wir können sie angesichts der Lage aber nur in Solidarität führen, gerade auch im Umgang miteinander müssen wir uns immer als Liberale ausweisen.

Es ist nun an der Zeit, gewisse Energien, die wir innerparteilich vergeudet haben, nach außen auf den politischen Gegner zu konzentrieren.

Ich halte auch nichts von dem Argument, wenn wir hier dieses oder jenes beschließen würden, brauchten wir 1973 gar nicht erst anzutreten. Dieser Parteitag beschließt souverän nach Sachargumenten. Wir werden 1973 auf jeden Fall antreten und die Beschlüsse vertreten, die der souveräne Parteitag für uns alle verbindlich in freier Entscheidung getroffen hat.

Wir brauchen uns doch nicht zu verstecken. Wir haben in schwieriger Zeit das Richtige getan, obwohl es unpopulär war. Wie schäbig wäre unsere Position, und ich würde auch nicht hier vor Ihnen stehen, wenn wir das Populäre getan hätten, obwohl wir gewußt haben, daß es politisch falsch gewesen wäre.

Wir selbst und die Menschen im Lande werden sich wundern, welche Kräfte wir mobilisieren können, wenn wir klar und selbstbewußt auftreten.

Diese Partei hat eine ungebrochene Lebenskraft und eine ungewöhnliche Leidensfähigkeit. Wenn ich denke, was in den beiden dicken Parteien – um mit Walter Scheel zu sprechen – alles los ist, wenn die mal ein paar Prozent nicht gewinnen, dann habe ich Achtung vor der Nervenkraft dieser kleinen Partei.

Wir wissen, was vor uns liegt. Wir machen uns keine Illusionen, aber wir haben keine Angst. In uns wirkt die wunderbare Freiheit des wahren Liberalen, der weiß, daß er mit dem Risiko lebt und daß seine Zeit ihn immer nur zum Teil versteht.

Ich darf zum Schluß ein Wort abwandeln, das ein Größerer einer anderen Partei in viel größerer Bedrängnis gebraucht hat. Kein Mensch kann uns den Erfolg garantieren, niemand ist sicher, ob die Historiker nicht einmal schreiben werden, die Liberalen haben das Beste gegeben, sie haben gekämpft, doch die Verhältnisse waren stärker: Die Liberalen waren wehrlos.

Doch für eines garantieren wir, und das versprechen wir hier und den anderen: Die Historiker werden niemals schreiben können, die Liberalen waren feige, sie haben taktiert, sie haben nicht gekämpft: Die Liberalen waren ehrlos.

Wolfgang Mischnick

Rede im Deutschen Bundestag vom 1. Oktober 1982

Dies ist eine schwere Stunde – nach meiner Überzeugung eine schwere Stunde für den Staat deshalb, weil wir wissen, ganz gleich wo wir stehen, daß die Stabilität der Bundesrepublik Deutschland, die über 35 Jahre selbstverständlich war, heute nicht mehr die gleiche Selbstverständlichkeit hat. Landtagswahlen haben dies bewiesen. Dies ist eine schwere Stunde für dieses Parlament, weil ich weiß – es geht mir selbst so –, daß viele Abgeordnete quer durch die Fraktionen hin- und hergerissen sind zwischen dem, was in dem Wahlkampf 1980 als Grundlage der Entscheidung gesehen wurde, und dem, was die Verfassung dem Abgeordneten, wenn er gewählt ist, aufträgt zu handeln.

Es ist eine schwere Stunde für meine Partei, weil ich in ihr am meisten diese Diskrepanz, diese Spannung, das Spannungsverhältnis, was daraus entsteht, widerspiegelt. Und ich gestehe offen, es ist eine schwere Stunde für mich. Ich habe diese Koalition vor 13 Jahren bewußt mit herbeigeführt. Ich habe zu ihr gestanden bis zur letzten Minute.

(Beifall bei Abgeordneten der F.D.P. und bei der SPD.)

Manche sagen: zu lange. Auch diese Kritiker mögen recht haben.

Herr Bundeskanzler, Sie haben am 17. September in einem Gespräch, bevor Sie hier Ihre Rede hielten, deutlich gemacht, daß diese Koalition zu Ende geht. Ich habe Sie gefragt, ob das in Ihrer Rede steht. Sie haben mir geantwortet: Ja. Ich habe Sie gefragt, ob Sie erwarten, daß die Minister der Freien Demokraten zurücktreten. Sie haben das bestätigt. Ich habe Ihnen gesagt: Wenn das nicht geschieht, werden sie dann entlassen? Sie haben mir das bestätigt.

Das ist von Ihrem Standpunkt her die Konsequenz Ihrer Rede: es war nicht mehr zumutbar, zusammenzuarbeiten.

Herr Bundeskanzler, ich möchte allerdings auch hinzufügen: wenn Sie dann zulassen, daß das als Verrat gekennzeichnet wird, enttäuscht mich das tief.

(Beifall bei Abgeordneten der F.D.P. und lebhafter Beifall bei der CDU/ CSU. – Zurufe von der SPD.)

Sie brauchen keine Sorge zu haben, daß ich auch nur einen Grund verschweige, den zu nennen ich für notwendig halte. Ich weiß, daß diese Entwicklung, von der Sie meinten, daß sie unaufhaltsam sei, mit dadurch beeinträchtigt worden ist, daß unterschiedliche Meinungen aus meiner Fraktion, aus meiner Partei sichtbar waren. Aber es war doch nicht nur so, daß dies aus der F.D.P.kam, sondern sie kamen ja auch aus der SPD. Die Frage wurde gestellt, ob es noch einen Sinn habe. Wenn man das Postulat – für mich ist es nicht nur ein Postulat, sondern es ist eine innere Einstellung –»Würde« so stark herausstellt, dann, Herr Bundeskanzler und meine Kollegen von der SPD, bitte auch in einem Augenblick, wo man erkennt, daß es eben nicht mehr möglich ist, die gemeinsame Arbeit fortzusetzen, mit Würde festzustellen, daß es sachlich keine Gemeinsamkeit in vielen Fragen mehr gibt. Dies scheint mir notwendig zu sein.

(Beifall bei Abgeordneten der F.D.P. und der CDU/CSU.)

Ich füge auch hier hinzu, daß das unterschiedlich beurteilt wird, daß es Bereiche gibt, bei denen ich fest überzeugt bin, daß man auch morgen noch gemeinsam arbeiten könnte. Aber jetzt steht im Vordergrund das Problem der Wirtschafts-, der Gesellschafts-, der Finanz- und Steuerpolitik.

Ich füge hinzu, es steht vor uns die Frage auch von einer anderen Seite, als sie hier zum Teil angesprochen worden ist, nämlich, ob hier dieses Parlament in einer so schwierigen Lage bereit ist, zu handeln, und in Kauf nimmt, den Vorwurf zu bekommen, nicht sofort zum Wähler zu gehen. Ich kann das um so leichter sagen, als ich ja schon am 9. September, Herr Bundeskanzler, als Sie zum erstenmal von Neuwahlen sprachen, als einziger hier eine andere Meinung vertreten habe. Wir waren uns beide in einem Gespräch darüber klar, daß das Grundgesetz unterschiedliche Möglichkeiten zuläßt. Aber ich wiederhole, was ich Ihnen sagte: Ich bin zutiefst überzeugt davon – das ist meine ganz persönliche Meinung –, daß das Grundgesetz in erster Linie das Parlament aufruft zu handeln, und nur dann, wenn es nicht handeln kann, die Neuwahl als letzte Möglichkeit vorgesehen ist.

(Beifall bei Abgeordneten der F.D.P. und der CDU/CSU.)

Dieses Verfassungsverständnis mag heute stärker als früher im Widerspruch zum allgemeinen Empfinden stehen; dies bestreite ich nicht. Es wird eine gemeinsame Aufgabe sein, das – wozu es harter Diskussionen bedarf – sichtbar und deutlich zu machen.

Ich füge, um hier keinen Irrtum aufkommen zu lassen, sofort hinzu: Es ist zwischen CDU, CSU und F.D..P eine Vereinbarung getroffen worden, und ich habe gelernt, Mehrheiten zu respektieren. Ich erwarte von meinen Freunden, daß sie Mehrheiten respektieren, und ich respektiere auch Mehrheiten, wenn in einer Koalitionsvereinbarung für die Zukunft etwas festgelegt wird. Ich bitte deshalb darum, in meinen grundsätzlichen Auffassungen, die ich nach wie vor habe, nicht etwa den Versuch des Herausgleitens aus einer Vereinbarung zu sehen. Aber ich halte es für meine Pflicht, die grundsätzliche Meinung auch in diesem Augenblick mit der gleichen Deutlichkeit darzulegen, wie ich es vor wenigen Tagen getan habe, weil auch das zur Glaubwürdigkeit gehört, die hier mehrfach beschworen worden ist.

(Beifall bei der F.D.P. und bei einzelnen Abgeordneten der CDU/CSU.)

Meine Damen und Herren, diese Pflicht zum Handeln steht ja auch nicht im Widerspruch zu Auffassungen, die in diesem Hause schon geäußert worden sind. Herr Bundeskanzler, Sie haben als Vorsitzender der SPD-Fraktion in einer Antwort auf meine Rede, die ich im Dezember 1966 zur Regierungserklärung der Großen Koalition hier zu halten hatte, wörtlich gesagt:»Es war das Parlament, das aus sich heraus die neue Regierung geschaffen hat. Ein Beweis für die Funktionstüchtigkeit des Deutschen Bundestages!«

(Heiterkeit und Beifall bei der F.D.P. und der CDU/CSU.)

Ich stimme Ihnen voll zu.

Heute gibt es nicht die gleichen Umstände, aber ähnliche Umstände.

(Zurufe von der SPD.)

Helmut Schmidt hat damals weiter gesagt:»Eine Regierung muß nach den Möglichkeiten einer arbeitsfähigen Mehrheit gebildet werden.«

(Sehr gut! bei der CDU/CSU.)

Dies soll geschehen. – Helmut Schmidt hat seinerzeit auch den damaligen Bundeskanzler Kiesinger zustimmend zitiert und wörtlich gesagt, die gegenwärtige Regierung sei nicht aus einem glänzenden Wahlsieg hervorgegangen, sondern aus einer von unserem Volk mit tiefer Sorge verfolgten Krise.

Sehen Sie, meine Damen und Herren, wenn man von Glaubwürdigkeit spricht, bitte ich auch darum, die Glaubwürdigkeit, die diese damalige Äußerung hatte, nicht dann, wenn das in einer anderen Konstellation genauso zutrifft, in Zweifel zu ziehen.

(Beifall bei der F.D.P. und der CDU/CSU – Zuruf von der SPD: Sie haben damals Neuwahlen gefordert! – Weitere Zurufe von der SPD.)

Ich wiederhole, daß sich die Interessenlage in solchen Situationen verändern kann. Ich werfe niemandem vor, daß er aus seiner Interessenlage zu anderen Entscheidungen kommt.

(Weitere Zurufe von der SPD.)

Da aber, wo ich das Gefühl bekomme, daß die eigene Interessenlage plötzlich mit dem Vorwurf verbrämt werden soll, die Interessenlage der anderen oder deren Entscheidungsbereitschaft sei gegen Recht und Sitte, muß ich darauf verweisen, daß Recht und Sitte im Grundgesetz den hier vorgesehenen Weg absolut legitimieren. Wer dies bezweifelt, muß den Mut haben, zu sagen, daß er das Grundgesetz in diesem Punkte für falsch hält und ändern will.

(Beifall bei der F.D.P. und der CDU/CSU.)

Ich stehe auch in dieser Stunde nicht an, die 13jährige Regierungsverantwortung, die ja sehr viel Kritik erfahren hat, so zu beurteilen, wie ich es immer getan habe. Es waren entscheidende Schritte, neue Schritte in der Außen- und Ostpolitik, es waren entscheidende Schritte in der Innenpolitik, in der Gesellschaftspolitik, deren Grundlagen ich heute genauso positiv beurteile wie gestern.

(Beifall bei der F.D.P. – Sehr gut! bei der SPD.)

Ich bestreite nicht, daß dabei Fehler gemacht worden sind. Wo Menschen tätig sind, werden Fehler gemacht. Das war in der Regierungskoalition CDU/CSU/F.D.P. so, das war in der Großen Koalition so, das war in der jetzigen Koalition so, und das wird in einer künftigen Koalition genauso sein. Aber worauf es ankommt: ob dann, wenn man erkannt hat, daß da oder dort ein Fehler gemacht worden ist, man den Mut hat, aus diesem Fehler zu lernen. Wenn man dann nicht ideologiebefrachtet, sondern aus der Vernunft heraus entscheidet, ist dies leichter. Wir bemühen uns, aus der Vernunft heraus zu entscheiden.

(Beifall bei Abgeordneten der F.D.P.)

Nun ist hier mehrfach davon gesprochen worden – und ich bin sicher, es wird auch von den Kollegen, die aus meiner Fraktion eine abweichende Meinung darlegen werden, dazu Stellung genommen werden –, daß doch manches, was jetzt vorgesehen ist, auch in der alten Koalition hätte gemacht werden können,

(Zurufe von der SPD.)

manches nicht. Ich stelle fest, daß natürlich auch hier – das ist kein Vorwurf, einfach eine Feststellung – zwischen der ersten Reaktion, dies sei in der alten Koalition möglich gewesen, und der zweiten Reaktion, so

etwas könne man nie mit der SPD machen, genau das deutlich wird,
was das Problem des letzten halben Jahres in dieser Koalition war: daß
nämlich innerhalb der SPD eine unterschiedliche Auffassung in Fragen
der Wirtschafts- und Sozialpolitik besteht und deshalb die Voraussetzungen für eine weitere gemeinsame Arbeit immer mehr verlorengegangen sind.

*(Beifall bei Abgeordneten der F.D.P. und der CDU/CSU — Zurufe von
der SPD.)*

Sie haben sich gewundert, meine verehrten Kolleginnen und Kollegen
von der SPD, weshalb in meiner Partei der Münchener Parteitag so oft
erwähnt wurde. Ich füge hinzu: Ich habe manche Reaktion aus den
Reihen meiner Partei, meiner Fraktion unmittelbar nach dem Münchener Parteitag für überzogen gehalten. Ich muß allerdings heute feststellen, daß die Wirkung dieses Parteitages in Ihre Handlungsfähigkeit
hinein größer war, als ich am Anfang befürchtet hatte.

(Beifall bei Abgeordneten der F.D.P. — Zurufe von der SPD.)

Da mögen Sie widersprechen. Die Fakten haben mir in den Beratungen immer mehr recht gegeben.

(Zurufe von der SPD.)

Die Kluft — —

(Dr. Ehmke [SPD]: Genscher vergißt er!)

— Lieber, verehrter Herr Kollege, wenn Sie in allen Sachfragen — auch
den für Sie kritischen — mit der inneren Anteilnahme, mit dem inneren
Engagement gerungen hätten wie ich, dann hätten Sie mehr Recht zu
diesem Zwischenruf. Ich möchte Sie bitten, sich das sehr genau zu
überlegen. —

(Beifall bei der F.D.P.)

Die Kluft, die zwischen dem entstand — das habe ich doch nun in unendlich vielen Gesprächen miterlebt —, was an Übereinstimmung auch
des Bundeskanzlers und vieler Kabinettskollegen in vielen Punkten mit
uns, mit vielen Kollegen der Fraktionsführung vorhanden war, und
dem, was dann an äußerer Auseinandersetzung kam, zeigte doch, daß
hier einfach offensichtlich um der eigenen Identität willen — das schätze
ich doch nicht schlecht ein —

(Dr. Ehmke [SPD]: Genscher vergißt er!)

für die Sozialdemokraten eine Grenze erreicht war, wo dann die Möglichkeit der Zusammenarbeit nicht mehr gegeben ist.

(Zurufe von der SPD.)

Dies ist ein durchaus anerkennenswerter Gesichtspunkt. Meine Bitte ist nur: wenn dies eine Rolle spielt, dann dies offen zugeben und nicht so tun, als seien dunkle Machenschaften dahinter, wenn es zu dieser Entscheidung jetzt kommt.

(Beifall bei der F.D.P. und der CDU/CSU.)

Natürlich frage ich auch mich: hat man immer alles getan, hat man alle Möglichkeiten ausgeschöpft? Ich glaube es versucht zu haben. Noch an dem Donnerstag vor der Rede des Herrn Bundeskanzlers ist an dem ganzen Abend der Versuch gemacht worden, Kontakt aufzunehmen.

(Zuruf des Abg. Dr. Ehmke [SPD].)

Ich sage das, damit hier keinerlei Legendenbildung kommt.

(Zuruf von der SPD: Und Herr Genscher? − Weitere Zurufe von der SPD.)

Auch diese Reaktion zeigt mir wieder, daß im Augenblick die Emotionen − wofür ich Verständnis habe − stärker ist als die nüchterne Betrachtung der Situation.

Wir haben in der Vergangenheit − und wir werden dies für die Zukunft in unserer Politik deutlich machen − darum gerungen, mehr Freiräume zu schaffen. Wir haben das in vielen Bereichen erreicht. Und ich weiß, wie schwer die Aufgabe im rechts- und innenpolitischen Bereich ist, die bei einer neuen Koalition auf uns zukommen wird.

(Dr. Ehmke [SPD]: Neben Zimmermann!)

Dessen bin ich mir bewußt. Wir haben in der Außenpolitik und in der Deutschlandpolitik manches bewegen können, was vor zehn, fünfzehn Jahren als nicht beweglich galt. Dies werden wir bewahren, weil wir zu dieser Politik auch in Zukunft stehen werden. Denn es gibt keinen anderen Weg als diesen.

(Beifall bei der F.D.P.)

Wir wissen aber auch, daß jetzt mehr Eigenverantwortung, mehr Eigenbereitschaft zur Lösung der ganzen Probleme notwendiger ist als der Ruf nach mehr Staat. Es ist doch nicht so, daß das, was jetzt kulminiert hat, in den letzten Wochen auf den Markt gekommen wäre. Mein Kollege Hoppe hat hier jahrelang immer stärker Warnungen und Mahnungen ausgesprochen, was oft mit sehr viel Kritik bedacht wurde. Aber in Wahrheit hat es sich doch gezeigt, wie berechtigt die Warnung war. So sehr die einen sagen: zu lange, so sehr müssen die anderen anerkennen, daß das ein Beweis ist, wie man versucht hat, bis zur letzten Minute den gemeinsamen Weg zu gehen, der aus dieser Situation herausführen kann, dann aber festgestellt werden mußte, daß der Mut zu unpopulären Entscheidungen zuletzt im umgekehrten Verhältnis zu den Notwendigkeiten gestanden hat. Das ist das, was ich feststellen muß.

(Zuruf des Abg. Dr. Ehmke [SPD].)

Ich kann nur hoffen, daß für die zukünftige Arbeit, für das, was man sich vornimmt, der Mut bleibt, auch dann, wenn der Widerstand groß wird. Es ist heute notwendig, daß ein Ausstieg aus der Anspruchsmentalität erfolgt, aber nicht ein Ausstieg aus der Gesellschaft oder ein Ausstieg aus der Verantwortung. Die Verantwortung müssen wir wahrnehmen.

(Lebhafter Beifall bei der CDU/CSU und Beifall bei Abgeordneten der F.D.P.)

Die Freien Demokraten sind in einer Situation, da eine Koalition beendet und eine neue noch nicht gebildet ist, immer von beiden Seiten unter schwerem Druck. Die hessische Wahl hat es bewiesen. – Die hessische Wahl hat natürlich auch eines bewiesen, Herr Bundeskanzler – das muß man neidlos zugestehen –: Die Art, wie Sie es gemacht haben, war genial, der Augenblickserfolg ungeheuer.

(Zurufe von der SPD – Dr. Ehmke [SPD]: Nicht so hinterhältig wie das, was Genscher gemacht hat!)

Aber, Herr Bundeskanzler, sind Sie sich wirklich im Klaren,

(Zurufe von der CDU/CSU: »Wegharken«!)

was das auch langfristig bedeutet? Einer Ihrer Wegbegleiter im publizistischen Raum, Theo Sommer, hat in der »Zeit« geschrieben: »Schmidts unverhohlen zur Schau getragene Abneigung gegen Genscher hat die SPD über die vierzig Prozent gehievt. Zugleich hat sie freilich eine Verwerfung der politischen Landschaft mitbewirkt, die uns noch zu schaffen machen wird.« – Ich teile diese Meinung.

(Zurufe von der SPD: Wahlen!)

Wir müssen diese Wirkungen unabhängig davon, welche Entscheidung heute fällt, unabhängig von dem, was an politischen Entscheidungen in der Zukunft in diesem Hause fallen wird, ernst nehmen und sollten uns davor hüten,

(Dr. Ehmke [SPD]: Herr Mischnick, warum sagen Sie kein Wort über Genscher?)

diesen Weg weiterzugehen, der mit Emotionalisierung am Ende Stabilität in Frage stellt.

*(Beifall bei der CDU/CSU und Abgeordneten der F.D.P. — Dr. Ehmke
[SPD]: Dann müssen Sie Ihren Vorsitzenden wechseln!)*
Verehrter Herr Kollege Ehmke, Sie haben nun mehrfach den Zwischenruf »Genscher!« gemacht. Diejenigen, die als Berater des Bundeskanzlers oder wo auch immer meinten, man müsse einen Keil in die F.D.P. hineintreiben, um zu trennen, täuschen sich.
(Zurufe von der SPD.)
Es war schon zu Adenauers Zeiten so, als man versucht hat, den Vorsitzenden der F.D.P. von außen zu demontieren. Dann hat sich die Partei um so geschlossener dahintergestellt. Ich möchte Sie herzlich bitten, jetzt in diesem Augenblick nicht das zu tun, was wir 1972 — hier wird ja so oft falsch zitiert — gemeinsam abgewehrt haben, wogegen wir uns gewandt haben, nämlich zu versuchen, in die eigenen Reihen Differenzen hineinzutragen. Daß hier manchmal unterschiedliche Meinungen zwischen dem Parteivorsitzenden und dem Fraktionsvorsitzenden
(Dr. Ehmke [SPD]: Aber Herr Mischnick!)
über taktische Überlegungen bestanden, bestreite ich nicht, aber daß wir gemeinsam immer das Interesse hatten, diese Freie Demokratische Partei als einen Faktor, der diese Bundesrepublik Deutschland mitgestaltet hat, geschlossen zu halten, das wird uns niemand absprechen können. Da wird uns niemand einen Keil dazwischentreiben können.
(Beifall bei der F.D.P.)
Meine sehr verehrten Damen und Herren, gerade das, was wir durch Emotionalisierung in manchen Bereichen erreicht haben, ist ja durch den Ausruf des Mitglieds des Bundesvorstandes der Grünen, Herrn Dieter Burgmann, nach der Hessen-Wahl sehr deutlich geworden. Er hat gesagt: »Wir würden es begrüßen, wenn es in Bonn zu ähnlichen Verhältnissen wie in Hessen käme.« — Das rüttelt an dem Bestand unserer Demokratie. Alle in diesem Hause müssen sich einig sein, daß wir uns dagegen wehren müssen.
*(Beifall bei der F.D.P. und bei der CDU/CSU — Zuruf von der SPD.:
Das ist die liberale Partei! — Weitere Zurufe und Unruhe bei der SPD.)*
Wir sollten dies auch in einem Augenblick, in dem manches an Entscheidung wehtut, nicht vergessen.
Wir haben aufgefordert, diesen Weg zu gehen, einen neuen Anfang mit politischen Entscheidungen zu treffen.
(Zuruf von der SPD: Mit Zimmermann!)

Lieber Herr Kollege, Sie machen jetzt den Zuruf:»Zimmermann!« Ich
verstehe, daß Sie dies zu personalisieren versuchen.

(Lachen und Zurufe bei der SPD: Ja, genau!)

Nur: Der, der vor Ihnen steht, hat in diesem Hause noch jeden Kollegen – aus Ihren Reihen wie aus anderen Reihen – verteidigt, wenn er
das Gefühl hatte: Hier wird er zu Unrecht angegriffen. Das werde ich
auch in Zukunft tun. Ich werde sachlich meine Meinung nie ändern,
wenn ein anderer Innenminister wird, der nicht meiner Meinung ist.
Aber ihn dann persönlich als die Inkarnation des Bösen hinzustellen, ist
genauso falsch, wie es aus den Reihen der Union gegenüber Herbert
Wehner und anderen geschehen ist. Deshalb bitte ich doch, dies hier
sein zu lassen.

*(Beifall bei der F.D.P. und bei Abgeordneten der CDU/CSU – Zurufe
und Unruhe bei der SPD.)*

Meine Damen und Herren, die Verkrampfung, die in den letzten Wochen und Monaten über unserem Land war, muß endlich gelöst werden. Die Agonie über Wochen und Monate, die beklagt wurde, muß
ein Ende haben. Wir werden diesen Versuch unternehmen, und ich
füge hinzu: Es ist ein Versuch! Ich behaupte nicht, daß, wenn heute
eine Entscheidung gefallen ist, alle Probleme gelöst sind. Aber es ist
notwendig, diesen Versuch zu beginnen, ihn zu wagen und damit den
Beweis zu liefern, daß – entsprechend der Rede von Helmut Schmidt,
die er damals vor dem Bundestag gehalten hat – Mehrheiten in der Lage
sind, zu handeln.

Ich habe schon darauf hingewiesen – dies wird sich dann hier in Beiträgen niederschlagen –, daß ich im Augenblick mit der Bereitschaft, diesen neuen Weg zu gehen, nur für einen – den größeren – Teil meiner
Fraktion spreche. Natürlich wäre ich froh gewesen, wenn es volle Geschlossenheit gegeben hätte. Ich füge hinzu: Ich hätte mich gewundert,
weil mir natürlich das harte Ringen um diese Punkte in den eigenen
Reihen klar war.

(Frau Traupe [SPD]: Es konnten doch nicht alle so skrupellos sein!)

Ich habe Verständnis dafür, wenn Kollegen die Notwendigkeit, die vor
uns steht, heute noch nicht als gegeben sehen. Ich habe in diesem Parlament schon bei verschiedenen Gelegenheiten mit allem Nachdruck das
Recht jedes einzelnen unterstützt, seine andere Meinung zu vertreten.
Was für die Kollegen anderer Fraktionen gilt, gilt selbstverständlich genauso für Kollegen meiner Fraktion. Ich sage das weniger zu den Abge-

ordneten dieses Hauses als vielmehr nach außen, weil oft die Frage gestellt wurde »Ist denn das richtig?«: In diesem Parlament hat jeder das Recht, seine abweichende Meinung zu sagen. Dieses Recht soll er in Anspruch nehmen, wenn er es für notwendig hält. Ich werde dieses Recht verteidigen. Ich gehe aber auch davon aus, daß die Erkenntnis wächst, daß man aus der Augenblickssituation heraus nicht immer Endgültiges für morgen und übermorgen sagen kann.

(Sehr richtig! bei der SPD.)

Ich werde darum ringen, daß die F.D.P.-Fraktion die Geschlossenheit wiederfindet, die sie über lange Jahre ausgezeichnet hat. Lassen Sie mich noch Folgendes sagen: Wir haben viele notwendige Sachentscheidungen zu treffen. Ich will jetzt nicht auf all das eingehen, was als Regierungserklärung, wenn eine Kanzlerwahl stattgefunden hat, dann zur Debatte steht. Ich möchte nur auf eines hinweisen – Kollege Barzel und auch Kollege Geißler haben schon einige Punkte erwähnt – : Man kann natürlich nicht erwarten, daß in der kurzen Zeit, die wir uns vorgenommen haben, nun alle Bereiche mit der Gründlichkeit behandelt werden, wie ich es gern sähe. Aber Sie können sicher sein, wir werden uns bemühen, das auch umzusetzen, was wir uns vorgenommen haben.

Wir müssen die notwendigen Sachentscheidungen treffen. Deshalb ist es falsch zu sagen, jetzt müsse der Bundestag aufgelöst werden. Das würde ich als eine Flucht vor den notwendigen Entscheidungen betrachten. Da kann man anderer Meinung sein, aber sich mit den getroffenen Entscheidungen vor den Wähler zu stellen, ist nicht leichter,

(Zurufe von der SPD: Wann?)

ist wahrscheinlich schwerer, als zum jetzigen Moment zu wählen. Auch das sollte man nicht vergessen.

(Beifall der Abgeordneten der F.D.P. und bei der CDU/CSU.)

Wenn Sie wieder fragen, wann, muß ich erwidern: Ich bedaure, daß Sie überhört haben, daß ich klipp und klar gesagt habe, ich stünde zu dieser Vereinbarung.

(Liedtke [SPD]: Das heißt am 6. März 1983?)

Natürlich, davon gehe ich aus. Das ist ganz klar; das habe ich vorhin schon einmal gesagt, damit kein Irrtum entsteht. Ich habe vorhin schon deutlich gesagt, daß ich mich dazu bekenne, auch wenn ich persönlich eine andere Meinung habe. Aber ich habe das ganz klar gesagt, und dabei bleibe ich.

(Zurufe von der SPD)
Gestatten sie mir zum Abschluß noch zwei persönliche Worte. Herr
Bundeskanzler, wir haben über lange Jahre sehr eng zusammengearbei-
tet. Ich schätze diese Arbeit. Ich respektiere Ihre Leistung. Ich stehe zu
dieser Zusammenarbeit. Ich bin dankbar dafür. Daß wir jetzt getrennte
Wege gehen müssen, gehört zur Demokratie. Um eines möchte ich Sie
bitten: nicht zu vergessen, daß Sie und ich und alle in diesem Haus diesem Staat, diesem Volk dienen wollen und daß deshalb Handlungen,
die so oder so vorgenommen werden, unter diesem Gesichtspunkt und
nicht unter anderen Gesichtspunkten zu sehen sind. Herzlichen Dank
für diese Zusammenarbeit.
(Beifall bei der F.D.P. und bei Abgeordneten der CDU/CSU.)
Herr Kollege Wehner, wir haben über 13 Jahre sehr schwere Entscheidungen treffen müssen. Wir haben manchmal allein vor Entscheidungen gestanden, ausgehend von völlig divergierenden Standpunkten,
wenn ich an die Mitbestimmung denke. Und es ging um die Verträge,
wo wir gemeinsame Grundlagen hatten. Es war immer ein persönlich
faires Verhalten. Ich danke Ihnen dafür.
Wir haben bei den schwersten Interessengegensätzen Lösungen gefunden und sie gemeinsam durchgesetzt. Die Kompromisse haben später
auch ihre Tragfähigkeit bewiesen. Ich habe Sie kennengelernt als einen
fairen Partner, als einen Menschen, der in der Öffentlichkeit oft falsch
dargestellt wird. Es tut mir weh, daß wir so auseinandergehen müssen.
Herr Kollege Wehner, meine Hochachtung bleibt.
(Beifall bei der F.D.P. und der SPD.)
Herr Kollege Kohl, wenn die Wahl so ausgeht, wie wir es wollen – ich
bin überzeugt, sie geht so aus –, werden Sie einen fairen Partner haben,
weil ich faire Partnerschaft als einen entscheidenden Teil der Glaubwürdigkeit dieser Demokratie ansehe.
*(Anhaltender lebhafter Beifall bei der F.D.P. – Die Abgeordneten der F.D.P.
erheben sich – Beifall bei der CDU/CSU.)*

Jürgen Frölich

Die LDPD 1945-1990: Liberaldemokraten in der DDR zwischen hoffnungsvollem Beginn, langer Agonie und überraschender Wende

Über lange Jahre ihrer Existenz zeigte die Liberaldemokratische Partei Deutschlands, kurz LDPD [1], nach außen ein für manchen befremdliches Bild, verstand sie sich doch offiziell als *»eine im und für den Sozialismus wirkende demokratische Partei«*. [2] Dieses für eine das Attribut »liberal« im Namen führende Partei sicherlich erstaunliche Bekenntnis zum Sozialismus galt aber nicht von Anfang an. Im Gründungsaufruf vom 10. Juli 1945 klang das noch ganz anders: *»Die Erhaltung einer einheitlichen deutschen Volkswirtschaft, des Privateigentums und der freien Wirtschaft ist Voraussetzung für die Initiative und die erfolgreiche wirtschaftliche Tätigkeit.«* Weitere zentrale Punkte waren die *»Neugestaltung des deutschen Gemeinschaftslebens auf wahrhaft demokratischer Grundlage«*, die *»Wiedergewinnung der Freiheit nach innen und außen«* sowie die *»Freiheit in Wort und Schrift«* und *»für jedes religiöse Bekenntnis«*. Diese Berliner Neugründung stand damit eindeutig in der Tradition des deutschen Liberalismus, und nicht nur programmatisch, sondern auch personell wies der Gründerkreis um Wilhelm Külz, Eugen Schiffer und Arthur Lieutenant klare Verbindungslinien zum Weimarer Linksliberalismus auf. Nicht von ungefähr sollte die neue Partei zunächst Deutsche Demokratische Partei heißen. Allerdings verstand sich die neue LDPD, anders als die Vorgängerin, nicht in erster Linie als Interessenvertretung des Bürgertums, sondern erhob den Anspruch, eine Volkspartei sein zu wollen.

Vor dem Hintergrund der großen Probleme des Jahres 1945 beinhaltete der – im übrigen von den Sowjets zensierte – Gründungsaufruf auch Aussagen, die eine Zusammenarbeit mit den Kommunisten ermöglichten; sie wurde von Külz und seinen Mitstreitern zur Bewältigung der größten Not auch keineswegs prinzipiell ausgeschlossen. Deshalb trat die LDPD unmittelbar nach ihrer Zulassung gemeinsam mit KPD, SPD und Ost-CDU dem »Block der antifaschistisch-demokratischen Parteien« bei, der, eigentlich als eine Allparteien-Koalition gedacht,

sich schnell als kommunistisches Herrschaftsinstrument herausstellte.
Mit diesem Schritt geriet die LDPD auf eine Bahn, die sie gegen ihren
ursprünglichen Willen in immer größere Abhängigkeit von den Kommunisten, später der SED brachte.

Zunächst einmal aber war die neue Gründung durchaus erfolgreich. Als
einzige Partei, die sich dezidiert als nicht sozialistisch verstand, erhielt
sie regen Zulauf: Ende 1945 hatte sie knapp 90 000 Mitglieder, ein Jahr
später waren es bereits 180 000, und 1948 erreichte der Zustrom mit
knapp 200 000 Liberaldemokraten seinen Höhepunkt. Auch hinsichtlich der Wahlen ließ es sich für die LDPD zunächst vielversprechend
an: Bei den Kommunalwahlen im Sommer 1946 erreichte sie im
Schnitt 21%, und bei den verschiedenen Landtagswahlen kurz darauf
gar 24,6%, womit sie knapp vor der CDU zur zweitstärksten Partei
in der Sowjetischen Besatzungs-Zone aufrückte. Verglichen mit dem
Ende der Weimarer Republik war das eine beeindruckende Renaissance des Liberalismus, vor allem wenn man den nicht gerade demokratischen Charakter dieser »halbfreien« Wahlen (Ulf Sommer) mit massiven Behinderungen der beiden »bürgerlichen« Parteien bedenkt. Auch
nach den westlichen Zonen streckte die LDPD, die sich unumwunden
zur Wiederherstellung der deutschen Einheit bekannte, nicht ohne Erfolg ihre Fühler aus und erreichte eine teilweise recht enge Zusammenarbeit mit den dortigen Liberalen, die ihren Höhepunkt in der Gründung der gesamtdeutschen »Demokratischen Partei Deutschlands«
(DPD) als Dachverband der Liberalen aller vier Zonen im März 1947
hatte.

Diese Entwicklung stärkte das Selbstbewußtsein der LDPD, die nun auf
Konfrontationskurs zum immer deutlicher werdenden Machtanspruch
der SED ging, nachdem sie zunächst deren Maßnahmen zur »demokratischen Umwälzung« nolens volens mitgetragen hatte. Dieser Widerstand wuchs vor allem, nachdem im April 1948 der Parteivorsitzende
Wilhelm Külz gestorben war. Kurz zuvor war allerdings der gesamtliberale Dachverband schon wieder zerbrochen, weil die LDPD ihre
Unterstützung für die kommunistisch gelenkte »Volkskongreß-Bewe-
gung« erklärt hatte. Dennoch versteifte sich in der SBZ der liberal-
demokratische Widerstand, der vor allem von den Landtagsfraktionen
sowie insbesondere von den LDPD-Hochschulgruppen und den jugendlichen Parteimitgliedern getragen wurde. Doch im Zeichen des
eskalierenden Kalten Krieges brachen die Sowjets und ihre deutschen

Mitstreiter in der SED diesen Widerstand mit aller Gewalt. Exemplarisch läßt sich dies am Beispiel von Arno Esch und Wolfgang Natonek aufzeigen: Beide waren liberale Studentenpolitiker, die sich dem undemokratischen Machtanspruch der SED an den Hochschulen nicht ohne Erfolg entgegen stemmten und dafür zunächst wegen »Spionage« verhaftet und dann entweder zu 25 Jahren Zwangsarbeit oder gar wie Esch zum Tode verurteilt wurden. Nur Natonek hat 1956 die Freiheit wieder gesehen, Esch wurde 1951 in Moskau hingerichtet. Ähnlich erging es vielen anderen liberaldemokratischen Funktionären und Mandatsträgern. Selbst parlamentarische Immunität – im Falle von Hermann Becker – oder Ministerrang – so bei Karl Hamann – schützten nicht vor Verhaftung und Aburteilung in Geheimprozessen. Zahlreiche LDPD-Funktionäre entzogen sich diesen Repressionen durch Flucht in den Westen, wo sie zum Teil wie Wolfgang Mischnick, Karl-Hermann Flach oder Hans-Günther Hoppe zu markanten FDP-Politikern wurden und insbesondere auf dem Feld der Deutschlandpolitik die Kompetenz der FDP stärkten.

Diesem Druck von außen auf die Partei gesellte sich eine zweite, weniger klar zu erkennende Strategie hinzu, die Liberaldemokraten dem SED-Kurs zu unterwerfen. Durch gezielte Förderung solcher Politiker, die zur Anpassung an die Kommunisten bereit waren, höhlte die SED den liberalen Geist der LDPD auch von innen aus. Nach dem Tode von Külz gab es eine schnelle Abfolge an der Parteispitze, die erst dann zum Abschluß kam, als mit Hans Loch ein für die SED akzeptabler, weil genügend opportunistischer Politiker den alleinigen Vorsitz übernahm. Mit ihm kamen eine Reihe von Leuten in die Parteiführung, die entweder sich direkt ihre Weisungen von der SED holten oder nicht willens waren, gegen die SED zu opponieren. Das Vertrauen des SED-Politbüros besaß zu dieser Zeit zweifelsohne auch Manfred Gerlach. Unerwünschte Persönlichkeiten wie Ralph Liebler wurden entweder verdrängt oder ganz aus dem Verkehr gezogen, wobei sich diese Maßnahmen keineswegs nur auf die Parteispitze beschränkten. Unter dem LDPD-Führungspersonal der 50er und 60er Jahre konnte allein wohl Volkskammerpräsident Johannes Dieckmann für sich einen gewissen Grad an Nonkonformismus beanspruchen, der einerseits der SED ein Dorn im Auge, andererseits aber auch erwünscht war, um eine gewisse Eigenständigkeit der Partei zu demonstrieren. Programmatisch war diese nämlich längst abhanden gekommen. Zug

um Zug hatte sich die LDPD der SED angepaßt, wobei die markante-
sten Stationen bei der Abkehr von den liberalen Ursprüngen die Zu-
stimmungen zur Einheitsliste für die Volkskammer im Oktober 1950
und zum Aufbau des Sozialismus Mitte 1952 sowie die Anerkennung
der führenden Rolle der SED kurz darauf waren. Spätestens seit diesem
Zeitpunkt muß die LDPD als eine äußerlich gleichgeschaltete Partei
gelten. Wie wenig man sich in der Parteiführung um liberale Werte
scherte, zeigte sich 1958, als der Marxismus-Leninismus zur für die
Partei verbindlichen Richtlinie erklärt wurde. Das brachte natürlich
Schwierigkeiten im Selbstverständnis mit sich, denn welche Rechtfertigung hatte bei dieser Programmatik noch die Existenz einer »liberal-
demokratischen« Partei? Die große Dauerkrise der Liberaldemokraten
und ihres Selbstverständnisses während der 50er Jahre wurde dadurch
überwunden, daß die Parteiführung willig die ihr von der SED zuge-
wiesene Aufgabe übernahm, sich um die verbliebenen Reste des Bürgertums zu kümmern und diese in der Funktion eines »Transmissions-
riemens« in das Herrschaftssystem der SED zu integrieren.
Aber auch das war nicht ohne Tücken, denn auf diese Weise trug man
selbst tatkräftig dazu bei, gerade diejenigen Sozialschichten quasi abzuschaffen, auf die man sich eigentlich stützen und deren »Interessen« man
im Sozialismus vertreten wollte. Wie schizophren das war, zeigte sich
im Jahre 1972, als ausgerechnet auf dem Parteitag der LDPD die Verstaatlichung der letzten Privatunternehmen angekündigt wurde, was zu
beträchtlicher Unruhe in der Partei führte. Konsequenterweise ver-
zichtete die Parteiführung dann auf die Bezeichnung »*Partei des Mittelstandes*«, sondern suchte ihre Gefolgschaft nunmehr »*unter Handwerkern
und Gewerbetreibenden sowie Angehörigen der Intelligenz und Angestellten
unter Berücksichtigung ihrer sozialen ‹ nicht proletarischen› Herkunft*«. Aus
der ursprünglich als Volkspartei angetretenen LDPD war damit wieder − politikwissenschaftlich gesprochen − eine Partei des alten und
neuen Mittelstandes geworden, bzw. − nach DDR-Terminologie − aus
der bürgerlich-liberalen nach offizieller Lesart zunächst eine »*kleinbür-
gerlich-demokratische*« und später eine für den »*Sozialismus wirkende demokratische Partei*«.
Diese tiefgreifenden programmatischen Veränderungen gingen einher
mit dem Umbau der Parteiorganisation, wobei auch hier das oben zum
Programm Gesagte zutrifft: Zug um Zug übernahm die LDPD SED-
Strukturen, bis sich der Aufbau weitgehend ähnelte, wenn auch die Be-

zeichnungen andere waren. Formal war der Parteitag zwar immer noch »*höchstes Organ der LDPD*« bzw. zwischen den Parteitagen der Zentralvorstand, das sagte aber nichts über die Realität aus. Denn faktisch wurde die Partei durch das Sekretariat, also den Apparat, geleitet. Laut Satzung wurden alle Funktionsträger »*geheim gewählt*«, und zwar – beginnend bei den Grundeinheiten – von unten nach oben bis zum Zentralvorstand bzw. bis zum Politischen Ausschuß, dem engeren Vorstand. Doch die innerparteiliche Demokratie wurde bereits durch das in der Satzung verankerte »*Prinzip des demokratischen Zentralismus*« verhindert, faktisch wurde die Partei seit den frühen 50er Jahren von oben nach unten gelenkt. Damit war natürlich auch der Einfluß der SED gesichert, denn gerade im faktischen Leitungsorgan »Sekretariat« verfügte die SED über besonders loyale Liberaldemokraten. Bezeichnenderweise waren zu Beginn der 80er Jahre mit Manfred Gerlach, Harald Werthmann und Rudolf Agsten drei Liberaldemokraten im engsten Führungszirkel, die bereits im Zuge der »Stalinisierung der Partei« 25 Jahre zuvor als junge Leute in der Parteihierarchie rasch nach oben gestiegen waren. Ähnliche Kontinuitäten gab es im Politischen Ausschuß. Generell ging es also auch in der LDPD kaum demokratischer zu als in der SED, zumindest soweit es die oberen Hierarchieebenen betraf.

Dies blieb natürlich nicht ohne Rückwirkungen auf die Mitgliedschaft. Ohnehin sah diese sich ja seit 1947/48 über etliche Jahre permanentem Druck von sowjetischer und kommunistischer Seite ausgesetzt. Dies, die hohe Fluktuation bei den Funktionären und die rasante Abkehr von den liberalen Traditionen führten zu einer Dauerkrise unter der liberaldemokratischen Mitgliedschaft, am klarsten erkennbar am permanenten Mitgliederschwund. Bis 1954 verlor die Partei die Hälfte ihrer Mitglieder, danach verlangsamte sich der Abwärtstrend etwas, hielt aber bis Mitte der 60er Jahre an, als mit gerade mal 64 000 Liberaldemokraten der Tiefpunkt erreicht wurde. Von da an erholten sich die Mitgliederzahlen wieder etwas, um mit der Zustimmung zur Verstaatlichung des Restkapitalismus 1972 für einige Jahre erneut zu stagnieren. Gegen Ende der 70er Jahre war wieder ein allmählicher Anstieg zu verzeichnen.

Fragt man nach äußerlichen Besonderheiten, die die LDPD unter den Blockparteien zwischen 1953 und 1980 auszeichnete, so gab es eigentlich bis auf eine Ausnahme kaum etwas zu vermelden. Diese Ausnahme betraf die gesamtdeutschen Arbeit: Hier konnte die LDPD immer eine

wesentlich bessere Bilanz aufweisen als die andere Blockparteien, die
sich in den 50er Jahren ebenfalls bemühten, mit westdeutschen Organisationen ins Gespräch zu kommen. Nicht zuletzt aufgrund des Interesses bei den westdeutschen Liberalen kam es zu spektakulären Aktionen mit liberaldemokratischer Beteiligung, z. B. 1956, 1961 oder 1966.
Wenn auch diese Gesprächskontakte zu westlichen Liberalen ohne
große politischen Folgen blieben, so hatten sie doch zumindest zwei
Konsequenzen: Auf der einen Seite war das Mißtrauen der SED hinsichtlich einer möglichen Sonderrolle der LDPD geweckt, was wesentlich dazu beitrug, daß die LDPD immer als der unsicherste Kantonist
unter den nichtkommunistischen Blockparteien galt. Auf den anderen
Seite fanden solche Aktionen starken Beifall bei der verbliebenen
Mitgliedschaft, die durch diese Kontakte wieder etwas in dem Glauben
bestärkt wurde, doch in der richtigen Partei zu sein. Wenn es ein Son-
derbewußtsein gab, Liberaldemokrat zu sein, dann gründete es sich vor
allem darauf, denn der Gesprächsfaden zwischen West-Liberalen und
Ost-Liberaldemokraten riß trotz aller Enttäuschungen und Frostperio-
den nie ab.

Welche anderen Motive gab es daneben, in die LDPD einzutreten?
Eine diesbzügliche Untersuchung des Sekretariats Anfang der 80er
Jahre vermittelt trotz einer schmalen Datenbasis darüber einigen Auf-
schluß. Zu dieser Zeit verzeichnete die LDPD jährlich einen stattlichen
Zuwachs von etwa 2 000 Mitgliedern. Man unterschied bei den Neu-
mitgliedern vor allem zwei Gruppen mit unterschiedlichen Motiven:
»*Handwerker, Einzelhändler und Gewerbetreibende*« sowie Mitglieder der
»*sozialistischen Intelligenz*«. Für die erste Gruppen ließen sich die Bei-
trittsmotive noch recht klar und handfest nachweisen: Sie würden Mitglied »*in der Hoffnung, daß man sie anhört und ihren Standpunkt ernst
nimmt. Verbunden damit ist die Erwartung, Partei werde Probleme konkret
lösen helfen*«. Hintergrund für recht gute Ergebnisse beim Werben um
diese Schichten sei die »*Vereinzelung der privaten Handwerker, Einzelhändler und Gewerbetreibenden als Kleineigentümer*«. Komplizierter lagen
die Dinge – dieser Sekretariats-Analyse zu Folge – bei den Angehörigen der Intelligenz und den Angestellten. Hier erfolge der Beitritt häufig, weil man sich zwar politisch-gesellschaftlich engagieren wolle, aber
ein Eintritt in die SED »*nicht in Betracht*« komme, wobei dann die
LDPD »*nicht selten zufällig*« unter den Blockparteien ausgewählt werde.
Allerdings gebe es auch Neumitglieder, die diesen Schritt durchaus als

oppositionellen Akt verstünden, weil sie »*falsche Vorstellungen* ‹hätten›, *was ›liberal‹ angeht!*« Oder weil sie glaubten, »*die LDPD werde auf die Politik mäßigend einwirken, korrigierend und regulierend*«. Schließlich gebe es noch diejenigen, die die Mitgliedschaft lediglich als gesellschaftspolitisches Alibi benötigten.

Insgesamt ist festzustellen, daß in der LDPD zu dieser Zeit Angestellte und Handwerker deutlich überrepräsentiert waren, was im Falle der ersteren sicherlich nicht nur Freude bei der SED und im Hinblick auf letztere Verdruß bei den anderen Blockparteien, hier insbesondere der NDPD, ausgelöst haben dürfte. Ähnlich wie die anderen Blockparteien ist auch die LDPD von zahlreichen DDR-Bürgern als Nische vor dem politischen Zugriff der SED und in gewisser Weise als Interessenvertretung bestimmter Sozialgruppen angesehen worden. Dagegen unterschied sie sich wohl aber in ihrem Image von diesen. Bereits vor 1989 kamen westdeutsche Beobachter zu der Einschätzung, daß das Klima bei den Liberaldemokraten, zumindest an der Basis, liberaler sei als sonst. Und zumindest in Teilen der DDR-Bevölkerung hatte die LDPD bereits Anfang der 70er Jahre den Ruf, bei ihr gehe es »liberaler« zu als bei anderen Organisationen. Dieser Ruf ist im Laufe der folgenden Jahre eher gewachsen als geschrumpft. In den 80er Jahren hat die LDPD-Führung, der solches Image zunächst eher peinlich war, dann ansatzweise versucht, damit sich zu profilieren, wie interne Papiere belegen.

Äußerlich kam diese vorsichtige innere Liberalisierung zu Beginn der 80er Jahre allerdings nicht zum Ausdruck. Weder programmatisch – wie wir gesehen haben – noch in ihrer Stellung unter den Blockparteien zeichnete sich die LDPD durch auffällige Besonderheiten aus. Vielmehr war sie sowohl programmatisch als auch organisatorisch völlig in das SED-Herrschaftssystem eingebunden. In etwa besaß die LDPD genauso viel Anteil an den herausgehobenen Positionen im Staats- und Verwaltungsapparat und den Massenorganisationen wie CDU, NDPD und DBD auch; im Vergleich zu den Anfangsjahren der DDR jedoch war ihre Repräsentanz zugunsten von SED und den beiden jüngeren Blockparteien DBD und NDPD ständig zurückgedrängt worden. Dies löste in der Partei des öfteren Verdruß aus, da Statusfragen unter den Bedingungen einer in der Öffentlichkeit nicht zugelassenen Konkurrenz unter den DDR-Parteien besonderes Gewicht bekamen. Ereignisse wie die Neubesetzung des Volkskammerpräsidiums nach

dem Tode von Johannes Dieckmann 1969 mit einem Christdemokraten führten an der Basis zu für die Führung unangenehmen Diskussio-
nen über die Führungsrolle der SED. Ihren Hauptkonkurrenten sahen die Liberaldemokrate in der NDPD.
Dies hing einerseits mit der historische Entwicklung und zum ande-
ren mit persönlichen Dingen zusammen: Historisch gesehen war die
maßgeblich von der SED initiierte Gründung der NDPD 1948 unter
anderem darauf ausgerichtet, der LDPD das Wasser abzugraben. Das
planmäßige Weitertreiben des Kampfes gegen die LDP« hatte der NDPD-
Vorstand 1949 als eine wichtige inhaltliche Leitlinie für die Politik seiner Partei festgelegt. Wenn auch solche eindeutigen Rivalitäten nach
der endgültigen Etablierung der SED-Diktatur inopportun waren und
zumindest nirgendwo offen ausgesprochen werden konnten, entwik-
kelte sich doch das Verhältnis zwischen Liberal- und Nationaldemokraten auch später alles andere als harmonisch. Jedenfalls waren die Beziehungen sowohl von einer offenkundigen Abneigung unter beiden
langjährigen Vorsitzenden Gerlach und Homann als auch von einer
unterschwelligen, aber ausgeprägten Rivalität um die gleichen gesellschaftlichen Zielgruppen geprägt.

Abgesehen davon fügte sich die LDPD aber hervorragend in das von
der SED entworfene Parteiensystem ein: Sie hatte ebenso wie die anderen Parteien ihre parteieigenen Betriebe, die zur Steigerung der Finan-
zen beitrugen, und ihren Anteil an den von der SED jährlich ausgewor-
fenen Parteigeldern; am Regen der staatlicherseits verliehenen Orden
und Auszeichnungen nahm sie ebenfalls teil. Sie verfügte über ein eigenes Pressewesen, das ein Zentralorgan sowie vier Provinzblätter mit einer Gesamtauflage von 270.000 umfaßte, wozu noch ein Verlag sowie
eine Reihe von parteiinternen Schriften kamen. Insgesamt kann man
davon ausgehen, daß die LDPD in den 80er Jahren mehr oder weniger
genauso von der SED behandelt wurde wie die anderen nichtkommunistischen Blockparteien auch. Ihre politische Aufgabe und ihr politischer Spielraum wurden ihr von der führenden Partei zugewiesen,
ebenso ihre Stellung im öffentlichen Leben und ihre materiellen
Grundlagen. Diese faktische Abhängigkeit dankten ihr die Liberaldemokraten mit einer äußerlich geradezu devoten Loyalität.

Als auffälliges Kennzeichen der Liberaldemokraten blieben eigentlich
nur ihre besonderen Beziehungen zur F.D.P., die sich 1982 im Besuch
zweier stiller Beobacher der Bonner Liberalen auf dem 13. LDPD-Par-

teitag in Weimar oder gelegentlichen Gesprächen der LDPD-Führung mit Wolfgang Mischnick, dem F.D.P.-Fraktionsvorsitzenden, äußerten.

Daneben war es noch die relativ starke Beschäftigung mit der eigenen Vergangenheit, die »*einiges Aufsehen*« erregte.

Wirft man jedoch einen Blick hinter die Kulissen, dann ist das Bild keineswegs so klar. Der offiziell SED-konforme Kurs der Liberaldemokraten wurde in den 80er Jahren von zwei Seiten in Frage gestellt: Zum einen von der Parteibasis und zum anderen von Teilen der Parteiführung. Während ersteres – in unterschiedlichem Maße – eigentlich zu den Kontinuitäten der liberaldemokratischen Parteigeschichte gehörte, war letzteres seit den 50er Jahren zumindest etwas völlig Ungewohntes, zumal dieses Infragestellen vom Parteivorsitzenden selbst ausging.

Wie sich die Wandlung Manfred Gerlachs, seit 1967 an der Spitze der Partei, vom loyalen SED-Verbündeten zum Vorkämpfer einer partiell sich emanzipierenden LDPD im einzelnen vollzogen hat, ist (noch) nicht ganz nachvollziehbar, insbesondere liegen ihre tieferen Ursachen nach wie vor im Dunkeln. Ein wichtige Rolle hat offenbar das vergebliche Bemühen um ein Buchmanuskript gespielt, in dem Gerlach eine »*Wortmeldung zur Zeitgeschichte*« veröffentlichen wollte und dessen Publikation von Honecker selbst 1979 abgelehnt wurde. Weil Gerlach dabei auch im eigenen Sekretariat offenbar keinen Rückhalt fand, ging er in den Folgejahren daran, das Sekretariat mit Männern seines Vertrauens zu besetzen. Und offensichtlich wurden etwa gleichzeitig die innerparteilichen Diskussionen auf der Führungsebene offener geführt, wozu beispielsweise die sogenannten »Behrensdorfer Jahresendgespräche« dienten, bei denen sich ein »Kreis von Parteibeauftragten« relativ offen über anstehende Probleme austauschte.

Trotz der Abfuhr bei seinem Buchmanuskript machte Gerlach dann in einem Schreiben an ZK-Mitglied Herrmann einige Jahre später wiederum Vorschläge zur »*Weiterführung der Bündnispolitik*« aus Anlaß des 11. Parteitags der SED. Diese bezogen sich z. T. auch auf brisante Felder: In der Wirtschaftspolitik sollten »*Möglichkeiten zur Erweiterung privatwirtschaftlicher Kapazitäten*« ausgelotet werden. Insbesondere für die »*Medienpolitik*« und die Arbeit der Volkskammer legte Gerlach eine Reihe von Verbesserungsvorschlägen vor, die nicht revolutionär oder systemsprengend waren. Aber sie strebten zumindest doch eine vorsichtige Öffnung der verkrusteten Strukturen an; doch selbst das war der SED schon zuviel: In einem persönlichen Gespräch kanzelte Herr-

mann Gerlach regelrecht ab und verwarf seine Vorschläge als völlig un-
haltbar. Obwohl dies in der Führungsspitze bekannt und vermutlich
auch diskutiert wurde, blieb die LDPD nach außen der treue Verbün-
dete der führenden Partei.

Auf dem 14. Parteitag der LDPD – daß es der letzte sein würde, war den
Delegierten natürlich nicht bewußt – in Weimar im April 1987 gab es
trotz aller monotonen Routine durchaus kleine Anzeichen dafür, daß
etwas im Gange war. So berichtete etwa ein erst vor kurzem beigetrete-
ner Jugendclubleiter über sein Engagement in Jugendfragen und in der
FDJ. Der Beitrag klang ganz konventionell, aber dahinter steckte doch
etwas mehr. Denn ein nicht geringer Anteil des Mitgliederzuwachses in
dieser Zeit stammte von Jugendlichen, ihr Prozentsatz an der LDPD-
Mitgliedschaft stieg zwischen 1985 und 1989 von knapp 16 auf über
19%. Das verhalf den Liberaldemokraten zu einem neuen Selbstbewußtsein auch in diesem, von der SED besonders stark kontrollierten
Bereich, und sie forderten stärkere Berücksichtigung in der FDJ; d. h.,
die Jugendlichen in der LDPD versuchten in ähnlicher Manier wie ihr
Parteivorsitzender, der diese Bestrebungen unterstützte, die Gewichte
behutsam zu ihren Gunsten zu verändern, ohne dabei das System als
solches zunächst in Frage zu stellen. Erst als solche Vorstöße des öfteren
bei den Kreisleitungen der SED auf wenig Gegenliebe stießen, begann
man in Teilen der LDPD über eigene Jugendzirkel nachzudenken.
Ende 1987 gab der Parteivorsitzende dazu grünes Licht, aber es verging
noch einmal fast ein Jahr, bis von dem damaligen LDPD-Kreisvorsit-
zenden Rainer Ortleb in Rostock der erste neue LDPD-Jugendbeirat
ins Leben gerufen wurde. Damit revidierte die Partei von sich aus,
wenn auch gegen innerparteiliche Widerstände, eine knapp 35 Jahre
zuvor ergangene Anweisung der SED, mit der eine spezielle LDPD-
Arbeit unter Jugendlichen und in Betrieben untersagt worden war, da
die SED beides als ihre ureigenste Domäne ansah. Aber selbst ein solches, sehr begrenztes Wider-den-Stachel-Löcken erhöhte bereits be-
trächtlich die Attraktivität der LDPD für junge Bürger, die nun in der
LDPD zu den belebenden Elementen gehörten.

Vor diesem Hintergrund wurde auch der Parteivorsitzende deutlicher
in seinem Bemühen, die LDPD als Kraft der partiellen Reform zu profilieren. Mitte April 1988 rief er dazu auf, »*den kritischen und schöpferischen Geist, die Hinweise und Vorschläge, die sich in den Parteiveranstal-
tungen widerspiegeln und geäußert werden, auch umzusetzen und fruchtbar*

werden zu lassen«. Und er hob die Unterschiede zur SED hervor: »*Libe-raldemokraten unterscheiden sich von Kommunisten, sonst gäbe es die LDPD nicht. Sie sind insofern Andersdenkende, als viele von ihnen weltanschauli-chen, moralischen und ethischen Prinzipien folgen, die sich deutlich vom Mar-xismus-Leninismus abheben.*« Daraus sprach ein neues, nun auch nach außen demonstriertes Selbstbewußtsein.

Systemdehnung, nicht Systemüberwindung bildete auch in der Folge-zeit die Leitlinie der Kräfte um Manfred Gerlach in der LDPD-Füh-rung. Im September 1988 sprach man erstmals im Politischen Ausschuß über ein »*konkretes Reformprogramm gegenüber der SED-Politik*« (M. Ger-lach). Im Anschluß an Gorbartschovs Reformbemühungen in der So-wjet-Union wies auch der LDPD-Vorsitzende daraufhin, daß es unter-schiedliche Interessen in der DDR gebe, die auch offen ausgesprochen werden müßten, und daß dies keinesfalls »*Widerstand oder Opposition*« sei, sondern eine Form der »dialektischen Bündnisarbeit« unter den Blockpartreien. Gerlach stellte Vorschläge für Reformen in der Wirt-schafts- und Sozialpolitik sowie bei der Medien- und Informationspoli-tik zur Diskussion. Und er forderte mehr Berücksichtigung der LDPD: »*Je stärker, je kräftiger, je aktiver die LDPD, desto besser für die DDR.*« Bei der von ihm für unumgänglich gehaltenen Runderneuerung der DDR sollte die LDPD jetzt ganz offiziell die Meinungsführerschaft überneh-men.

Solche Töne fanden an der LDPD-Basis, über deren Stimmung wir durch die regelmäßigen Situations- und Stimmungsberichte gut infor-miert sind, ein lebhaftes Echo. Schon im Umfeld des 11. Parteitags der SED 1986 hatte sich unter der liberaldemokratischen Mitgliedschaft, in deren Denken trotz allem etliche Residuen der liberalen Anfänge der Partei in nicht unerheblicher Weise überdauert hatten, ziemlicher Un-mut breit gemacht. Insgesamt hatte man wohl nach dem Vorbild der KPdSU auch bei der SED mehr Realismus und mehr Selbstkritik er-wartet. Als der Parteitag dann doch wieder dem altbekannten Ritual folgte, kam Enttäuschung auf, auch über die eigene Parteiführung, die die übliche Huldigungsadresse an die führende Partei publiziert hatte. Allmählich brach in der Mitgliedschaft eine Diskussion über die Pro-bleme in der DDR los, die von dem weiterhin mehrheitlich auf SED-Kurs verharrenden Parteiestablishment immer weniger kanalisiert wer-den konnte. So wurde im Mai 1987 aus Rostock berichtet: »*Schärfer als in der Vergangenheit wurde jedoch in den Diskussionen gefordert, Mißstände und Unzulänglichkeiten in unserer Wirtschaft deutlicher darzustellen. Das laufende Veröffentlichen der Erfolgsbilanzen spiegelt nach Auffassung zahlreicher Parteifreunde nicht das reale Bild unserer Wirtschaft wider. ... In dieser Hinsicht werden auch vereinzelt die Aussagen des 14. Parteitages ‹der LDPD› als zu unkritisch gewertet.*« Auch bei LDPD-Jahreshauptversammlungen kamen nun die Diskussionen »*schnell*« auf die »*Alltagsnöte und -sorgen*«, vor allem auf »*wirtschaftliche Probleme*«, wie zur gleichen Zeit der Kreisverband Leipzig meldete: »*Und nicht selten wird der Ruf nach einer Erneuerung auch bei uns deutlich, wie man ihn in der SU zu erkennen glaubt. Viele unserer Funktionäre an verantwortlicher Stelle in Wirtschaft und Gesellschaft hätten sich an ihre Ruhe und Gemütlichkeit wohl gewöhnt und wollten keine Veränderung. So wird nicht selten argumentiert und in dem Zusammenhang jetzt auch auf die nächsten Wahlen verwiesen.*«

Vor diesem Hintergrund war es nicht erstaunlich, daß Gerlachs öffentliche Vorstöße zur Profilierung der LDPD als Reformkraft eine »*enorme Resonanz nicht nur in den Reihen der Partei*« (BV Halle, Mai 1988) fanden. Und seine öffentliche Abgrenzung zur SED stachelte zweifelsohne wiederum die Parteibasis an, die Dinge offener anzusprechen. Aus dem Herbst und Winter 1988/89 gibt es in den Parteiakten eine ganze Reihe entsprechender Meldungen: Mitgliederversammlungen wurden zu allgemeinen Aussprachen umfunktioniert, Funktionäre, die sich der alten Rhetorik bedienen, kritisiert oder ihnen das Wort abgeschnitten, Vorgaben der Parteileitungen nach eigenem Gutdünken benutzt, die notorischen Angriffe auf den westlichen Imperialismus einfach weggelassen. Der Bezirksvorsitzende von Frankfurt/Oder meldete nach Berlin: » *... ausgehend von der PA-Sitzung vom 13. September ‹1988› ist in der gesamten Mitgliedschaft eine offenere Atmosphäre entstanden. Es wird in der Tat ohne Tabus über die unsere Mitglieder bewegenden Fragen und Sorgen gesprochen.*« Kurzum, die Verhältnisse in der LDPD näherten sich denen einer liberalen Partei im Westen an; zum Jahreswechsel 1988/89 waren die Liberaldemokraten in immer größeren Teilen dabei, sich von der herrschenden Partei zu emanzipieren und dies nun nicht mehr nur hinter vorgehaltener Hand, sondern auch recht offen. Das gesellschaftliche System des »Sozialismus in den Farben der DDR« wurde aber auch von diesen – soweit erkennbar – (noch) nicht in Frage gestellt. Seinen Höhepunkt erreichte der liberaldemokratische Oppositionskurs im Sommer und Frühherbst 1989 mit den drei aufsehenerregenden Gerlach-Reden über Bertha von Suttner, Carl von Ossietzky und

zum 40. Jahrestag der DDR-Gründung. Hier fielen dann jene fortan
immer wieder zitierten Sätze, die Gerlach kurzzeitig in der DDR regelrecht populär machten: »*Widerspruch ist nicht Opposition und der persönliche Standpunkt zu politischen Entscheidungen keinesfalls Ausfluß bürgerlicher
Ideologie, sondern Erziehungs- und Bildungsideal im Sozialismus. . . . Höher-
und Weiterentwicklung bedeutet in der Politik nicht bloß Vervollkommnung
des Erreichten, es verlangt, Neues nicht zu blockieren, sondern aufzuspüren
und auf den Weg zu bringen.*« Dieses Zitat, so überraschend es den damaligen
DDR-Bürgern vor dem Hintergrund von vier Jahrzehnten sozialistischer Sprachregelung geklungen haben muß, macht auch deutlich,
daß es Gerlach um gewisse Modifikationen am System, nicht aber um
dessen Überwindung ging. Dennoch wurden solche Worte mit Begeisterung von der LDPD-Basis aufgenommen. Rasch erkannte man aber
dort, daß selbst so moderate Liberalisierungen mit der alten SED nicht
zu machen waren. Deshalb kam bald von der Basis der Wunsch nach
weitergehenden Reformvorschlägen. Damit tat sich im Laufe des
Herbstes 1989 immer mehr eine Kluft zwischen Parteibasis und dem
eben noch so hoch gelobten Parteiführer auf, der eben nicht sehen
wollte oder konnte, daß die alte DDR dem Untergang geweiht war.
Statt selbst voll auf Oppositionskurs zu gehen oder den Weg frei zu machen für jüngere, unbelastete Liberaldemokraten, stellte sich Gerlach
einerseits als Staatsratsvorsitzender zur Verfügung und erwarb damit
den zweifelhaften Ruf, letztes DDR-Staatsoberhaupt zu sein, sowie er
andererseits den inneren Wandel der verkrusteten LDPD-Strukturen
herauszuzögern suchte, indem der dringend notwendige Reformpar-
teitag erst für Frühjahr 1990, d. h. über ein halbes Jahr später, angesetzt
wurde. Die LDPD-Führung verspielte durch diese halbherzige Politik
wichtiges politische Kapital, denn der Zuspruch, den sie wegen ihrer
freimütigen Äußerungen im Sommer gefunden hatte, ging ab Oktober
rapide zurück. Man überließ damit das Feld der Reformpolitik sowohl
der Blockkokurrenz als auch der sich erst jetzt richtig organisierenden
Bürgerbewegung und anderen neuen Gruppierungen. Gerade die Ost-
CDU, deren demokratische Wandlung bereits im Dezember begann,
gewann damit einen unaufholbaren Vorsprung, da die Liberaldemokraten ihre endgültige innere und programmatische Erneuerung erst auf
dem Dresdner Parteitag im Februar 1990 durchführten und auch dies
nur nach viel Zureden von der westdeutschen Schwesterpartei F.D.P.,
zu der inzwischen wieder intensive Kontakte bestanden.

Für die am18. März 1990 durchgeführte erste freie Volkskammerwahl
kam die Ablösung Gerlachs durch Rainer Ortleb an der Parteispitze zu
spät. Zudem hatten die liberalen Kräfte noch interne Probleme dadurch, daß nicht alle liberal gesinnten DDR-Bürger an eine wirkliche
Wandlung der LDPD glauben wollten und es deshalb zur Gründung
von liberalen Splittergruppen gekommen war, die nur mühselig und
dank des Verhandlunggeschicks des F.D.P.-Fraktionsvorsitzenden Wolfgang Mischnick in eine gemeinsame Liste integriert werden konnten.
Das Resultat von 5, 3 % war die Quittung für die zögerliche Politik der
Liberaldemokraten. Welches Potential wirklich für Liberale in der demokratisch gewendeten DDR steckte, sollte sich erst bei den Wahlen
zu den neugeschaffenen Landtagen im Mai sowie bei der ersten gesamtdeutschen Bundestagswahl im Dezember 1990 zeigen.
Zu diesem Zeitpunkt hatte sich das liberale Lager auch entscheidend
reorgansiert, das heißt, es war nach der staatlichen Wiedervereinigung
am 3. Oktober 1990 eine gesamtdeutsche liberale Partei gegründet
worden, womit auch der Traum der LDPD-Gründungsväter gewissermaßen nach langer Zeit doch noch in Erfüllung gegangen war, wenn
sie wohl auch den Namen LDP(D) gegenüber der Bezeichnung F.D.P.,
den die gesamtliberale Partei übernahm, bevorzugt hätten. Doch der
Weg dahin war auch nach der Volkskammerwahl nicht ganz geradlinig
gewesen. Denn unmittelbar nach dem 18. März trennten sich die kleineren Gruppen wieder von der LDPD, während kurz darauf ausgerechnet die Nationaldemokraten, zu DDR-Zeiten – wie gesagt – der insge-
heime »Hauptrivale« der LDPD unter den anderen Blockparteien,
korporativ mit der LDPD zum Bund Freier Demokraten fusionierte,
nachdem die NDPD als eigenständige Liste bei der Volkskammerwahl
totalen Schiffbruch erlitten hatte. Bis zum Sommer waren dann auch
bei den übrigen liberalen Gruppen die Weichen soweit gestellt, daß im
August 1990 in Hannover, noch während die DDR weiterexistierte,
die gesamtliberale Partei durch den Beitritt der drei ostdeutschen
Gruppierungen zur F.D.P. aus der Taufe gehoben werden konnte. Nach
einer langen Odyssee durch den »real existierenden Sozialismus« hatten
die Liberaldemokraten ihr bereits im Sommer 1945 anvisiertes Ziel
doch noch erreicht.
Die Vereinigung zu einer gesamtliberalen Partei zeigt bereits, daß trotz
allem die Liberalen im Westen die Liberaldemokraten im Osten als einen Teil der liberalen Tradition in Deutschland angesehen haben. Zu

recht, denn natürlich gehört die LDPD nicht nur aufgrund ihres eigenen Selbstverständnisses und trotz ihrer über lange Jahre alles andere als liberalen politischen Programmatik und Praxis zum deutschen Liberalismus. Wer sie einfach als SED-konforme »Blockflöte« abqualifiziert, gibt damit zwar das Verhalten von großen Teilen der LDPD-Führung wieder. Aber er wird weder den durchaus liberalen Ursprüngen dieser Partei, noch dem Denken und Fühlen an der Partei-Basis unter der über vier Jahrzehnte währenden Herrschaft des »real existierenden Sozialismus« noch ihrer Rolle im letzten Jahrzehnt der DDR gerecht. Vor diesem Hintergrund erscheint es folgerichtig, daß sich die heutigen Liberalen in der Bundesrepublik auch dem liberaldemokratischen Erbe zumindest in Teilen verpflichtet fühlen.

Auswahlbibliographie

Karl Wilhelm Fricke: Opposition und Widerstand in der DDR. Köln 1984
Jürgen Frölich: Transmissionsriemen, Interessenvertretung des Handwerks oder Nischenpartei? Zu Rolle, Bedeutung und Wirkungsmöglichkeiten der NDPD; in: Deutscher Bundestag (Hrsg.), Materialien der Enquête-Kommission »Aufarbeitung von Geschichte und Folgen der SED-Diktatur in Deutschland«. Baden-Baden 1995, Bd. II, S. 1542-1578
Ders. (Hrsg.), »Bürgerliche« Parteien in der SBZ/DDR. Zur Geschichte von CDU, LDP(D), DBD und NDPD 1945 bis 1953. Köln 1995
Manfred Gerlach: Mitverantwortlich. Als Liberaler im SED-Staat. Berlin 1991
Peter Joachim Lapp: Die »befreundeten Parteien« der SED. DDR-Blockparteien heute. Köln 1988
Jürgen Louis: Die Liberal-Demokratische Partei in Thüringen 1945-1952. Köln/ Weimar 1996
Hermann Marx: Liberale Studenten im Widerstand. Bonn o. J. (=1959)
Gerhard Papke: Die Rolle, Bedeutung und Wirkungsmöglichkeiten der Blockparteien – Die LDPD; in: Deutscher Bundestag (Hrsg.), Materialien der Enquête-Kommission »Aufarbeitung von Geschichte und Folgen der SED-Diktatur in Deutschland«. Baden-Baden 1995, Bd. II, S. 2399-2463
Michael Richter: Entstehung und Transformation des Parteiensystems der SBZ/ DDR 1945-1950; in: ebd., Bd. II, S. 2509-2586
Sekretariat des Zentralvorstandes der LDPD (Hrsg.), Charakter und Rolle der LDPD. 3. Aufl. Berlin (Ost) 1985
Sekretariat des Zentralvorstandes der LDPD (Hrsg.), Liberal-Demokraten im Sozialismus. Berlin (Ost) 1985
Ulf Sommer: Die Liberaldemokratische Partei Deutschlands. Eine Blockpartei unter der Führung der SED. Münster 1996
Tom Steinborn/Ivo Klatte (Hrsg.): Liberale Jugend in Ostdeutschland. Dresden 1994

Siegfried Suckut: Widerspruch und abweichendes Verhalten in der LDP(D); in:
Deutscher Bundestag (Hrsg.), Materialien der Enquête-Kommission »Aufar-
beitung von Geschichte und Folgen der SED-Diktatur in Deutschland«. Baden-
Baden 1995, Bd. VII, S. 1492-1653
Siegfried Suckut: Die LDP(D) in der DDR. Eine zeitgeschichtliche Skizze; in:
Aus Politik und Zeitgeschichte 16-17 v. 12.4.1996, S. 31-38

Anmerkungen

[1] Die offizielle Abkürzung war bis Okt. 1951 LDP, dann LDPD und schließlich ab
Februar 1990 wieder LDP; der Einfachheit halber wird hier durchgängig LDPD
benutzt.

[2] Wegen der Platzknappheit muß hier auf alle Verweise auf Quellendokumente
und Forschungsliteratur verzichtet werden. Ersatzweise ist die Auswahlbiblio-
graphie am Ende des Aufsatzes heranzuziehen.

Hans-Dietrich Genscher

Rede in der Marktkirche, Halle, vom 17. 12. 1989

Liebe Hallenserinnen, liebe Hallenser,
ich spreche zu Ihnen in dieser Kirche, die ich vor bald sechzig Jahren
zum ersten Male als Kind mit meinen Eltern besucht habe. Der Kirche
mit den vier Türmen, die die Maler Ludwig Kirchner und Lyonel Fei-
ninger weltbekannt gemacht haben.
Ich bin mit meiner Frau zu Ihnen gekommen, wie beinahe in jedem
Jahr. Ich spreche zu Ihnen als Christ zu Christen, als Hallenser zu Hal-
lensern und als Deutscher zu Deutschen. Diese Stadt hat mich geprägt
und sie hat mich bestimmt.
Als ich am 27. April 1989 vor dem Deutschen Bundestag begründete,
warum ich gegen die Entscheidung über neue atomare Kurzstreckenra-
keten sei, habe ich erklärt:
»Es geht um nukleare Kurzstreckensysteme, die den anderen Teil unseres Vaterlandes erreichen können. Wenn wir also zur Entscheidung darüber berufen sind, dann werden wir nicht vergessen – ich sage das hier
in meiner ganz persönlichen Verantwortung:
Die Mitglieder der Bundesregierung leisten den Eid, ihre Kräfte zum
Wohle des deutschen Volkes zu widmen. Die Verpflichtung aus diesem
Eid endet nicht an der Grenze mitten durch Deutschland.
Die damit begründete nationale Verantwortung schließt meine Heimat, schließt die Stadt, in der ich geboren bin, und schließt die Menschen, die in der DDR leben, nicht aus, nein, diese Verantwortung
schließt die Menschen ein.«
Diese Verantwortung hat meine politische Arbeit bestimmt, und das
wird weiter so sein.
Heute bin ich zu Ihnen gekommen, um im Gespräch mit Ihnen von
Ihren Vorstellungen zu hören, aber auch von Ihren Erwartungen an uns
in der Bundesrepublik. Ich bin gekommen, um Ihnen zu danken für die
Würde, die Besonnenheit und die Verantwortung, mit der Sie friedlich
für Freiheit und Demokratie, für freie Wahlen, für Recht und Gerechtigkeit eintreten.
Das ehrt unsere ganze Nation. Jahrzehnte der Trennung haben aus ei-

ner deutschen Nation nicht zwei gemacht. Es gab nicht, und es gibt nicht eine kapitalistische und eine sozialistische deutsche Nation – es gibt nur eine deutsche Nation.

Daß wir heute dieses Gespräch führen können, das haben Sie bewirkt.

Ihre Friedensgesinnung, Ihre Brüderlichkeit und Ihre Toleranz, die Ablehnung der Gewalt gegenüber dem Nächsten macht die moralische Stärke Ihres Bemühens aus. Diese Friedensgesinnung, der Freiheitswille, diese Brüderlichkeit und diese Toleranz werden auch in Zukunft gebraucht werden.

Ich möchte Sie ermutigen, so Ihren Weg weiter zu gehen, denn ein neuer Anfang verlangt Freiheit, Gerechtigkeit und Demokratie. Nichts wird wieder so sein, wie es war – nicht bei uns, nicht bei Ihnen. Aus dem, was hier geschieht, kann eine neue politische Kultur entstehen, die auch den Menschen in der Bundesrepublik Deutschland vieles geben kann.

Wir wollen bei der Freude über das, was erreicht wurde, diejenigen nicht vergessen, die in der Vergangenheit für ihr Eintreten für die Freiheit bitteres Unrecht erleiden mußten, und wir wollen die Menschen in Rumänien nicht vergessen, die auf ihre Freiheitschance noch warten.

Sie nehmen nun Ihr Schicksal in die eigenen Hände. Sie wollen in freien Wahlen entscheiden über Ihre politische Ordnung, über Ihre gesellschaftliche Ordnung und über Ihre wirtschaftliche Ordnung. Sie werden auch entscheiden über das Verhältnis der beiden deutschen Staaten zueinander, und auch darüber, wie Sie die Zukunft unserer deutschen Nation sehen.

Die Deutschen in der Bundesrepublik Deutschland haben schon früher ihre Wahl getroffen: Wir sind Mitglied des westlichen Bündnisses und der Europäischen Gemeinschaft, die schon verwirklichte Friedensordnung für einen Teil Europas bedeutet. Die deutsch-französische Freundschaft ist dafür besonders wichtig.

Unser Modell hat ganz gewiß seine Schwächen, und es hat seine Fehler. Aber es ist die freiheitlichste Staats- und Gesellschaftsordnung der deutschen Geschichte.

Zur politischen Freiheit gehört auch die gesellschaftliche Freiheit. Wir haben uns für die soziale Marktwirtschaft entschieden, in der unabhängige Gewerkschaften nicht die Wünsche des Staates, nicht den Willen einer Partei erfüllen, sondern die Rechte der Arbeitnehmer wahrnehmen. Unser Grundgesetz verpflichtet uns darauf, dem Frieden in der Welt zu dienen, ein vereinigtes Europa zu schaffen und die Einheit der Deutschen zu vollenden. Mit dem Brief zur Deutschen Einheit, den wir zum Moskauer Vertrag und zum Grundlagenvertrag mit der DDR geschrieben haben, haben wir unser Bekenntnis zur Zusammenführung der Deutschen in einer Europäischen Friedensordnung abgelegt. Dieses Bekenntnis zur deutschen Einheit habe ich in jedem Jahr vor den Vereinten Nationen neu bekannt.

Das ist ein Angebot an die Deutschen in der DDR, über das Sie zu entscheiden haben.

Es ist ein Angebot, das unsere europäische Friedensverantwortung erkennt und anerkennt – das unser Schicksal einbettet in das Schicksal Europas. Was immer Sie in der DDR entscheiden werden über Ihre innere Ordnung, über das Verhältnis der beiden deutschen Staaten zueinander und über unsere deutsche Zukunft: Wir werden es respektieren.

Die Welt blickt auf uns Deutsche.

Die friedliche Revolution für Freiheit und Menschenrechte, die sich hier vollzieht, hat dem Ansehen der ganzen Nation gedient.

Viele unserer Nachbarn fragen aber auch: Was wollen die Deutschen?

Meine Antwort ist: Wir Deutschen wollen zu allererst in Freiheit und Demokratie leben, wir wollen in Frieden leben mit allen unseren Nachbarn. Wir wollen immer näher zusammenkommen, wenn nun auch Europa immer näher zusammenkommt.

Die Deutschen können sich nicht ohne Europa vereinen, aber um die Deutschen herum kann sich auch Europa nicht vereinen. Was zusammengehört, wird zusammenwachsen, hat Willy Brandt gesagt. Das gilt für die Deutschen wie für die Europäer. Von Deutschen in Freiheit und von Deutschen in Demokratie ist noch nie eine Gefahr ausgegangen für die anderen Völker.

Es war ein weiter Weg, und es war ein schwerer Weg, der uns bis hierher geführt hat.

Die Bundesrepublik hat die Verträge geschlossen von Moskau und Warschau, den Vertrag mit der Tschechoslowakei, den Grundlagenvertrag mit der DDR, und sie hat von Anfang an für die Schlußakte von Helsinki gearbeitet.

Wir stehen zu diesen Verträgen, und wir werden alles tun, damit sich
die Demokratisierung hier in der DDR und in den anderen Staaten
Mittel- und Ost-Europas in Frieden und Stabilität vollziehen kann.
Das bedeutet auch, daß wir nicht vergessen, Sie hier nicht und wir
nicht bei uns, daß wir verschiedenen Bündnissen angehören, daß die
Annäherung der beiden deutschen Staaten für Europa mehr und nicht
weniger Sicherheit und Stabilität schaffen soll.
Lassen Sie uns gemeinsam arbeiten für die Abrüstung. Nicht nur die
Mauer durch Deutschland soll fallen, auch die Mauer von Raketen,
von Bomben und Kanonen müssen wir abbauen. Dabei wissen wir, daß
zur sicheren Zukunft Europas auch gehört, daß von uns Deutschen niemals mehr die polnische Westgrenze durch Gebietsansprüche in Frage
gestellt wird.
Eine Europäische Friedensordnung vom Atlantik bis zum Ural, ein Gemeinsames Europäisches Haus wollen wir schaffen, in dem auch wir
Deutschen unseren Platz finden, wie die anderen Europäer auch.
Den Weg, der vor uns liegt, können wir nur Schritt für Schritt gehen.
Europäische Annäherung, Abrüstung und deutsche Annäherung müssen in Tuchfühlung bleiben. Es wird ein langer Weg sein, aber es ist ein
Weg, der zusammenführt.
Wir werden die Interessen der anderen Völker nicht vergessen. Auch
nicht die Sicherheitsinteressen, die die Völker Europas nur gemeinsam
und nicht gegeneinander wahrnehmen können. Und ich persönlich
kann und werde nicht vergessen, welchen Beitrag Präsident Michail
Gorbatschow dazu geleistet hat, daß der Weg frei wurde für die Frei-
heitsentwicklung in Ungarn, in Polen, hier in der DDR, in der Tschechoslowakei, und bald auch hoffentlich in den anderen Staaten des
Warschauer Pakts.
In einem langen Gespräch habe ich 1986 zum ersten Mal mit ihm über
eine bessere Zukunft Europas gesprochen. Und am 1. Februar 1987
habe ich in Davos den Westen aufgefordert, Gorbatschow ernst zu nehmen und seine Reformpolitik zu unterstützen. Heute ist das die Politik
des ganzen Westens.
Erst am Freitag hat das westliche Bündnis beschlossen:
»Es bestehen neue Möglichkeiten, die Trennung Europas, und damit
Deutschlands, und insbesondere auch Berlins zu überwinden.«
Das öffnet den Weg zu einer immer engeren Zusammenarbeit zwischen beiden deutschen Staaten. Zu einer Vertragsgemeinschaft, über

die am Dienstag Bundeskanzler Helmut Kohl mit Ministerpräsident Modrow sprechen wird.

In vielen Briefen, die mich aus der DDR erreicht haben, ist zu lesen: »Wir wollen endlich den Ertrag unserer Arbeit auch ernten können, wir wollen nicht länger darauf warten müssen.« Ich kann das verstehen, und ich denke, wir haben die gemeinsame Sorge, daß nicht immer mehr Menschen, die auch hier dringend gebraucht werden, die DDR verlassen. Das kann aber nicht bedeuten, daß wir anstelle der Mauer aus Stein hier auf unserer Seite eine Mauer aus Paragraphen errichten. Die DDR ist für uns kein Ausland und wird es auch nie werden. Und die Hallenser sind für mich keine Ausländer.

Breiteste Zusammenarbeit kann sofort beginnen in der Wirtschaft, im Verkehr, beim Umweltschutz, beim Wohnungsbau, bei der Erhaltung der historischen Bausubstanz, in der medizinischen Versorgung, Bundeswirtschaftsminister Haussmann hat Existenzgründungsdarlehen in großem Umfang für Handwerksbetriebe, Klein- und Mittelbetriebe angeboten.

Westliche Beteiligungen, nicht nur westdeutsche, an Großunternehmen sind sofort möglich, wenn sie gewünscht sind, damit moderne Investitionen und modernes Management möglich werden. Wir sind zu einer großen Anstrengung nationaler Solidarität bereit. Die DDR will engere Beziehungen zur Europäischen Gemeinschaft. Wir sind dafür. Die 24 Industriestaaten, die bisher Polen und Ungarn helfen, werden auf meinen Antrag jetzt auch der DDR helfen.

Erfahrungsaustausch und Kontakte können sofort beginnen, nicht nur auf den oberen Ebenen, sondern dort, wo die Fachleute sitzen. Es kann sofort zu einer immer engeren Verflechtung und Vernetzung unserer Gesellschaften kommen. Das wird hier sofort zahlreiche neue Impulse und Initiativen geben – man muß die Menschen nur gewähren lassen. Und das alles wird unmittelbar den Menschen dienen.

Das alles wird weder die bestehenden Bündnisse noch andere Verträge berühren. Es wird Europa und seiner Stabilität dienen. Europa ist unsere Chance. Eine andere haben wir Deutschen nicht. Deshalb ist deutsche Politik um so nationaler, je europäischer sie ist. Für den Frieden und für eine glückliche Zukunft Europas zu arbeiten, das ist die europäische Berufung der Deutschen.

Lassen Sie uns, die Deutschen in beiden deutschen Staaten, den Völkern Europas sagen, wir Deutschen wollen unser Leben in Deutschland so gestalten, daß unser eigenes Glück auch von unseren Nachbarn als ihr Glück und als eine Garantie einer sicheren Zukunft für sie und für uns empfunden wird. Von deutschem Boden soll nie wieder Krieg ausgehen, von deutschem Boden sollen für alle Zukunft Freiheit, Demokratie und Menschenwürde ausgehen. Das ist die Botschaft der Deutschen, aller Deutschen an die Völker Europas.

Liebe Hallenserinnen, liebe Hallenser, als ich mein Leben vor mehr als dreißig Jahren ganz der Politik widmete, da habe ich das mit dem Willen getan, daß sich niemals wiederholen möge, was wir in unserer Jugend erlebt haben. Ich habe es mit dem Willen getan, daß das Trennende in Deutschland und Europa fällt, daß die Deutschen in West und Ost sich in Freiheit begegnen, und daß sie in Freiheit gemeinsam über ihre Zukunft und auch über ihre Einheit sprechen können.

Ich bin dankbar dafür, daß es mir vergönnt ist, daran mitzuwirken, und daß ich erleben darf, was jetzt in Deutschland und Europa geschieht. Ihnen versichere ich: Wie in der Vergangenheit, werde ich auch in Zukunft nicht vergessen, woher ich komme und welche Verantwortung ich trage für die Menschen, die hier leben, die einen neuen Anfang machen, auf die wir zugehen wie sie auf uns.

Dieser Weg, das ist meine feste Überzeugung, wird uns zusammenführen.

Rolf Berndt / Silke Jansen

Die Wiedervereinigung der Deutschen Liberalen – Organisationsprobleme und Organisationserfolge *

Funktionen und Organisationsstruktur von Parteien

Bis zum Eintritt der friedlichen Revolution in der früheren DDR standen sich Funktionen und Organisationsstruktur der politischen Parteien in Ost und West diametral gegenüber. Die Parteien waren das Spiegelbild des jeweiligen Staatswesens: Hier ein demokratischer, dort ein autoritärer Staat. Die Parteien im demokratischen System mit seinem föderativen Staatsaufbau stehen für:

– föderative Parteistruktur,
– Freiheit, Selbstbestimmung und eigenständige Willensbildung auf allen Ebenen,
– ehrenamtliches Engagement der Mitglieder,
– eigenständige Finanzierung der Gliederungen.

Parteien im autoritären System der ehemaligen DDR waren dagegen gekennzeichnet durch:

– zentralistischen Aufbau,
– Parteien als staatstragende Massenorganisationen,
– staatliche Finanzierung in der jeweils benötigten Höhe, wenn die Liquidität der parteieigenen Betriebe erschöpft war,
– umfangreicher hauptamtlicher Apparat in der Parteizentrale und in Bezirks- und Kreisgeschäftsstellen,
– Finanzierung aller Mitarbeiter durch die Parteizentrale einschließlich Versorgungsleistungen, Bereitstellung von Erholungsheimen und Organisation von Ferienreisen.

Der Vereinigungsprozeß der liberalen Parteien in Deutschland

Viele führende F.D.P.-Politiker stammen aus dem östlichen Teil Deutschlands (Hans-Dietrich Genscher aus Halle, Wolfgang Mischnick und Gerhart R. Baum aus Dresden, Martin Bangemann aus Wanzle-

ben, Burkhard Hirsch aus Magdeburg, Walter Hirche aus Leipzig). Sie
hatten dort ihre politische Heimat und waren Mitgründer und/oder
Mitglieder der Liberal-Demokratischen Partei. Auch nach der endgültigen Teilung Deutschlands wurde die Verbindung zur LDPD durch
einige freundschaftliche Beziehungen, vereinzelte Treffen auf hoher
Parteiebene und dem bis zum Jahre 1990 in der F.D.P. verankerten
LDP-Bundesbeirat gehalten. Die politische Entwicklung hat diesen
Beirat überflüssig werden lassen. Nach dem Fall der Berliner Mauer am 9. 11. 1989 kam es bereits am
26. 11. 1989 in Ost-Berlin zu einem ersten Gespräch zwischen füh-
renden Repräsentanten der F.D.P. (Lambsdorff, Mischnick, Berndt,
Dahlmeyer) und der LDPD (Gerlach, Raspe, Behrend, Müller), in dem
die LDPD intensive Zusammenarbeit wünschte, aber bei dem Vorsitzenden der F.D.P., Otto Graf Lambsdorff, noch auf deutliche Reserven
stieß. In diesem Gespräch forderte der damalige Vorsitzende der LDPD,
Manfred Gerlach, zwar das Leistungsprinzip, Wettbewerb und Marktwirtschaft, aber er sprach auch noch vom »Sozialismus mit humanem
Antlitz«. Er erklärte die Kommunalwahlen für gefälscht und forderte
rasche, freie Wahlen zur Volkskammer.
Die LDPD legte später ihren eigenen Parteitag auf den 9./10. Februar
1990 nach Dresden. Dies war zwar angesichts der sich überschlagenden
politischen Entwicklung ein später Termin; er hatte aber den Vorteil,
daß alle 950 Delegierte für diesen Parteitag neu gewählt werden mußten. Dies konnte für die Demokratisierungs- und Reformbestrebungen
in der Partei nur förderlich sein.
Die Führung des alten Zentralvorstandes der LDPD hatte zuvor durch
zögerliches Handeln die Möglichkeit verspielt, eine gewisse Führungsrolle aus dem demokratischen Erneuerungsprozeß des Herbstes 1989
fortzuführen, insbesondere nachdem der Parteivorsitzende, Manfred
Gerlach, auch den Vorsitz im Staatsrat der ehemaligen DDR übernahm.
Aus diesem Grund entschloß sich das Präsidium der F.D.P. Anfang 1990
zu einer Doppelstrategie. Der innere Erneuerungsprozeß in der LDPD
sollte gefördert werden, andererseits durfte eine innerparteiliche Auseinandersetzung über die möglichen Partner im Osten die Einheit der
F.D.P. im Westen nicht gefährden. Es gab eine Reihe von Vorbehalten
und Vorurteilen gegenüber der Blockpartei, und nicht alle Mitglieder
des Präsidiums waren von Beginn an davon überzeugt, daß eine Verei-

nigung vorteilhaft sei. Das Präsidium der F.D.P. beschloß Mitte Januar 1990 einen Forderungskatalog, dessen Erfüllung die Voraussetzung für eine konstruktive Zusammenarbeit sein sollte. Mitglieder des Präsidiums führten darüber in allen 15 Bezirken Gespräche mit Vertretern der LDPD. Um den Forderungen des Präsidiums der F.D.P. Nachdruck zu verleihen, wurden Orts-, Kreis- und Landesverbände der F.D.P. aufgefordert, Patenschaften zu Gliederungen in der DDR aufzunehmen. Bis Ende Januar 1990 wurden der Bundesgeschäftsstelle 264 solcher Verbindungen bekannt, der überwältigende Teil davon zur LDPD. Im Hinblick auf mögliche gesamtdeutsche Wahlen war die Integration aller liberalen Kräfte in eine einheitliche F.D.P. das angestrebte Ziel. Die Vereinigung der liberalen Parteien genoß Priorität, nachdem es in der ehemaligen DDR zwei Parteigründungen gegeben hatte: Die Deutsche Forumspartei (DFP) konstituierte sich am 27. 1. 1990 in Chemnitz aus Mitgliedern der Bürgerrechtsbewegung Neues Forum. Am 4. 2. 1990 trat die F.D.P. in der DDR in Ostberlin zu ihrem Gründungsparteitag zusammen, nachdem es zuvor schon in Berlin, Leipzig und Dessau einzelne Zusammenschlüsse und in Jena die Gründung eines Landesverbandes Thüringen gegeben hatte. Eine Zersplitterung der Liberalen Parteien mußte verhindert und die Vereinigung mit der erneuerten LDPD in die Wege geleitet werden. Deshalb wurde in Gesprächen in Bonn Ende Januar/Anfang Februar 1990 mit Jürgen Schmieder (DFP), Bruno Menzel (F.D.P. in der DDR) und Jürgen Neubert, dem späteren Oberbürgermeister von Dessau (F.D.P. in der DDR), und Rainer Ortleb (LDPD) vereinbart, am LDPD-Parteitag teilzunehmen. Auf dem Parteitag der LDPD in Dresden am 9./10. 2. 1990 wählten die Delegierten mit Rainer Ortleb einen neuen Vorsitzenden und vollzogen den entscheidenden Bruch mit allen Sozialismus-Modellen, als sie das Wahlprogramm der jetzt wieder in LDP umbenannten Partei für 1990 verabschiedeten. Schon hier bekannte sich Rainer Ortleb zum Bündnis aller Liberalen Kräfte mit den Worten »lassen Sie uns die Liberalen vereinen, dann vereinen wir auch Deutschland«. Deshalb begannen unmittelbar nach dem Parteitag der LDP noch in Dresden die Gespräche mit der Deutschen Forumspartei, der LDP und der F.D.P. in der DDR. Alle vier Parteien einigten sich darauf, als »Bund Freier Demokraten« in allen fünfzehn Wahlbezirken der DDR mit gemeinsamen Listen zur Volkskammerwahl anzutreten. Zu diesem Zeitpunkt ließ sich der Name F.D.P. noch nicht durchsetzen. In der Verein-

barung für das Wahlbündnis vom 12. 2. 1990 erklärten die Parteien
aber,»noch in diesem Jahr im Gleichklang mit der Entwicklung der
deutschen Einheit in Vorbereitung gesamtdeutscher Wahlen eine Vereinigung der Freien Demokratischen Partei anzustreben«.
Der Name Bund Freier Demokraten mußte im Wahlkampf für die auf
den 18. März 1990 vorgezogene Volkskammerwahl neu eingeführt
werden. Persönliche und inhaltliche Differenzen innerhalb der drei liberalen Ost-Parteien brachen in der Folge immer wieder auf und er-
schwerten den Einigungsprozeß. Krisenmanagement war notwendig,
und dabei halfen besonders hinter den Kulissen Gunter Krüger und
Christian Renatus. Deshalb wurde bereits am 20. 2. 1990 unter dem
Vorsitz von Wolfgang Mischnick ein Koordinierungsausschuß der drei
liberalen Ost-Parteien und der F.D.P. in der Bundesrepublik gebildet.
Eine für den 28. 3. 1990 geplante Vereinigung der DDR-Parteien unter
dem Namen F.D.P. kam trotz entsprechender Vereinbarungen im
Koordinationsausschuß nicht zustande. Die F.D.P. in der DDR blieb
dem Termin fern, die DFP sagte zunächst ihre Teilnahme ab, erschien
dann doch, um nach heftigen Diskussionen u. a. über den Delegiertenschlüssel den Saal wieder zu verlassen. Statt dessen trat die NDPD, die
sich seit Januar vereinzelt, seit ihrem Parteitag im Februar intensiv um
Gespräche mit der F.D.P. bemühte, der LDP bei. Sie gaben sich als Partei den Namen »Bund Freier Demokraten«.
Am 18. 4. 1990 wurde zur Beilegung der internen Auseinandersetzun-
gen der in Hannover tagende Koordinierungsausschuß umbenannt in
Vereinigungsausschuß. Vor allem der Bundesvorsitzende der F.D.P.,
Otto Graf Lambsdorff, trug neben Wolfgang Mischnick erheblich zum
Gelingen der Integration bei. Die Vorsitzenden der vier Parteien,
Bruno Menzel (F.D.P. in der DDR), Rainer Ortleb (Bund Freier De-
mokraten), Lothar Ramin (Deutsche Forumspartei) und Otto Graf
Lambsdorff (F.D.P.) bekräftigten ihre Absicht, unmittelbar nach den
Kommunalwahlen in der DDR am 6. 5. 1990 die Voraussetzungen für
eine einheitliche Freie Demokratische Partei Deutschlands zu schaffen.
Der Vereinigungsausschuß setzte daher drei Arbeitsgruppen mit dem
Auftrag ein, eine gemeinsame Satzung, ein gemeinsames Programm
und eine gemeinsame Organisationsstruktur für die vereinte F.D.P. zu
erarbeiten. Den Arbeitsgruppen gehörten je drei Vertreter aller vier li-
beralen Parteien an.
Auf Wunsch der Bauernpartei fand im Mai in Dresden ein Sondie-

rungsgespräch mit Günther Maleuda statt. Wolfgang Mischnick und Rolf Berndt lehnten aber den Beteiligungswunsch ab. Ein Beitritt wäre weder vertretbar noch zumutbar gewesen. Der politische Fahrplan sah zu diesem Zeitpunkt vor: Ende September sollte die Vereinigung der liberalen Parteien in Nürnberg erfolgen und im Dezember der Wahlparteitag der vereinten liberalen Partei in Bonn stattfinden.

Doch der Weg zur staatlichen Einheit – der Bundeskanzler hatte als gesamtdeutschen Wahltermin Oktober 1991 gefordert – wurde durch die politischen Konstellationen und durch die von Graf Lambsdorff zuerst erhobene Forderung nach möglichst frühzeitigen gesamtdeutschen Wahlen beschleunigt. Sollte der 2. Dezember 1990 nicht realisierbar sein, käme alternativ nur eine Verlängerung der Legislaturperiode in Betracht. Die Landtagswahlen in der DDR wurden vorverlegt auf den Oktober 1990. Die F.D.P. wollte zu diesen Wahlen mit einer vereinten Partei antreten, so daß der Vereinigungsparteitag ebenfalls vorverlegt werden mußte. Darin war sich der Vereinigungsausschuß einig, als er am 23. 6. 1990 in Bonn den »Fahrplan« der Vereinigung und die Vereinbarungen der Arbeitsgruppen vorstellte.

Organisationsstruktur der F.D.P.

Mitgliedererfassung

Eine gemeinsame Mitgliederverwaltung sollte zur Sicherung der Informations- und Beteiligungsrechte der Gesamtmitgliedschaft zügig aufgebaut werden. Hierzu mußten die Mitglieder der liberalen Parteien in der ehemaligen DDR zentral erfaßt werden. Die notwendige Hard- und Softwareausstattung, Arbeitsräume und geschultes Personal wurden zur Verfügung gestellt. Im Juli 1990 war die Erfassung beendet. Die Mitgliederzahl lag am 31. 7. 1990 bei ca. 135000 und war damit etwa doppelt so hoch wie im Westen. Das Aufnahmeverfahren von Mitgliedern orientierte sich an der Satzung der Bundespartei. Die Gestaltung der Mitgliederausweise wurde harmonisiert. Die bisherige Mitgliederzeitschrift der F.D.P. erhielt ein neues Konzept und einen neuen Namen. Dem großen Informationsbedürfnis der Mitglieder in den neuen Ländern sollte so schnell wie möglich Rechnung getragen werden.

Infrastruktur der F.D.P. in den neuen Bundesländern

Einvernehmen bestand darin, die Zahl der Mitarbeiter auf ein Minimum zu reduzieren. Zur Zeit der Wende verfügte allein die LDP über
2000 Mitarbeiter. Bis zum Sommer 1990 wurden davon mehr als 1500
Mitarbeiter in der Zentrale sowie auf Bezirks- und Kreisebene in neue
Beschäftigungsverhältnisse vermittelt, gingen in den Vorruhestand
oder wurden entlassen. Zu den vorrangigen Aufgaben gehörte neben dem raschen Abbau des
hauptamtlichen Apparates (vor den Wahlen!) der Aufbau von autono-
men Landesverbänden, die die Kosten ihrer Infrastruktur selbst tragen
und sich selbständig finanzieren. Die Ausstattung der Landesgeschäfts-
stellen orientierte sich an dem geringen Personalbestand der Landesge-
schäftsstellen der ehemaligen Bundesrepublik. Angesichts der bevorste-
henden Wahlen sollte die F.D.P. so schnell wie möglich flächendeckend
präsent sein und einheitlich auftreten. Entsprechend der föderativen Struktur der Bundesrepublik Deutschland sollten alle Gliederungsebenen der F.D.P. ab 1. 1. 1991 in den
neuen Bundesländern Finanzautonomie erhalten. Als Einnahmen standen den Landesverbänden die Wahlkampfkostenerstattung aus den
Landtagswahlen, der auf sie entfallende Beitragsanteil und eventuelle
Spenden zur Verfügung. Über die Ausgaben entscheiden die Gliederungen selbständig. Neben dem Zusammenbruch der staatlichen Parteienfi-
nanzierung in der ehemaligen DDR waren die ungelösten Vermögens-
fragen ein weiteres Problem. Die Parteien verfügten in der ehemaligen
DDR über Betriebe, Grundstücke und Schulungsstätten. Die F.D.P. hat
frühzeitig das Vermögen unter treuhänderische Verwaltung gestellt.
Alle Betriebe wurden privatisiert oder in staatliches Eigentum zurückgeführt. Nur zweifelsfrei rechtmäßig erworbenes Eigentum – insbesondere aus Grundbesitz – wollte die Partei behalten. In Rechtsträgerschaft
erhaltene Vermögenswerte waren nicht Teil des Vermögens der F.D.P.

Satzung und Programm

Parallel zu der Arbeitsgruppe Organisationsstruktur entwarf die Arbeitsgruppe Satzung eine gemeinsame, von allen Vertretern der liberalen Parteien getragene Satzung und schuf ein Statut für den Vereini-

gungsparteitag. Dabei waren aufgrund der Beschleunigung des Vereinigungsprozesses, dem Vorziehen des Vereinigungsparteitages, aber auch der Existenz noch zweier Staaten und des bestehenden Wahlgesetzes der DDR einschließlich der »Sitzfrage« der Parteien schwierigste satzungsrechtliche Fragen zu lösen. Ohne Thomas Taeglichsbeck und Wolfgang Lüder wären diese Probleme kaum gelöst worden. Die Arbeitsgruppe Programm der vier liberalen Parteien, in der u.a. Cornelia Schmalz-Jacobsen, Jürgen Beerfeltz und Joachim Günther mitarbeiteten, legte auf dem Vereinigungsparteitag in Hannover das gemeinsame Programm zur Abstimmung vor.

Der Vereinigungsparteitag der F.D.P. in Hannover

Der Vereinigungsparteitag in Hannover am 11./12. 8. 1990 fand zu dem satzungsrechtlich frühestmöglichen Zeitpunkt statt. Neben der Verabschiedung der gemeinsamen Satzung wurde nach dem Rücktritt des bisherigen Bundesvorstandes in Hannover der erweiterte Gesamtvorstand gewählt und eine Grundsatzerklärung »für ein liberales Deutschland« beschlossen. Die Zahl der Delegierten erhöhte sich im Vergleich zu früheren Parteitagen der F.D.P. von 402 auf 662. Den 402 Delegierten der F.D.P., die sich je zur Hälfte aus der Zahl der Mitglieder des jeweiligen Landesverbandes und seines Ergebnisses bei der letzten Bundestagswahl errechneten, traten dabei aus den neuen Bundesländern 260 Delegierte hinzu. Diese Zahl ergab sich ebenso aus den Mitgliederzahlen der Landesverbände und den Wahlergebnissen der Volkskammerwahl vom 18. März 1990. Sie war ein mathematisches Ergebnis, begründet einerseits auf der noch doppelt so hohen Anzahl von Mitgliedern in der früheren DDR, andererseits auf der wesentlich geringeren Wählerstimmenzahl (ca. 15%).

Die Aufteilung der Delegierten aus den neuen Bundesländern hingegen wurde im Vereinigungsausschuß nach langem Ringen gemeinsam beschlossen. Von den 260 Delegierten der liberalen Parteien Ost entfielen auf den Bund Freier Demokraten 160, die F.D.P. in der DDR 55, die DFP 45 Delegierte. Dieser Delegiertenschlüssel führte zu erheblichen Diskussionen, insbesondere beim Bund Freier Demokraten. Erst mit der Einführung des sogenannten »Gastdelegierten« – der Bund Freier Demokraten erhielt 100 solcher Gastdelegierter (ohne Stimmrecht) –

schufen Christian Renatus und Rolf Berndt die Voraussetzung zur
endgültigen Zustimmung des Vorstands des Bundes Freier Demokraten.
er Parteitag von Hannover war geprägt von dem Wunsch, die verschiedenen Parteien institutionell, satzungsrechtlich und programmatisch
unter ein gemeinsames Dach zu führen. Es mußten dabei organisatorisch völlig unterschiedliche Parteien zusammengeführt werden. Die
F.D.P. in der ehemaligen Bundesrepublik als Partei einer westlichen Demokratie, die LDP mit der NDPD im Bund Freier Demokraten als
ehemalige Blockparteien in einem autoritären System, die Deutsche
Forum Partei als Teil der Bürgerrechtsbewegung in der ehemaligen
DDR und die F.D.P. in der DDR als neue, aus dem Widerstand gegen
das alte System gegründete Partei. Der Weg zu einer satzungsrecht-
lichen, programmatischen und organisatorischen Einheit konnte nur
durch ein hohes Maß an Toleranz, Verständnis und Bereitschaft zum
Kompromiß erreicht werden. Anders als auf programmatischen Parteitagen war der Parteitag von Hannover geprägt von Harmonie und nicht
von inhaltlichen Auseinandersetzungen. Otto Graf Lambsdorff wurde
zum Vorsitzenden gewählt. Bruno Menzel (F.D.P. in der DDR) und
Rainer Ortleb (Bund Freier Demokraten) zu stellvertretenden Bundesvorsitzenden. Das Präsidium wurde erweitert, und Joachim Günther
(Bund Freier Demokraten) sowie Christiane Pätzold (DFP) wurden zu
Beisitzern gewählt.

Die F.D.P. im ersten gesamtdeutschen Wahlkampf

Schwerpunkt der organisatorischen Arbeit der nunmehr vereinten
F.D.P. in noch zwei souveränen Staaten war der Wahlkampf für die
Landtagswahlen in der ehemaligen DDR und die im Dezember stattfindenden Wahlen zum ersten gesamtdeutschen Parlament. Die Bundesgeschäftsstelle in Bonn steuerte diese Wahlkämpfe, richtete den zentralen Rednereinsatz ein und führte die Terminplanung durch.
Aus Gründen des alten Parteiengesetzes der DDR, das den Sitz einer
dort kandidierenden Partei auf dem Gebiet der DDR vorschreibt, und
später zur Unterstützung der Wahlkampfaktivitäten vor allem in den
neuen Bundesländern, wurde ein Büro des Bundesvorstandes der F.D.P.
in Ost-Berlin eingerichtet. Wegen der mangelhaften Kommunika-
tionsstrukturen in der DDR war es dringend notwendig, eine Art

Brückenkopf zwischen den Landesverbänden in der DDR und der Bundesgeschäftsstelle in Bonn einzurichten.

Probleme in den Wahlkampfvorbereitungen bereiteten vor allem:
- die zentrale Planung,
- der einheitliche Auftritt,
- die gemeinsame Sprache,
- die Kandidatenaufstellung,
- das ehrenamtliche Engagement der Mitglieder bei gleichzeitigen Entlassungen von hauptamtlichen Mitarbeitern.

Nach dem Beitritt der ehemaligen DDR zum Geltungsbereich des Grundgesetzes am 3. 10. 1990 und den Landtagswahlen in den nunmehr neuen Bundesländern begann sofort der Bundestagswahlkampf. Deshalb blieb kaum Zeit, die in Hannover verabschiedeten Organisationsstrukturen der vereinten F.D.P. auszufüllen.

Phase der Konsolidierung?

Die ersten Landtagswahlen in den neuen Ländern führten die F.D.P. in alle Landtage (Berlin 7,1%, Brandenburg 6,6%, Mecklenburg-Vorpommern 5,5%, Sachsen 5,3%, Sachsen-Anhalt 13,5% und Thüringen 9,3%), während bei der Bundestagswahl im Bundesdurchschnitt 11% und in den neuen Ländern Ergebnisse von 9,1%, 9,7%, 12,4%, 19,7% und 14,6% erzielt wurden. In dem Wahlkreis Halle-Altstadt gewann die F.D.P. erstmals wieder seit 1957 durch Uwe Lühr ein Direktmandat mit 34,5% Erststimmen.

Die gesamte Wahlkampfstrategie war auf die beiden Zugpferde Hans-Dietrich Genscher und Otto Graf Lambsdorff focussiert. Hans-Dietrich Genscher, der besonders durch seine Rolle bei der Wiedervereinigung für die Wähler Vertrauen verkörperte, stand für Frieden und Entspannung und galt in den neuen Bundesländern als einer der ihren. Otto Graf Lambsdorff verband Geradlinigkeit mit wirtschaftlichem Sachverstand, der von den Bürgern der DDR dringlich ersehnt wurde. Trotz einer erfolgreichen Strategie stellte der Wahlkampfleiter aber schon damals die Frage nach daraus resultierenden Konsequenzen für künftige Spitzenkandidaten.

Nach der Bundestagswahl und einem fast einjährigen permanenten Wahlkampf vor allem in den neuen Bundesländern schien es möglich,

die Organisationsstrukturen der F.D.P. auszufüllen. Hierzu gehörte der
Aufbau und die Finanzierung der Partei von unten nach oben, von
Orts- und Kreisverbänden, von Landtagsfraktionen und Landesge-
schäftsstellen, aber auch von 15 besonders geschulten Regionalbeauftragten. Aufgabe dieser Regionalbeauftragten, die aus den neuen Ländern kamen und von der Bundespartei geführt und finanziert wurden,
war es, Hilfe beim Aufbau moderner Organisationsstrukturen, angepaßt an die Bedürfnisse einer Partei in einem demokratischen föderativen System, zu leisten.

Die Höhe der Beiträge, deren Staffelung und den Zeitpunkt des Inkraft-
tretens hatten die Vorgängerparteien gemeinsam, ohne Beteiligung der
F.D.P., einvernehmlich für das Jahr 1991 festgelegt. Das Inkrafttreten der
Beitragsstaffelung führte dennoch zu erheblicher Unruhe bei den Mitgliedern in den neuen Ländern und war für viele der Austrittsgrund.

Daß sich die Mitgliederzahl in der früheren DDR im Laufe der Zeit
dramatisch nach unten verändern würde, mußte erwartet werden.
Warum sollte auch – angesichts des gesellschaftlichen Wandels – auf
Dauer eine vierfache Mitgliederdichte gegenüber der alten Bundesrepublik bestehen bleiben?

Weshalb wurde man in der früheren DDR Mitglied einer liberalen Partei? Es gab mehrere Gründe:
– man konnte der SED-Mitgliedschaft entgehen,
– man fand eine Nische,
– man fand ein soziales Umfeld mit regelmäßigen Begegnungen
  Gleichgesinnter,
– man erhielt vielfältige Unterstützung durch die Partei,
– man hatte Ferienheime. Alle diese Gründe waren nunmehr entfallen.

Die Vielzahl von Briefen an den Bundesvorsitzenden der F.D.P. war
Ausdruck des noch vorhandenen Parteiverständnisses: Die Bitte um
Mithilfe bei der Rentenberechnung und beim Ausfüllen von Formula-
ren, die Bitte um den Ferienplatz, die Bitte um Unterstützung für die
Besetzung einer Lehrerstelle oder die eines Abteilungsleiters. Noch
spezifischer war etwa die Klage, daß am 65. Geburtstag kein Repräsen-
tant der Partei mehr erschien, während noch beim 60. Geburtstag der
Kreissekretär mit dem Trabi anreiste und mit dem Blumenstrauß eine
Flasche Rotwein aus Ungarn überreichte.

Die Integration der liberalen Parteien sollte ihren Abschluß beim Bundesparteitag im Herbst 1991 in Suhl finden. Dort wurden auch die poli-

tischen Gremien auf ihre ursprüngliche Größe reduziert, es gab keine Sonderregelungen mehr über die Repräsentanz der verschiedenen ehemaligen Parteien, Uwe Lühr aus Halle wurde zum Generalsekretär gewählt, und alle Mandatsträger in Ost und West unterzogen sich der STASI-Überprüfung.

Die Organisationsstruktur in den neuen Bundesländern war zwar angepaßt an die Bedürfnisse einer Partei in einem demokratischen und föderativen System – der innere Umsetzungsprozeß verzögerte sich aber, er war viel schwieriger als erwartet. Neben politischen Fehlern, wie die Belastung der Koalitionsverhandlungen durch Personalquerelen, der auch daraus resultierende Mißerfolg bei der F.D.P.-Forderung nach dem Niedrigsteuergebiet Ost, das gezielte Ausplaudern des beabsichtigten Rücktritts des Bundesvorsitzenden durch Dritte, die lange Diskussion in der Eigentumsfrage um das Modell Rückgabe vor Entschädigung, war es vor allem anderen später das Schlagwort der Besserverdienenden, das der Partei, besonders im Osten, als Makel auf die Stirn gedrückt wurde.

Viele Mitglieder waren verunsichert, sie fühlten sich allein gelassen. Genscher und Lambsdorff waren nicht mehr in ihren Ämtern, Klaus Kinkel durch seine Doppelfunktion als Außenminister und Parteivorsitzender stark gefordert. Er konnte trotz größten Einsatzes eben nicht wie Graf Lambsdorff wiederholt zu Kreisvorsitzendenkonferenzen, Landesvorstandssitzungen oder gar nach Jösnitz in Sachsen fahren, um die Auflösung eines Ortsverbandes und den Austritt vieler Mitglieder zu verhindern.

Querelen in den Landesverbänden, Streit zwischen den jeweiligen Vorständen und Fraktionen traten den eigenen Befindlichkeiten hinzu. Diese Befindlichkeiten hingen mit der Geschichte der DDR und dem, was sie aus vielen Menschen gemacht hat und was diese erst wieder lernen müssen, zusammen: Eigeninitiative, Bereitschaft zur Übernahme von Verantwortung, ehrenamtliches Engagement, Selbständigkeit im Denken und Handeln, Konfliktfähigkeit, sich öffentlich um Sachen zu streiten und die Artikulationen der eigenen Interessen.

Dieses unterschätzt zu haben, nicht intensiv genug auf die Parteifreunde im Osten dauerhaft zugegangen zu sein, ihre sozialen Bedürfnisse verkannt zu haben, das war der eigentliche Fehler. Die Organisationsstruktur war eben nicht mehr und nicht weniger als nur die eine Seite der Medaille.

Anmerkung

* Überarbeiteter Beitrag, erschienen in »Wiedervereinigung als Organisations-
problem – Gesamtdeutsche Zusammenschlüsse von Parteien und Verbänden«,
Universitätsverlag Dr. N. Brockmeyer, Bochum 1991.

PERSONEN

Wolfgang Schollwer

Liberale Führungspersonen – Die Parteivorsitzenden

Im Haus des Kulturbundes »zur demokratischen Erneuerung Deutschlands« in Potsdam sprachen die beiden Kandidaten für den Parteivorsitz der Liberal-Demokratischen Partei der Sowjetzone, Dr. Karl Hamann und Prof. Dr. Hermann Kastner, zu den Funktionären des Landesverbandes Brandenburg der LDP. Im hessischen Heppenheim, in der amerikanischen Zone, diskutierten zur gleichen Stunde die Delegierten der liberalen Parteiverbände in den westlichen Besatzungszonen den Namen ihrer Partei, zu der sich die westdeutschen Liberalen auf dieser Tagung zusammenschließen wollten. Man schrieb den 11. Dezember 1948. Der am Tag darauf zum 1. Bundesvorsitzenden der Freien Demokratischen Partei (FDP) gewählte Professor Theodor Heuss war auch den meisten brandenburgischen Liberaldemokraten ein Begriff. Als Mitvorsitzender der kurzlebigen gesamtdeutschen »Demokratischen Partei Deutschlands« (DPD) hatte Heuss 11 Monate zuvor mit dazu beigetragen, den Zusammenschluß der Ostzonen-Liberalen mit den Liberalen der westlichen Besatzungszonen wegen unüberbrückbarer politischer Meinungsverschiedenheiten schon nach 10 Monaten wieder zu beenden. Dr. Wilhelm Külz, Parteichef der LDP und gleichberechtigter Vorsitzender der DPD, hatte mit seiner Politik enger Zusammenarbeit mit der SED und gewiß nicht immer ganz freiwilliger Unterstützung der sowjetischen Deutschlandpolitik den Zorn nicht nur von Heuss erregt und zu der Erkenntnis geführt, daß die Freien Demokraten im geteilten Deutschland politisch vorerst eigene Wege gehen müssen.
Es war die Hoch-Zeit des Kalten Krieges zwischen Ost und West, als Theodor Heuss Parteivorsitzender wurde. Die erste große Berlin-Krise hatte gerade ihren Höhepunkt erreicht. Deshalb ist auch die Frage nach der »Schuld« am Zusammenbruch der gesamtdeutschen liberalen Partei müßig. Die Deutschen in allen vier Besatzungszonen waren zu dieser Zeit nur Objekt, nicht Subjekt deutscher und europäischer Politik. Die Zeit war für eine gesamtdeutsche Partei denkbar ungünstig: Die Sowjets waren damit beschäftigt, ihre Besatzungszone in eine kommunisti-

sche Volksrepublik umzuwandeln, die Westmächte entschlossen, den von ihnen kontrollierten Teil Deutschlands dauerhaft für das westlich-demokratische Lager zu sichern und gegen alle östlichen »Verlockungen« zu immunisieren.

Theodor Heuss zeigte, wie es in einer Beschreibung dieser Jahre heißt, in der Deutschlandpolitik darum auch eine »nüchtern-resignative Haltung«. Als entschiedener Gegner emotionaler Politik (daher auch sein späterer Konflikt mit Dehler!) war Heuss nicht nur allen außen- und nationalpolitischen Träumereien abgeneigt. Ihm bereiteten auch die im rechten Flügel der neuen liberalen Partei beheimateten Vorstellungen von einer FDP, die sich weit nach rechts hin öffnet, um alle »nationalen« politischen Kräfte unter der FDP-Fahne zu einer Volkspartei zu vereinen, deutliches Unbehagen. »Ich selbst bemühe mich seit Jahren«, so schrieb Heuss dem Marburger Oberbürgermeister Karl Theodor Bleck, seinem späteren Staatssekretär im Bundespräsidialamt, »in Gesprächen mit den jungen Menschen, diese zu realistischer Erkenntnis der Wirklichkeit zu führen, um sie davor zu bewahren, in die Welt der romantischen Illusionen zu entfliehen.« Dieser Brief trägt das Datum 14. Dezember 1948 und war unter dem Eindruck dessen geschrieben, was sich auf dem Heppenheimer Parteitag bereits als das Hauptproblem der FDP für ein halbes Jahrzehnt herausstellen sollte: der unterschiedliche programmatische Ansatz unter den jetzt zu einer Bundespartei zusammengeschlossenen bislang selbständigen Regionalverbänden, die Bewertung des Nationalgedankens vor allem.

Theodor Heuss war nur 9 Monate Parteivorsitzender, dann wurde er von der Bundesversammlung im zweiten Wahlgang zum ersten Präsidenten der Bundesrepublik Deutschland gewählt. In diesem Dreivierteljahr an der Spitze der Freien Demokratischen Partei hat der Mitarbeiter und Freund Friedrich Naumanns sich vor allem darum bemüht, seine Partei auf jenes politische Gleis zu setzen, das er als Vorsitzender der kleinen FDP-Fraktion im Parlamentarischen Rat mit seinen liberalen Formulierungen für das Grundgesetz, vor allem für dessen Präambel und den Grundrechtsteil gelegt hatte. Die organisatorischen Probleme der neuen liberalen Partei scheinen dagegen Heuss weniger interessiert zu haben. Deren Lösung überließ er seinem Vertrauten Ernst Mayer, der ihm als erster Bundesgeschäftsführer die Tagesarbeit abnahm und der später in den Vorstand kooptiert wurde. Als Heuss im Frühherbst 1949 das Amt des FDP-Vorsitzenden an seinen Stellvertreter Franz Blücher übergab, hatte die FDP ihren ersten Bundestagswahlkampf erfolgreich bestanden und war mit 52 Abgeordneten, darunter 12 direkt gewählten, in den Ersten Deutschen Bundestag eingezogen. Der Beschluß der FDP-Bundestagsfraktion, zusammen mit der CDU/ CSU und der Deutschen Partei die erste Bundesregierung unter einem Kanzler Konrad Adenauer zu bilden, ergab sich folgerichtig aus dem diese Parteien verbindenden Bekenntnis zur sozialen Marktwirtschaft, für die sich Heuss, zusammen mit seinen Parteifreunden Dehler, Bekker, Höpker-Aschoff, Schäfer und Reif, schon im Parlamentarischen Rat eingesetzt hatte. Dieser wirtschaftspolitische Programmpunkt sollte in den folgenden Jahren die ansonsten recht unterschiedlichen Gruppen in der Freien Demokratischen Partei verbinden, noch über die Parteispaltung hinaus, die sechseinhalb Jahre später unvermeidlich wurde.

Der damals 53jährige Franz Blücher übernahm am 12. September 1949 die Führung der FDP. Der ehemalige Bankdirektor und Mitbegründer der Partei hatte zusammen mit Robert Pferdmenges und Herbert Kriedemann 1948 im »Rat der Weisen« die westdeutsche Währungsreform vorbereitet und damit den entscheidenden Schritt zum wirtschaftlichen Aufstieg der Bundesrepublik getan. Blücher war ein ungewöhnlich liebenswürdiger, menschenfreundlicher Politiker. Sein leises, zurückhaltendes Auftreten, seine Verletzbarkeit und die fast grenzenlose Bewunderung für den Kanzler Adenauer, die er übrigens zunächst mit seinem Nachfolger im Parteivorsitz Thomas Dehler durchaus teilte, waren nicht zuletzt Ursache der zu Beginn der fünfziger Jahre innerhalb der Partei wachsenden Kritik am Führungsstil dieses sympathischen Mannes.

Doch vorerst war Franz Blücher unbestrittener Kopf einer Partei, die zusammen mit den Christlichen Demokraten die Weichen für eine Politik stellte, die über die Parteigrenzen hinaus bis zum heutigen Tage das Handeln aller bisherigen Bundesregierungen wesentlich bestimmte. Marktwirtschaft, Westorientierung, Wehrhaftigkeit der Demokratie haben durch alle Erschütterungen hindurch Bestand gehabt, von denen dieser Staat und vor allem auch die ihn mittragende FDP in den vergangenen vier Jahrzehnten nicht verschont geblieben sind. Die erste große Herausforderung, in der sich der neue Parteivorsitzende zu bewähren hatte, stand schon unmittelbar bevor. Die bereits in Heppenheim bei einigen Landesverbänden erkennbare

Tendenz, der Gesamtpartei ein national-liberales, der rechts-liberalen
Deutschen Volkspartei in der Weimarer Republik ähnliches Profil zu
geben, verstärkte sich, vor allem in Nordrhein-Westfalen und in Niedersachsen. Auf dem Münchner Bundesparteitag Ende September
1951 war der die liberale Mitte repräsentierende Blücher zwar wiedergewählt worden, doch sein Gegenkandidat, der weit rechts orientierte
stellvertretende Vorsitzende des FDP-Landesverbandes Nordrhein-
Westfalen, Freiherr von Rechenberg, erhielt immerhin 91 Delegier-
tenstimmen. Die Rede des Parteivorsitzenden Blücher, überwiegend
von außenpolitischen Themen bestimmt, überzeugte weniger durch
Details als durch ihre gemäßigte Sprache und das klare Bekenntnis zum
demokratischen Westen. Schon hier in München sah Blücher seine
Aufgabe als Parteivorsitzenden vor allem darin, kein Öl ins Feuer des in
der Partei stattfindenden Meinungsstreites zu gießen, sondern durch
die Verbindlichkeit seiner Formulierungen zur Beruhigung der Gemü-
ter beizutragen.
Die Aufgabe, Moderator des Parteigeschehens zu sein, schien Blücher
auf den Leib geschnitten. Ohnehin in diesen Gründerjahren der Bundesrepublik durch sein Ministeramt stark in Anspruch genommen – er
hatte im Kabinett Adenauer das wichtigste Ressort der wirtschaftlichen
Zusammenarbeit in Europa (ERP-Ministerium) übernommen –, vermochte der Parteivorsitzende darüber hinaus kaum mehr Zeit für die
FDP zu erübrigen als für deren vordringlichstes Problem. Und das war
in diesen Jahren allemal der Richtungsstreit. Immerhin wurde zu Beginn der Blücher-Ära auch eine für die Partei bedeutsame organisatori-
sche Entscheidung getroffen: die Einrichtung einer Bundesgeschäftsstelle in Bonn im Jahre 1950, deren Nützlichkeit und Notwendigkeit
südliche Parteiverbände zunächst bezweifelt hatten.
Die Tragik des Politikers Blücher war es, daß dieser Parteivorsitzende
einerseits im Winter 1952/53 eine Spaltung der FDP verhinderte, sie
jedoch drei Jahre darauf selbst mit herbeiführte, nachdem er sein Amt
als Vorsitzender der Freien Demokraten an Dehler abgetreten hatte. Zu
Beginn der fünfziger Jahre hatte Franz Blücher bei der Auseinandersetzung mit den Anhängern einer »nationalen Sammlung« in der FDP
nicht nur in München, sondern vor allem auch auf dem Parteitag in
Bad Ems im November 1952 eine positive Rolle gespielt. Geschickt
verstand er es ein weiteres Mal, die Vertreter des rechten Parteiflügels zu
bremsen und zugleich das von der Presse bereits angekündigte Ausein-

anderfallen der FDP in eine links-liberale und eine rechts-liberale Partei zu verhindern. Blücher spielte dabei allerdings nicht nur die Rolle des neutralen Vermittlers. Seinen Standort im Meinungsstreit markierte er z. B. durch seine Weigerung, mit einem namhaften FDP-Politiker aus Nordrhein-Westfalen, der sich durch seine Zusammenarbeit mit ehemaligen führenden Nationalsozialisten komprommitiert hatte, gemeinsam auf einer Landesliste für den 2. Deutschen Bundestag zu kandidieren.

Blüchers Kampf für eine Position der liberalen Mitte in der Freien Demokratischen Partei war es nicht, der seine Zeit als FDP-Vorsitzender auf 4 1/2 Jahre begrenzte. Die Kritik ging in eine andere Richtung. Blüchers Verehrung für Adenauer gestattete es ihm nicht, sich als Führer der Liberalen gegenüber dem CDU-Vorsitzenden und Regierungschef politisch zu profilieren. Man warf ihm darum vorbehaltlose Bundesgenossenschaft mit dem CDU-Kanzler und mangelnden Selbstbehauptungswillen gegenüber dem stärkeren Koalitionspartner CDU/CSU vor, ohne allerdings selbst schon Alternativen zur Politik der Unionsparteien entwickelt zu haben. Als dann am 6. September 1953 bei den Bundestagswahlen die FDP von ihren 11,9 Prozent des Jahres 1949 auf nun 9,5 Prozent absackte, während die CDU 11,2 Prozent zulegen konnte, war es für viele Freie Demokraten offensichtlich: Die Blüchersche Taktik der treuen Kanzlergefolgschaft hatte sich für die FDP nicht ausgezahlt. Im Gegenteil. Es schien nun an der Zeit, den Parteikurs zu ändern; nicht bzw. noch nicht mit dem Ziel, das Bündnis mit der großen konservativen Partei aufzukündigen, aber doch mit dem Willen, zur CDU/CSU künftig auf größere Distanz zu gehen, vor allem aber zu dem allmählich übermächtig werdenden Bundeskanzler Konrad Adenauer.

Ein solcher Kurswechsel aber war mit dem Parteivorsitzenden Blücher unmöglich. Dazu war ein ganz anderer Politiker-Typ erforderlich, ein kämpferischer, wenn nötig auch aggressiver Mann, für den die Interessen der Partei eindeutig vor denen des Kabinetts und der Koalition rangierten. Und das hatte zur Voraussetzung, daß der Nachfolger Blüchers dem Kabinett möglichst nicht angehörte.

Hier bot sich den Liberalen ein Politiker als die ideale Besetzung an: Thomas Dehler. Die Qualitäten dieses Liberalen waren offensichtlich: ein mutiger Mann, der in der Zeit des Nationalsozialismus als Rechtsanwalt und Ehemann einer jüdischen Frau vielfältige Beweise einer in

Deutschland recht ungewöhnlichen Zivilcourage gegeben hatte; ein hochbegabter Redner, ein großer Patriot, umfassend gebildet und absolut vertrauenswürdig. Dehler, der im ersten Kabinett Adenauer als Justizminister höchst verdienstvoll gearbeitet hatte, war im Herbst 1953 von Adenauer nicht wieder in die Regierung berufen worden, weil vorgeblich Dehlers Parteifreunde Heuss und Höpker-Aschoff gegen seine Beauftragung mit der Leitung des Justizressorts votiert hatten. Das erscheint, zumindest was Heuss anbetrifft, einigermaßen glaubhaft; zumal der Bundespräsident – wie man seinen später veröffentlichten Tagebuch-Briefen und dem Briefwechsel mit Dehler entnehmen kann – eine deutliche Aversion gegen das zuweilen recht hitzige Temperament seines fränkischen Parteifreundes hatte.

So stand also Dehler für die Aufgabe zur Verfügung, die Unabhängigkeit und Eigenständigkeit der FDP gegenüber CDU/CSU und SPD im Parteileben der Bundesrepublik deutlich zu machen. Bereits einen Monat nach der Bundestagswahl löste Dehler den bisherigen Vorsitzenden der FDP-Bundestagsfraktion, Hermann Schäfer, ab und wurde dann im März 1954 auf dem Bundesparteitag in Wiesbaden mit überwältigender Mehrheit zum Parteivorsitzenden gewählt. Dehler bedankte sich für die Wahl, für den großen Vertrauensbeweis, mit einem hinreißenden Referat, einem flammenden Bekenntnis zur Idee der Freiheit und des Rechts. Doch schon in dieser von den Delegierten mit Begeisterung aufgenommenen Rede wurde die Neigung des neuen Vorsitzenden erkennbar, seine Polemik gegen politische Gegner und Kontrahenten gelegentlich zu überziehen, wenn er beispielsweise in Wiesbaden behauptete, die SPD sei keine demokratische Partei mehr. Andererseits war Dehler im Frühjahr 1954 noch nicht der große Gegenspieler Adenauers der späten fünfziger Jahre, war der CDU-Kanzler für ihn noch immer »in Wirklichkeit ... ein großer Liberaler«.

Das hinderte Thomas Dehler freilich nicht, in den folgenden Monaten und Jahren Schritt um Schritt Gegenpositionen zu Adenauers Außen- und Deutschlandpolitik aufzubauen. Im Bayerischen Rundfunk stellte Dehler schon im Mai 1954 fest, daß außenpolitisch die Zeit »gegen uns und den Westen gelaufen« sei und es deshalb notwendig wäre, nun mit den »Machthabern in Moskau und Peking ins Gespräch zu kommen«, um dazu beizutragen, daß die außenpolitische Erstarrung zwischen Ost und West sich lockere.

Der neue FDP-Vorsitzende war nicht nur ein begabter Jurist, ein glänzender Parlamentarier und überzeugter Demokrat, sondern auch ein leidenschaftlicher Kämpfer für Deutschlands Einheit. Dehler litt unter der Teilung seines Vaterlandes sichtbar und sah darum in der Wiedervereinigung die Hauptaufgabe jeder Politik in Deutschland. Fast alle Wege, die zu diesem Ziele führen konnten, erschienen ihm zumindest prüfenswert. Überlegungen, wie sie der schwäbische Diplomat und FDP-Bundestagsabgeordnete Karl Georg Pfleiderer bereits zwei Jahre zuvor im Sommer 1952 zur deutschen Frage und zur Rolle der Sowjetunion bei deren Lösung angestellt hatte, hinterließen bei Dehler einen nachhaltigen Eindruck. Die »Erweiterung des Horizonts nach Osten« wurde die selbstgestellte Aufgabe. Sie wurde es – immer in engster Verbindung mit dem Thema »Wiedervereinigung« – auch für die Partei. Für diesen neuen Schwerpunkt der FDP-Politik fand Dehler von Anfang an bei der Mehrheit seiner Parteifreunde viel Zustimmung. Die nationale Frage einte zudem die auseinanderstrebenden Flügel. Das nationalliberale Element war bei den Freien Demokraten zu allen Zeiten stark; doch in der Mitte der fünfziger Jahre bekam es durch Adenauers Saar-Politik noch zusätzliche Bedeutung. Nach dem Scheitern der Europäischen Verteidigungsgemeinschaft in der französischen Nationalversammlung im August 1954 war in aller Eile ein neuer Vertrag zur Einbeziehung der Bundesrepublik in die westliche Verteidigungsgemeinschaft (NATO) gezimmert und in Paris ein Abkommen über das Europäische Statut der Saar unterzeichnet worden. Dieses Saarstatut wurde nun zum Hauptstreitpunkt zwischen Adenauer und der von Dehler geführten FDP. Die Liberalen betrachteten den »Verzicht« auf die Saar als ein böses Omen für die von allen Parteien des Deutschen Bundestages vorgeblich angestrebte Vereinigung der noch existierenden Teilstücke des ehemaligen Deutschen Reiches, zu dem auch die Saar gehörte. So war es nur konsequent, daß die FDP-Bundestagsfraktion im Februar 1955 bei der Abstimmung über die Pariser Verträge beim Saarabkommen mit Nein votierte, mit Ausnahme allerdings der FDP-Minister, die entweder zustimmten oder sich der Stimme enthielten. Die Spaltung der FDP in einen Dehler- und einen Ministerflügel kündigte sich an.

Im Gegensatz zu Blücher, der seine Aufgabe als Parteivorsitzender vor allem darin zu sehen schien, gegensätzliche Strömungen in der FDP durch Kompromisse auszugleichen, verstand sich Dehler wohl niemals als Moderator. Er war eine Kämpfernatur, verabscheute zutiefst die in der Politik übliche (und oft auch notwendige) Taktik und neigte dazu, ohne Umwege auf sein Ziel loszugehen. Das führte unvermeidlich zu Konfrontationen, mit eigenen Parteifreunden, mit dem Koalitionspartner, mit dem politischen Gegner. In seinen Reden, innerhalb und außerhalb des Parlaments, focht Dehler oft eine scharfe Klinge, war verletzend, trug das Herz auf der Zunge, wurde mißverstanden oder fühlte sich doch so und löste heftige Pressereaktionen aus. Dehler war ein Bekenner, darum nahm er meist nichts zurück, entschuldigte sich jedoch zuweilen bei dem zu hart Attackierten, und wirkte durch seine Aufrichtigkeit und seinen Mut auch noch im Zorn sympathisch.

Thomas Dehlers Kampf gegen die Politik Adenauers nahm im Laufe der Jahre immer schärfere Formen an, seine ostpolitischen Vorschläge wurden zunehmend brisanter, je geringer sich die Chancen für eine Wiedervereinigung darstellten. Das Ende der Koalition der FDP mit den Unionsparteien ist oft genug und ausführlich beschrieben worden. Es war nicht nur die angedrohte Wahlrechtsänderung, nicht allein der Sturz der Regierung Arnold in Düsseldorf durch SPD und FDP: Es war vor allem das offenbar unaufhaltsame Auseinanderdriften der außenpolitischen Positionen der Koalitionsparteien, das schließlich im Februar 1956 zum Ende der Regierungszusammenarbeit führte. Dabei spaltete sich der Minister-Flügel von der FDP ab und bildete eine neue, kurzlebige Partei, die mit Adenauer weiter koalierte.

Dehler hatte nun seine Partei emanzipiert, ihre politische Selbständigkeit vor aller Augen bewiesen. Doch seine oft ungestüme Art, Politik zu betreiben, stieß nun auch bei Adenauer-Gegnern in der FDP zunehmend auf Kritik.

Auf dem Würzburger Parteitag im April 1956 erhielt Dehler, gegen den Max Becker (67 Stimmen) kandidierte, bei den Vorstandswahlen nur noch 155 von 232 abgegebenen Stimmen. Acht Delegierte enthielten sich der Stimme, zwei waren ungültig. Einer seiner drei Stellvertreter wurde damals der knapp vierzigjährige Erich Mende. Er sollte vier Jahre später selbst an die Spitze der Freien Demokratischen Partei treten.

Das Wahlergebnis schien den Parteivorsitzenden freilich wenig zu beeindrucken. Jedenfalls setzte Dehler seine emotionale Auseinandersetzung mit Adenauer in den folgenden Monaten uneingeschränkt fort, propagierte eine »Kehrtwendung nach Osten« und forderte die Überprüfung der östlichen und westlichen Militärbündnisse. Solche im krassen Gegensatz zur Außenpolitik der damaligen Bundesregierung stehenden Postulate verstörten vor allem jene Liberale, die ihre Partei nicht als eine linke Opposition in der Bundesrepublik betrachteten, sondern als liberales Korrektiv in einem Regierungsbündnis, das – nach Lage der Dinge – zu diesem Zeitpunkt im Bund nur mit den Unionsparteien in Frage kam. So schien die Zeit reif für einen neuen Wechsel an der Spitze der FDP.

Thomas Dehler hatte ursprünglich beabsichtigt, im Januar 1957 auf dem Berliner Bundesparteitag erneut für den Vorsitz zu kandidieren, obwohl ihm bekannt gewesen sein dürfte, daß insgeheim bereits über einen Nachfolger verhandelt wurde. Dabei fiel vor allem der Name des bereits 67jährigen früheren Ministerpräsidenten von Württemberg-Baden und derzeitigen FDP-Bundestagsabgeordneten Reinhold Maier. Obwohl Maier zu Beginn der fünfziger Jahre selbst einmal im Südwesten der Republik sehr zum Ärger des Bundesvorstandes mit den Sozialdemokraten koaliert hatte, galt er in der Bundespolitik dennoch als entschiedener Vertreter eines Bündnisses mit den Unionsparteien. Was ihn wiederum nicht daran hinderte, Adenauer gelegentlich heftig zu kritisieren.

Am 6. Januar 1957 beschloß der FDP-Bundesvorstand einstimmig (!), Reinhold Maier auf dem Berliner Parteitag Ende des Monats zum Vorsitzenden vorzuschlagen. Die Partei war der politischen Turbulenzen müde, die ihr impulsiver Vorsitzender in den letzten Monaten in immer schnellerer Folge erzeugt hatte. Man fürchtete, daß ein Parteivorsitzender Dehler bei den Bundestagswahlen im Sommer 1957 viele FDP-Wähler verschrecken und in das Lager der CDU treiben werde. So wurde Reinhold Maier der Spitzenmann der Liberalen. Doch sah man in ihm wegen seines fortgeschrittenen Alters nur einen »Übergangsvorsitzenden« und spekulierte darauf, daß ihn Willi Weyer spätestens nach drei Jahren ablösen werde. Doch der »Alte aus dem Remstal« hatte sich bereits für einen anderen Nachfolger entschieden.

Maier machte in Berlin keinen Hehl daraus, daß er entschlossen sei, als Parteivorsitzender den Dehler-Kurs zu beenden. Er kritisierte politische Alleingänge und proklamierte das Kollegialprinzip, warnte seine Parteifreunde davor, im kommenden Bundestagswahlkampf »mehr auf die Hörner zu nehmen, als man verkraftet«, und meinte mit deutlicher Anspielung auf seinen Vorgänger, Polemik in der Außenpolitik »könnten wir uns schenken«. Mende, wiederum zum stellvertretenden Par-

teivorsitzenden gewählt, wurde von Reinhold Maier mit der Aufgabe
bedacht, bei zu erwartender häufiger Abwesenheit des Vorsitzenden
von Bonn die Partei zu führen. Thomas Dehler mußte sich hingegen
mit einem Beisitzerposten im Vorstand begnügen.

Doch so leicht, wie Reinhold Maier vielleicht erwartet hatte, war der
»Dehler-Kurs« in der FDP nicht zu beenden. Selbst die herbe Niederlage der Partei bei den Bundestagswahlen im September 1957 – die
Freien Demokraten verloren gegenüber 1953 weitere 1,8 Prozent und
standen nun bei 7,7 – vermochte die Liberalen vor allem in Nordrhein-
Westfalen nicht zu bremsen. Entgegen dem Rat ihres Vorsitzenden
stellten sie auch weiterhin außen- und deutschlandpolitische Themen
in den Mittelpunkt ihrer Parteiarbeit. Das führte unvermeidlich zu einer Annäherung an die sozialdemokratische Opposition. Die »freie demokratische korrespondenz« unter ihrem talentierten, Dehler politisch
sehr zugetanen Chefredakteur Josef Ungeheuer, leistete den Anhängern dieses Kurses in der Partei ständig publizistische Schützenhilfe. Als
die »Linken« in der FDP im Winter 1957/58 den Aufstand gegen Adenauers Atompolitik probten und sich sogar für eine Beteiligung an der
von der SPD vorgeschlagenen Volksbefragung zur atomaren Bewaff-
nung der Bundeswehr aussprachen, trat Reinhold Maier entschlossen
und kräftig auf die Bremse. Auf dem Düsseldorfer Parteitag Ende März
1958 wischte der Parteivorsitzende solche Planungen wie auch die Forderung nach einer Allparteienregierung ohne Adenauer vom Tisch
und machte unmißverständlich deutlich, daß er von einer totalen Opposition gegen die Politik der Bundesregierung nichts halte, so sehr
ihm auch persönlich die vom Kanzler und dessen Verteidigungsminister Strauß verfolgte Atompolitik widerstrebte.

Denn Maier fürchtete wohl nicht zu Unrecht, daß eine zu enge Ko-
operation zwischen den beiden Oppositionsparteien SPD und FDP für
die Liberalen nachteilige Folgen haben müßte. Schließlich hatten die
Sozialdemokraten zu diesem Zeitpunkt ihr »Godesberg« noch vor sich
und den marxistischen Ballast noch nicht abgeworfen, hatte auch Herbert Wehner seine berühmte Bundestagsrede noch nicht gehalten, mit
der sich die SPD im Juni 1960 nach langem Zögern endlich auf den Boden der von den Bundesregierungen mit dem demokratischen Westen
abgeschlossenen Verträge stellte. Für ein Bündnis SPD/FDP in der Opposition oder gar für eine sozial-liberale Koalition war es noch viel zu
früh.

Reinhold Maier hat in der Folgezeit gelegentlich ziemlich drastische Mittel, auch auf dem Gebiet der Personalpolitik, angewendet, um in der Partei seinen politischen Willen durchzusetzen. Der Streit zwischen Düsseldorf und Stuttgart um den richtigen Kurs wurde jedoch noch das ganze Jahr 1958 hindurch fortgesetzt. Erst die im Januar 1959 begonnene Arbeit zuständiger Parteigremien an einem Gegenentwurf zum jüngsten sowjetischen Friedensvertragsvorschlag schuf wieder eine gemeinsame Basis für die weitere Oppositionsarbeit. Zudem rückte bald darauf das peinliche Hin und Her um Adenauers Schein-Kandidatur für das Amt des Bundespräsidenten im Frühjahr 1959 die Bedeutung innerparteilicher Zwistigkeiten zeitweilig in den Hintergrund. Im Urteil über Konrad Adenauer waren sich die Liberalen nun einiger denn je, ebenso über den nunmehr von den Unionsparteien präsentierten Nachfolgekandidaten für Heuss, den biederen Heinrich Lübke. Doch die untergründigen Spannungen blieben. Es zeigte sich nun, daß es nicht allein Dehlers Schuld war, wenn die Partei nicht zur Ruhe kam. Denn auch das strenge Regiment Reinhold Maiers vermochte die rebellischen liberalen Geister letztlich nicht zu bändigen.

Da aber jedermann damit rechnete, daß Maier nach seinem siebzigsten Geburtstag im Herbst 1959 die Führung der Partei in jüngere Hände geben werde, hielten sich sogar die schärfsten Maier-Kritiker mit öffentlichen Äußerungen zurück, konnte der nach wie vor streitlustige Freund und Vertraute von Theodor Heuss auf dem Berliner Bundesparteitag im Mai immerhin noch 161 von 202 abgegebenen Stimmen auf sich vereinen. Ein beachtliches Ergebnis angesichts des nun schon zwei Jahre andauernden Konflikts zwischen Reinhold Maier und dem stärksten FDP-Landesverband.

Freilich: Erich Mende, Maiers wichtigster Stellvertreter, schnitt bei den Vorstandswahlen noch wesentlich besser ab. Er erhielt von allen Kandidaten die meisten Stimmen und empfahl sich damit als Nachfolger.

Die lange, acht Jahre dauernde Mende-Ära begann im Januar 1960. Auf dem Bundesparteitag in Stuttgart wurde der 43jährige Erich Mende mit großer Mehrheit zum Bundesvorsitzenden der Freien Demokraten gewählt. Fast noch bemerkenswerter war jedoch die einstimmige Wahl Reinhold Maiers zum Ehrenvorsitzenden der Partei. Die Liberalen zogen damit einen deutlichen Schlußstrich unter die Querelen der vergangenen Jahre und honorierten zugleich die unbestreitbaren Verdienste Maiers um den deutschen Liberalismus nach dem Zweiten Weltkrieg.

Von Mende erwartete man eine dynamischere Politik, aber auch eine
klare Entscheidung über die künftige Koalitionspolitik der FDP. Doch
damit hielt der neue Vorsitzende vorerst noch zurück, wenn auch gewisse Formulierungen schon in den ersten Reden nach seiner Wahl
zum Parteivorsitzenden erkennen ließ, daß – wie eine Tageszeitung damals schrieb – Mende wie Maier »eine Koalitionspartnerschaft mit der
CDU in Bonn als die ihnen gemäße Position betrachten«. Das Koali-
tionsthema, von Mende nicht immer sonderlich geschickt behandelt,
sollte von nun an die Diskussionen in den Führungsgremien der Partei
zunehmend beherrschen. Dabei war die Aussicht, mit der Adenauer-
CDU erneut ein Regierungsbündnis einzugehen, für viele Freie Demokraten eine eher beklemmende Vorstellung. Mende jedoch sah –
vermutlich zu Recht – 1960/61 zu einer solchen Kombination noch
keine Alternative. Wie Reinhold Maier betrachtete er zudem die FDP
nicht als die geborene Oppositionspartei. Und wie sein Vorgänger ach-
tete Mende deshalb darauf, daß die Kluft zwischen den Liberalen und
den Christdemokraten vor allem in der Außenpolitik nicht zu groß,
nicht unüberbrückbar wurde. Was ihn freilich nicht daran hinderte,
seine guten Kontakte zur sowjetischen Botschaft zu pflegen, in der Ber-
lin- und Deutschlandpolitik vom Regierungskurs abweichende pub-
likumswirksame Akzente zu setzen sowie glaubhaft zu beteuern, daß er
selbst in ein Kabinett Adenauer nicht eintreten werde.

Erich Mende führte, von seinem begabten Bundesgeschäftsführer Karl-
Hermann Flach wirksam unterstützt, seine Partei 1961 in einen Bundestagswahlkampf, der sich von dem der anderen Parteien vor allem
durch Einfallsreichtum, Einsatzbereitschaft nicht nur der Führungsper-
sönlichkeiten und eine optimistische Aufbruchsstimmung auszeichnete.
Das Ergebnis war entsprechend: 12,8 Prozent für die FDP, der bisher
größte Wahlerfolg der Freien Demokraten im Bund seit 1949.

Doch die Siegesfreude währte nicht lange. Die sich anschließenden,
über viele Wochen quälend dahinschleppenden Koalitionsverhandlungen wurden für die FDP zu einem Desaster, weil sich das Wahlziel der
Liberalen, eine Koalition mit der CDU ohne Adenauer, sehr schnell als
unrealisierbar herausstellte. Die Adenauer-Rebellen in der Union zogen nicht mit. So blieb der FDP-Führung schließlich nichts anderes
übrig, als nachzugeben und Konrad Adenauers Kanzlerschaft um weitere zwei Jahre zu verlängern. Vor allem Mende ist später dieser »Um-
fall« angelastet worden. Doch haben, von ganz wenigen Ausnahmen

abgesehen, die Vorstands-, Hauptausschuß- und Fraktionsmitglieder damals für eine Koalition unter Adenauer gestimmt. Sie haben diese Entscheidung bewußt mitgetragen, da sie unvermeidlich geworden war. Denn schließlich hatten die Freien Demokraten ihren Wählern versprochen, in die Bundesregierung zurückzukehren, jedoch auf keinen Fall mit der SPD zu koalieren.

Mende hat es nur schwer verwunden, daß die Partei ihn nach dem Koalitionsbeschluß weitgehend allein im Regen stehen ließ, im Hagel der Vorwürfe, Beschimpfungen und des Spotts fast der gesamten deutschen Presse, von den Rundfunk- und Fernsehanstalten ganz zu schweigen. Gewiß war das beklemmende Nachspiel des Wahltriumphes vom 17. September 1961 auch auf manch taktisches Ungeschick des Parteivorsitzenden zurückzuführen. Aber auch ein anderer FDP-Vorsitzender hätte vermutlich vor dem gleichen Dilemma gestanden wie Mende, der nun einige Zeit für viele Bundesbürger zu einer Art »Unperson« wurde. Doch gelang es diesem begabten Politiker, noch vor der nächsten Bundestagswahl sein Ansehen in der deutschen Öffentlichkeit wieder deutlich zu verbessern, und das nicht zuletzt durch seine erfolgreiche Ministertätigkeit.

Im Herbst 1963, als Adenauer einer Vereinbarung mit der FDP zufolge mitten in der Legislaturperiode durch Ludwig Erhard im Amt des Bundeskanzlers abgelöst wurde, trat Mende in das umgebildete Bundeskabinett als Minister für Gesamtdeutsche Fragen ein. Schon in den 50er Jahren hatte er sich als Abgeordneter auf dem Gebiet der Außen-, Sicherheits- und Deutschlandpolitik im Bundestag profiliert, zumeist weitgehend im Sinne der von Pfleiderer und Dehler vertretenen Politik. Im Gegensatz zu Thomas Dehler war Mende jedoch bereit, seine deutschlandpolitischen Vorstellungen der jeweiligen Entwicklung internationaler und europäischer Politik anzupassen, pragmatisch vorzugehen und bei der Verfolgung des Ziels der deutschen Einheit Taktik nicht zu verschmähen. Bald schon verband sich der Name Mende mit fortschrittlichem Denken in der Deutschlandpolitik, was unvermeidlich auch seiner Partei, der FDP, zugute kam, die er über sein Ministeramt keinen Augenblick aus den Augen verlor. Im Gegenteil: Mende war ein besonders aktiver Parteivorsitzender, stets präsent, rhetorisch ungewöhnlich begabt und reaktionsschnell. Obwohl von konservativer Grundhaltung, hat Mende bis in die zweite Hälfte der 60er Jahre hinein wesentliche Beiträge für eine zeitgemäße Deutschland-Politik geleistet.

Mende war auch lange Zeit ein Freund des »Apparates«. Selbst in der Partei aufgestiegen, war ihm die Bedeutung tüchtiger hauptamtlicher Funktionäre für den Erfolg der Parteiarbeit stets gegenwärtig. Was Dehler schon gelegentlich als Parteivorsitzender praktiziert hatte, machte Mende nun für viele Jahre zu einer Dauereinrichtung: ein mehrstündiges Gespräch zum Wochenbeginn mit den Abteilungsleitern der Bundesgeschäftsstelle über aktuelle politische Fragen und über die Arbeit der Partei.

Mag sein, daß der gerade im Bonner Talweg (Sitz der Parteileitung) erkennbare Reformeifer, der sich nicht nur auf die Deutschlandpolitik beschränkte, dem Parteivorsitzenden allmählich zu weit ging und die FDP aus der Sicht Mendes zu nahe an die SPD heranführte: Nach dem Zusammenbruch der Koalition unter Kanzler Erhard im Herbst 1966 begann Mende mehr und mehr auf Distanz zur Bundesgeschäftsstelle zu gehen, sich überhaupt gegen eine wirkliche Reformpolitik zu wenden. Der Linksliberalismus war nun einmal nicht die politische Richtung des Parteivorsitzenden, und auf ein solches neues FDP-Verständnis schien die Entwicklung in der Partei mehr und mehr hinauszulaufen.

Erich Mende zog sich nun sehr rasch auf alte, von ihm längst aufgegebene politische, vor allem deutschlandpolitische Positionen zurück, geriet dadurch unvermeidlich zunehmend in Widerspruch zu der reformfreudigen Parteimehrheit und schließlich in eine politische und persönliche Isolierung. Die wurde durch eine für die meisten Parteimitglieder völlig unverständliche berufliche Entscheidung des Vorsitzenden noch verstärkt und machte schließlich einen Wechsel an der Spitze der FDP wieder einmal unvermeidlich.

Noch einmal kam nun Thomas Dehler ins Gespräch, um die Partei zu führen, bis ein geeigneter Nachfolger für Mende gefunden sei. Ein Parteivorsitzender, der in der Lage war, die FDP – seit Herbst 1966 einzige Oppositionspartei im Bundestag – gegenüber der CDU/SPD-Koalition zu profilieren, die Reformpolitik in der Partei durchzusetzen und nach dem Ende der Großen Koalition die Tür zu einem Regierungsbündnis mit den Sozialdemokraten zu öffnen. Dessen Aufgabe müßte es nach den Vorstellungen der liberalen Reformer sein, längst fällige Entscheidungen in der Deutschland- und Ostpolitik zu treffen und so die außenpolitische Selbstfesselung der Bundesrepublik Deutschland zu beenden.

Dehler starb überraschend im Juli 1967, auf dem Höhepunkt der sich um die Person Mendes entwickelnden Krise. Nach einigem Hin und Her entschied sich der FDP-Bundesvorstand im Spätsommer für Walter Scheel. Der hatte zunächst gezögert, nach dem Amt des Parteivorsitzenden zu greifen. Der erfahrene Politiker Scheel wußte, welch hohe, vielleicht zu hohe Erwartungen vor allem jüngere Parteimitglieder zu diesem Zeitpunkt an die Person des Nachfolgers von Erich Mende knüpften, die nach Lage der Dinge nur teilweise zu erfüllen waren. Doch Scheel enttäuschte die Parteimehrheit nicht, nachdem er im Januar 1968 in Freiburg bei nur 8 Gegenstimmen und 24 Enthaltungen zum FDP-Vorsitzenden gewählt worden war. Pragmatischer noch als Mende, mit einem natürlichen Mut und hoher Intelligenz begabt, wenn auch kein so vortrefflicher Redner wie sein Vorgänger, verstand es Scheel sehr schnell, das Vertrauen der Parteibasis zu gewinnen und sich gegen die immer heftiger reagierende innerparteiliche Opposition durchzusetzen.

Die machte sich vor allem bei der Vorbereitung der im März 1969 anstehenden Neuwahl des Bundespräsidenten bemerkbar. Scheel sah hier eine Gelegenheit, mit den Stimmen seiner Wahlmänner in der Bundesversammlung für den Sozialdemokraten Gustav Heinemann der Öffentlichkeit die prinzipielle Bereitschaft der F.D.P. zu einem Zusammengehen mit der SPD nach der Bundestagswahl im Herbst des Jahres zu signalisieren. Genau das versuchte die Gruppe um Mende zu verhindern. Sie favorisierte den CDU-Kandidaten Gerhard Schröder. Mit großem taktischen Geschick gelang es jedoch Walter Scheel, eine für den dritten Wahlgang gerade ausreichende Anzahl von F.D.P.-Wahlmännern auf Heinemann einzuschwören. Die Folge waren Parteiaustritte, aber auch der Zustrom neuer Mitglieder, die sich für eine liberale Reformpolitik begeisterten. Doch nun glaubte die F.D.P.-Führung, vorsichtig taktieren zu müssen, um eine Massenabwanderung traditioneller Wähler so kurz vor der Bundestagswahl zu vermeiden. Erst wenige Tage vor dem Urnengang machte Walter Scheel in einer Fernsehsendung die Absicht seiner Partei deutlich, die Unionsparteien auf die Oppositionsbänke zu verweisen und mit der SPD zu koalieren. Zu spät für die meisten liberalen Wähler, die endlich einen »Machtwechsel« in Bonn wünschten. Sie wählten vorsichtshalber die SPD. 5,8 Prozent für die Freien Demokraten war das für die Liberalen niederschmetternde Ergebnis des Wahlganges vom 28. September 1969. Doch

Scheel faßte sich schnell und verabredete noch in der Wahlnacht mit dem SPD-Vorsitzenden Willy Brandt, sofort in Verhandlungen über die Bildung einer sozial-liberalen Bundesregierung einzutreten. Diese Verhandlungen wurden bereits am 15. Oktober erfolgreich abgeschlossen. Eine Woche darauf stellte sich das erste sozial-liberale Kabinett dem Deutschen Bundestag vor. Ihm gehörte Walter Scheel als Außenminister und Vizekanzler an. Die folgenden Jahre waren voller Dramatik, für die neue Bundesregierung und vor allem für die F.D.P. Scheel, als Außenminister stark in Anspruch genommen, die Ostverträge auszuhandeln und durch das Parlament zu bringen, mußte sich immer häufiger mit der innerparteilichen Opposition um Erich Mende auseinandersetzen, mit Fraktionsbildungen und Abspaltungstendenzen. Die knappe Mehrheit der Koalition mit ihren nur 254 Sitzen im Bundestag gegenüber 242 der Opposition machte es erforderlich, sich intensiv um jene F.D.P.-Abgeordneten zu kümmern, die mit einem Übertritt zu den Unionsparteien liebäugelten. Hans-Dietrich Genscher und Wolfgang Mischnick, der bewährte Vorsitzende der F.D.P.-Bundestagsfraktion, waren es vor allem, die dem Parteivorsitzenden hier viel Arbeit abnahmen. Doch die Erosion auf dem rechten Partei-Flügel war nur begrenzt aufzuhalten. Bereits im Oktober 1970 verließen die Abgeordneten Mende, Starke und Zoglmann die F.D.P., unter Mitnahme ihres Listenmandates. Wenn nun noch drei weitere liberale Bundestagsabgeordnete zu den Oppositionsparteien übertraten, war das parlamentarische Patt erreicht und die Bundesregierung damit am Ende. Es war das Ziel der national-liberalen Opposition in der F.D.P., Scheel zum Rücktritt zu zwingen, den Sturz der sozial-liberalen Bundesregierung herbeizuführen und so eine Fortführung der Reformen, vor allem auf dem Gebiet der Deutschlandpolitik, zu verhindern. Diese Bemühungen fanden die volle Unterstützung der CDU/CSU sowie der gesamten Springer-Presse. Mende erhielt vor seinem Parteiübertritt Zuspruch auch vom Ehrenvorsitzenden der Freien Demokratischen Partei, Reinhold Maier.

Auf dem Bonner Bundesparteitag im Juni 1970 hatte Walter Scheel bei der Vorstandswahl mehr Stimmen erhalten als zwei Jahre zuvor in Freiburg. Die Parteimehrheit honorierte Scheels Standfestigkeit in einer überaus schwierigen Lage. Der neue Vorsitzende hatte sich als ein ungewöhnlich nervenstarker, kühl und kühn kalkulierender sowie zum Kampf entschlossener Liberaler erwiesen. Das brachte ihm in zunehmendem Maße Sympathien ein, innerhalb und außerhalb der Partei. Nach anfänglichen Startschwierigkeiten gewann Scheel auch als Außenminister schnell Ansehen und Vertrauen. Bei den vorgezogenen Bundestagswahlen im Herbst 1972 errang die Koalition einen überraschend hohen Wahlsieg. Die F.D.P., die mit Scheel an der Spitze ihren bisher wohl engagiertesten Wahlkampf geführt hatte, konnte ihren Stimmenanteil gegenüber 1969 um 2,6 Prozent verbessern.

Die Hoffnung, daß das Regieren nun mit einer komfortablen Mehrheit der Koalitionsparteien im Bundestag leichter werde, erfüllte sich jedoch nicht. Nachdem die Ostverträge unter Dach und Fach waren, für die vor allem sich Liberale und Sozialdemokraten gemeinsam stark gemacht hatten, traten nun innerpolitische Gegensätze in der Koalition mehr und mehr in den Vordergrund: Wirtschafts- und Finanzprobleme, Fragen der Sozialpolitik und der Mitbestimmung. Zwar war im Oktober 1971 mit den Freiburger Thesen ein Programm liberaler Gesellschaftspolitik geschaffen worden, das deutlich links-liberale und damit der SPD verwandte Tendenzen zeigte. Doch schon im Juli 1972 hatte der an der Entstehung der Thesen nicht unmaßgeblich beteiligte F.D.P.-Generalsekretär Karl-Hermann Flach nach dem demonstrativen Rücktritt Karl Schillers vom Amt des Bundesfinanzministers warnend in Richtung SPD erklärt, nun sei die Verantwortung der Liberalen für die Marktwirtschaft noch größer geworden. Der Druck des linken Flügels in der SPD auf die Bundesregierung nahm zu. Zugleich hatte nun Scheel, zusammen mit Flach, inzwischen alle Hände voll zu tun, die Jungdemokraten zu bremsen, die sich offensichtlich bemühten, den linken SPD-Flügel noch links zu überholen.

In dieser Situation wurde die Partei durch den Tod Karl-Hermann Flachs im August 1973 getroffen. Und wenig später tauchten Gerüchte auf, Scheel beabsichtigte, 1974 für das Amt des Bundespräsidenten zu kandidieren. Die Partei war schockiert. Denn während die Liberalen bislang alle ihren Vorsitzenden ohne Bedauern hatten ziehen lassen, Heuss vielleicht ausgenommen, wollten sie von ihrem Walter Scheel nicht mehr lassen. So richteten denn die Freien Demokraten ihre Hoffnung auf den Wiesbadener Parteitag im November 1973, auf ein klärendes Wort ihres so geschätzten Vorsitzenden, natürlich im Sinne eines Verzichts auf den Präsidentenposten. Doch Scheel ließ in Wiesbaden seine Parteifreunde im ungewissen. Erst einen Monat darauf gab er seine Absicht kund, das Amt des Außenministers und das des Parteivor-

sitzenden mit dem des Staatsoberhauptes zu vertauschen. So war der
Parteitag vor allem wegen der eindrucksvollen Rede Hans-Dietrich
Genschers bemerkenswert. Bereits seit Freiburg 1968 stellvertretender
Parteivorsitzender, war Genscher von Scheel selbst dafür vorgesehen,
im Herbst 1974 an die Spitze der F.D.P. zu treten.

Fast 11 Jahre war Hans-Dietrich Genscher Vorsitzender der Freien Demokratischen Partei. Zum Vergleich: Heuss, Blücher, Dehler und
Reinhold Maier standen zusammen insgesamt 11 Jahre und drei Monate an der Spitze der F.D.P. Als Genscher im Herbst 1974 auf dem
Hamburger Parteitag zum Vorsitzenden gewählt wurde, gab es zwar
manche Turbulenzen bei der Wahl seiner Stellvertreter und um ein Kirchenpapier. Doch wurde zugleich deutlich, daß die nun beginnende
neue Ära keinen Bruch mit der vorangegangenen unter Walter Scheel
bedeutete. Genscher, seit je ein Vertreter der Parteimitte und wie sein
Vorgänger kein Anhänger einer Koalitionsphilosophie, derzufolge die
F.D.P. der ausschließliche Partner dieser oder jener Partei sei, zeigte sich
entschlossen, die Koalition mit den Sozialdemokraten fortzusetzen, solange das Reservoir an gemeinsamen Interessen und Aufgaben nicht
aufgebraucht war. Und das schien trotz zunehmender Differenzen in
der sozial-liberalen Koalition aus der Sicht der Parteiführung und der
Mitglieder zumindest für die laufende und wohl auch noch für die
kommende Legislaturperiode nicht der Fall zu sein.

Der neue Parteivorsitzende hatte sich seit Mitte der fünfziger Jahre bereits in vielen verantwortlichen politischen Positionen bewährt: als wissenschaftlicher Assistent der Bundestagsfraktion, als deren Geschäftsführer, als Bundesgeschäftsführer und Bundestagsabgeordneter und
schließlich seit 1969 als Bundesminister. Wache Intelligenz, ein hervor-
ragendes Gedächtnis, ein ausgeprägter Instinkt für drohende Kompli-
kationen und Gefahren, eminenter Fleiß, starke Verbundenheit mit der
eigenen Partei und der Wille, deren ohnehin nicht gerade geringen
Einfluß auf das politische Geschehen in der Bundesrepublik Deutschland noch zu verstärken, verschafften Genscher bald auch die Sympathie derer in der F.D.P., die dem Nachfolger Scheels zunächst mit Skepsis gegenübergestanden hatten.

Entgegen manchen Erwartungen bzw. Befürchtungen wurde auch un-
ter Genscher die Programmarbeit der Partei zunächst zügig fortgesetzt.
Zwei Programm-Kommissionen erarbeiteten, von der Freiburger
Grundposition des modernen Liberalismus ausgehend, Richtlinien für

die Lösung aktueller Fragen. Sie fanden in Thesen ihren Niederschlag, die im November 1977 auf dem Kieler Bundesparteitag beschlossen wurden. Wirtschaft im sozialen Rechtsstaat, Bürger, Staat und Demokratie sowie Bildung und Beschäftigung der jungen Generation waren die Themen. Genscher hatte in Kiel die Programmarbeit als Ausdruck der geistigen Vitalität der Partei und Ausweis ihrer politischen Eigenständigkeit bezeichnet. Sie sollte zugleich aber auch zur inneren Integration der F.D.P. beitragen. Doch vermochte sie den längst begonnenen neuen Richtungsstreit zwischen dem radikaldemokratisch orientierten und dem mehr marktwirtschaftlich ausgerichteten Parteiflügel nur kurzfristig zu dämpfen. Das von Jungdemokraten und linkem Parteiflügel mißverstandene Wort Werner Maihofers von der historischen Dimension des sozial-liberalen Regierungsbündnisses (auch Maihofer war – wie er im September 1974 in einem Zeitungsinterview bekannte – selbstverständlich der Ansicht, daß alle Koalitionen nur Zweckbündnisse auf Zeit sind) führte ab 1978 zu immer schärferer Kritik dieser Gruppen am Kurs der von Genscher vertretenen Parteimehrheit. Denn diese war, vor allem in wirtschafts- und sozialpolitischen Fragen, zu der immer weiter nach links driftenden SPD auf Distanz gegangen. Die Tatsache, daß die Unionsparteien speziell in der Ost- und Deutschlandpolitik zu dieser Zeit noch weitgehend an ihrer Position des Nein oder »So nicht« festhielten und daß Kanzler Schmidt – wenn auch zunehmend erfolglos – bemüht war, seine Partei koalitionsfähig zu halten, machte die Fortsetzung der Koalition mit den Sozialdemokraten auch nach der Bundestagswahl 1980 noch einmal notwendig. Dank der Kanzlerkandidatur von Franz Josef Strauß konnten SPD und F.D.P. bei dieser Wahl ihre Mehrheit noch einmal ausbauen, nachdem sie vier Jahre zuvor zusammen weniger Mandate gewonnen hatten als 1969. Die F.D.P. erzielte am 5. Oktober 1980 mit 10,6 Prozent sogar ihr drittbestes Ergebnis seit 1949. Doch führte dieser Wahlerfolg nicht zu mehr Harmonie zwischen den Koalitionsparteien. Der Vorrat an Gemeinsamkeiten war verbraucht, auch gerade in den jetzt wichtigsten Bereichen der Regierungspolitik: in der Finanz- und Steuerpolitik, in der Sozial- und schließlich auch in der Sicherheitspolitik. Die SPD-Mehrheit war nicht länger bereit, der von ihrem eigenen Kanzler und dem F.D.P.-Außenminister Genscher festgelegten Linie des NATO-Doppelbeschlusses zu folgen, mit der die Sowjetunion zur Rücknahme ihrer Vorrüstung im atomaren Mittelstreckenbereich veranlaßt werden

sollte und dann ja tatsächlich auch ist. Die Sozialdemokraten solidari-
sierten sich statt dessen mit der »Friedensbewegung« gegen die Politik
ihrer Regierung. So geriet der Kurs der liberalen Mitte, den der F.D.P.-
Vorsitzende vertrat, in einen immer schärferen Gegensatz zur SPD, aber
auch zu gleichgerichteten Tendenzen im radikaldemokratischen Flügel der eigenen Partei. Doch wie schon 1966, so brach auch 1982 die
Koalition letztlich wegen unterschiedlicher Auffassungen über die Sa-
nierung des Haushalts auseinander. Die Sozialdemokraten wollten das
10-Milliarden-Loch durch eine Ergänzungsabgabe der Besserverdienenden stopfen, die Liberalen vor allem durch Einsparungen im Sozial-
bereich. Genscher hat lange gezögert, bevor er sich zu Schritten entschloß, die schließlich nach 13 Jahren zum Ende der sozial-liberalen
Koalition führten.

Am 17. September traten die F.D.P.-Minister zurück, nachdem Kanzler
Schmidt öffentlich erklärt hatte, der SPD sei eine weitere Zusammenarbeit mit der F.D.P. nicht mehr zuzumuten. Damit wurde eine Entwicklung in Gang gesetzt, die über das konstruktive Mißtrauensvotum
für den SPD-Kanzler zur Neubildung einer Bundesregierung aus
Christdemokraten und Freien Demokraten führte. Die Tatsache, daß
die F.D.P. ohne dazwischengeschobene Neuwahlen von einer Koalition
in eine andere umstieg, hat damals in der deutschen Öffentlichkeit, vor
allem aber in der Partei Genschers selbst böses Blut gemacht. Auf dem
Berliner Bundesparteitag kam es Anfang November zu erregten Diskussionen, Mißfallenskundgebungen und Parteiaustritten. Hans-Dietrich Genscher wurde in Berlin erneut zum Vorsitzenden gewählt, mit
klarem Vorsprung vor dem Gegenkandidaten Uwe Ronneburger.
Doch erlebte Genscher in diesem Winterhalbjahr zuweilen eine ähnliche öffentliche Mißbilligung wie zwei Jahrzehnte zuvor Parteivorsitzender Mende nach dessen ebenfalls umstrittener Koalitionsentschei-
dung. Wieder einmal läutete man für die Liberalen das Totenglöcklein,
prophezeiten Demoskopen und Medien der F.D.P. das parlamentarische Ende im Bund. Doch am 6. März 1983, bei der vorgezogenen
Wahl zum 10. Deutschen Bundestag, erhielten die Freien Demokraten
trotz allem fast 7 Prozent der Wählerstimmen. Die Sozialdemokraten,
ihre nun erbittertsten Gegner, verloren gegenüber 1980 sogar 4,7 Prozent. Vor allem aber die Tatsache, daß die Unionsparteien kräftige Gewinne erzielen konnten, ließ erkennen, daß die Mehrheit der Wähler
in der Bundespolitik die »Wende« wünschte, von der Genscher seit dem

Sommer 1981 zum Verdruß vieler seiner Parteifreunde wiederholt gesprochen hatte.

Die Freien Demokraten haben den Koalitionswechsel und dessen Folgen besser überstanden als sie wohl selbst damals vermuteten. Das war vor allem das Verdienst ihres Vorsitzenden Genscher. So wie er sich in der sozial-liberalen Koalition in seiner Politik als Parteivorsitzender und Außenminister vom linken SPD-Flügel nicht hatte beirren lassen, so war er nun nicht bereit, dem Druck des rechten Flügels der Unionsparteien nachzugeben. Er hielt – zur Genugtuung seiner Parteifreunde – an den in den siebziger Jahren gemeinsam mit der SPD entwickelten Positionen in der Außen-, Ost- und Deutschlandpolitik sowie im Bereich der Sicherheit fest und erwarb sich so allmählich auch neues Vertrauen im Lager der Opposition. Als Genscher im Februar 1985 sein Amt als F.D.P.-Vorsitzender niederlegte, befanden sich die Liberalen nach einem längeren Marsch durch das »Tal der Tränen« bereits wieder in hoffnungsfroher Stimmung.

Von Genschers nun wieder zunehmendem Ansehen in der deutschen und internationalen Öffentlichkeit profitierten die Freien Demokraten, aber auch deren neuer Vorsitzender Martin Bangemann. Der temperamentvolle Rechtsanwalt aus Metzingen war zu Beginn der siebziger Jahre durch recht eigenwillige Meinungsäußerungen über die Politik seiner eigenen Partei einer breiteren Öffentlichkeit bekannt geworden. Als Landesvorsitzender der baden-württembergischen Liberalen und zeitweiliger F.D.P.-Generalsekretär hatte Bangemann schon 1975 gegen jene Parteifreunde Front gemacht, die einseitig auf die SPD fixiert waren und darum jeden Gedanken an eine künftige Koalition mit den Unionsparteien als eine Art von Verrat am Liberalismus betrachteten. Für Bangemann war und ist, wie er einmal selbst erklärte, die F.D.P. in erster Linie eine Rechtsstaatspartei und eine Partei der freien Marktwirtschaft. Obwohl 1972 bei seinem Einzug in den Bundestag zum linken Flügel der F.D.P.-Bundestagsfraktion gehörend, war der achte Parteivorsitzende der Liberalen stets Ideologien, auch Koalitionsideologien, deutlich abgeneigt. Zumal der Pragmatiker Bangemann zu jenen nicht gerade zahlreichen Politikern gehört, die – wie es die »Zeit« einmal treffend formulierte – Abstand zu diesem Gewerbe haben, auch wenn sie es leidenschaftlich betreiben.

Zum erfolgreichen Politiker gehört nicht zuletzt eine optimistische Lebenshaltung. Bangemanns Optimismus ist ausgeprägt, sein Selbstbewußtsein nicht minder. Sprachbegabt, eloquent und belesen, offen und empfindsam verkörpert der engagierte Europäer einen Politiker-Typ, der in das heutige Bonner Establishment nur schwer einzuordnen ist. Er erinnert in manchen seiner Züge ein wenig an Franz Blücher, in anderen eher an Thomas Dehler, mit dem er vor allem die Querköpfigkeit, die Lust am Aussprechen provozierender Ansichten gemeinsam hat. Mit dem Vorsitzenden Bangemann ist die F.D.P. recht gut gefahren. Seine Menschenfreundlichkeit und Gelassenheit haben den immer unruhigen Liberalen offensichtlich gut getan. Die Partei gewann nach den internen Konflikten der frühen achtziger Jahre schon bald eine Geschlossenheit, die für die F.D.P. nicht gerade typisch ist. Das zahlte sich bei der Wahl zum 11. Deutschen Bundestag im Januar 1987 aus: Mit 9,1 Prozent der Stimmen zogen die Liberalen deutlich gestärkt in das Parlament ein.

Doch Anfang Mai 1988 tauchten erste, zunächst noch heftig dementierte Gerüchte auf, Martin Bangemann strebe von Bonn fort zu neuen Aufgaben als Kommissar oder EG-Präsident in Brüssel. Aus dem Gerücht wurde sehr bald ein Faktum: Eine erneute Kandidatur Bangemanns für den Parteivorsitz war auf dem für den Herbst 1988 angesetzten Parteitag nicht mehr zu erwarten. Zu dem Zeitpunkt, da dieses Buch erscheint, werden die Liberalen bereits einen neuen Vorsitzenden haben. Die Nachfolger werden wiederum die schwierige Aufgabe haben, dem organisierten Liberalismus in der Bundesrepublik Deutschland deutliches Profil zu geben und gebührenden Einfluß im Bund und in den Ländern zu verschaffen, in welchen Koalitionen auch immer.

Ulrich Wildermuth

Die Bundesvorsitzenden der F.D.P. 1988 bis 1998

Der Schwabe Martin Bangemann gab als Bundesvorsitzender der F.D.P. nur ein Zwischenspiel, es zog den polyglotten, belesenen und gebildeten Wirtschaftsminister und ehemaligen Generalsekretär bald nach Brüssel, um dort als Kommissar die Fahne des deutschen Liberalismus aufzupflanzen. Zu seinem Nachfolger wurde am 7. Oktober 1988 Otto Graf Lambsdorff gewählt.

Lambsdorff stand in der F.D.P. schon lange im ersten Glied, aber unangefochten war er nie. Er galt als Repräsentant des rechten, des Wirtschaftsflügels der Partei, was er auch war, doch diese Zuordnung beschreibt nur die eine, die von der Öffentlichkeit vor allem wahrgenommene Position: Lambsdorff läßt sich auch in Sachen Bürgerrechte von niemandem übertreffen, er hält diesen Teil liberaler Identität für so wichtig wie die Wirtschaftsfreiheit. Schließlich hatte er sich intensiv an den Vorbereitungen für die Freiburger Thesen beteiligt.

Ein knorriger Mann. Aufbrausend, ungeduldig, aber standfest und prinzipientreu, ein glänzender Redner, voller Witz und Ironie, aber niemals bösartig, einer, der keinem Streit aus dem Weg geht und mitteilt, was von Meinungen zu halten ist, die er nicht teilt, ein Politiker, der die Einsichten des gesunden Menschenverstandes mit den Kategorien der Nationalökonomie verbindet, ein aufrechter Christenmensch, voller Selbstbewußtsein und ein unermüdlicher Arbeiter im Garten der Freiheit.

Es ist eigentlich eine grobe Verzeichnung der Person Lambsdorff, daß er nur als Wirtschaftspolitiker gesehen wird. Sein Interesse galt fast genauso stark der Außenpolitik. Jedes Jahr reiste er zur Karnevalszeit in die USA, um Vorträge zu halten oder hochrangige Kollegen zu treffen. Er gehört zu denen, die die Brücke über den Atlantik intakt gehalten haben und dafür sorgten, daß die deutsch-amerikanischen Beziehungen nicht in Routine versandeten. Und gänzlich unterbelichtet bleibt sein Eintreten für die liberale Rechts- und Rechtsstaatspolitik. Es prägte sich dem öffentlichen Gedächtnis nicht ein (und dem Gedächtnis seiner Partei auch nicht), daß Lambsdorff bei den großen Schlachten um das Vermummungsverbot oder um die Kronzeugenregelung an der Seite von Burkhard Hirsch und Gerhart Baum stand. Und daß er sich bei der Lauschangriff-Abstimmung 1998 im Bundestag zusammen mit SPD, Grünen und der PDS gegen die Koalitionsmehrheit entschied, beweist bei diesem bis auf die Knochen loyalen Mann, daß er in dieser Frage das Gewissen über die Erwartungen der Parteiführung stellen mußte.

Lambsdorff gehört zu den großen Figuren des Nachkriegsliberalismus, er steht in einer Reihe mit Theodor Heuss, Thomas Dehler, Reinhold Maier und Hans-Dietrich Genscher. Daß die F.D.P. am Ende des Jahrhunderts als einzige Bundestagspartei die Hand am Griff zur richtigen Tür in die Zukunft hat, daß sie als einzige die Reformnotwendigkeiten benennt, die abgearbeitet werden müssen, wenn die Republik nicht im sozialen Mief und in der Überreglementierung ersticken soll, daß das liberale Programm das modernste Profil aller politischen Richtungen zeigt, das verdankt die Partei Otto Graf Lambsdorff, das ist seine Leistung.

Wenn er spricht, hört man ihm zu, Freund und Feind. Er gehört zu den wenigen Politikern, die der öffentlichen Aufmerksamkeit sicher sind, ganz gleich, ob er sich aus einem Amt oder als Privatmann äußert. Was Lambsdorff sagt, ist immer diskussionswürdig, ist nie bla-bla.

Wenn man von den Wende-Zeiten absieht, liebte die F.D.P. Hans-Dietrich Genscher. Graf Lambsdorff wurde nicht geliebt, aber immer respektiert. Die Delegierten des Parteitags vom Oktober 1988 trugen ihn nicht ins Amt, er mußte sich gegen Irmgard Adam-Schwätzer durchsetzen, und sein Ergebnis war alles andere als strahlend: Er erhielt 211 Stimmen, die Konkurrentin 187. Er nahm den Ausgang gleichmütig hin und ging an die Arbeit. Mit Überlegungen, ob sich die Umstände nicht erfreulicher hätten gestalten lassen, hielt er sich nicht auf. Lambsdorff läßt sich in die Pflicht nehmen und setzt alles darein, ihr zu genügen.

Die Wahl mag für ihn auch ein Stück öffentlicher Wiedergutmachung gewesen sein für die Demütigung durch ein Strafverfahren, in dem ihm Steuerhinterziehung (zugunsten der Partei, nicht von ihm persönlich) und Bestechlichkeit vorgeworfen wurde und das in Wahrheit die Rache der nordrhein-westfälischen SPD war für Lambsdorffs Anteil an der Wende der F.D.P. 1982 von den Sozialdemokraten zur Union. Lambsdorff als führender Repräsentant der Partei sollte fertiggemacht werden und die F.D.P. gleich mit. Die Hintergründe dieses Prozesses wurden nie ausgeleuchtet, auch nicht die Rolle, die Johannes Rau damals spielte. Lambsdorff steckte das Urteil scheinbar gleichmütig weg, in Wahrheit traf es ihn bitter. Er zog seine Straße weiter. Die Disziplin dieses Mannes ist bewundernswert, sie ist ihm wohl durch eine schwere Verwundung in den letzten Kriegstagen zugewachsen, an deren Folgen er jeden Tag zu tragen hat.

1988 – große Zeiten kündigen sich im Untergrund der Weltpolitik an, von den Akteuren in Deutschland, in den USA und in der Sowjetunion noch nicht zur Kenntnis genommen oder auch nur gespürt und schon gar nicht gedeutet. Jeder wäre verlacht worden, der prophezeit hätte, daß zwei Jahre nach Lambsdorffs Wahl zum Bundesvorsitzenden der F.D.P. Deutschland wiedervereinigt sei.

In den fünf Jahren seines Parteivorsitzes erlebte Lambsdorff, erlebte die F.D.P. einmalige Höhepunkte und höchst betrübliche Rückschläge. Der Höhepunkt war natürlich die Wiedervereinigung am 3. Oktober 1990, an der Hans-Dietrich Genscher maßgeblichen Anteil hatte. Schon am 12. April 1990 schlossen sich die West- und die Ostliberalen zur ersten gesamtdeutschen Partei unter der Führung Lambsdorffs zusammen. An diesem Tag erfüllten sich die Träume, an denen die F.D.P. seit den ersten Nachkriegsjahren festgehalten hatte. Keine andere Partei, die Union nicht und nicht die SPD, verfolgte über 40 Jahre lang so bruchlos eine Politik, die irgendwann zum Ende der widernatürlichen Teilung führen sollte, wie die F.D.P. Es gehört zu ihrem Ruhm, daß sie die Deutschlandpolitik unentwegt und ohne Rücksicht auf die eigene Existenz in den Mittelpunkt ihrer Arbeit gestellt hat. Die neue Ostpolitik der Regierung Brandt/Scheel und der Haß, der 1969 dieser F.D.P. in der Koalition mit den Sozialdemokraten entgegenbrandete, brach ihr fast das Genick. Aber auch nach dem Wechsel zur Union 1982 kamen die Angriffe knüppeldick. Auch diese Wende hatte einen wichtigen ostpolitischen Grund: Es mußte die Strategie der Nachrüstung durchgesetzt werden, nachdem Helmut Schmidts SPD schlappgemacht hatte. Beide Male waren es deutschlandpolitische Überlegungen und Prioritäten, die den Wechsel dringend machten.

Man kann es schlicht und einfach sagen: Ohne die F.D.P., ohne ihre Zielstrebigkeit und ohne ihren Mut hätte es den Tag der Wiedervereinigung nicht gegeben, das Thema hätte sich verlaufen. Daß Lambsdorff der erste Vorsitzende der ersten gesamtdeutschen Partei wurde, ist des-

halb mehr als eine freundliche Arabeske, es war das historische Siegel
beharrlicher Treue. Die erste gesamtdeutsche Wahl zum Bundestag am
2. März 1990 bescherte den Liberalen das fürstliche Ergebnis von elf
Prozent.

Danach kamen die Mühen der Ebene. Den christlich-liberalen Koali-
tionären war klar, daß die Integration der neuen Länder in den Bund
nur über die Marktwirtschaft gelingen konnte. Lambsdorff hatte vorgeschlagen, dort ein Niedrigsteuergebiet einzurichten, was der Indu-
strie erhebliche Investitionsanreize geboten hätte, war aber an der
Union gescheitert. Die Vereinigung der beiden deutschen Staaten hätte
sich schmerzloser vollzogen, hätten sich Helmut Kohl und die Union
auf Lambsdorffs Vorstellungen eingelassen. Doch sie weigerten sich mit
dem Ergebnis, daß im Zuge der Wiedervereinigung die alten DDR-
Strukturen erbarmungslos weggerissen wurden, ohne daß der Boden
für neue wirtschaftliche Kerne vorbereitet werden konnte. Die Zeche
zahlte nicht die CDU, sondern die Freien Demokraten. Weil sie ihr
Wahlversprechen nicht halten konnten, wurden sie in der Folge aus den
Landtagen geworfen.

Kein Politiker hatte die Schwierigkeiten geahnt, die mit der Wiedervereinigung auf die Gesellschaft zukamen. (Diejenigen, die wie Oskar
Lafontaine oder Gerhard Schröder warnten, trugen ihre Sorgen nicht
aus überlegener ökonomischer Vernunft vor, sondern weil sie die Wiedervereinigung nicht wollten.) Alle hatten sich von der Schein-Stabi-
lität der DDR täuschen lassen. Lambsdorff war 1991 mutig genug, ein-
zugestehen, daß beim Einigungsprozeß Fehler gemacht wurden und
daß auch er die Schwierigkeiten unterschätzt hatte, die mit der Umstellung auf die Marktwirtschaft verbunden waren. Von anderen hat man
solch klare Worte nicht gehört. Allerdings muß man billigerweise den
Bonner Politikern zugute halten, daß es für diese Arbeit nirgendwo auf
der Welt ein Vorbild gegeben hat, an dem man sich hätte orientieren
können.

Am Ende der sozialliberalen Koalition 1982 hatte Graf Lambsdorff
Kanzler Schmidt das sogenannte »Wendepapier« überreicht, in dem er
aufgeschrieben hatte, was in der damaligen wirtschaftlichen Krise zu
tun sei, denn neben der Nachrüstungspolitik war die Haushaltssanie-
rung das zweite große Thema, mit dem Helmut Schmidt nicht fertig
wurde, weil seine SPD nicht mitzog.

Im August 1992 veröffentlichte er als Bundesvorsitzender eine neue

Denkschrift unter dem Titel »Mut statt Mißmut – für ein liberales Deutschland«, das im Kern schon alle Bestandteile enthielt, mit denen von da an die Reformdiskussion in der Bundesrepublik geführt werden sollte, wenn auch mehr oder weniger ergebnislos. Diese Arbeit erreichte sehr viel weniger Aufmerksamkeit als seinerzeit das Wende-Papier, es zerschellte daran ja auch keine Koalition. Immerhin kann Lambsdorff für sich in Anspruch nehmen, daß er wieder die Initialzündung gab für eine Auseinandersetzung, die bis zur Bundestagswahl 1998 geführt, aber nicht entschieden wurde.

Bei allen unbestrittenen Verdiensten Helmut Kohls muß man doch zu seinen Lasten festhalten, daß er unverbrüchlich mit Norbert Blüm auf die Segnungen eines Systems setzte, das auf den Grundsätzen der katholischen Soziallehre fußt. Aber auch die ist ein Kind der Industrialisierung und ungeeignet, die Probleme der nachindustriellen Gesellschaft zu meistern. Und so erlitt Lambsdorff in einem wichtigen Punkt gegen den Kanzler eine bittere Niederlage. Er mußte der Einführung der Pflegeversicherung zustimmen, als Kohl seinen Partner preßte und erpreßte und mit dem Bruch der Koalition drohte. Das war ein liberaler Sündenfall, weil er das marktwirtschaftliche Profil der F.D.P. verwischte und der Gesellschaft wider alle Vernunft neue Lasten auferlegte.

An diesem Punkt wurde deutlich, daß sich die F.D.P. in der Bundesrepublik auf keinen Partner mehr verlassen kann, der ihre wirtschaftspolitischen und sozialpolitischen Standpunkte wenigstens einigermaßen teilt. SPD und Union sind beide in der Wirtschafts- wie in der Sozialpolitik sozialdemokratische Parteien, blind für die Reformnotwendigkeiten des Landes oder, falls ihnen doch die Augen aufgehen, zu feige, das für die Zukunft Notwendige anzustoßen und durchzusetzen.

Eine Koalition mit der SPD ist für die F.D.P. unter diesen Umständen undenkbar, das Bündnis mit der Union bleibt schwierig und wird den Notwendigkeiten, die Lambsdorff beschrieb und die objektiv gegeben sind, nicht gerecht. Daß die Liberalen nur noch einen halben Koalitionspartner haben, schwächt die Position der F.D.P. im täglichen Geschäft, andererseits unterstreicht diese Situation die marktwirtschaftlichen und zukunftsorientierten »Alleinstellungsmerkmale« der F.D.P., auf die Lambsdorff stets besonderen Wert gelegt hatte.

Der »Marktgraf« (Hans-Dietrich Genscher hätte das Etikett »Deichgraf« eigentlich treffender gefunden) wurde in diesen allgegenwärtigen sozialdemokratischen Wüsten ein ziemlich einsamer Rufer an den

Brunnen der Marktwirtschaft. Zum Ruhm der F.D.P. sei festgehalten, daß sie allen Anfeindungen zum Trotz und ungeachtet mancher Niederlage an ihren marktwirtschaftlichen Positionen nicht rütteln läßt – das ist Lambsdorff-Schule. Er selber war ein unübersehbares »Alleinstellungsmerkmal« der F.D.P. und hatte sich den Titel eines Ehrenvorsitzenden redlich verdient.

Die F.D.P. ist eine nervöse Partei. Immer sorgt sie sich um ihre Existenz, mit Recht, denn die war oft genug bedroht, sie müht sich um neue Entwürfe und fürchtet sich ein bißchen, daß sie zu modern oder nicht modern genug ausfallen, sie bedenkt kühl und sachlich die Probleme der Gesellschaft und wehrt sich betroffen gegen den Vorwurf, ihre Analyse ströme Kälte aus. Sie hätte es gern so warm und heimelig wie Sozialdemokraten und weiß doch, daß die Zukunft schmerzhafte Schnitte verlangt – das alles zusammen und die unentwegte Lust aller Politiker, hier ein Feuerchen anzuzünden und dort einen Stolperstein zu plazieren, verhindert, daß in der F.D.P. für längere Zeit Ruhe einkehrt. Zumal wenn Wahlen verloren gehen, und das hat sich bei den Liberalen schnell, suchen Freie Demokraten neue Köpfe, die sie auf neue Höhen führen sollen. Und so geschah es, daß 1993 Otto Graf Lambsdorff auf dem Parteitag in Münster den Bundesvorsitz aufgab und daß an seine Stelle Klaus Kinkel trat.

Der Schwabe aus Metzingen war ein neuer Typ an der Spitze der Partei, gewissermaßen kein geborener Liberaler wie Walter Scheel, Hans-Dietrich Genscher oder Otto Graf Lambsdorff vor ihm, sondern ein angelernter. Sein Lehrmeister hieß Genscher. Bei ihm hatte Kinkel früh angeheuert, schon beim Innenminister Genscher, der ihn dann ins Auswärtige Amt mitnahm. Dort stieg Kinkel schnell auf und besetzte wichtige Leitungsfunktionen. Er gehörte zu Genscher, aber nicht zur F.D.P. Ihr trat er erst im Februar 1991 offiziell bei, als er zum Justizminister berufen wurde.

Doch geht fehl, wer meint, daß Kinkel erst jetzt, erst im Amt seine liberale Seele entdeckt hätte: Er drehte schon seit Jahren (im Auftrag Genschers, aber auch auf eigene Rechnung) an den liberalen Knöpfen (die Zeit vor und nach einem Tennis-Match eignet sich anscheinend besonders gut zum Strippenziehen). Er stand seit 1982 als Staatssekretär im Justizministerium für eine liberale Rechtspolitik und wurde von höchster F.D.P.-Spitze sogar gebeten, an schwierigen Koalitionsverhandlungen mitzuwirken, was Beamten für gewöhnlich nicht zugestanden

wird: Kinkel war wer in der Partei, ohne etwas zu sein. In diesem hoch-
korrekten Beamten steckte ein hochpolitischer Kern.

Der neue Bundesvorsitzende der F.D.P. geriet umgehend in schweres
Wasser: Es liegt eben nicht am Vorsitzenden, wenn die Umstände so
sind, wie sie sind, und die Ergebnisse entsprechend. Daß die Liberalen
bei wichtigen Landtags- und Kommunalwahlen an der Fünf-Prozent-
Hürde scheiterten, ging ganz zuletzt auf Kinkels Konto – die Zeiten
hatten sich eben geändert, und wieder einmal nicht zugunsten der
F.D.P.

Genscher war, Koalition hin, Kohl her, Herr im Haus des Auswärtigen
Amtes gewesen, aber mit der Wiedervereinigung schob sich der Bundeskanzler immer mehr in den Vordergrund, auch in der Außenpolitik.
Genschers überraschender Rücktritt als Minister liegt gewiß auch
darin begründet, daß er kein Mittel mehr sah, Kohl auf diesem, seinem
ureigenen Feld zu stoppen. Und nun Kinkel, dem gegenüber der Kanzler seine Vorteile aus dem Amt und der Anciennität ausspielte. Der
Außenminister blieb natürlich wichtig, und es blieb ihm auch noch genug Arbeit übrig, aber das Amt strahlte nicht mehr so zugunsten der
F.D.P. aus wie zu Genschers Zeiten. Das war der eine Nachteil. Der
zweite lag darin, daß die SPD programmatisch, substantiell und personell so ins Abseits geraten war, daß sich jeder Gedanke an einen Koalitionswechsel von selbst verbot, selbst dann, wenn die Zumutungen des
Partners das zulässige Maß übersteigen.

Die F.D.P. hatte in der Bundesrepublik ihre herausragende Rolle dadurch gewonnen, daß sie im Stande war, durch Koalitionswechsel Politikwechsel durchzusetzen, ohne das Land allzu scharfen Brüchen aus-
zusetzen. Mit der Union ließen sich notwendige Reformen gewiß nur
in kümmerlichen Raten verwirklichen, aber mit der SPD überhaupt
keine. So blieb für Kinkel das mühsame Geschäft, das Profil der F.D.P.
auch im Schatten des Riesenkanzlers und im Dunst des allgemeinen
Stillstandes erkennbar zu halten. Es gab keine Alternative zur christlich-
liberalen Koalition. Das war mißlich für die F.D.P., aber noch mißlicher
für die Bundesrepublik, weil es keinen politischen Entwurf der Volksparteien gab, der in die Zukunft wies.

Die geistige Leere der Bundesrepublik (oder war es eine Erschöpfung
nach den Strapazen der Wiedervereinigung?) mußte die F.D.P. im allgemeinen und Klaus Kinkel im besonderen büßen. In den 24 Monaten
seiner Amtszeit bestritt er 24 Wahlkämpfe, nur zwei wurden einiger-

maßen gewonnen, die Landtagswahl in Hessen und die Bundestagswahl
1994. Die anderen gingen verloren, die Liberalen flogen aus den meisten Landesparlamenten. Allenthalben wurden wieder lustvoll die To-
tenglöckchen geläutet. Es wäre mehr als ungerecht, die ganze Schuld an der Misere Kinkel
zuzuschieben, der sich aufopferte und den die Arbeit fast zerriß. Aber
was schon den Altmeister Hans-Dietrich Genscher fast geschafft hätte,
das überforderte Klaus Kinkel: Wahlkampf – Außenministertreffen –
Wahlkampf – Generalversammlung der UN in New York – Wahlkampf – Ratsvorsitzender der EU – Wahlkampf. Dem Spitzenmann der
kleinen Partei wurde Unmenschliches zugemutet.
Und die Parteifreunde waren auch nicht immer hilfreich. Die Nationalliberalen meldeten sich als Retter zu Wort, in gleicher Mission
wußte der Freiburger Kreis alles besser, beide Strömungen höchst altmodisch, die eine im 19. Jahrhundert beheimatet, die andere in der
68er-Bewegung steckengeblieben, beide ohne Idee für die Zukunft.
Dazwischen Jürgen Möllemann, der Rücksicht auf die Partei oder ihren Vorsitzenden nicht kennt und sich allemal für wichtiger hält als
beide zusammen.
Trotzdem bleibt wahr: Die F.D.P. steckte in der Krise, und Kinkel fand
kein Konzept, wie die Partei unter den neuen Gegebenheiten neu zu
positionieren sei. Die Delegierten schoben ihrem Vorsitzenden auf
dem Geraer Parteitag im Dezember 1994 das ganze Schlamassel unters
Hemd und kritisierten ihn massiv, aber selber wußten sie auch keine
gangbaren Wege. Natürlich sah Kinkel Fehler und räumte sie auch freimütig ein. Die Einführung der Pflegeversicherung war kein Ruhmes-
blatt, die Öffentlichkeit erkannte im Einlenken der F.D.P. ein weiteres
Umfallen. Und auch der freundliche Umgang des F.D.P.-Parteivorsit-
zenden mit der Union und mit dem Bundeskanzler wurde vom Partner
nicht honoriert, was das liberale Profil nicht eben schärfte.
Im Mai 1995, nach weiteren Wahlniederlagen, trat Klaus Kinkel als
Vorsitzender der F.D.P. zurück, das Bedauern in der Partei hielt sich in
Grenzen, die Reaktion Helmut Kohls auf das Ausscheiden seines Vize-
kanzlers war herzlicher. An diesem Tag hatten die Liberalen ganz vergessen, daß sie diesen Klaus Kinkel heftig bedrängt hatten, ihr Fähnlein
anzuführen, er hatte sich ihnen nicht aufgedrängt. Sie hatten den Rat
Graf Lambsdorffs nicht beherzigt, der die F.D.P. bei der Amtsübergabe
an Klaus Kinkel gemahnt hatte:»Die Bürde zweier Ämter kann Klaus

Kinkel nur schaffen, wenn wir ihn alle stützen. Also Schluß mit taktischen Spielchen in der Partei, Schluß mit Sticheleien und Winkelzügen!« Die Lage der Freien Demokraten war am Tag, als Kinkel ging, ziemlich trostlos.

Eine Partei, die im Minus steht, braucht auf aufmunternden Trost aus der Öffentlichkeit nicht zu hoffen, im Gegenteil, die Medien tun ihr Mögliches, die schlechten Nachrichten zu verbreiten und dem Wankenden noch einen Schubs zu geben in der Hoffnung, es sei der letzte. Als Wolfgang Gerhardt am 10. Juni 1995 von Klaus Kinkel den F.D.P.-Vorsitz übernahm, standen die Liberalen, wieder einmal, vor dem Abgrund. Sie waren in der christlich-liberalen Koalition gefangen, zu der es eine Alternative nicht gab. Ihre Bewegungsmöglichkeiten waren beschränkt. Eine eigenständige Idee wollte sich mit ihnen nicht verbinden. Auch wohlwollende Bürger fragten mit einem gewissen Recht: F.D.P. wozu? Gerhardt stand vor einer Herkules-Aufgabe.

Dem verbindlichen Mann wurde nicht allzuviel zugetraut, als stellvertretender Bundesvorsitzender hatte er auch keine Bäume ausgerissen. Immerhin konnte Gerhardt eine bruchlose Partei-Karriere vorweisen. Er hatte die hessischen Liberalen in den Landtag zurückgeführt, war dort Fraktionsvorsitzender und später Bildungsminister und fand sogar in der Bonner Spitze seinen Platz. Gerhardt war ein echter Sohn der Partei, nicht bloß ein adoptierter wie Klaus Kinkel. Er hatte Stallgeruch und eine Hausmacht und tat sich also in der Partei leichter als sein Vorgänger.

Und es ging voran und es ging nach oben, wenn auch nur millimeterweise. Gerhardt konnte Erfolge vorweisen, kleine Erfolge, aber immerhin. Diesbezüglich war die F.D.P. ja nicht verwöhnt. Mit dem neuen Vorsitzenden wurde ein fast zwanzig Jahre altes Anliegen der Liberalen Wirklichkeit: Die Ladenschlußzeit wurde um bare 90 Minuten nach hinten verschoben. Dieser lachhafte Kampf illustriert aufs Lebhafteste die Verhärtung und die Verstockung der deutschen Gesellschaft und ihrer Parteien – ein Minireförmchen, mit der das Wünschbare, weil Selbstverständliche, nämlich die Aufhebung des Gesetzes, noch nicht einmal erreicht wurde, durfte als politische Großtat bestaunt werden. Es kam noch besser: Die Gewerbekapitalsteuer fiel weg, der Solidaritätszuschlag wurde gesenkt, das Sparpaket der Bundesregierung trug die liberale Handschrift. In kurzer Zeit hatte Gerhardt es geschafft, daß die Öffentlichkeit der F.D.P. wieder zuhörte, wenn sie auch noch nicht

wieder auf sie hörte. Gerhardt und sein Generalsekretär Guido Westerwelle spielten ein erfolgreiches Doppel, quirlig, frech und provozierend
der eine, besonnen, verbindlich, aber zäh der andere. Die größte Genugtuung der beiden war der Erfolg im Dreierpack am 24. März 1996,
als die Liberalen problemlos in die Landtage von Baden-Württemberg,
Rheinland-Pfalz und Schleswig-Holstein gewählt wurden. Nasenstü-
ber gab es auch, Hamburg blieb verloren, Niedersachsen und Sachsen-
Anhalt ebenfalls, aber auch die schlechten Ergebnisse zeigten Zuge-
winne; ein schwacher Trost, aber ein Trost immerhin.

Unter Wolfgang Gerhardt wurde die F.D.P. die einzige Partei in der
Bundesrepublik, die sich aus den allgemeinen Verstockungen löste und
überzeugende Rezepte für die Zukunft anbietet, während die politische Konkurrenz nur immer wieder aufs neue die Zukunft mit den
Mitteln und den Einsichten der Vergangenheit bewältigen will. Die Liberalen erkannten vor den anderen die Gefahren, die dem Land aus der
Globalisierung drohen und die Chancen, die sich ergeben.

Die Bundesrepublik steht zunehmend im direkten Wettbewerb mit der
ganzen Welt, und daraus leitete Gerhardt die Forderung nach einer umfassenden Steuerreform ab, nach einer Reform der Sozialsysteme und
nach dem Rückschnitt der allumfassenden staatlichen Bevormundung.
Ohne diese Reformen spielt das Land in absehbarer Zeit nur noch im
Mittelfeld der zweiten Liga mit allen Folgen für den Lebensstandard
und das Bewußtsein der Bürger. Und weil Gerhardt den Wettbewerb
mit der Welt bestehen will, setzt er die Bildung auf der politischen
Rangfolge ganz nach vorn: Sie ist sein spezielles Thema. Gebildete
Menschen sind schließlich die einzige eigene Ressource des Landes.
Die F.D.P. ist noch nicht über dem Berg, noch lange nicht. Aber sie
hat sich wieder auf den Weg gemacht, der nach vorn führt und nach
oben. Schließlich ist sie mit ihrem Programm Deutschlands modernste
Partei.

Wolfgang Mischnick

Erinnerung an Wilhelm Külz

Wilhelm Külz, geboren am 18. 02. 1875 in Borna, hat, wie so mancher andere liberale Politiker der damaligen Zeit, einen lutherischen Pfarrer als Vater. In der Geborgenheit seines bürgerlichen Elternhauses wuchs er in dieser Amtshauptmannschaftsstadt, also einem kleinen Provinzzentrum im Umfeld von Leipzig, auf. Sein Elternhaus war, wie viele jener bürgerlichen Mittelschicht, zwar national oder besser gesagt patriotisch eingestellt, mit liberalem Denken, gegenüber der Staatsallmacht mit manchen Vorbehalten ausgestattet, ohne sie grundsätzlich in Frage zu stellen.

Wilhelm Külz besuchte als Internatsschüler u.a. eine der traditionsreichen Fürsten- und Landesschulen »Sankt Augustin« in Grimma. Diese Schulen hatten eine große Bedeutung für das damalige Sachsen. Aus ihnen gingen viele angesehene Juristen, Mediziner, Pädagogen und Theologen hervor.

Külz studierte an der Universität Leipzig Jura und trat während dieser Zeit in eine nichtschlagende studentische Verbindung, die Sängerschaft »Arion« ein. Ihr war er immer dankbar, u.a. mit folgenden Worten: »Denn ich verdanke dem Arion fast alles in meinem Leben. Der Arion war in meiner Studentenzeit die Heimstätte eines unbekümmerten Frohseins, von der ich einen großen Fonds von Lebensfreude in mein künftiges Dasein mitgenommen habe. Er ließ mich meine natürliche Schüchternheit überwinden und in mir das Bedürfnis entstehen, einem selbstgewählten Kreise dienstbar zu sein. Er zwang mich erstmalig zu öffentlichen Reden und stärkte in mir das Gefühl, daß ich hierzu nicht ungeeignet sei ... Die wenigen wirklichen Freunde, die ich in meinem Leben gehabt habe, stammen aus den Reihen des Arion.«

Külz widmete sich bereits während seines juristischen Vorbereitungsdienstes – er war unter anderem Referendar in Leipzig und Assessor am Amtsgericht Hainichen – ganz besonders kommunalpolitischen Fragen. Seine Studienzeit war – wie damals üblich – unterbrochen worden durch seine Dienstzeit als Einjährigen-Freiwilliger im 7. Königlich-Sächsischen Infanterie-Regiment (I.R. Nr. 106).

Eine erste berufliche Station war der Stadtschreiber in Zittau, später
Stellvertreter des Bürgermeisters von Meerane, schließlich 1904 Oberbürgermeister in Bückeburg. Unter anderem war er während dieser
Zeit auch Landtagspräsident des Fürstentums Schaumburg-Lippe. In
dieser Zeit verfaßte er für das Fürstentum eine eigene Städteordnung
(1906). Durch seine Tätigkeit hatte er allerhöchste Aufmerksamkeit in Berlin
geweckt, u. a. auch bei Kaiser Wilhelm II. 1907 wurde er deshalb zum
Reichskommissar für Selbstverwaltung in Deutsch-Südwestafrika er-
nannt, wo er bis zum 01. 12. 1908 eine Kommunalverwaltung aufbaute.
Wesentliche Teile davon überlebten die deutsche Kolonialherrschaft.
Schließlich wurde Külz 1912 Oberbürgermeister von Zittau, zugleich
bis 1923 Mitglied des Kreisausschusses des Regierungsbezirkes Bautzen, unterbrochen von seinem Kriegseinsatz 1914-1918. Damals war
Külz schon längere Zeit Mitglied der National-Liberalen Partei.

Aus vielen Schriften, Reden und seinem Wirken in den kommunalpolitischen Ämtern ist festzustellen, daß Wilhelm Külz sehr früh auch
sozialpolitische Gesichtspunkte nicht nur erkannte, sondern sie in seiner Arbeit berücksichtigte. Dies gilt insbesondere für Wohnungsbau,
für Schule, Jugend und für das Armenwesen.

Er verband seine direkten Gestaltungsmöglichkeiten mit seinen theoretischen Fähigkeiten und erstellte kommunalpolitische Grundsatzent-
würfe, die vielfach Nachahmung erfuhren. Städtische Müllabfuhr, Bau
eines städtischen Schlachthauses und die Schaffung der Infrastruktur für
elektrischen Strom gehörten genauso zu seinen Entscheidungen, wie er
überhaupt die Ausweitung der Kommunalaufgaben, insbesondere in
bezug auf Hygiene und öffentliche Ordnung, vorantrieb. Dabei möchte ich nicht unerwähnt lassen, daß die damals der öffentlichen Hand
übergebenen Aufgaben sonst nicht erledigt worden wären, was nicht
dagegen spricht, sie heute zu privatisieren und sie damit kostengünsti-
ger zu gestalten.

In der von Külz verfaßten Städteordnung für das Fürstentum Schaumburg-Lippe unternahm er den Versuch, die Verwaltung mehr in Bür-
gernähe zu bringen. Dies kam in neuen Ämterbezeichnungen zum
Ausdruck. An die Stelle von Magistrat, Senatoren und Bürgervorste-
hern traten Stadtrat, Stadträte und Stadtverordnete, die nicht mehr die
Bürgerschaft in engerem Sinne, sondern die gesamte Bürgerschaft vertreten sollten. Zwar sollte der Bürgermeister immer noch auf Lebens-

zeit gewählt werden, aber es wurde auch die Möglichkeit geschaffen, durch eine 2/3-Mehrheit eine Abwahl vorzunehmen.

Er nannte damals drei Voraussetzungen für eine funktionierende Kommunalpolitik:

1. Die Gemeinden müssen über reichlich Landbesitz verfügen.
2. Die Gemeinden müssen erhebliche eigene Steuereinnahmen haben, dürfen nicht bloß Kostgänger des Staates sein.
3. Die Gemeinden müssen selbständig Kapital am Kreditmarkt aufnehmen können.

Bei seiner Vorstellungsrede 1912 in Zittau sprach er über »die sozialen Aufgaben einer größeren Stadtverwaltung«, was vermutlich mit zu seiner Wahl führte. Er verlangte darin u. a. auch, daß »bei allen sozialhygienischen Einrichtungen nicht das Bestreben obwalten darf, sie in erster Linie zu gewinnbringenden Betrieben auszubauen«, es aber »zweckmäßig und erwünscht« sei, »daß sich solche Werke selbst erhalten«.

Wer möchte sich heute nicht Külz' Urteil über die Arbeitslosenversicherung anschließen, nämlich »daß bei einer nicht sehr vorsichtig gewählten Konstruktion dieser Versicherung oft auf Kosten der Arbeitsamkeit der Trägheit Vorschub geleistet ... Also eine höchst unsoziale Wirkung erzielt werden würde«?

In dieser Rede wurden auch Bemerkungen über Luft und Licht gemacht, die wir heute als Umweltschutzgedanken bezeichnen würden. Er trat dafür ein, daß Jugendfürsorge insbesondere durch Freie Träger betrieben wird. Schließlich bezeichnete er als goldene Steuerregel: »Schonung der Leistungsschwachen und angemessene – nicht übermäßige – Erfassung der Leistungsfähigen nach Maßgabe des Grades ihrer Leistungsfähigkeit«.

Nicht unerwähnt soll bleiben, daß er während des ersten Weltkrieges als Hauptmann der Reserve Kompanieführer im I.R. Nr. 106 in Frankreich war, zuletzt Bataillonskommandeur.

Nach dem Krieg wurde Külz von einem französischen Militärtribunal wegen »Bandendiebstahls, Brandstiftung und Plünderung« der Prozeß gemacht, der Angeklagte konnte sich dabei nicht durch einen Verteidiger vertreten lassen. So wurde er in Abwesenheit zum Tode verurteilt. Eine Auslieferung erfolgte nicht.

Reichsjustizminister Eugen Schiffer – auch ein gestandener Demokrat – hatte die Auslieferung der »Kriegsverbrecher« generell abgelehnt, statt dessen wurden die Verfahren in Deutschland durchgeführt. Külz, der selbst die Aufhebung seiner Immunität als Reichstagsabgeordneter beantragte, wurde in dem deutschen Verfahren, wie es hieß,»glänzend« rehabilitiert.

Nach Kriegsende 1919 wurde Külz Mitglied des Parteiausschusses der Deutschen Demokratischen Partei (DDP). Mitglied der Nationalversammlung war er bis 1920. Dem Reichstag gehörte Külz von 1920 bis 1932 an. Als Vorsitzender des DDP-Landesverbandes Sachsen bis 1933 war er in ständiger Auseinandersetzung mit dem aufkommenden Nationalsozialismus.

Wilhelm Külz hatte es sich 1918/19 nicht leicht gemacht. Der Monarchist aus»Erziehung und ... Überzeugung« brauchte lange Zeit, um innerlich damit fertig zu werden, daß der Kaiser»sein Volk« verlassen hatte.

Die politische Entscheidung traf er als Mann der Tat eindeutig und schnell:»Die Monarchie war unrühmlich abgetreten ... als Staatsform zusammengebrochen ... Vor den Trümmern stehenzubleiben wäre sinnlos und feig gewesen. Das Gebot der Stunde war aktives Handeln. Wenn Weltordnungen und Staatsordnungen zusammenbrechen, gibt es ... nur eine Grundlage, auf der man wieder aufbauen kann: das ist der Wille des Volkes.

Damit war die Demokratie für den notwendig gewordenen Wiederaufbau die einzig mögliche Staatsform.«

So ein Aufruf des Oberbürgermeisters, in dem er mahnte:»Die Pflicht der Stunde verlangt von uns allen, ob arm oder reich, ob hoch oder niedrig, ob Mann oder Weib, ruhigen, zielbewußten Dienst am Wohlergehen unseres Volkes.«

Am 16. Oktober 1918 erschien im»Berliner Tageblatt« der Aufruf zur Gründung»einer großen demokratischen Partei für das einige Reich«. Dieser Aufruf fand in Zittau große Zustimmung.

»Wenn auch«, so bemängelte Külz,»die nächsten Wochen zeigten, daß die Gründung nicht zu der von vielen ersehnten Liberal-Demokratischen Einheitspartei führte, so zündete doch der Gedanke in den nicht sozialistischen Massen Deutschlands, in dieser neuen Partei einen neuen Hort staatlicher, demokratischer Staatsordnung und freiheitlicher Entwicklung zu haben.«

In Zittau waren Wilhelm Külz, Wilhelm Steinsdorff, Chefredakteur der Zittauer Morgenzeitung, Carl Großkopf, Mitbesitzer des Verlages,

der Oberlehrer Philipp Pflug und später Prof. Dr. Klieneberger die trei-
benden Kräfte bei der Bildung eines Ortsvereins der DDP. In Zittau
fand die DDP unter kräftiger Mithilfe der Zittauer Morgenzeitung
starken Zulauf, woran Wilhelm Külz nicht unwesentlich beteiligt war.
Im Januar 1919 sprach er als Kandidat der Nationalversammlung im 28.
Wahlkreis in knapp drei Wochen auf 17 Wahlversammlungen. Das war
auf den vereisten Straßen der heutigen Oberlausitz ein strapazenreiches
Unternehmen. Es kam schon vor, daß das kleine Auto in Schneewehen
steckenblieb und erst herausgeschaufelt werden mußte. Aber die Leute
auch in entlegenen Dörfern warteten. Wo immer Külz sprach, blieb
seine große Beredsamkeit nicht ohne Wirkung. Durch langjährige
kommunalpolitische Erfahrungen hatte er zudem die Fähigkeit entwik-
kelt, sich geschickt in jeder Situation zurechtzufinden, schlagfertig zu
sein, komplizierte Dinge sachlich–nüchtern in wenigen Worten und
verständlich darzulegen und, wenn es sein sollte, in vielen Worten mit
pastoralem Pathos auch nichts zu sagen.
In der 2. Jahreshälfte des Jahres 1919 war er auch in die Nationalversammlung eingezogen. Für die Nationalversammlung hatte Külz an
dritter Stelle kandidiert. Vor ihm rangierten Emil Nitzschke, DDP–
Franktionsvorsitzender in der Sächsischen Volkskammer, Finanz-
minister in der Regierung Sachsens, und Wilhelm Steinsdorff, Chefredakteur der Zittauer Morgenzeitung, die beide gewählt wurden. Als
Nitzschke, um sich auf die sächsischen Ämter zu konzentrieren, sein
Reichstagsmandat niederlegte, rückte Wilhelm Külz automatisch nach.
Bei den Wahlen am 06. Juni 1920 wurde er, nun Spitzenkandidat der
DDP, in den Reichstag gewählt, dem er bis 1932 angehörte.
Für Wilhelm Külz waren Kapp-Putsch einerseits und die revolutionä-
ren Klassenschlachten des Proletariats andererseits gleichermaßen »Ex-
zesse des Radikalismus beider Flügel«, gegen die sich die demokratische
Mitte mit der Weimarer Legitimität behaupten müsse. So wies er in der
Reichstagssitzung am 04. Juni 1921 als Sprecher der DDP scharfe An-
griffe der Deutschnationalen Volkspartei (DNVP) zurück, die Demo-
kratie hätte das nationale Chaos gebracht: »Nein, meine verehrten Damen und Herren von rechts, die nationalistische Politik der letzten
Jahrzehnte hat uns das Chaos gebracht!« Aber in der gleichen Sitzung erklärte er »das eine klipp und klar, daß wir jede Wirtschaftspolitik und jede
Steuerpolitik von vornherein ablehnen, die den lebensnotwendigen
Voraussetzungen unseres Wirtschaftslebens zuwiderlaufen würde.«

Am 18. März 1923 wurde er mit 62 von 70 Stimmen zum zweiten Dresdener Bürgermeister, das hieß zum Finanzchef der Stadt, berufen. Einige Wochen später schied er aus dem Zittauer Amt, das er elf Jahre verwaltet hatte. Die Zittauer Morgenzeitung schrieb dazu:»Alles in allem: Niemand wird bezweifeln können, daß wir in Herrn Oberbürgermeister Dr. Külz, dessen Zittauer Amtstätigkeit so sang- und klanglos zu Ende gegangen ist, einen Mann von selten hervorragenden Fähigkeiten besessen und verloren haben, den niemand, der ihm unbefangen gegenübersteht, gern hat scheiden sehen. Daß er auch nicht ohne Fehl gewesen ist, wer wollte das bestreiten. Bietet doch jeder Mensch, der sich gerade in der Jetztzeit breit und offen in die Öffentlichkeit stellt, Angriffsflächen, in denen hier oder da der Gegner auch einmal einen Pfeil anzubringen vermag.«

1923 bis 1931 wird er zum Bürgermeister und Leiter des Finanzdezernates von Dresden bestellt. Diese kommunalpolitische Tätigkeit wurde durch die Berufung als Reichsminister des Innern in die Kabinette Luther und Marx 1926 bzw. 1927 unterbrochen. In diese Zeit fiel übrigens der oft belachte, aber unter den damaligen politischen Verhältnissen gewichtige »Zwickelerlaß« für Badeanzüge.

Zwei deutsche Städteordnungen verdanken Külz ihre Entstehung; zahlreiche kommunalpolitische und kommunalwirtschaftliche Abhandlungen haben ihn zum Verfasser. Seine gedankenreichen und von praktischen Anregungen durchwobenen Vorträge auf den Deutschen Städtetagen haben ihm den Ruf eines hervorragenden Kommunalpolitikers eingebracht.

Nach dieser Zeit ist er in der breiteren Öffentlichkeit als Reichskommissar für die internationale Presseausstellung in Köln und in gleicher Stellung für die internationale Hygieneausstellung in Dresden tätig gewesen. Dr. Külz war auch Deutschlands Vertreter im Völkerbund und Vorsitzender der großen internationalen Staatenkonferenz zur Begründung des Welthilfeverbandes. Nachfolgend zwei Zitate aus ausländischen Zeitungen, die sich mit Külz und seiner Politik befaßten.

Aus einer Rigaer Zeitung des Jahres 1929:»Ich kann nicht umhin, die zum Herzen sprechende, natürliche Höflichkeit dieses Mannes mit warmer Anerkennung hervorzuheben ... Diese schlichte, wahrhaft demokratische und zugleich weltmännische Herzlichkeit und Zugänglichkeit findet man heute gerade dort, wo die demokratische Gesinnung am meisten betont wird, am seltensten.«

Chicagoer »Sonntagspost« Sommer 1930: »Die Tätigkeit des früheren Reichsinnenministers in den Kabinetten Luther und Marx – Dr. Külz – enthüllt sich erst dem, der ein wenig hinter die Kulissen geschaut hat, mit denen die heutige Politik sich vor den Blicken der profanen Menge verbirgt. Dem ausgesprochenen Realpolitiker Luther steht der Ideenpolitiker Külz gegenüber, und darum vermag auch erst eine weniger aufgewühlte und zerrissene Zeit als die unsrige ein einigermaßen objektives Urteil zu fällen über das, was dieser hochbegabte, äußerlich und innerlich vornehme Mann von seltenem Wissen, reicher Erfahrung, einer außergewöhnlichen Regsamkeit und Tätigkeit bisher geleistet hat und noch leistet.«

Oberbürgermeister von Dresden war seine letzte kommunalpolitische Station. Am 07. März 1933 verweigerte er das Hissen der Hakenkreuzflagge auf dem Dresdener Rathaus und die verlangte Übergabe der Amtsgeschäfte an die Nazis. Daraufhin verfügte am 14. März 1933 der damalige Reichskommissar für Sachsen – von Killinger – seine Beurlaubung. Am 02. 12. 1934 wurde er in Schutzhaft genommen, die glücklicherweise nur wenige Tage dauerte.

Mit dem Nationalsozialismus hatte Külz, wie seine Amtsentfernung beweist, nichts am Hut. Er kritisierte die Kollegen der Demokratischen Partei, die dem Ermächtigungsgesetz zugestimmt hatten. Interessant ist auch seine Bemerkung, die er anläßlich des Reichstagsbrandes in der Nacht vom 27. zum 28. Februar 1933 während eines Skatspiels machte, als die Meldung kam, die berüchtigte Verordnung des Reichspräsidenten zum Schutz von Volk und Staat (»Reichstagsbrandverordnung«) sei in Kraft gesetzt. Külz prophezeite das baldige Ende Hindenburgs als Staatsoberhaupt.

In Berlin eröffnete er eine Anwaltskanzlei. Er vertrat gemeinsam mit seinem Sohn Ludwig viele jüdische Klienten, was ihm immer wieder kritische Betrachtungen z.B. in dem besonders berüchtigten Hetzblatt »Der Stürmer« eintrug.

1945 gehörte Külz zu den Mitbegründern der LDP in Berlin. Er bemühte sich von vornherein, von Berlin aus zu einer gesamtdeutschen Partei zu kommen. Überhaupt, sein ganzes Bestreben, seine gesamte politische Aktivität stand unter dem Gesichtspunkt, Deutschlands Einheit zu erhalten. Dies führte schließlich dazu, daß die in den drei Westzonen entstandenen liberalen Parteien und die LDP einen gemeinsamen Vorstand bildeten. Die beiden gleichberechtigten Vorsitzenden

waren Heuss und Külz. Wenn dies auch nur kurzlebig war, denn im
Januar 1948 zerbrach dieser gemeinsame Vorstand, so bleibt doch festzuhalten, daß die Liberalen die einzige Partei waren, die über die
Zonengrenzen hinweg den Versuch unternahmen, zu einer gemeinsamen politischen Führung zu kommen.

Wilhelm Külz hatte zusammen mit Waldemar Koch, Eugen Schiffer
und anderen die Registrierung der Liberalen zuerst als Deutsche Demokratische Partei, dann als Liberal-Demokratische Partei Deutschlands durchführen lassen. Im Juli 1945 erfolgte die formelle Zulassung
der LDP. Eine erste Delegiertenkonferenz am 03./04. 02. 1946 in Weimar brachte den offiziellen Zusammenschluß der Verbände in der sowjetischen Besatzungszone. Bei dieser Gelegenheit wurde Külz in seiner Funktion bestätigt und schließlich auch auf dem ersten Parteitag
vom 06. bis 08. Juli 1946 in Erfurt ohne Gegenstimme gewählt.

Es ist hier nicht Ort und Stelle, die ersten Jahre der gesamten Entwicklung der LDP nachzuzeichnen, aber natürlich ist diese Entwicklung
eng mit dem Vorsitzenden Külz verbunden. So unbestreitbar am Anfang die Führungsrolle von Külz war, so erhob sich doch schon relativ
früh Widerstand gegen seine – wie man glaubte – zu kooperative Haltung gegenüber der sowjetischen Besatzungsmacht. Diese Vorwürfe
kamen nicht nur aus den westlichen Besatzungszonen, sondern zunächst intensiv aus Berlin selbst, verständlicherweise in erster Linie aus
den drei Westsektoren. Külz hat sich nach meinen eigenen Erfahrungen und Erinnerungen in dieser Zeit vor allem bemüht, Deutschland
nicht als vier Besatzungszonen zu sehen, sondern ganz Deutschland in
den Vordergrund seiner Reden und Artikel gestellt.

Einige Beispiele mögen dies belegen:
»Nach zwölfjähriger politischer Entmündigung und Versklavung steht
das deutsche Volk vor der Notwendigkeit, sich aus dem ungeheuren
Zusammenbruch des verlorenen Krieges zu neuen Lebensmöglichkei-
ten emporzuringen. Eine Überwindung all der Not und all des Jam-
mers, die über uns gekommen sind, wird nur möglich sein, wenn jeder
einzelne Deutsche von wahrhafter demokratischer Volks- und Staatsge-
sinnung erfüllt ist, die darin besteht, daß sich jeder für seine Position
selbst verantwortlich fühlt für das Schicksal seines Volkes, daß jeder an
der Stelle, an der er wirkt und schafft, seine ganze Kraft für eine Wie-
dererneuerung Deutschlands einsetzt.«

»Die Liberal-Demokratische Partei Deutschlands will dem deutschen

Volk Helferin und Führerin auf dem Weg in eine bessere Zukunft sein. Sie verlangt keine Gefolgschaft aus Zwang oder blindem Gehorsam, sondern aus dem Willen des freien Menschen heraus. Wir vermeiden es grundsätzlich, vor das deutsche Volk mit einer Fülle von Versprechungen im einzelnen zu treten und der Zukunft zu überlassen, was man davon halten kann oder will. Wohl aber stellen wir unsere Ziele klar und fest umrissen heraus und geben dem deutschen Volk die Möglichkeit, sich selbst zu entscheiden, ob es den Grundgedanken unserer Politik Vertrauen entgegenbringen will. Für eine dieser Parteien sich zu entscheiden, lehnt der politisch Gleichgültige oder Unentschlossene häufig mit dem Bemerken ab: Ich will *über* den Parteien stehen. Da kommt uns Gottfried Keller zu Hilfe: ›Wer über den Parteien sich dünkt mit stolzen Mienen, der steht zumeist sogar erheblich unter ihren.‹ Die Übersetzung dieses Dichterwortes in die politische Prosa heißt: Das Bekenntnis zu einer Partei ist in der Demokratie staatsbürgerliche Pflicht schlechthin. ›Politisch Lied, ein garstig Lied‹, das war für die Nazizeit eine sicherlich noch zu milde Kennzeichnung; in einer richtig verstandenen Demokratie aber ist die Politik das Hohe Lied der Liebe und der Arbeit für Volk und Vaterland, und eine Partei ist nicht nur das Sammelbecken politisch gesinnungsgleicher Personen, nicht nur das Instrument zu politischer Erziehung und Willensbildung, sondern der erste Grundstein für das neue Fundament eines wiedererstehenden Deutschlands. Den einzelnen wirtschaftlichen Aufgaben gegenüber betrachtet die Partei die Erhaltung des Privateigentums und die Rückkehr zur freien Wirtschaft als Voraussetzung für erfolgreiche wirtschaftliche Betätigung.«

Auch in seinen Reden, Artikeln und Erklärungen zu allgemeinen politischen Fragen ist immer wieder der Hinweis auf die gesamtstaatliche Entwicklung zu finden.»Die liberale Weltanschauung kennt keine zwangsläufige und mechanische Entwicklung der Geschichte der Menschheit, sondern betrachtet es als Aufgabe des Menschen, diese Entwicklung sinnvoll zu gestalten. Sich fatalistisch mit der Unerlöstheit der menschlichen Gemeinschaft abzufinden, ist menschenunwürdig. Das Endziel menschlicher Entwicklung liegt nicht in der Vernichtung, sondern eben in der sinnvollen Gestaltung des Lebens, nicht in einem Gegeneinander, sondern in einem Miteinander, nicht im Krieg, sondern im Frieden. Das ist nicht Lebensphilosophie allein, sondern mehr noch praktische Lebensanwendung.«

»Wenn eine grundlegende Wahrheit im Angesicht der hundertfältigen
Problematik, die sich vor uns auftut, klar erkennbar ist, so die, daß alles,
aber auch wirklich alles davon abhängt, daß wir das Gefühl einer unzer-
störbaren Schicksalsgemeinschaft als Deutsche nicht verlieren und unser ganzes politisches Denken und Handeln von dem unbeugsamen
Willen beseelt bleiben lassen, die Lebenseinheit der Deutschen Nation
als solche zu erhalten.«

»Im einzelnen wird über die neuen staatlichen Lebensformen eines demokratischen Deutschland zu sprechen sein, wenn das deutsche Volk
die Möglichkeit erhält, auf breiter demokratischer Grundlage seinen eigenen Willen zu bekunden. Bis dahin wird es Aufgabe der verantwor-
tungsbewußten politischen Parteien sein, dort, wo es möglich ist, den
großen zusammenfassenden Einheitsgedanken zu beleben und zu festigen und alle auseinanderstrebenden Tendenzen zu bekämpfen. Wenn
sie das tun, so ist das keine Anmaßung, sondern eine leider nicht unnö-
tige Pflicht.«

»Jeder, den seine politische Betätigung in die einzelnen Zonen führt,
wird feststellen müssen, wie weit wir uns in den einzelnen Zonen auch
innerlich schon voneinander entfernt haben. Es ist geradezu haarsträu-
bend, welchen konfusen Auffassungen man in den einzelnen Gebieten
Deutschlands über die Lage und die Zustände in anderen Gebietsteilen
begegnet und wie stark die Neigung ist, unter Hintanstellung der gesamtdeutschen Interessen sich regional nach Ländern zu orientieren. Die äußeren Schlagbäume an den Zonengrenzen sind schon ein
schmerzlicher Anblick, aber ungleich schmerzlicher sind die Zonengrenzen, die wir selbst gegeneinander in unserer Empfindungs- und
Anschauungswelt aufrichten.«

Haben wir heute nicht ähnliche Diskussionen, wenn von der »Mauer in
den Köpfen« gesprochen wird?

»Überhaupt: Das Bild des deutschen Menschen im Weltspiegel ist von
wesentlichem Einfluß auf das Urteil der Welt über den Deutschen, das
uns den Weg in die Weltgemeinschaft öffnen soll. Wir sollten immer
daran denken, daß unsere innerpolitische Atmosphäre zwangsläufig
außenpolitische Ausstrahlungen zu verzeichnen hat und daß auch um-
gekehrt eine günstige, von außen her uns gegenüber sich auswirkende
Einstellung für unsere innere staatliche und wirtschaftliche Neugestaltung von wesentlicher Bedeutung ist.«

Dies sollten wir immer, ganz besonders heute, beherzigen.

Ich habe mehrfach miterlebt, wie stark Külz in Kundgebungen auf Menschen wirkte. In Dresden war das für mich besonders eindrucksvoll, weil das Wort in Erfüllung ging, das er nach der Vertreibung aus dem Rathaus 1933 öffentlich gesagt hatte:»Ich komme wieder.« Wilhelm Külz war damals bemüht, die Liberalen zu einer schlagkräftigen Partei zu machen, die Bewegungsmöglichkeit in der sowjetischen Besatzungszone, die geringer war als in den Westzonen, zwar zu nutzen, aber den Gedanken, die Zusammenarbeit der – wie es hieß – antifaschistischen Kräfte mit Nachdruck zu vertreten. Ihm war wohl anfangs nicht bewußt, daß es das Ziel sowohl der deutschen Kommunisten als auch der sowjetischen Verantwortlichen war, über den Zusammenschluß der KPD mit der SPD zu einer Staatspartei zu kommen, die die bestimmende Rolle in der Blockpolitik übernehmen sollte.

Als ich auf dem Landesparteitag der sächsichen LDP im Oktober 1947 von der SMA aufgefordert wurde, nicht zu kandidieren, weil es mir angeblich nach meiner Verwundung nicht gut genug ginge, riet Wilhelm Külz mir zu, es dennoch zu tun. Man würde ja sehen, was dann passiere. Ich bin überzeugt, er konnte sich nicht vorstellen, daß die Besatzungsmacht den gewählten Landesvorstand außer mir bestätigen und den unterlegenen Kandidaten an meiner Stelle zum stellvertretenden Landesvorsitzenden bestimmen würde. Auch mein Versuch, über den Zentralvorstand in Berlin dies zu korrigieren und insbesondere das mir auferlegte Rede- und Schreibverbot sowie die kurz danach verfügte Entlassung aus der hauptamtlichen Arbeit wieder rückgängig zu machen, schlug fehl. Hierbei wurde deutlich, daß Külz offensichtlich nicht den Einfluß nehmen konnte, den er glaubte, bei Gesprächen und Verhandlungen mit der Besatzungsmacht zu haben. Das Auseinanderbrechen des Landesverbandes Berlin war das äußere Zeichen für Külz, daß er offensichtlich die Grundeinstellung der großen Mehrheit der Parteifreunde entweder nicht mehr richtig einschätzte oder sie gar nicht wahrnahm. Viele sehen den Beschluß des Zentralvorstandes vom Dezember 1947, am Volkskongreß teilzunehmen, als den entscheidenden Wendepunkt. Dieser Beschluß ist damals nach meiner Überzeugung von Külz deshalb forciert worden, weil er der SED nicht das Feld überlassen wollte und die Hoffnung hegte, die gesamte deutsche Entwicklung positiv beeinflussen zu können. Es muß ihm aber schon im Januar/Februar 1948 langsam bewußt geworden sein, daß statt der erhofften fairen Zusammenarbeit im Block nur die Herrschaftsfestigung der SED das Ziel war. Aus manchen Äußerungen wurde sichtbar, daß er im März 1948 an eine Kurskorrektur, also mehr Distanz zur SED, dachte. Zur Umsetzung ist es nicht mehr gekommen, weil er am 08. 04. 1948 verstarb. Ich bleibe bei dem, was damals schon mein Empfinden war: Wilhelm Külz konnte offensichtlich nicht so bösartig denken, wie man in Wahrheit von sowjetischer und kommunistischer Seite mit ihm verfuhr. Es ist eine gewisse Tragik, daß der Mann, der sich für das Bewahren des gesamtdeutschen Gedankens einsetzte und glaubte, die bis dahin erfolgten Beteuerungen von sowjetischer Seite für bare Münze nehmen zu können, letztendlich dieses Ziel nicht erreichen konnte, sondern eine entgegengesetzte Entwicklung – wenn auch ungewollt – nicht zu bremsen vermochte. Es ist reine Spekulation – das bekenne ich freimütig –, wenn ich sage:

Hätte er noch ein oder zwei Jahre gelebt, wäre mit Sicherheit auch nach außen spürbar geworden, wie sehr er sich getäuscht gefühlt hat und wie enttäuscht er gewesen ist, daß er den öffentlichen Erklärungen seiner sowjetischen, aber auch deutschen Gesprächspartner Glauben schenkte. Wer heute die gesamte Persönlichkeit von Wilhelm Külz nur unter den Aspekten der letzten Monate oder zwei/drei Jahre seiner politischen Tätigkeit bewertet, wird ihm nicht gerecht. Vor allem diejenigen, die ihn als Geburtshelfer der DDR hinstellen, sollten endlich zur Kenntnis nehmen, daß er schon über ein Jahr tot war, als die DDR gegründet wurde.

Hermann Marx

Dr. Karl Hamann rehabilitiert

Das Präsidium des Bundes Freier Demokraten hat am 9. Mai 1990 den früheren Vorsitzenden der LDP, Dr. Karl Hamann, rehabilitiert und ihn posthum in seine Rechte wieder eingesetzt. Es hat dabei sein Bedauern ausgedrückt über die unrechtmäßigen Maßnahmen gegen Dr. Hamann und insbesondere über das Verhalten des Dr. Loch, der beim Ausschluß Hamanns Vorsitzender der LDP gewesen ist. Damit wurde ein parteiinterner Wiedergutmachungsakt vollzogen, der längst überfällig war. Schon unmittelbar nach den Ereignissen vom November des letzten Jahres wurde in der LDP-Zeitung »Der Morgen« über das Schicksal Karl Hamanns berichtet und auf das skandalöse Verhalten der damaligen Parteiführung hingewiesen. Nun steht noch die Kassation des Urteils des Obersten Gerichts der DDR vom 26. Mai 1954 aus, mit dem Hamann eineinhalb Jahre (!) nach seiner Verhaftung zu zehn Jahren Zuchthaus verurteilt worden ist.

Wer war dieser Mann, Dr. Karl Hamann, Vorsitzender der LDP von Februar 1949 bis Dezember 1952? Der diplomierte Landwirt wurde 1903 in Hildesheim geboren, ging in Speyer ins Gymnasium, studierte an der Landwirtschaftlichen Hochschule Hohenheim und an den Universitäten Bonn und Berlin und promovierte 1933 in Bonn. Danach übernahm er in der Nähe der thüringischen Stadt Hildburghausen das Gut Mönchshof, damals anerkannter Lehrbetrieb und Versuchsgut. Unmittelbar nach dem Zusammenbruch stellte er sich für den Wiederaufbau in seinem Fachbereich und im politischen Leben zur Verfügung. Er wurde in die Thüringische Beratende Landesversammlung berufen und für die LDP in den ersten Thüringischen Landtag gewählt, wo er Vorsitzender des Landwirtschaftsausschusses wurde. 1948, nach dem Tod von Wilhelm Külz, berief ihn die Partei als Geschäftsführer in den Geschäftsführenden Vorstand. Auf dem Parteitag im Februar 1949 in Eisenach wählten ihn die Delegierten zum Vorsitzenden der LDP, zusammen mit Professor Dr. Kastner, der später aus der Politik ausschied und in den Westen ging.

Karl Hamann war in diesen Jahren, in denen der politische Liberalismus

ums Überleben kämpfte, der weitaus beliebteste Politiker seiner Partei.
Das Vertrauen, das ihm die Mitglieder bei allen politischen Auftritten
entgegenbrachten, störte Besatzungsmacht und SED. Bei der Gründung der DDR im Oktober 1949 wurde Hamann Minister für Handel
und Versorgung. Damit hatten sich LDP und Hamann selbst den späteren hemmungslosen Angriffen der SED wegen der Versorgungslage
ausgeliefert. Die unentrinnbar katastrophalen Versorgungsprobleme,
die weder von einer Partei noch von einem einzelnen gelöst werden
konnten, wurden nun allein der LDP und dem Minister für Handel und
Versorgung angelastet. Ulbricht war der erste, der zur Jagd gegen Hamann aufrief.

Zunächst wurden leitende Mitarbeiter in Hamanns Ministerium, alles
LDP-Mitglieder, als »Saboteure und Agenten« entlarvt, dann wurde der
Minister für die Agententätigkeit verantwortlich gemacht. Schon im
November 1952 hatte Ulbricht die bürgerlichen Parteien als »Lebens-
versicherungen« gegen den Dienst in der Volkspolizei bezeichnet.
Beide Parteien, vor allem aber die LDP, hatten starken Zuwachs durch
junge Leute erhalten, weil der Dienst in der Vopo in einer Dienstan-
weisung für LDP- und CDU-Mitglieder praktisch gesperrt war. Dies
hatte die LDP attraktiv gemacht.

Ulbricht charakterisierte die LDP als »Sammelbecken für Reaktio-
näre«. Auch dabei griff er Hamann persönlich an. Das hatte seinen
Grund vor allem darin, daß die LDP-Mitglieder auf Hamann setzten
und für Marionetten wie Dr. Loch noch immer kein Durchbruch zu
erzielen war. Dabei war Hamann keineswegs ein Ideologe in der LDP.
Aber er strahlte Glaubwürdigkeit aus. Und er hatte seinen eigenen
Dickkopf, der ihn vor Gefälligkeitshandlungen weitgehend bewahrte.
Bei allem aber glaubte er, und das war der Fehler vieler Leute, die sich
damals noch in der SBZ und der beginnenden DDR politisch enga-
gierten, daß auch die Russen auf ein einheitliches Deutschland setzten.
Im vertrauten Gespräch kam er immer wieder darauf zurück, daß aus
der Sicht der Russen gerade die bürgerlichen Parteien, und hier die
LDP mehr als die CDU, wichtige Aufgaben für die Zukunft hätten.
Doch selbst wer das nicht nachvollziehen mochte, dem Menschen Karl
Hamann wuchs umsomehr Vertrauen zu, als rundum schon die Hand-
langer der SED bereitstanden.

Vor dem vierten Parteitag der LDP Anfang Juli 1951 in Eisenach wurde
Hamann, wie er in seinen persönlichen Aufzeichnungen geschildert

hat, zu einer Unterredung in die Sowjetische Militäradministration in Karlshorst bestellt. Dort wurde er offen zu einem Verzicht auf den Parteivorsitz aufgefordert. Nach seinen Aufzeichnungen hat er das abgelehnt. Das Ergebnis des Gesprächs war, daß Dr. Loch, wie 1949 Professor Kastner, mit Hamann als gleichberechtigter Vorsitzender kandidieren sollte. Dies hat auf dem Parteitag zu wütenden Protesten gegen Loch und zu demonstrativen Sympathiekundgebungen für Hamann geführt. Loch aber war mitgewählt. Damit hatten Russen und SED direkt den Fuß in der Tür, was ohnehin nur eine Frage der Zeit war. Hamann hatte nun, wie sich bald herausstellen sollte, seinen und der LDP Totengräber neben sich. Vielleicht hätte er damals in den Westen gehen sollen wie so viele andere zuvor. Aber er hat es auch sich selbst schwer gemacht. Aufgeben, solange er selbst glaubte, und andere im Stich lassen entsprach nicht seinem Charakter. Und so blieb er.

In der Sitzung der Blockparteien am 9. Dezember 1952, als es um seinen Kopf ging, hat er sich geweigert, die Schuld für die Versorgungslage in der DDR sich und seinen Mitarbeitern anlasten zu lassen. Er hat, wie er hinterher berichtete, seine Position verteidigt. Vor allem hat er auf die Mißstände hingewiesen, die sich, was damals auch in der Öffentlichkeit vermutet wurde, besonders aus dem Aufbau des Versorgungsnetzes für die kasernierte Volkspolizei als Vorläufer für die Nationale Volksarmee ergaben. Als ihm das SED-Politbüromitglied Matern vorwarf, er wolle Saboteure und Betrüger decken, verließ Hamann die Blocksitzung. Auf dem Weg zum Generalsekretär der LDP Täschner, der wahrscheinlich in den Ablauf der Verhaftung direkt eingespannt war, wurde Hamann am 10. Dezember 1952 verhaftet. Am Abend desselben Tages erschienen in der Wohnung acht Stasi-Leute, nahmen Hamanns Tochter Liv ohne jede Begründung mit und setzten die Familie — Frau Hamann und fünf Kinder — unter Hausarrest. Hamann aber blieb, ebenso wie seine Tochter, verschwunden. Liv Hamann, nur verhaftet, um den Vater psychisch unter Druck zu setzen, wurde 1953 in Chemnitz/Karl-Marx-Stadt, wo sie nie in ihrem Leben war, zu zehn Jahren Zuchthaus verurteilt.

Karl Hamann blieb in Einzelhaft, ohne jede Verbindung mit der Familie, bis er nach eineinhalb Jahren, am 26. Mai 1954, ebenfalls zu zehn Jahren Zuchthaus verurteilt wurde. Die Einzelhaft dauerte fort bis zu seiner Entlassung am 12. Oktober 1956. Der damalige FDP-Vorsitzende und Bundesminister Dr. Thomas Dehler hatte sich persönlich für

die Entlassung von Karl Hamann in Ostberlin eingesetzt. Anfang 1957
kam Dr. Hamann in die Bundesrepublik. Er starb 1973 in Bad Godesberg und liegt dort begraben.

Dieses traurige Kapitel kann nicht abgeschlossen werden, ohne an das
zu erinnern, was sich nach der Verhaftung Hamanns innerhalb der LDP
abgespielt hat: Schon am Tag nach der Verhaftung erschien im offiziellen Parteiorgan »Der Morgen« eine ausführliche »Erklärung der Liberal-Demokratischen Partei Deutschlands« mit beschämenden Vorwürfen gegen den eigenen Vorsitzenden. Die Vorwürfe der SED wurden
pauschal übernommen, noch ehe überhaupt von einer Untersuchung
gesprochen werden konnte. Hamann wurde von der eigenen Partei
»Unterwühlungstätigkeit« vorgeworfen: »Die LDPD wird nicht dul-
den, daß zweideutige oder gar verbrecherische Menschen unter dem
Deckmantel der Zugehörigkeit zu unserer Partei in der gesamten Öffentlichkeit Schaden anrichten können.«
Damit aber war zugleich der (letzte) Kampf angesagt gegen alle, die für
die Partei noch von einer Zukunft träumten. Die Erklärung war von
Loch und Täschner verfaßt, ohne daß ein Gremium der Partei überhaupt unterrichtet war. Das schlimmste Zeugnis dieser Zeit aber ist
eine Rede des LDP-Vorsitzenden Dr. Loch auf einer angeblichen Kon-
ferenz der Parteibeauftragten am 3. Januar 1953, die wahrscheinlich gar
nicht stattgefunden hat und von Loch für seine Veröffentlichung vorge-
geben wurde. Auslöser für Lochs Wutausbrüche war die Reaktion in
der Partei auf die Verhaftung Hamanns und dessen Vorverurteilung
durch die Parteiführung. Loch belehrte die Parteimitglieder, daß »die
reaktionären Kräfte, die vielfach noch in den Bezirken und Kreisen das
große Wort führen ... versuchen, durch eine unsachliche zersetzende
Kritik, deren letzte Beweisgründe der westlichen Haß- und Hetzpro-
paganda entnommen sind, die fortschrittlichen Kräfte zu spalten und
die Partei als Vorspann der Reaktion zu mißbrauchen ...«. Deutlich genug ist deshalb seine Drohung an die Mitglieder der eigenen Partei:
»Diese Kritik ist letzten Endes Sabotage an Partei und Staat ... Und
weil sie erkannt ist, wirkt sie als Bumerang, der diese zersetzenden Elemente in der Partei zerschmettert, wie das die Maßnahmen der Parteileitung der Reaktion in Dresden gegenüber bewiesen haben ...« Die
Blütezeit des Stalinismus hatte Einzug in die LDP genommen! Der
endgültige Niedergang der Partei war besiegelt.
Und noch etwas muß festgehalten werden, weil es die Notwendigkeit

eines Neubeginns nachdrücklich unterstreicht: Zwei Tage nach Lochs Artikel erschien im »Morgen« zur Unterstützung von Loch und zur Bestätigung der neuen Parteilinie ein Artikel von Manfred Gerlach, bis zum Parteitag in Dresden Anfang Februar 1990 noch Vorsitzender der LDPD. Auch Gerlach stellt wie Loch fest, daß sich Hamann schützend vor Agenten und Saboteure gestellt habe. Die Partei jedenfalls habe richtig gehandelt, als sie Hamann ausschloß. Es ist zu hoffen, daß das Präsidium des Bundes Freier Demokraten mit seinem Beschluß vom 9. Mai 1990 nicht nur »Befremden« über die Haltung von Loch, sondern auch von Gerlach ausgedrückt hat und daß »Befremden« mehr ist als nur vornehme Zurückhaltung. Die Partei wird Gelegenheit haben, ihre Haltung zu verdeutlichen, wenn es um die Durchführung des Kassationsverfahrens beim Obersten Gericht der DDR geht.

Man mag dazu die Worte von Hans-Dietrich Genscher beim Gründungskongreß der Jungliberalen Aktion am 24. Februar 1990 in Weimar nachlesen: »Und ich denke an Dr. Karl Hamann, der aufrecht blieb, als andere anfingen, sich zu beugen.«

Rainer Ortleb

Arno Esch, Liberaldemokrat und Weltbürger[*]

Rede vom 28. Februar 1990 in der Aula der Rostocker Universität

Arno Esch, von seinen Freunden als hochbegabt, politisches Naturtalent und glänzender Redner mit großer Überzeugungskraft beschrieben, war Mitglied der LDP und anerkannter Wortführer der jungen Liberaldemokraten Mecklenburgs.

Esch's Nachdenken über den Liberalismus bewegte sich um die Kategorie Freiheit. Freiheit erschöpfte sich für ihn weder in Wirtschaftsfreiheit (»freies Wirtschaften« hielt er für eine Grundvoraussetzung menschlichen Daseins) noch in Parteienpluralismus und parlamentarischer Demokratie. Die Erfahrung des Faschismus und noch mehr die Politik der SED, die 1947/48 deutlich totalitären Charakter annahm, ließen Esch im Herbst 1948 formulieren, Kern der liberalen Freiheitsidee sei »die Forderung nach Sicherung der Menschenwürde«. Wirklich liberale Politik ziele auf die Befreiung von allem, »was der Menschenwürde widerspricht – Freiheit von Not und Furcht«. Daraus folgte für Esch 1. »radikale Sozialpolitik in der freien Wirtschaft« bis hin »zum Recht auf Arbeit«, so Esch wörtlich, und einschließlich realer Gleichberechtigung (juristischer ohnehin) von Mann und Frau; 2. die Überwindung national-staatlichen Denkens und national-staatlicher Politik.

Für Esch stellte sich nach Faschismus und 2. Weltkrieg und angesichts des kalten Krieges die Frage (und sie war für ihn offensichtlich die Kardinalfrage seines Liberalismusverständnisses): Bin ich zunächst Liberaler und dann Deutscher oder zuerst Angehöriger einer Nation und danach Liberaler?

Esch's Antwort lautete: Zuerst bin ich Mensch, also Liberaler, woraus folge, daß man bemüht sein müsse, Weltbewußtsein zu gewinnen. Esch sprach allgemein vom Weltstaat und von Weltstaatpolitik und konkret vom geeinten Europa! Von daher wandte er sich gegen Nationalbewußtsein herkömmlicher Art und demzufolge gegen national-liberale Politik.

Arno Esch sah sich als einen geistigen Führer des »radikaldemokratischen linken Flügels« in der LDP. Er diskutierte mit einigen Freunden im Vorgriff auf die Zukunft (ohne Besatzungsmacht und nach Neugründung konservativer deutscher Parteien, wohin die National-Liberalen dann abwandern sollten) über die Bildung einer »Radikal-Sozialen Freiheitspartei«, was ihm dann vom sowjetischen Militärgericht als Vorbereitung zum Umsturz vorgeworfen wurde. Esch war Pazifist aus tiefer Überzeugung. Er forderte das Recht auf Kriegsdienstverweigerung als Programmpunkt der LDP. Esch war für Gewaltenteilung. Er schrieb: »Die Volksvertretung ist nicht das Volk, sondern ein Organ des Volkes«; der Volkswille könne und müsse auch durch andere Organe zum Ausdruck gebracht und vollzogen werden. Und Esch war für die »verfassungsmäßige Garantie ihrer (der Parteien) Existenz und Wirksamkeit« als Ausgangspunkt für ein Parteiengesetz.

Warum schaltete die Besatzungsmacht einen 21jährigen Studenten auf so brutale Weise politisch aus? Zwei Erwägungen mögen die Sowjets angestellt haben: 1. Esch war nicht einfach »dagegen«. Er versuchte, eine Alternative zu entwickeln und theoretisch zu begründen. Er war in den Augen und aus dem Verständnis der Besatzungsmacht, und auch der SED, ein »Ideologe« und daher besonders gefährlich, weil nicht politisch bestechlich wie »Pragmatiker«. 2. Der »Fall Esch« (möglicherweise in Verbindung mit dem »Fall Stempel« – Generalsekretär der LDPD, verhaftet im Sommer 1950) sollte die Liberaldemokratische Partei disziplinieren und reif machen für das »Mehrparteiensystem« unter dem Diktat der SED.

Wir ehren Arno Esch und besinnen uns heute auf Liberaldemokraten, deren Kampf für Freiheit und Rechtsstaatlichkeit vergeblich schien, die aber dennoch ihrer Idee und ihrem politischen Anliegen treu blieben.

---

* Arno Esch wurde am 20. 7. 1950 vom Sowjetischen Militärtribunal Schwerin zum Tode verurteilt und am 24. 7. 1951 hingerichtet.

Jürgen Frölich

Wolfgang Natonek – Widerstand aus liberalem Geist gegen zwei Diktaturen

Daß die LDPD trotz ihrer langjährigen Einbindung in die SED-Diktatur dennoch in ihren Reihen ein – zumindest zeitweise – starkes Oppositionspotential umfasste, davon ist an anderer Stelle in diesem Reader die Rede. Einer derjenigen, die diesen liberaldemokratischen Widerstandsgeist verkörperten, war der Leipziger Student Wolfgang Natonek. An seinem Fall ist besonders bemerkenswert, daß hier jemand, der schon unter den Nationalsozialisten Schlimmes erlitten hatte, auch gegenüber den Verlockungen und Repressalien des roten Totalitarismus standhaft blieb.

Natonek wurde 1919 als Sohn des liberalen Schriftstellers Hans Natonek geboren, folgte seinem Vater aber 1933 nicht, als dieser wegen seiner jüdischen Abkunft ins Exil ging. Als Halbjude war natürlich im damaligen Deutschland nicht an ein Studium zu denken, selbst für den Wehrdienst war Natonek »unwürdig« und entging, zur Zwangsarbeit in einem Rüstungsbetrieb verpflichtet, nur knapp dem Tod im KZ. Trotz seiner eigenen bedrängten Lage half Natonek dennoch auch anderen Verfolgten, etwa indem er gemeinsam mit Arbeitskollegen geflüchtete russische Kriegsgefangene versteckte, zu dieser Zeit ein todeswürdiges Verbrechen.

Nach Kriegsende konnte er dann doch noch in seiner Heimatstadt ein Studium aufnehmen. Zugleich stellte er sich aber auch voll und ganz dem Aufbau eines neuen, demokratischen Deutschland zur Verfügung und trat, eingedenk der väterlichen Tradition, in die Leipziger LDPD ein. Sein eigentliches Betätigungsfeld wurde die Hochschulpolitik, wo er bald in Konflikt mit der SED geriet, als diese die »volksdemokratische« Umgestaltung der Universitäten umzusetzen begann. Scharf kritisierte er die einseitige Bevorzugung von Arbeiterkindern bei der Vergabe von Studienplätzen und Stipendien und erklärte öffentlich: »Es gab einmal eine Zeit, in der der verhindert war zu studieren, der eine nicht arische Großmutter hatte. Wir wollen nicht eine Zeit, in der es dem verhindert wird zu studieren, der nicht über eine proletarische

Großmutter verfügt.« Dieser Ausspruch ärgerte die SED und ihre Ge-
sinnungsfreunde vor allem deshalb so sehr, weil sie daraus wohl zu
Recht ein »prolet – arisch« heraushörten. Sie konnten aber nicht verhindern, daß bei den Studentenratswahlen 1947 die LDPD-Hoch-
schulgruppe stärkste Fraktion und Natonek Sprecher der Leipziger
Studenten wurde. Doch von kommunstischer Seite begann nun ein
doppelter Angriff auf Natonek, den man entweder durch Drohungen
und Kampagnen um seine Standhaftigkeit oder durch verlockende An-
gebote um seine Reputation bringen wollte.

Natonek hielt aber an seinen liberalen Überzeugungen fest, wurde mit
großer Mehrheit wiedergewählt und nutzte das gesamtdeutsche Stu-
dententreffen auf der Wartburg Pfingsten 1948 zu einer Kundgebung
für das freiheitlich und demokratisch wiedervereinigte Deutschland,
bei dessen Herstellung er gerade von der akademischen Jugend besondere Anstrengungen und Verantwortung erwartete. Natoneks Unbe-
irrbarkeit veranlaßte die SED, zu schärferen Mitteln zu greifen: Im November 1948 wurde er zusammen mit anderen liberaldemokratischen
Studenten verhaftet und bald darauf aus nichtigem Anlaß – wegen der
Nichtmeldung einer SED-kritischen Äußerung – zu 25 Jahren Arbeits-
lager verurteilt. Mehrere Jahre verbrachte Natonek in den berüchtigten
Haftanstalten in Torgau und Bautzen und überlebte diese Zeit wohl vor
allem deshalb, weil er Trost im Abfassen von Gedichten fand.

Daß Natonek dabei noch Glück im Unglück hatte, zeigen die Schick-
sale anderer liberaldemokratischer Studenten: Der Rostocker Arno
Esch wurde in Moskau erschossen, der Jenenser Franz Hammer starb in
Haft. Natonek konnte im Zuge des Tauwetters von 1956 die Freiheit
wiedersehen; er mißtraute wohl aber zu Recht den roten Machthabern
und ging in die Bundesrepublik, wo er sein Studium fortsetzen und abschließen konnte. Ein gewissermaßen preußisches Berufsethos ließ ihn
aber davon Abstand nehmen, sich wieder politisch zu betätigen, solange er im Schuldienst aktiv war. Unmittelbar nach seiner Pensionie-
rung trat er dann aber in die F.D.P. ein und engagierte sich jetzt vor allem kommunalpolitisch.

Mit der Wiedervereinigung konnte er dann erleben, wie die Ideale
seiner Studentenzeit doch noch Realität wurden; auch erfuhr er nun
manche nachträgliche Würdigung und Ehrung: Die neugegründete liberale Jugendorganisation für die neuen Bundesländer, JuliA, ernannte
Natonek zu ihrem Ehrenvorsitzenden und seine Alma Mater in Leipzig

verlieh ihm den Professorentitel. Bald nach seinem Tod, Anfang 1994,
beschloß die Friedrich-Naumann-Stiftung dann, ihre erste Bildungsstätte im vogtländischen Kottenheide nach ihm Wolfgang-Natonek-
Akademie zu nennen, um damit nicht nur die vorbildliche liberale Haltung des ehemaligen Leipziger Studentenratsvorsitzenden, sondern
auch das Verhalten vieler anderer Liberaldemokraten in der SBZ und
DDR zu ehren, die sich nicht dem Druck von Sowjets und SED beug-
ten, sondern auch unter sehr widrigen Umständen an ihren liberalen
Überzeugungen festhielten. Zugleich machte die liberale Stiftung damit auch deutlich, daß dieser heute leider häufig übersehene Teil in der
Geschichte des deutschen Liberalismus Bestandteil der liberalen Tradition und der liberalen Erwachsenenbildung ist.

THEMEN UND PERSPEKTIVEN

Otto Graf Lambsdorff

Von Freiburg nach Wiesbaden – Themen und Tendenzen

>»*Immerhin hat das den Staat zur Hölle gemacht,
daß ihn der Mensch zu seinem Himmel machen wollte.*«
>
> Friedrich Hölderlin

Freiburg! Kein anderes einzelnes Wort weckt in der F.D.P. so viele Emotionen. Kein anderer Begriff hat solchen Symbolwert. Freiburg! Allein der Ausruf in einer Diskussion reicht für eine umfassende innerparteiliche Standortbestimmung. Wer Freiburg in die Debatte wirft, stellt ein komplettes politisches Konzept in den Raum, stellt auch mehr als fünfundzwanzig Jahre danach mahnend und eindringlich einen Anspruch, legt die Latte hoch für die konzeptionell oft springfaule Tagespolitik und versucht sein Zeichen gegen eine intellektuell zu wenig faszinierende F.D.P. zu setzen.
Freiburg! Der Ort des unbestritten wichtigsten Programmparteitages in der Geschichte der F.D.P. ist zum liberalen Zauberwort geworden. Freiburg heißt die Herausforderung für jedes Programm der F.D.P. seit 1971. Freiburg ist für uns alle und für alle Zeit zum guten Geist unserer F.D.P. geworden, aber Freiburg verfolgt uns auch penetrant wie ein Schloßgespenst. Auf Freiburg schwören wir Liberalen den programmatischen Treueeid, für Freiburg leisten wir schwärmerisch Andacht und mit Freiburg wollen wir die Zukunft gewinnen.
Freiburg: Das war mein erster großer Bundesparteitag in der F.D.P. An den Freiburger Thesen hatte ich als Mitglied der vom Bundesvorstand eingesetzten Kommission mitgearbeitet. Damals hatte ich auf Bundesebene noch keine herausragenden Parteifunktionen. Ich war Schatzmeister im Landesverband Nordrhein-Westfalen.
Freiburg: Das war in der Vorbereitung unendlich viel Arbeit. tagelang und nächtelang haben wir in der Kommission bei den insgesamt vierzehn mehrtägigen Sitzungsterminen zusammengesessen, in Gummersbach einmal eine ganze Woche. Dazu gehörte viel Arbeitsbereitschaft, großes inhaltliches Engagement und auch die schlichte zeitliche Mög-

lichkeit, sich dieser Aufgabe mit Haut und Haaren zu verschreiben. Unabdingbar war außerdem, verästelte und langwierige programmatische Diskussionen ertragen zu können. Natürlich gab es in der Kommission erhebliche Auffassungsunterschiede und auch erhebliche Auseinandersetzungen. Gerade das Austragen dieser Unterschiede in langen Sitzungen und Diskussionen scheint mir aber ein entscheidender Grund für die Qualität der Freiburger Thesen zu sein. Auf dem Freiburger Bundesparteitag vom 25. bis 27. Oktober 1971 prallten die konstruktiven inhaltlichen Gegensätze mit leidenschaftlicher Wucht aufeinander. In Freiburg rang ein neuer romantischer Idealismus mit dem traditionell nüchternen Utilitarismus der alten F.D.P. Für die einen ging es um eine völlig neue F.D.P., um eine radikal-liberale Neuorientierung, eine fundamentale Kurskorrektur zum sozialen Liberalismus mit dem Ziel eines »historischen Bündnisses« mit der SPD. Für die anderen stand der pragmatische Ansatz im Vordergrund, der damals stark angeschlagenen F.D.P. ein programmatisches Rückgrat einzuziehen, die liberale Eigenständigkeit in der sozial-liberalen Koalition zu unterstreichen und mit einem attraktiven gesellschaftspolitischen Programm mehr Wähler zu gewinnen.

Was wir heute mit dem Stichwort Freiburg feiern, ist die zur Synthese gewordene Standortbestimmung einer breiten liberalen Mehrheit, die den Liberalismus trotz beiderseits und manchmal schmerzlich verlorener Einzelabstimmungen gemeinsam mit den Freiburger Thesen als eigenständige dritte politische Kraft in Deutschland definierte, die klassischen Ziele der Demokratisierung des Staates erfolgreich mit der Herausforderung der Demokratisierung der Gesellschaft verband und einen nicht mehr nur demokratischen, sondern zugleich sozialen Liberalismus formulierte. Entscheidend kam hinzu, daß die Diskussion um die Ergebnisse des Freiburger Bundesparteitages bereits öffentliche Aufmerksamkeit fanden, eine vorher wie nachher niemals erreichte intellektuelle Faszination auslösten und eine neue Identität für die F.D.P. schufen, die von der Tradition und vom Zeitgeist akzeptiert werden konnte. Die programmatische Neuorientierung der F.D.P. fiel zeitgeschichtlich exakt in eine allgemeine Umbruchdiskussion. Für einen historisch ganz bestimmten Moment war die F.D.P. unglaublich dicht an genau der Themendiskussion, mit der sich große Teile der meinungsbildenden und meinungsbestimmenden Öffentlichkeit befaßten. Entscheidend für den bis heute reichenden Erfolg der Freiburger Thesen war ihr damals außergewöhnlich intensives gesellschaftliches Echo.

Die seit vielen Jahren in unserer Partei, nicht nur im sogenannten »Freiburger Kreis«, verbreitete Sehnsucht nach einem Freiburg II verkennt oft die in jeder Beziehung besondere damalige Situation. Wahrscheinlich wäre schon die Entstehung der Freiburger Thesen nicht denkbar gewesen ohne die Phase der Oppositionsrolle der F.D.P. von 1966 bis 1969. Nur dadurch gelang es, von vornherein aus sonst sehr starr vorgegebenen Bahnen auszubrechen. Nur dadurch konnte eine wirklich umwälzende Programmarbeit geleistet werden.

Außerdem war insgesamt die Aufnahmebereitschaft für programmatische Arbeit innerhalb der F.D.P., aber auch innerhalb der Gesellschaft weder vorher noch nachher wieder so hoch. Eine ganz wesentliche Rolle hat natürlich auch der Einfluß der 68er Bewegung gespielt mit ihrem Wunsch nach rationalem Diskurs, nach Utopien und kantischen Fragen. Ein sehr typischer – wenngleich schon älterer – Vertreter innerhalb der F.D.P. und Mitglied in unserer damaligen Kommission war Rolf Schroers, an den ich mich trotz mancher Meinungsunterschiede mit sehr großer Sympathie zurückerinnere.

Große Aufmerksamkeit fanden die Freiburger Thesen auch wegen ihrer angeblichen koalitionspolitischen Funktion. Damalige Kritiker der F.D.P. haben die Freiburger Thesen schlicht als nachträglich erstellte inhaltliche Grundlage für die Koalition mit der SPD abgetan. Andere haben das Programm schwärmerisch als weltanschauliches Fundament für das Bündnis von fortschrittlichem Bürgertum und Arbeiterschaft sowie für eine dauerhafte Zusammenarbeit mit der SPD in der Bundesregierung betrachtet. Natürlich sind die Zusammenhänge des Freiburger Parteitages und der Freiburger Thesen zur sozial-liberalen Regierungsarbeit evident. Die gemeinsame Ostpolitik stand zwar ganz weit im Vordergrund der öffentlichen Diskussion, aber dauerhaft konnte die neue Außenpolitik allein keine ausreichende Grundlage für die Fortsetzung der Koalition mit der SPD sein. Das war bei der Einsetzung der Kommission für die Freiburger Thesen durchaus Anlaß, eben auch auf gesellschaftspolitischen Feldern zu einer weiterentwickelten Programmatik der F.D.P. zu kommen. Aber das Ziel war eben nicht, eine nachträgliche programmatische Rechtfertigung für die Zusammenarbeit mit der SPD zu schaffen, sondern mehr Eigenständigkeit der F.D.P. für die weitere Zusammenarbeit herzustellen. Intention war also in erster Linie, einerseits keine Gräben für die Zusammenarbeit auszuheben, an-

dererseits aber die Position der F.D.P. als unabhängige, eigenständige liberale Partei und als dritte Kraft in der deutschen Politik zu stärken.

Alle diese Rahmenbedingungen schufen zusammen ein Klima für den
Erfolg des Freiburger Programmes, eine Gesamtsituation, die seitdem
weder vorhanden noch für Programmarbeit herstellbar war.

Die Freiburger Thesen sind insgesamt ein spezifisches Produkt ihrer
Zeit, sehr wohl prägend mit den ersten drei Grundsatzthesen auch für
die weitere Zukunft der F.D.P., aber keine unveränderliche Bibel des Liberalismus in allen Einzelbestandteilen. Die Freiburger Thesen haben
in unvergleichlich exzellenter Form liberale Antworten auf Fragen der
Zeit und auf ein bestimmtes gesellschaftliches Klima gegeben.

Man muß an die zentralen Scheidelinien der damaligen gesellschaftlichen Diskussion anknüpfen, um die Unwiederbringlichkeit dieses programmatischen Meilensteins, die prinzipielle Unerreichbarkeit eines
»neuen Freiburg« für die heutige F.D.P., deutlich zu machen.

Ende der sechziger Jahre war das Bild eines allein seligmachenden
Wirtschaftswunders im Bewußtsein einer breiten intellektuellen Mehrheit endgültig am Ende ihrer Entwicklungsmöglichkeit angekommen.
Die tiefgreifende Orientierungskrise dokumentierte sich durch einen
weitreichenden Werteverfall und Identitätsverlust vor allem bei der
jungen Generation. Sie war es, die seit 1968 die Sinnfrage neu stellte,
radikal die überkommenen Verhaltensweisen, Lebenshaltungen, Einstellungen und Mentalitäten ablehnte, die gesellschaftliche Erstarrung
der damaligen Bundesrepublik geißelte, nicht mehr gehorsam Zögling
einer autoritären Vätergeneration sein wollte und sich anschickte, das
ganze kleinbürgerliche Idyll eines geistig vertrockneten Staates hin-
wegzufegen.

Gerade für die F.D.P. war diese gesellschaftliche Endzeitstimmung eine
ungeheure Herausforderung, wollte sie nicht zwischen den konservativen Beschwörern des Status Quo und den neuen Göttern Mao und
Marx untergehen. Für den linken Zeitgeist waren Liberale bestenfalls
»nützliche Idioten« und Liberalismus für manche schon zur »stinkenden
Leiche« geworden. Aber der Liberalismus wehrte sich einmal mehr erfolgreich gegen diese laut dröhnenden Totenglocken. Und programmatisch waren die Freiburger Thesen in vielerlei Hinsicht die liberale
Abwehrwaffe in diesem Überlebenskampf. Die F.D.P. stand ideologisch
mit dem Rücken zur Wand. Bei der Gretchenfrage liberaler Politik
nach dem Verhältnis zwischen einzelnem und Staat gaben gesamtge-

sellschaftlich diejenigen längst den Ton an, die sich mehr Freiheitsver-
wirklichung durch entsprechendes staatliches Handeln versprachen, die
auf Kollektive jeder Art setzten und über die von Liberalen propagierte
individuelle Willens- und Handlungsfreiheit bestenfalls verächtlich lachen konnten. Vor diesem Hintergrund mahnte Karl-Hermann Flach
1971: »Wenn es nicht gelingt, die Freiheit durch mehr Gleichheit und
mehr Gerechtigkeit zu erhalten, wird die Freiheit eines Tages zugunsten der Utopie von der totalen Gleichheit verloren gehen.« Vor diesem
Hintergrund standen die künftige Stellung des Eigentums, speziell auch
des Bodeneigentums, die Mitbestimmung und die Vermögensbildung,
das Erbschaftsrecht und die Nachlaßabgabe im Mittelpunkt der Freiburger Thesen. Vor diesem Hintergrund fand die F.D.P. zum Kern-
grundsatz des sozialen Liberalismus, daß es bei Freiheiten und Rechten
nicht nur auf formale Garantien für den Bürger ankommt, sondern unabdingbar auch auf die materiellen Voraussetzungen zur Erfüllung der
Freiheitsrechte und damit auf die sozialen Chancen in der alltäglichen
Wirklichkeit der Gesellschaft.

Zentral war dabei die Janusköpfigkeit des Staates, mit seinen zugleich
freiheitsgefährdenden und freiheitssichernden Aspekten. Mit den Freiburger Thesen gab die F.D.P. die Überbewertung der freiheitsgefährdenden Elemente staatlichen Handelns auf. Der klassische Liberalismus
sah im Staat fast ausschließlich den großen Reglementierer, Behinderer
und Unterdrücker von Bürgerfreiheit und Partizipation. Der moderne
Liberalismus der Freiburger Thesen akzeptierte die freiheitssichernden und freiheitsfördernden Aspekte staatlichen Handelns. Erst die
Grundsätze der Freiburger Thesen gaben der F.D.P. methodisch die
Möglichkeit, Freiheitspolitik nicht abstrakt und losgelöst von der gesellschaftlichen Wirklichkeit zu formulieren, sondern konkrete liberale
Freiheitspolitik vor dem Hintergrund der jeweiligen historischen Situation zu definieren und die Instrumente zur bestmöglichen Umsetzung liberaler Prinzipien zielsicher gewichten und abwägen zu können.

Zum Zeitpunkt der Freiburger Thesen schien diese Abwägung, bezogen
auf das Verhältnis von Freiheit und Gleichheit, in der damaligen gesellschaftlichen Situation zugunsten von mehr Gleichheitsverwirklichung
auszuschlagen. Aber auch dabei blieb für die F.D.P. der Grundwert der
Freiheit das zentrale liberale Ziel. Gleichheit und Gerechtigkeit hatten
demgegenüber eine eher dienende Funktion. Im bereits zitierten Satz

von Karl-Hermann Flach geht es ja nicht um den eindimensionalen
Wunsch nach mehr Gleichheit und mehr Gerechtigkeit, sondern um die
Funktion von mehr Gleichheit und Gerechtigkeit für den Erhalt der
Freiheit. Freiheit zu retten war das Ziel einer historischen Situation, wo
der Glaube an die Planbarkeit von Entwicklungen außerordentlich
groß geworden war, wo die große Mehrheit vom Staat Umverteilung
erwartete, wo die Ausstrahlungskraft des sozialistischen Modells auf Jugend und Intellektuelle erheblich war und ganz allgemein die Gleichheit Vorrang vor der Freiheit zu bekommen drohte.
Die Freiburger Thesen forderten zum Beispiel die Reform des Kapitalismus, aber sie forderten diese Reform nicht mit dem Ziel der Überwindung. Es ging darum, den Willen und die Fähigkeit zur Reform
unserer Wirtschaftsordnung dem Zeitgeist nach Systemüberwindung
entgegenzustellen. Nur diese spezifische politische Situation macht
manche Aussagen − nicht die Grundsätze − der Freiburger Thesen aus
heutiger Sicht inhaltlich umfassend nachvollziehbar.
Viele Jahre später, 1985, hat Martin Bangemann eine andere historische
Situation gesehen und gesagt: »Deshalb stehen wir vor der historischen
Entscheidung, Gleichheit opfern zu müssen, um mehr Freiheit zu gewinnen.« Nur sehr vordergründig kann daraus ein Widerspruch zu der
Aussage von Karl-Hermann Flach herausgelesen werden. Denn diese
scheinbar gegenüberstehenden Thesen sind vollständig vereinbar,
wenn sich das Verhältnis von Freiheit und Gleichheit in der Zwischen-
zeit entscheidend verändert hatte, wenn Liberale ihre Politik vor dem
Hintergrund ihrer Grundwerte in einer veränderten Zeit anwenden
mußten. Dann war es 1971 richtig, Freiheit durch mehr Gleichheit zu
sichern, und dann war und ist es spätestens seit dem Liberalen Manifest
von 1985 richtig, ein Zuviel an Gleichheit zu begrenzen, um zusätzliche Freiheit zu gewinnen.
Denn die Zeit dazwischen war ohne Zweifel von entscheidenden Para-
digmenwechseln gekennzeichnet. In den siebziger Jahren traten ganz
neue Probleme ins Blickfeld der Öffentlichkeit. Im Gefolge der Indivi-
dualisierung und Liberalisierung der Gesellschaft entwickelten sich ein
größeres Verständnis, ein tieferes Problembewußtsein und eine feinere
Sensibilität für die Situation in der Dritten Welt, die Lage der Entwick-
lungsländer und allgemein für den Stellenwert des Nord-Süd-Konflik-
tes. Dies beinhaltete eine spürbare Bewußtseinsveränderung, die ganz
allmählich das aus dem kalten Krieg stammende lineare Konflikt- und

Konfrontationsdenken in einseitiger Ost-West-Richtung abzulösen begann. Der erste Bericht des »Club of Rome« wurde zur Initialzündung für ein allgemein globales Denken. Grenzen des Wachstums wurden für viele durch die Energiekrise und das damit verbundene Sonntagsfahrverbot ganz persönlich erfahrbar. Umweltschutz war zwar durch die F.D.P. erstmals zum Thema des Regierungshandelns geworden, Thesen zum Umweltschutz hatte die F.D.P. als erste Partei überhaupt in Europa in ein politisches Programm geschrieben, nämlich in die Freiburger Thesen, aber das allgemeine Bewußtsein für eine eigenständige ökologische Dimension als wohl größte Herausforderung für das Überleben der Menschheit kam erst nach Freiburg.

Die Freiburger Thesen bezogen sich mit ihren konkreten Forderungen außerdem fast ausschließlich auf gesellschaftspolitische Aspekte, und die siebziger Jahre begannen sehr schnell neue Fragen nach der Zukunft des freiheitlichen Rechtsstaates und der sozialen Marktwirtschaft zu stellen. Beides stand im Mittelpunkt der Kieler Thesen von 1977, die von vielen in der F.D.P. als erstes Abrücken von der Philosophie der Freiburger Thesen empfunden wurde, bei genauer Analyse aber – trotz mancher sehr strittigen Einzelentscheidung – die Ergänzung des Forderungsteils der Freiburger Thesen in dort nicht oder nicht ausreichend behandelten Themenbereichen waren.

Hinzu kam in den siebziger Jahren, daß der freiheitlicher gewordene Staat einen massiven Zangengriff von Terrorismus und Konservativismus erlebte. Die Kieler Thesen zielten darauf ab, den Terrorismus an seinen Ursachen und Wurzeln zu packen, um ihn geistig zu überwinden. Schelte und Hohn prasselten damals der F.D.P. und den liberalen Mitgliedern der Bundesregierung entgegen, die nicht bereit waren, einseitig das Gewaltmonopol des Staates zu stärken. Konservative nahmen den Terrorismus zum Teil als Vorwand für Forderungen zum Abbau des Rechtsstaates, weil ihnen die ganze Richtung der Liberalisierung der Gesellschaft nicht paßte. Bei allen Fehlern und Konzessionen der damaligen Zeit, von denen ganz sicher auch die F.D.P. niemals frei war, setzte sich der liberale Weg der Terrorismusbekämpfung letztlich durch: den Terrorismus wirklich zu überwinden hieß, ihn mit der Überlegenheit der Freiheitsidee zu schlagen.

Teile der Kieler Thesen zur sozialen Marktwirtschaft und zum freiheitlichen Rechtsstaat waren aber auch eine direkte Reaktion auf die schon

seitens der Sozialdemokratie überstrapazierte Betonung und Überfor-
derung des Sozialstaates. Gedanklich und konzeptionell nahm hier der
Prozeß seinen Anfang, der 1982 zum Zusammenbruch der sozial-liberalen Koalition führen mußte. Gegen die Ausuferung des Sozialstaats-
gedankens legten wir in den Kieler Thesen eindeutig den Primat auf die
soziale Marktwirtschaft, weil nur aus marktwirtschaftlicher Kompetenz
schließlich Sozialleistungen erwachsen können. Vor dem Hintergrund
der liberalen Prinzipien haben wir von Anfang an deutlich davor gewarnt, einen hypertrophierten Sozialstaat als ein nie versiegendes Faß
anzusehen, aus dem nach dem Gießkannenprinzip bedenkenlos und
hemmungslos verteilt werden könne. 1982 war dann dieses Faß bis zum
Boden ausgetrocknet. Eine maßlose Subventionspolitik und eine kaum
noch tragbare Staatsverschuldung drohten die Leistungsfähigkeit und
den weiteren wirtschaftlichen Erfolg der Gesellschaft insgesamt in
Frage zu stellen. Gesellschaftsstrukturell lag dem Koalitionswechsel von 1982 der Übergang von der postindustriellen zur Informations- und Dienstleistungs-
gesellschaft zugrunde. Vor allem dadurch entstand ein tiefgreifender
erneuter Wertewandel, eine Veränderung wirtschaftlicher und gesellschaftlicher Strukturen, durch die der Staat seine freiheitsfördernde
Funktion zunehmend verlor und immer stärker zum Verhinderer von
Freiheit wurde. Für immer mehr Menschen führten eine deformierte
Gleichheitsauffassung und eine aufgeblähte Wohlfahrtsbürokratie zur
Aushöhlung des Freiheitsbegriffes. Mit dem Untertitel des Liberalen
Manifestes von Saarbrücken 1985 »Eine Gesellschaft im Umbruch« be-
rührten wir dieses tragende Problem der Zeit. Die sich entwickelnde Informationsgesellschaft brauchte mehr Individualität, brauchte den ver-
antwortungsbewußt Handelnden, den kreativen Einzelnen mehr denn
je. Dem sprach der verwaltete, unselbständige und wenig flexible Ver-
massungstypus früherer Zeiten geradezu Hohn.
Mit dem Liberalen Manifest wurde ausdrücklich an die Grundsätze der
Freiburger Thesen angeknüpft. Gleichwohl verband sich mit dem Liberalen Manifest vor dem Hintergrund der gesellschaftlichen Entwicklung eine vollständige Absage an den in den siebziger Jahren weit-
verbreiteten Glauben an die fortschritts- und freiheitsfördernde Rolle
des Staates. Mehr Freiheit durch weniger Staat war eine der Kernfor-
meln.
Der Weg von Freiburg über Kiel nach Saarbrücken klingt wie eine

Zick-Zack-Reise durch die alte Bundesrepublik. Politisch war dieser Weg aber gerader und konsequenter, als es das abstrakte Programmstudium zum Ausdruck bringt. Natürlich hat die F.D.P. als Partei der Vernunft und der Mitte, als Verantwortungspartei für politische Kompromisse und in vielen Fällen als Achse unserer Demokratie auch programmatisch in mancherlei Hinsicht Konzessionen gemacht. Man kann der F.D.P. sicherlich vorwerfen, daß sie 1971 als letzte Partei auf den Zug zum »Sozialdemokratischen Jahrhundert«, um einen Begriff von Ralf Dahrendorf zu verwenden, gesprungen war und als erste von diesem Zug wieder absprang. Man kann der F.D.P. aber nicht vorwerfen, daß sie es erfolgreich verstanden hat, ihre unveränderbaren politischen Grundsätze wirksam auf unterschiedliche politische Situationen anzuwenden. Und daß die F.D.P. bei den politischen Forderungen ihrer außerordentlich umfangreichen Programmarbeit in unzähligen Sachprogrammen seit 1971 nicht nur die hehren Ziele, sondern immer auch das öffentliche Problemverständnis und die Umsetzungsmöglichkeiten im Auge behielt. Sicherlich sind in vielen Einzel- und Sachprogrammen der F.D.P. manche Formulierungen mit der »Schere des Koalitionskompromisses im Kopf« geschrieben worden, und manchmal zu viele. Aber liberale Grundsätze wurden dabei nicht verletzt. Sie haben in den letzten dreißig Jahren vielleicht mehrmals in der Tagespolitik gelitten, sie sind bestimmt sehr oft nicht ausreichend im Regierungshandeln zum Ausdruck gekommen, aber in der Programmarbeit ist der blau-gelbe Faden liberaler Grundsätze unanfechtbar.

Die F.D.P. ging mit dem Wahlmotto »Die neunziger Jahre versprechen ein äußerst liberales Jahrzehnt zu werden« in den Bundestagswahlkampf 1990. Der Erfolg am 2. Dezember schien diese Aussage zu bestätigen, elf Prozent der Wähler fühlten sich am besten von der F.D.P. vertreten. Dann jedoch setzte eine Entwicklung ein, die den Liberalen vor allem in den neuen Bundesländern eine tiefe Krise bescherte. Die wirtschaftlichen Schwierigkeiten, die mit dem Zusammenbruch des Sozialismus einhergingen, waren größer als vorausgesehen. Zwar hatte die F.D.P. schon mit dem Saarbrücker Programm eine Anpassung der Politik an neue Verhältnisse gefordert, jedoch fiel es zu Beginn der neunziger Jahre noch schwerer, diese Anpassung zu verwirklichen, als es in der zweiten Hälfte der achtziger gewesen war. Angesichts steigender Arbeitslosenzahlen aufgrund einer völlig veränderten Wettbewerbssituation auf dem Weltmarkt und aufgrund von technologischen Entwick-

lungen, die mit der überkommenen Vorstellung menschlicher Arbeit
nicht mehr in Einklang zu bringen sind, kehrte eine Verunsicherung in
die Gesellschaft ein, die viele Menschen eher ängstlich auf die bisherigen, scheinbar bewährten Instrumente setzen ließ, als daß sie sich
neuen, den Entwicklungen entsprechenden Lösungen öffneten. In der
Wirtschaft vollzog und vollzieht sich eine Umstrukturierung, der die
komplementäre Umstrukturierung des Arbeitsmarktes und der Sozialsysteme bisher nicht gefolgt ist. Weil der auf Vollbeschäftigung basierende Sozialstaat durch die Massenarbeitslosigkeit überfordert ist,
entstehen Defizite, die den Gestaltungsspielraum der Politik erheblich
einschränken. Statt die Wirtschaft zu entlasten, werden ihr Rahmenbedingungen gesetzt, die es schwer machen, im internationalen Wettbewerb zu bestehen. Notwendige Maßnahmen zur Steuer- und Abga-
bensenkung, Deregulierung, Privatisierung und Entbürokratisierung
sind zwar von der liberal-konservativen Regierung eingeleitet worden,
jedoch reichen die bisherigen Maßnahmen bei weitem nicht aus, der
Probleme Herr zu werden. Hinzu kommt eine erheblich veränderte
Altersstruktur unserer Gesellschaft, die unseren Generationenvertrag
überfordert und eine neue Rentenpolitik nötig macht. In den beiden
großen Volksparteien verhindern mächtige Interessenkartelle eine in-
novative Politik, indem sie an den Modellen von gestern, die ihnen ihren Einfluß und ihre Positionen verschafft haben, festhalten – zum Teil
wider besseres Wissen.

In dieser Situation hatte und hat die F.D.P. es schwer, ihrer Stimme das
nötige Gewicht zu geben. Mit Schlagworten wie »soziale Kälte« wurde
und wird ihre Politik denunziert. Auch im Bündnis mit der CDU/
CSU muß sie allzu oft populistische Kompromisse eingehen, die dem
nötigen Politikwechsel nicht entsprechen. Vor allem die Bürger und
Bürgerinnen in den neuen Ländern waren und sind von der politischen
Entwicklung in Deutschland enttäuscht. Weil die F.D.P. vielen von ihnen als die Partei des Kapitalismus gilt und weil das Wort Kapitalismus
noch immer Mißtrauen hervorruft, entzogen sie ihr das Vertrauen. De-
primierende Niederlagen bei den Landtagswahlen waren die Folge.
Daraus entstand ein Trend, der die Partei auch auf Bundesebene in eine
tiefe Krise führte, die erst allmählich bewältigt werden kann.

Mit ihren Wiesbadener Grundsätzen für eine liberale Bürgergesellschaft reagierte die F.D.P. im Mai 1997 auch programmatisch auf die
veränderte politische und gesellschaftliche Situation. Sie sind ein einziges

Plädoyer dafür, den Bürgern und Bürgerinnen mehr Verantwortung für ihr Leben und das ihrer Umgebung zu übertragen, um zum einen neue Initiativen zu begünstigen und zum anderen den Staat zu entschlacken, damit er nicht zur Bedrohung der Bürgerfreiheiten wird und damit seine Leistungen wieder finanzierbar werden. Nur auf diesem Wege ist einer Verharzung zu entgehen, die am Ende ein Zurückbleiben Deutschlands hinter den anderen Industrienationen der Welt bewirken würde. Daß mit einer solchen Politik auch ein Umbau mancher überkommener Systeme, zum Beispiel unseres Rentensystems und des Generationenvertrages verbunden ist, ist vielen Bürgern und Bürgerinnen, die sich an die Gefälligkeitspolitik aus vergangener Zeit gewöhnt haben, nur schwer zu vermitteln. Die Wiesbadener Grundsätze fordern den konsequenten Weg in die Verantwortungsgesellschaft, der den liberalen Grundsätzen von Freiheit und Selbstbestimmung entspricht.

Damit die F.D.P. wieder zu einem stabilen Faktor der deutschen Politik und auf mittlere Sicht wieder zur dritten Kraft wird, muß sie sich in unserer Zeit, die vor allem von der hohen Arbeitslosigkeit geprägt wird, als kompetent zur konzeptionellen Lösung unserer wirtschaftlichen und sozialen Probleme erweisen. Ich will einige Punkte anführen, die nach meiner Auffassung Eckdaten einer solchen Konzeption sein könnten:

- Öffnung der Tarifbindung wenigstens für Langzeitarbeitslose.
- Öffnungsklauseln in den Flächentarifen, die Vereinbarungen auf Firmenebene zulassen, oder Änderung des Betriebsverfassungsgesetzes.
- Deregulierung des europäischen Arbeitsmarktes.
- Schlichtungsmodelle anstelle von nicht-rechtsstaatlichen Modellen des Arbeitskampfes wie Streik und Aussperrung.
- Abbau von Subventionen zum Arbeitsplatzerhalt.
- Umstellung des Rentensystems vom Umlage- auf das Kapitaldeckungsprinzip.
- Absenkung der Steuerlasten und Einführung eines dreistufigen Steuertarifs.

Es wird natürlich nicht ohne Kompromisse mit dem Koalitionspartner möglich sein, diese Vorschläge umzusetzen. Aber es muß für die Wähler deutlich gemacht werden, daß die F.D.P. als Partei der Reform und der Vernunft zu diesen Forderungen steht.

Daneben hat sie ihre rechtsstaatliche Tradition zu wahren, was sich in der näheren Zukunft vor allem im Bereich der Integration ausländi-

scher Mitbürger erweisen muß. Wenn sie sich in den beiden Kernberei-
chen ihrer Programmatik, in der Wirtschafts- und in der Rechtsstaatspolitik, selbstbewußt zeigt, wird sie die besten Chancen haben, ihre alte
Funktion als dritte Kraft wiederzugewinnen. Vor allem aber wird sie
sich dadurch deutlich von ihren Konkurrenten unterscheiden, denen es
vor allem darum geht, trostspendende und kollektivistische Antworten
auf das Sicherheitsbedürfnis der Gesellschaft zu geben. Der Liberalismus ist kein solcher Trostspender, sondern konstatiert eine Gesellschaft,
die in prinzipieller Ungewißheit und damit der Möglichkeit des Irr-
tums lebt. Das Wissen um die Unordentlichkeit der Wirklichkeit macht
das Selbstbewußtsein des Liberalen aus, nicht der Glaube an ein Land
Utopia und der Glaube, die Komplexität der modernen Gesellschaft
durch staatliche Steuerung, ideologische Simplifizierung oder Persön-
lichkeitskult aufheben zu können.
Der Liberale antwortet auf den Irrtum mit der Reform. Der Reform-
gedanke ist der tragende Gedanke des Liberalismus. Liberalismus antwortet nicht mit der trostspendenden Aussicht auf eine Gesellschaft, in
der der Mensch von Konflikt, Irrtum und Orientierungslosigkeit befreit ist. Die Kant'sche Feststellung von der »ungeselligen Geselligkeit«
der Menschen, die Eintracht wollen, aber immer wieder Zwietracht
hervorbringen, hat den Liberalismus davor bewahrt, die Utopie der
konfliktfreien Gesellschaft zu postulieren. Zwar hebt die Aufklärung
die Vernunft des Menschen auf den Schild, aber in dem Bewußtsein,
daß der vernunftfähige Mensch nicht immer vernünftig handelt. Der
Liberale arbeitet für eine bessere Gesellschaft, aber er erliegt nicht den
Verheißungen auf die »gute Gesellschaft«.
Was hier ganz allgemein formuliert wurde, begründet eine dringende
Aufgabe des politischen Liberalismus auch für die Zukunft. Es ist die
Frage nach den »Grenzen der Wirksamkeit des Staates«. Die Wilhelm
von Humboldt entliehene Formulierung macht klar, daß es mir nicht
um eine Neubestimmung des Liberalismus geht. Es geht vielmehr
darum, unsere Politik und unsere Gesellschaft an urliberalen Überzeugungen zu messen. Dabei müssen wir die Bedeutung des Wortes
»Wirksamkeit« in doppelter Weise begreifen: Was kann der Staat leisten, und was soll der Staat leisten? Was er nicht kann, hat die Planwirtschaft bewiesen, was er nicht soll (im liberalen Sinn), hat die sozialistische Diktatur bewiesen. Die staatlich geplante Wirtschaft funktioniert
nicht. Der Sozialismus verspricht eine Freiheit für alle in der Zukunft

auf Kosten der Freiheit des einzelnen in der Gegenwart. Das staatliche Verordnungsprinzip des Sozialismus hat keinen Frieden, keinen Wohlstand, keinen Umweltschutz und keine Freiheit gebracht.

Und dennoch gibt es in der Bundesrepublik immer noch einen weitreichenden Konsens, dem Staat eine Allzuständigkeit zuzusprechen, die dazu führt, daß aus staatlicher Intervention meist staatliche Institutionen und Subventionen hervorgehen. Die Hydra der Bürokratie beschäftigt sich in erster Linie mit dem Konsumieren und Umverteilen des Sozialprodukts. Soziale Flankierung von Strukturwandel verwandelt sich mit der Zeit in irreversible Subventionierung. Komplizierte Sozialgesetze helfen nicht den Bedürftigen, sondern dem Gewieften. Und die etatistischen Großparteien reagieren auf jedes Problem mit dem Reflex der Paragraphenforderung.

Bei einer Staatsquote von um die fünfzig Prozent muß man fragen, ob wir nicht schon auf dem Weg in eine ungeplante Planwirtschaft sind. Die wohlfahrtsstaatliche Versuchung ist längst nicht gebannt, und sie wird wohl prinzipiell für die Mehrheit des Volkes weiterhin das Verhältnis von Staat und einzelnem bestimmen.

Wer angesichts dieser Entwicklung behauptet, der Liberalismus müsse sich nach neuen Zielen umsehen, der ist dabei, die alten Ziele aufzugeben. In Deutschland kommt es gerade der F.D.P. zu, gegen diese Entwicklung anzugehen. Die Volksparteien pflegen eine Bauchladenpolitik, die sich dadurch auszeichnet, daß sie für alle ihre Klientelgruppen eine Bonuspolitik (bevorzugt durch Leistungsgesetze) betreiben. Nach dem liberalen Prinzip des »größtmöglichen Glücks der größtmöglichen Zahl« kann es aber nicht um Almosenvergabe, sondern es muß um das Eröffnen von Lebenschancen gehen. Wirtschaftspolitisch heißt die liberale Antwort auf die Arbeitsmarktsituation nicht Beschäftigung durch staatlich finanzierte Arbeitsbeschaffungsmaßnahmen und Beschäftigungsgesellschaften, sondern produktive Arbeit durch Wettbewerbsfähigkeit, die auch durch größere Lohnspreizung erreicht und gesichert werden muß.

Gerade Liberale müssen die Eigenverantwortlichkeit und Selbstbestimmung hochhalten und dürfen unter Sozialpolitik nicht reine Umverteilung oder staatlich alimentierte Bedarfsbefriedigung verstehen. Die liberale Maxime, mehr Chancen für mehr Menschen zu schaffen, Hilfe zur Selbsthilfe zu geben, will die Bürger und Bürgerinnen vor der dauerhaften Abhängigkeit von staatlicher Versorgung bewahren und ihnen die Chance geben, eigenständig über ihr Leben zu bestimmen und in freier Entscheidung den richtigen Weg zu finden. Die sozialen Chancen nicht nur auf den politisch-rechtlichen Ordnungsrahmen zu beziehen, sondern auf die soziale Wirklichkeit, war eines der Hauptanliegen der Freiburger Thesen von 1971. Seitdem sind eine Reihe von Voraussetzungen geschaffen worden, daß die Menschen ihre Chancen in der sozialen Wirklichkeit auch tatsächlich wahrnehmen können, von der Bildung und Ausbildung über das Angebot von Fortbildung und Umschulung bis zur Arbeitslosen- und Sozialhilfe in Fällen von nachgewiesener Bedürftigkeit. Jedoch dürfen sie nicht als eine Art Vollkasko-Versicherung verstanden werden, die jedem einzelnen, ob zu eigener Initiative bereit oder nicht, Wohlstand und Zufriedenheit lebenslang sichern. Vielmehr müssen wir zur Kenntnis nehmen, daß neue Bedingungen auch neue Verhaltensweisen erfordern. In einer härter gewordenen Wettbewerbssituation ist die Verantwortung und Initiative aller Menschen stärker gefordert als zu Zeiten allgegenwärtiger Wohlfahrt. Liberale vor allem sind aufgefordert, das Steuer herumzureißen, damit unsere Wirtschafts- und Sozialpolitik wieder den richtigen Kurs fährt, um neue Chancen für die Bürger und Bürgerinnen zu eröffnen.

Die deutsche Vereinigung bleibt auch nach nunmehr acht Jahren Einheit eine der größten Herausforderungen für die Politik. Die Angleichung der Lebensverhältnisse in Deutschland ist eine große soziale Aufgabe. Wir müssen uns darauf einstellen, daß die wirtschaftlichen und sozialen Probleme auf mittlere Sicht eher noch größer werden, was dadurch signalisiert wird, daß 1997 erstmals das Wachstum in den Neuen Ländern hinter dem in den alten zurückblieb. Aber die schwierige wirtschaftliche, soziale und psychische Situation der Menschen in den neuen Ländern setzt nicht die Gültigkeit marktwirtschaftlicher Prinzipien außer Kraft. Wir brauchen zwar eine Abmilderung der Strukturbrüche, woran wir auch seit 1989 arbeiten, aber eine Abkehr von der liberalen Überzeugung, soziale Chancen durch Marktwirtschaft am ehesten erreichen zu können, wäre absolut kontraproduktiv. Solange zum Beispiel die Produktivität der Betriebe deutlich hinter der in den alten Ländern zurückbleibt, ist es ein Verstoß gegen alle wirtschaftliche Vernunft, die Löhne und Gehälter vollständig anzugleichen. Vor allem die Arbeitslosen, und das ist zu Beginn des Jahres 1998 in den neuen Ländern jeder fünfte, haben darunter zu leiden; ihnen wird durch eine solche Politik jede Perspektive genommen. Das zwanzigste Jahrhundert hat eindringlich klargemacht, daß industrieller Fortschritt dann fragwürdig wird, wenn er zukünftigen Generationen die Bewältigung riesiger Altlasten aufbürdet. Umweltschutz braucht offensichtlich staatliche Sanktionen und verbindliche Normen. Umweltschutz wird aber erst dann erfolgreich verwirklicht, wenn auch ein Instrumentarium wirtschaftlicher und fiskalischer Anreize zur Verfügung steht. Die Umwelt muß ein wesentlicher Faktor der Produktionskosten sein. Nur das wird den prinzipiell schonenden Umgang mit den prinzipiell knappen Umweltgütern bewirken.

Wir stehen mit dem Kampf gegen die Arbeitslosigkeit, mit der deutschen Vereinigung, mit dem europäischen Einigungsprozeß und mit den ökologischen Aufgaben vor schwierigen Herausforderungen. Wir sollten aber nicht vergessen, daß es eher die Ausnahme als die Regel in der Welt ist, geschützt von einer verfassungsmäßigen Verankerung unserer Bürgerrechte in Freiheit leben zu können. Die Universalität der Menschenrechte macht Freiheit nach wie vor zu einer entscheidenden internationalen Aufgabe. Und national bleibt der Schutz und Ausbau der individuellen Freiheiten die zentrale liberale Daueraufgabe.

Das Freiburger Programm bleibt mit den Kautelen, auf die ich anfangs hingewiesen habe, gültig. Manche haben spätere Entscheidungen, zum Beispiel den Koalitionswechsel von 1982, als das Ende von Freiburg bezeichnet. Darin liegt das fundamentale Mißverständnis, man könne mit einem einmal beschlossenen Programm über Jahre und Jahrzehnte die richtige Politik betreiben. Es gibt Grundsätzliches, das der liberalen Politik niemals verlorengehen darf, vor allem der Kampf um die Freiheit der Menschen; es gibt aber auch Zeitbedingtes, das immer wieder überprüft, verändert und neuen Realitäten angepaßt werden muß; und es gibt Visionen, die im täglichen, meist recht ernüchternden politischen Geschäft nicht untergehen dürfen. Vielmehr muß Politik von solchen Visionen beseelt sein, damit sie die Herzen der Menschen erreicht. Vernunft ist der Motor liberaler Politik, das muß stets gelten; die Vision einer Weltbürgergesellschaft, in der alle Menschen frei und in Frieden über ihr eigenes Leben bestimmen können, aber ist der gute Geist, die Seele liberaler Überzeugung. Solange dies in unseren Programmen und in unserer praktischen Politik zum Ausdruck kommt, müssen wir uns um den Bestand der liberalen Partei keine ernstlichen Sorgen machen.

Hans Vorländer

Der ambivalente Liberalismus – oder: Was hält die liberale Demokratie zusammen? [*]

Ein Pyrrhussieg der liberalen Demokratie?

»Noch ein solcher Sieg …«, rief Pyrrhus angesichts der großen Zahl gefallener Krieger, als er den Kampf gegen die römischen Legionäre unter Gaius Fabricius gewonnen hatte, »noch ein solcher Sieg und ich bin verloren.« Man fühlt sich schon ein wenig an den sprichwörtlichen Pyrrhus-Sieg erinnert, wenn man die Diskussion der letzten fünf Jahre über das Schicksal von Liberalismus und liberaler Demokratie Revue passieren läßt. Denn es ist noch gar nicht lange her, da wurde, nach dem Ende des real existierenden Sozialismus, das Ende der Weltgeschichte ausgerufen. Der Liberalismus, so konnte es scheinen, hatte den Sieg im Wettbewerb der Systeme und der Ideologien gewonnen und stand nun ohne Konkurrenz da. Wer wollte, der konnte mit Hegel – und seinem Interpreten Kojève – das Ende der Weltgeschichte verkünden [1]. Doch, so wissen wir heute, war das Triumphgeschrei vorschnell, es war vor allem fahrlässig, fehlerhaft, und es war einer Selbsttäuschung erlegen. Denn von welchem Liberalismus war eigentlich die Rede, und war es denn so, daß der Liberalismus, der vermeintlich als letzte Ideologie übriggeblieben war, alleine in der Lage sein sollte, in den Ländern Ost- und Mitteleuropas die Transformation von kommunistischen Regimen zu Demokratie und Marktwirtschaft zu bewerkstelligen und in den westlichen Industrieländern die offene Gesellschaft auf Dauer auch gegen ihre Zweifler zu behaupten?

Es sollte sich sehr schnell zeigen, daß von einem ultimativen Triumph des Liberalismus und der liberalen Demokratie recht eigentlich nicht die Rede sein konnte. Die Annahme, ja die Erwartung, daß sich die nachrevolutionären ost- und mitteleuropäischen Gesellschaften nach dem Modell liberaler Vertragstheorie und dem Vorbild des amerikanischen Gründungsaktes politisch völlig neu konstituierten – die Vorstellung, daß der ökonomische Transformationsprozeß von einer Planwirtschaft zu einer freien Marktwirtschaft mehr oder minder glatt vonstatten ginge und den langersehnten Wohlstand für alle in angemes-

sen kurzer Frist brächte – die Perspektive, daß die allgemeine Garantie
der Bürgerrechte die wechselseitige Anerkennung der Mitglieder einer
Gesellschaft als Freie und Gleiche in Absehung von kulturellen, ethni-
schen und religiösen Unterschieden bedeutete, dies waren Hoffnungen, die die Euphorie der 1989er Revolution kaum überdauerten und
sehr schnell von Ernüchterung, zum Teil gar Verzweiflung und Orientierungslosigkeit verdrängt wurden.

Hatte Timothy Garton Ash, der
Chronist der Umbrüche in den Zentren Mitteleuropas[2], noch 1990
von der Entstehung einer demokratischen und zivilen Gesellschaft be-
richten können, die das ursprünglich in Amerika 1776 und in Frankreich 1789 begonnene Projekt nun auch für ganz Europa zu einem apo-
theotischen Abschluß gebracht hätte, so hat der aus der Aufklärung
stammende unilineare Fortschrittsoptimismus zwischenzeitlich einem
harten Realismus weichen müssen. Die Eruption von wohlbekannten
Nationalismen und ethnokulturellen Konflikten läßt an die nicht für
möglich gehaltene Wiederholung der Geschichte denken und legt eine
Sicht nahe, die der klassischen Antike zu eigen war und die in Aufstieg
und Verfall das zyklische Gesetz vom Werden und Vergehen politischer
Ordnungsformen sah.

Aber auch in den westlichen Industrieländern, in denen die Idee liberaler Demokratie in ihrer Verbindung mit den Prinzipien gesellschaftlicher Autonomie und freimarktwirtschaftlicher Ökonomie in jahrzehntelanger Praxis eingeübt war, beginnen nun, nach dem Verlust des
kommunistisch-sozialistischen Feindbildes, die Selbstzweifel zu nagen.
Dabei geht es nicht nur um den Verlust des traditionellen politischen
Orientierungsrahmens, der, einem manichäischen Weltbild gleich, in
gute und schlechte, in liberal-demokratische und kommunistisch-so-
zialistische Gesellschaften zu unterscheiden wußte. Zugleich wird mit
diesem Verlust auch eine ideologische Leerstelle deutlich, die durch
die gegenläufigen Tendenzen der ökonomischen und kommunikativen
Globalisierung politischer Zusammenhänge auf der einen Seite und einer dieser Entwicklung nachhinkenden und sie niemals ganz einholen-
den politischen Handlungsfähigkeit und Verarbeitungskapazität andererseits entstanden ist. Der demokratische Fluchtpunkt gesellschaftlicher Orientierung und politischer Gewißheit ist, wenn überhaupt, nur
verschwommen sichtbar. Strömungen des Nationalismus und des neu-
alten Tribalismus schicken sich an, die Perspektive zu verzerren. Mehr
noch, die vielzitierten »italienischen Verhältnisse« geben den Blick frei

auf eine politische und gesellschaftliche Entwicklungsmöglichkeit, die
von den einen als »Telekratie«, von den anderen als – berlusconischer –
»audiovisueller Staatsstreich« (Paul Virilio) bezeichnet wird[3]. Auf jeden
Fall ist dieser Populismus, der die neue politische Unübersichtlichkeit
überspielt, eine scheinbar erfolgreiche Rezeptur für selbsternannte
Volkstribune. Und nicht nur Max Weber wußte es, sondern auch die
Erfahrung dieses Jahrhunderts lehrt es, daß der Typus charismatischer
Herrschaft nicht ohne weiteres kompatibel mit der demokratischen
Regierungsform ist. Die griechische wie auch die römische Erfahrung
des Aufstiegs und Verfalls republikanischer Ordnungsmodelle sollte da-
vor warnen, die liberale Demokratie als den Endpunkt geschichtlicher
Entwicklung anzunehmen.

Das Sinndefizit der liberalen Demokratie

Zu der neuen Desillusionierung angesichts der Herausforderungen und
Gefährungen liberal-demokratischer Systeme gesellt sich eine intellektuelle Skepsis, die zwar nicht neu ist, schon immer den normativen und
theoretischen Horizont der Demokratiediskussion bestimmt hat, aber
nun, nach dem Scheitern jeder utopischen Hoffnung, in beunruhigender Nachdrücklichkeit vorgetragen wird. Diese Skepsis äußert sich
publizistisch, und sie kommt zugleich in einem elaborierten theoretischen Gewand einher. Dabei lautet die Kernfrage: Was hält die liberale
Demokratie in ihrem Inneren zusammen? Kann die liberale Demokratie aus sich heraus politischen Sinn erzeugen, der das Funktionieren
und die Stabilität demokratischer Gesellschaften verbürgt? Besitzen liberale Demokratien ausreichende soziale und moralische Ressourcen
politischer Zugehörigkeit, die Demokratien auch angesichts großer innerer wie äußerer Herausforderungen krisenfest machen?
Joachim C. Fest, um nur einen der publizistischen Skeptiker zu zitieren,
konstatiert ein Defizit an ethischen und sinngebenden Leitlinien und
sieht darin ein existenzgefährdendes Problem der liberalen Demokratie: »Es ist der große, gleichsam angeborene Mangel liberaler Gesellschaften, daß sie keinen greifbaren, die Leiden und Ängste der Menschen rechtfertigenden Lebenssinn vermitteln. Auch halten sie keinen
mobilisierenden Zukunftsprospekt bereit und werfen den einzelnen auf
lediglich das zurück, was er als individuelle Erfüllung begreift«[4]. Das

Sinndefizit wird von Fest als die »offene Flanke der offenen Gesellschaft« bezeichnet. Das Potential der inneren Gefährdung der Demokratie ist um so bedrohlicher, je höher die Abhängigkeit der liberalen Gesellschaft von ihren Wirtschaftsleistungen ist. Die entscheidende Frage für Fest – und nicht nur für ihn – ist, ob die liberalen Demokratien die Kraft besitzen, mit den tiefen ökonomischen und sozialen Krisen seit Beginn der neunziger Jahre fertig zu werden, ohne daß sie, wie einige von ihnen in den zwanziger und dreißiger Jahren dieses Jahrhunderts, ihre Freiheit aufs Spiel setzen und verlieren [5].

Ganz ähnlich argumentieren eine Reihe von Beobachtern, die keineswegs nur zu den Gebildeten unter den Verächtern der liberalen Demokratie oder zu ihren konservativen Kritikern zu zählen sind, sondern die sich selbst als dezidierte Parteigänger der liberalen Demokratie und der liberalen Gesellschaft erklärt haben. So fragt Ralf Dahrendorf neuerdings nach den sozialen und moralischen Fundierungen der liberalen Gesellschaft und hält Demokratie und Marktwirtschaft nicht für zureichende Stabilitätsgarantien einer freiheitlichen politischen Ordnung. Demokratie und Marktwirtschaft sind, so Dahrendorf, »kalte Projekte«, Heimat geben sie nicht, »sie geben Menschen weder Identität noch einen Sinn der Zugehörigkeit« [6]. Die Reihe skeptischer, zum Teil auch pessimistischer Interventionen ließe sich beliebig fortsetzen, der Kernpunkt ist jedoch immer derselbe und läßt sich auf den Begriff bringen, indem ein von Bundesverfassungsrichter Ernst-Wolfgang Böckenförde formulierter und ursprünglich auf den Rechtsstaat bezogener Zusammenhang aufgegriffen und leicht variiert wird. Die Vermutung ist, daß freie und offene, liberale Gesellschaften von Voraussetzungen leben, die sie selbst kaum zu garantieren vermögen. Diese – auch als sogenanntes »Böckenförde-Paradox« [7] eingeführte – These läßt sich im spezifischen Zusammenhang liberaler Theorie so reformulieren: Der Liberalismus mit seiner spezifischen Emphase von Individualismus, Marktwirtschaft und seiner auf Recht und Institutionen basierenden politischen Herrschaftsform ist auf moralische und wertmäßige Kontexte angewiesen, wie sie von Traditionen, gemeinsamen Wertvorstellungen oder einer Zivilreligion gestiftet sind. Das Paradoxe am Liberalismus als der Grundlagenphilosophie moderner Demokratie besteht nun genau darin, daß der Liberalismus jene Größen von Tradition, Transzendenz und sozialen Gewohnheiten zerstört hat, die für das Fortbestehen und die Stabilität liberaler Gesellschaften eigentlich notwendig sind.

Die Debatte zwischen Liberalismus und Kommunitarismus

Die Zweifel an der Integrationsfähigkeit liberaler Gesellschaft finden in der gegenwärtigen Diskussion der politischen und Sozialtheorie ihre prinzipielle Formulierung. Dabei wird dem Liberalismus als der prägenden geistigen und politischen Grundlagenphilosophie moderner Demokratie vorgehalten, daß der Liberalismus mit seinen Grundprämissen die leitende Frage nach der sozialen und moralischen Fundierung demokratischer Gesellschaften bereits im Ansatz verfehlt habe. In dieser Debatte werden zwei Einwände vorgetragen. Zum einen wird behauptet, daß der Liberalismus als explizit moderne Theorie ein Gefangener seiner Modernität ist. In der Betonung von individuellen Rechten und ökonomischer Betätigungsfreiheit hat der Liberalismus, so zusammengefaßt der Einwand, den sozialen Zusammenhalt von Gesellschaften zerstört. Individualismus und egoistische Interessen treten an die Stelle von Gemeinschaft und Gemeinwohl. Das Ergebnis einer sich in erster Linie über individuell bestimmte Glücks- und Nützlichkeitsvorstellungen definierenden Gesellschaft liegt für diese Kritiker auf der Hand: Die Politik verliert das Gemeinwohl aus dem Auge und degeneriert zu einer Technik der Durchsetzung selbstsüchtiger Interessen. Das wirtschaftliche Erfolgsstreben und das *Enrichissez-vous* zersetzen gesellschaftliche Solidarität und führen zu einem rücksichtslosen Umgang mit Mensch und Natur.

Speist sich dieser Einwand aus der politischen Tradition des klassischen Republikanismus, der in der gegenwärtigen Diskussion noch um eine kultursoziologische Variante der Kritik ergänzt wird, so handelt es sich bei dem zweiten Einwand im wesentlichen um ein soziomoralisches Argument, das gegen den Liberalismus vorgebracht wird. Das Argument wiederum ist nicht neu, aber es gewinnt angesichts der Tendenzen zur Neoaristotelisierung der Moralphilosophie einerseits und der zeitdiagnostischen Bedeutung andererseits neues Gewicht. Der Vorwurf lautet, daß der Liberalismus keine Moral kenne und recht eigentlich keine Konzeption des Guten zu seiner Grundlage habe. Der Liberalismus, dem aufklärerischen Postulat individueller Autonomie und Emanzipation verpflichtet und im Recht das universelle Ordnungsprinzip von Politik und Gesellschaft erkennend, ignoriert, ja zerstört das für menschliche Ordnungen des Zusammenlebens konstitutive Prinzip der Gemeinschaft, auf deren Grundlage sich erst gemeinsame

Werte, Überzeugungen, sittliches Ethos und eine von allen Gesellschaftsmitgliedern geteilte Idee der Gerechtigkeit herausbilden. Der Liberalismus macht sich somit einer prinzipiellen moralischen wie faktischen Verkehrung der Prioritäten schuldig. Weil er das konstitutive Moment der Gemeinschaft für alle Grundsätze politischer Ordnung ignoriert bzw. absichtlich leugnet, steht seine Konzeption des liberalen Selbst und des universellen Rechts auf tönernen, sehr wackligen Füßen [8].

Die hier nur in groben Strichen angedeuteten grundsätzlichen Einwände gegen den Liberalismus können nicht mit dem Hinweis abgetan werden, daß es sich im Prinzip um eine wiederaufgewärmte Kritik handelt, die schon Hegel an Kants formaler Pflichtenethik und Rechtsphilosophie vorgetragen hat. Es mag in philosophischer Hinsicht im Kern tatsächlich um das Problem substantieller Sittlichkeit versus formalen Rechtsuniversalismus gehen, doch verbirgt sich hinter dem Aufeinanderprallen von republikanisch-kommunitären Positionen und liberalen Theorien mehr als nur philosophiegeschichtliche Relevanz. Es handelt sich um grundlegende Auffassungsunterschiede über die Formen und Grundlagen der politischen Verfassung von modernen, demokratischen Gesellschaften. Diese Differenzen sind von erheblicher Bedeutung für das Problem des Zusammenhalts liberaler Demokratien.

Die kommunitäre Position scheint mir in ihrer Kritik an den Prämissen des rechtsuniversalistisch verstandenen Liberalismus die Perspektive unzulässig in einer Richtung zu verschieben, die weder den realpolitischen Problemen noch dem Stand der theoretischen Reflexion gerecht zu werden vermag. Wenn die Kommunitaristen in ihrer Kritik der individualrechtlichen kantischen Tradition mit aristotelischen und hegelschen Argumenten dem Begriff des Guten und der ethisch-moralischen Gemeinschaft prioritäre Bedeutung geben, dann tun sie dies auf der Basis einer Integrationserwartung, deren reales Substrat – die »Gemeinschaft« – mehr als fragwürdig erscheint. Der Begriff der Gemeinschaft steht bei den Kommunitaristen zunächst für die allgemeine Idee, daß sich die soziale Integration von Gesellschaften, auch von modernen Gesellschaften, dann angemessen bzw. »richtig« vollzieht, wenn die Gesellschaftsmitglieder statt bloß über Rechtsbeziehungen über die gemeinsame Orientierung an ethischen und moralischen Werten aufeinander bezogen sind. Soziale Integration vollzieht sich qua ethischmoralischer Gemeinschaft, einer Gemeinschaft, die auf gemeinsamen Wertüberzeugungen und damit auch Gerechtigkeitsvorstellungen, einer von allen geteilten Konzeption des Guten, beruht. Damit einher geht das normative Modell politischer Vergesellschaftung, in dem Politik vor allem als »Reflexionsform eines sittlichen Lebenszusammenhangs«[9] begriffen wird. Erst die von allen geteilte moralische und sittliche Ordnung gibt dem politischen Handeln Orientierung und Gewißheit. Damit skizziert der Kommunitarismus ein Modell guter Ordnung, das er zugleich als Programm gegen die als problematisch empfundenen Tendenzen moderner Gesellschaften zu behaupten versucht, die sich mit den Stichwörtern Individualisierungsschub, Erweiterung individueller Optionsräume und kulturelle Erosion von Gemeinschaften und Sozialmilieus umschreiben lassen.

Das alternative liberale Gegenbild läßt sich wie folgt konturieren: Liberale sind davon überzeugt, daß in modernen Gesellschaften keine Konzeption des Guten zu einer für alle Gesellschaftsmitglieder verpflichtenden Grundlage der politischen und gesellschaftlichen »Vergemeinschaftung« gemacht werden kann und gemacht werden darf. Die einzige der modernen Gesellschaft angemessene Form der Integration vollzieht sich über die Prinzipien von Markt und Recht. Die Geltung der liberalen und auch demokratischen Grundrechte ist das Ethos der liberalen Gesellschaft. Diese stiften Sinn aber nur insofern, als sie das Programm individueller Selbstbestimmung und gesellschaftlicher Autonomie verbürgen. Eine soziale und moralische Fundierung gesellschaftlicher Ordnung auf der Basis einer von allen Gesellschaftsmitgliedern geteilten, das eigene wie das gemeinschaftliche Leben umfassenden Wert- und Moralüberzeugung ist nach Auffassung des Liberalismus aufgrund der Ausdifferenzierung unterschiedlicher Lebensbereiche und Lebensformen sowie des »Faktums des Pluralismus« von Normorientierungen und Interessen nicht mehr möglich[10]. Der Liberalismus offeriert ein restriktives Integrations- und Zugehörigkeitsmodell, nicht ohne jedoch an der Notwendigkeit der von allgemeiner Zustimmung getragenen Geltung des Rechts als der Bedingung individueller Freiheit und sozialer Gerechtigkeit festzuhalten. Erst auf dieser Basis universell geltender Rechte – und der diese garantierenden Institutionen – ist die Entfaltung von Differenz, das heißt von unterschiedlichen Konzeptionen des Guten möglich. Damit ermöglicht erst eine liberale politische Konzeption die Entfaltung und die Auseinandersetzung um konkurrierende Vorstellungen des guten und glücklichen Lebens. Der Liberalismus ist, so gesehen, ein *agreement to disagree*, eine Übereinstimmung, nicht übereinzustimmen (und zwar in den »letzten Dingen«).

Der Liberalismus rechnet mit dem weltanschaulichen und kulturellen Pluralismus, hinter den die moderne Gesellschaft nicht mehr zurück kann, und zugleich ist er davon überzeugt, daß sich die Gesellschaft im und durch den Prozeß der Abarbeitung von Komplexität und Heterogenität immer wieder neu zu integrieren vermag.

Im folgenden will ich unter Rückgriff auf die liberale Ideen- und Theoriengeschichte zeigen, wie der Liberalismus in Reflexion auf die Entfaltung moderner Gesellschaften, ihres Pluralismus, ihrer Komplexität und ihrer Dynamik, zu seinem politischen Ordnungsmodell gefunden hat. Dabei wird sein ambivalentes Verhältnis zur Modernität ebenso deutlich wie auch sein wechselvolles Verhältnis zum Problem des Zusammenhalts moderner Gesellschaften. Schließlich ist auch nach der Möglichkeit zu fragen, ob sich das kommunitaristische Anliegen nicht auch im Rahmen liberaler Theorie rekonstruieren läßt.

Was hält eine »Gesellschaft ohne Tugend« zusammen?

Das Verhältnis des Liberalismus zur Moderne ist voraussetzungsvoll. Der Liberalismus, genauer: der Frühliberalismus glaubte immer noch mit den Restbeständen einer intakten Sozialmoral rechnen zu können. Obwohl der Liberalismus von seinem Selbstverständnis her eine genuin moderne politische Philosophie wie auch eine moderne soziale Bewegung ist, rekurriert der Liberalismus in seiner Entstehungs- und Begründungsphase sehr wohl auf vormoderne Traditionsbestandteile und religiös-moralische Vorstellungen, die als selbstverständliche Voraussetzungen mitgedacht, wenngleich nicht immer explizit gemacht wurden. Tradition, soziale Gewohnheiten, aber auch die disziplinierenden Wirkungen der Religion sollten einer Gesellschaft, die ökonomisch im Aufbruch war, Halt geben. Diese Auffassung mag sozialgeschichtlich nicht verwundern, muß man doch in Rechnung stellen, daß der Liberalismus in vor- bzw. frühindustrieller Zeit entstand. Seine Entwürfe für die neue, erst im Entstehen begriffene bürgerliche Gesellschaft enthalten also sehr viel mehr traditionale Elemente, als es Kritiker, die dem Liberalismus immer den radikalen Bruch mit der Vergangenheit vorhielten und damit den Verlust überkommener Ordnungen befürchteten und beklagten, realisiert haben.

So war beispielsweise der Begründer der modernen Ökonomie, Adam Smith, nicht nur Moralphilosoph, sondern er war zugleich davon überzeugt, daß eine Ökonomie, die auf der Freisetzung individueller Interessenverfolgung basiert, sozial immer noch eingebunden bliebe durch ein sozialmoralisches Gefühl der »Sympathie«. Dieses war nur zu verstehen als ein grundsätzliches Verhaltensregulativ im zwischenmenschlichen und gesellschaftlichen Bereich. Modernes wirtschaftliches Handeln schien Adam Smith, und nicht nur ihm, durchaus vereinbar zu sein mit einer tragfähigen Sozialmoral, die der Gesellschaft trotz der tendenziell destruktiven Tendenzen wirtschaftlicher Betätigungsfreiheit Kohäsion verlieh. Und auch war Smith's Entwurf einer neuen Ökonomie konzeptuell noch wesentlich getragen von einer Harmonievorstellung, die in seinem Begriff der »invisible hand«, einer säkularisierten Form des einheitstiftenden Prinzips Gott, ihren theoretischen Ausdruck fand[11].

Zugleich zeigte sich bei Smith aber auch, daß er so ganz auf die Restbestände traditionaler Moral- und Tugendvorstellungen, die noch in seinen Begriff der »Sympathie« eingegangen waren, nicht mehr zu vertrauen wagte. Denn in seinem »System der natürlichen Freiheit« führt die Verfolgung des individuellen Interesses automatisch, durch die unsichtbare Hand geleitet, zu ökonomischem Wohlstand und gesellschaftlicher Harmonie. Hier werden Prosperitätserwartung und Harmonievorstellung, beide mit einem Fortschrittsoptimismus unterlegt, scheinbar vorsorglich und kompensatorisch als Argumente für den funktionalen Zusammenhalt einer modernen Wirtschaftsgesellschaft eingeführt. Ähnliche Überlegungen, die mit der Entstehung der auf Handel und Wandel beruhenden kommerziellen Gesellschaft verbunden wurden, finden sich auch bei Montesquieu wie auch bei den schottischen Moralphilosophen Sir James Steuart und John Millar. Sie sahen in der rationalen Verfolgung des individuellen Interesses nicht etwa ein Laster, nämlich das des Egoismus, wie es die klassische, republikanische Denktradition getan hatte, sondern vielmehr eine Tugend, mit der die Erwartung und Hoffnung verbunden war, daß das zweckgerichtete Handeln für die Gesellschaft schädliche Leidenschaften wie Habgier, Raff- und Machtsucht kontrollieren könne und neue zwischenmenschliche Bindungen und Interdependenzen schaffen würde: Handel und Wettbewerb haben auf die Gesellschaft eine gute Auswirkung, tragen unter Umständen sogar zur Verbesserung der politischen Ordnung, zu einer rationalen und kontrollierten Form der Machtausübung bei [12].

Für die Begründung des modernen Staates sollte dann der Liberalismus gänzlich von der Vorstellung Abschied nehmen, daß Moral, Tradition und Religion die politische Ordnung zu fundieren in der Lage wären. Der moderne Staat, so hatte ja Immanuel Kant formuliert, könne selbst von einem »Volk von Teufeln« errichtet werden [13]. Hier zeigte sich der Liberalismus davon überzeugt, daß die Räson des Staates nicht mehr aus einem vorausgesetzten Staatszweck, einer umfassenden und substantiellen Gerechtigkeitsvorstellung oder einem *bonum commune* ableitbar ist. Die Existenz des Staates rechtfertige sich alleine aus der Wahrung der Grund-, Freiheits- und Eigentumsrechte – was im übrigen keineswegs die Forderung nach einem Nachtwächterstaat zwingend machte, wie die liberalen Klassiker uns belehren. Der von Hegel so etikettierte »Not- und Verstandesstaat« [14] zog in bemerkenswerter und respektabler Konsequenz die Folgerungen aus dem Zusammenbruch traditioneller Legitimationen von Herrschaft und politischer Ordnung. Der liberale Staat limitierte Herrschaftsausübung konstitutionell, und Repräsentativsystem und Gewaltenteilung waren die institutionellen Garantien von individueller Freiheit und Gleichheit vor dem Gesetz. Damit war die Konsequenz aus einer spätestens zum Ende des 18. Jahrhunderts deutlich werdenden gesellschaftlichen Transformation gezogen, die jene Annahmen, auf denen die antike klassische Theorie von der Stabilität politischer Ordnungen basierte, hatte hinfällig werden lassen. Waren Tugend und Moral, die Unterordnung des Privatinteresses unter das Gemeinwohl und die Verwirklichung eines allgemeinen Guten die Kernbestandteile des klassischen politischen Diskurses, von Aristoteles bis Montesquieu, gewesen, so war nun ein Paradigmenwechsel zu vollziehen. Eine neue, im Entstehen begriffene Gesellschaft, die den Federalists, den Verteidigern der amerikanischen Verfassung von 1787, als eine »Gesellschaft ohne Tugend« erschien, eine Gesellschaft, die nicht mehr von Moral, Religion und einer gemeinsamen Weltanschauung getragen war, machte nun die Suche nach einer neuen adäquaten politischen Ordnung notwendig. Die von Robert Dahl sogenannte »zweite demokratische Transformation« [15], der Übergang von einem klein- bzw. stadtstaatlichen politischen Verband zu einem großflächi-

gen Territorial- und Nationalstaat, ließ jene Bestandsvoraussetzungen
einer stabilen politischen Ordnung, die schon Aristoteles benannt
hatte und von denen auch Rousseau für sein direktdemokratisches
Modell nicht lassen wollte, hinfällig werden. Kleinräumlichkeit, soziale
Gleichheit und politisch-kulturelle Homogenität waren problematisch
geworden und konnten in der Schwellenzeit zur modernen Massendemokratie nicht mehr als Grundvoraussetzungen stabiler politischer
Ordnung fungieren. Der politische Verband erstreckte sich nun auf
eine große räumliche Ausdehnung und erforderte eine ihr angemessene politische und institutionelle Struktur. Die entstehende kom-
merzielle frühindustrielle Gesellschaft brachte das traditionelle soziale
Gefüge und die korrespondierenden Annahmen einer »natürlichen
Ordnung« zum Zusammenbruch. Und schließlich führte die »Entdek-
kung« und Anerkennung divergierender menschlicher Leidenschaften
und Interessen zu der Erkenntnis, daß politische Ordnungen nicht
mehr auf vorgängige kulturelle Homogenität fundiert werden können.
In der Folge mußte deshalb die Suche nach den funktionalen Äquiva-
lenten politischer Stabilität in einer »Gesellschaft ohne Tugend« zu einem Hauptanliegen politischer Theoriebildung und vor allem konkreter politischer Praxis werden. Nirgends wurde dies klarer und
nachdrücklicher erkannt als von den Verteidigern der amerikanischen
Verfassung von 1787. Der *locus classicus* dieses – auch praktisch vollzo-
genen – Paradigmenwechsels, zugleich in seiner Kürze und Dichte einer der genialsten Texte der politischen Theorie und des politischen
Journalismus, ist *Federalist Paper No. 10.* Mit den Federalists, mit John
Jay, Alexander Hamilton und James Madison ist das Ende der klassischen Politik und der Beginn liberaler politischer Ordnungskonzeption
vollzogen worden. Die Antwort, die die Federalists auf die Herausforderungen von großflächiger politischer Ordnung, der Entstehung
der kommerziellen Gesellschaft sowie einer gesellschaftlichen und sozialen Interessenvielfalt gaben, war ein ausgeklügeltes Arrangement
der politischen Kräfte, das durch seine Verfahren der Gewaltenteilung
und der Limitierung politischer Herrschaft (nicht zuletzt durch individuelle Grundrechte) als liberaler Verfassungsstaat institutionalisiert
wurde [16].
Dieser kurze ideengeschichtliche Rückblick zeigt, daß der Liberalismus für sein politisches und gesellschaftliches Ordnungsmodell gute

Gründe anzugeben weiß. Die vom Kommunitarismus aber aufgeworfene Frage nach der Tragfähigkeit einer solchen Konzeption und nach dem inneren Zusammenhalt einer durch sie geprägten Gesellschaft ist damit noch nicht beantwortet. Diese Frage gewinnt an Schärfe und Dramatik, wenn in Rechnung gestellt wird, daß die dem Liberalismus innewohnende Dynamik der Freisetzung individueller, gesellschaftlicher wie auch ökonomischer und technologischer Kräfte jene historischen Restriktionen von Tradition, Moral und Religion schnell hinter sich lassen mußte, mit denen der frühe Liberalismus immer noch als Notnagel gesellschaftlicher Kohäsion gerechnet hatte. Wo aber der Liberalismus sich zunehmend als individualistischer, utilitaristischer und libertärer Liberalismus gerierte, aus dem Postulat moralischer Autonomie das atomistische Selbst, das »unencumbered self«[17] wurde, das den selbstsüchtigen Egoismus salonfähig machte und das moralische, nach kategorischen Imperativen handelnde Individuum als ein Relikt vergangener Jahrhunderte verächtlich machte, da mußte zwangsläufig auch der soziale Kitt der Wirtschafts- und Wettbewerbsgesellschaft brüchig werden. Damit stellte sich dann die Frage neu: Genügt es wirklich für die Etablierung und Erhaltung einer demokratischen und liberalen Gesellschaft, wenn diese sich ein institutionelles, konstitutionelles Gerüst gibt, das die politische Herrschaft begründet und kontrolliert, und genügt es, wenn nach Beseitigung der politischen und sozialen Fesseln die freie Marktwirtschaft in ihr Recht eingesetzt wird? Auch hier möchte ich die Frage beantworten im Rekurs auf die politische Ideengeschichte und mit dem ersten und herausragenden Analytiker der modernen Massendemokratie, der aus der aristokratischen Welt stammte, die Transformation der alten Ordnung teilnehmend beobachtete und angesichts der Auflösung herkömmlicher sozialer Bindungen und Gewohnheiten die entscheidende Frage stellte: Was hält die moderne Gesellschaft zusammen?

Es war Alexis de Tocqueville, der die Antwort auf diese Frage suchte, als er 1831/32 mit seinem Freund Gustave de Beaumont die USA bereiste. Er sah in den USA der 1830er Jahre, im Amerika zur Zeit von Andrew Jackson, das Bild und die auch für Europa geltende Zukunft der modernen Massendemokratie. Seine scharfsinnige Analyse, die in vielen Punkten zudem prognostische Weitsicht bewiesen hat, fand ihre leitende Fragestellung in der Untersuchung der Bedingungen, die den Zusammenhalt moderner Gesellschaften und die Stabilität politischer

Demokratie zu garantieren vermögen. In einer Gesellschaft von Ein-
wanderern, von hoher Mobilität und einer Kultur, die Tocqueville
durch Individualismus und das Streben nach materiellem Wohlergehen
ausgezeichnet sah, konstatierte Tocqueville Prozesse sozialer Atomisie-
rung und des Verlustes des »sozialen Bandes«.

Der kaufmännische und
unternehmerische Geist, die »Unruhe des Geistes«, die »maßlose Gier
nach Reichtum«, die »übersteigerte Unabhängigkeitsliebe« der einzelnen stellten für Tocqueville die große Gefahr für den Zusammenhalt
der amerikanischen Gesellschaft dar[18]. Mehr noch, der materialistische
Privatismus schien ihm freiheitsbedrohend zu sein und tendenziell den
Weg frei zu machen für einen demokratischen Despotismus.

Und doch: Tocqueville machte eine Entdeckung, die ihn ins Zentrum
der gegenwärtigen Debatte um Liberalismus und Kommunitarismus
rückt. Er sah in den vielfältigen Formen praktizierter lokaler Demokratie und in den vielfältigen sozialen Gewohnheiten von politischen und
religiösen wie auch einfachen nachbarschaftlichen Gemeinschaften ein
Vehikel der Begründung sozialer Zusammengehörigkeit. Tocqueville,
in der Suche nach dem Bürgersinn, dem Geist öffentlicher bürger-
schaftlicher Betätigung, stellt die für unseren Zusammenhang entscheidende Frage: »Wie kommt es, daß in den Vereinigten Staaten, wo die
Einwohner erst gestern den Boden betraten, den sie innehaben, wohin
sie weder Bräuche noch Erinnerungen mitbrachten; wo sie sich als
Fremde zum ersten Mal begegnen; wo es, mit einem Wort, ein ur-
sprüngliches Vaterlandsgefühl kaum geben kann: Wie kommt es, daß
jeder sich mit den Angelegenheiten seiner Gemeinde, seines Kantons
und des ganzen Staates wie mit seinen eigenen beschäftigt?« Und die
Antwort lautet schlicht: »Weil jeder in seinem Lebensbereich tätigen
Anteil an der Lenkung der Gesellschaft nimmt«. Tocqueville verallge-
meinert seine Erkenntnis und kommt zu der zentralen Aussage: »Das
mächtigste und vielleicht einzige verbleibende Mittel, die Menschen
für das Schicksal ihres Vaterlandes zu erwärmen, besteht darin, sie an
der Regierung teilhaben zu lassen. In unserer Zeit scheint mir der
Bürgergeist untrennbar mit der Ausübung politischer Rechte ver-
knüpft zu sein«[19].

In einer Gesellschaft also, die nicht von vornherein auf ein Legat
von gemeinsamen Überzeugungen, Einstellungen und Herkünften als
Grundlage des inneren Zusammenhalts zurückgreifen kann, wird das
gemeinschaftlich-politische Engagement und die sich aus dieser öffent-

lichen Praxis ergebende Erfahrung und Gewohnheit zu einem identi-
tätsstiftenden und Bürgergeist generierenden Projekt. Es ist die Praxis
des politischen Handelns von freien und gleichen Bürgern, basierend
auf der allgemeinen Geltung von Bürgerrechten, die Zusammenhalt
und ein Gefühl der Zusammengehörigkeit entstehen läßt [20].

Gemeinschaft und Bürgergeist

Versuchen wir ein Resümee. Was hält die liberale Demokratie zusammen und welchen Beitrag kann der Liberalismus dazu leisten? Zunächst
einmal kann festgehalten werden, daß die Skepsis gegenüber den sinn-
erzeugenden Ressourcen des Liberalismus insofern berechtigt ist, als
der Liberalismus mit seinem Modernisierungsprogramm eine schwer-
wiegende Ambivalenz im Verhältnis zu Tradition, Religion und zu
gemeinschaftlichen und kulturellen Bindungen aufweist. Der Liberalismus als eine Theorie individueller, ökonomischer und politischer
Emanzipation lebt von sozial-moralischen Voraussetzungen, die er
nicht nur nicht garantieren kann, sondern darüber hinaus programmatisch zu kritisieren angetreten ist. Eine umfassende, eine von allen
Mitgliedern einer Gesellschaft geteilte Konzeption des Guten und
Gerechten kann aber nicht mehr die Antwort auf das gesellschaftliche
Ordnungsproblem in der Moderne sein, geschweige denn in der Post-
moderne. An seine Stelle tritt die durch den Staat und seine Institutionen zu gewährleistende egalitäre Gleichheit individueller Grund- und
Teilhaberechte. Diese erlauben die Verfolgung vielfältiger Interessen
und heterogener religiöser, weltanschaulicher und kultureller Sinnbe-
züge in einem nicht- bzw. vorstaatlichen Raum. Staat und Verfassung
verpflichten sich zu Neutralität und den Bürger zu Toleranz gegenüber
gesellschaftlicher Differenz. Ein die gesamte Gesellschaft verpflichten-
des, substantielles Ethos kennt der Liberalismus nicht. Charles Taylor
formuliert es so: »Eine liberale Gesellschaft besitzt eine eigene Sittlichkeit, die paradoxerweise auf einer Vorstellung beruht, die das Verlangen
nach Sittlichkeit ablehnt und die ideale Gesellschaft so schildert, als
würde sie vom Willen ihrer Mitglieder erschaffen und erhalten« [21].
Liberale und demokratische Gesellschaften schaffen sich ihren Sinn selber. Das wird dann zu einem besonderen, den Zusammenhalt herausfordernden Problem, wenn die traditionellen soziomoralischen Res-

sourcen, wenn Traditionen, Transzendenz und soziale Gewohnheiten
erschöpft sind oder in ihrer Geltung in Frage gestellt werden. Das Problem mildert sich dort, wo, wie beispielsweise in der amerikanischen
Gesellschaft[22], auf gesicherte verfassungspatriotische und überlieferte
zivilreligiöse »Meta-Narrative« zurückgegriffen werden kann. Doch
wo allgemein akzeptierte historische Überlieferungen fehlen, Traditionen auch nicht rekonstruierbar sind und die Gesellschaft sich schon
lange nicht mehr als religiöse oder säkulare Glaubensgemeinschaft definiert, da kann die »sich selbst ausgelieferte Demokratie«[23] eine eigene
Sittlichkeit nur im Medium des öffentlichen Diskurses und auf dem
Wege politischer Beteiligung und Erziehung erzeugen. Damit ist aber
auch klar gesagt, daß die gemeinsamen Grundlagen liberaler Gesellschaften prekär sind und bleiben. Aber anders als durch öffentliches Rä-
sonnement und öffentliche Beteiligung können die soziomoralischen
Grundlagen der modernen – oder postmodernen – Demokratie nicht
gesichert werden.

Zweitens: Der Liberalismus hat auf der Grundlage geschichtlicher Erfahrung und, wie Kant zeigt, mit vernunftrechtlichen Gründen eine
politische Ordnungskonzeption entworfen, in der individuelle Freiheit
und Rechtsgleichheit durch bestimmte Prozeduren und Institutionen
gesichert werden. Die Konstitutionalisierung und Limitierung von
Herrschaft, die Beschränkung von Macht und die Teilung politischer
Gewalten, der Schutz von Grund- und Freiheitsrechten sind die
Grundzüge einer Verfassung der Freiheit. Wo diese durch neue, aus der
Gesellschaft selbst erwachsende Entwicklungen gefährdet war, hat sich
der Liberalismus, wenngleich in unterschiedlichem Ausmaß und mit
wechselhaftem Erfolg, zu erneuern gesucht. So entwickelte er beispielsweise Institutionen und Prozeduren, mit denen die sich durch die
Industrialisierung herausbildende besitzindividualistische Engführung
des Freiheitsbegriffs aufgebrochen werden konnte. Er hat damit, in
Fortführung seiner Theorie rechtlicher Gleichheit, zu einer Theorie
der gerechten Verteilung von Gütern und Chancen gefunden[24].

Was der Liberalismus aber lange Zeit in Fixierung auf Ökonomie,
Markt und Wettbewerb vernachlässigte, das war der Blick auf die sozialen und moralischen Voraussetzungen der Freiheit. Eine Zeitlang, so
haben wir gesehen, hatte der frühe Liberalismus noch auf die Restbestände von Tradition, Religion und sozialen Gewohnheiten setzen
können. Doch je stärker die Dynamik der neuen, der industriellen Ge-

sellschaft wurde, desto fragwürdiger wurden diese Voraussetzungen. Wo der Verlust sozialer Kompetenz, die Beeinträchtigung der Gemeinschaftsfähigkeit des einzelnen als Auswirkung der kommerziellen Gesellschaft mit Besorgnis beobachtet wurden, so schon etwa bei Adam Ferguson, erst recht bei Tocqueville[25], da haben liberale Theoretiker allenfalls kompensatorische Erziehungs- und staatsbürgerliche Bildungsmaßnahmen gefordert, um der atomistischen Vereinzelung und der öffentlichen Teilnahmslosigkeit entgegenzuwirken. Doch hat es an einer systematischen Reflexion über die Voraussetzungen des Zusammenhalts liberaler Gesellschaften innerhalb der liberalen Theorietradition gefehlt. Deshalb konnte es auch nicht verwundern, daß der Liberalismus, vor allem ein ökonomischer Schrumpfliberalismus, angreifbar, nicht zuletzt von kommunitaristischer Seite, geblieben ist. Drittens: Es muß an dieser Stelle aber vor Kurzschlüssen aus einem doppelten Grunde gewarnt werden. Zum einen gibt es in der deutschen politischen und geistigen Tradition einen antiliberalen Affekt, der sich sowohl aus romantischen wie auch nationalistisch-völkischen Quellen speist und in rückwärts gewandter Sicht idyllische Hypostasierungen von Gemeinschaften dem modernen Begriff von Gesellschaft und liberaler Demokratie gegenüberstellt. Die »konservativen Revolutionäre«, ein Moeller van den Bruck, ein Oswald Spengler, ein Ernst Jünger und ein Carl Schmitt verstanden es brillant, auf dieser antiliberalen Klaviatur das Ressentiment gegenüber *der* Demokratie, *der* Zivilisation und schließlich auch dem westlich geprägten »jüdischen Weltgeist« zu schüren[26]. Die Herkunft der kommunitaristischen Argumentation vor allem aus dem amerikanischen Kontext aber weist diese Bezüge eindeutig nicht auf, sondern sie ist zu sehen als Bestandteil eines Selbstverständigungsdiskurses innerhalb einer unbestritten liberalen und demokratischen Gesellschaft. Der Kommunitarismus eignet sich also überhaupt nicht, um nun, nach dem Wegfall der alten Systemgrenzen und des ideologischen Wettbewerbs, alte Rechnungen neu aufzumachen und kulturelle wie politische Westöffnung der Bundesrepublik in Frage zu stellen.

Zum anderen dürfen Kommunitarismus und Liberalismus nicht, wie vielfach dennoch geschehen, als antinomische, womöglich gar zu verdinglichende Modelle gegenübergestellt werden[27]. Aus heuristischen Gründen mag es notwendig sein, die Unterschiede zu pointieren. Gleichwohl ist aber mit Michael Walzer der Kommunitarismus vor

allem als Aufforderung zur Selbstkorrektur des Liberalismus zu verstehen[28]. Gemeinschaft und Demokratie sind nicht entgegengesetzt, sondern lassen sich über den Begriff der politischen Praxis miteinander
versöhnen. Nicht von ungefähr basiert hierauf die amerikanische Erfahrung, die John Dewey mit Blick auf unsere Fragestellung so schon in
den zwanziger Jahren dieses Jahrhunderts zusammengefaßt hat: »Wo
immer es eine gemeinsame Tätigkeit gibt, deren Folgen von allen beteiligten einzelnen Personen als gut anerkannt werden, und wo die Verwirklichung dieses Guten die Wirkung hat, einen energischen Wunsch
und die Anstrengung auszulösen, dieses Gute zu bewahren, eben weil
es ein von allen geteiltes Gutes ist, dort besteht eine Gemeinschaft. Das
klare Bewußtsein eines gemeinschaftlichen Lebens in all seinen Implikationen konstituiert die Idee der Demokratie«[29].

Dies ist der entscheidende Zusammenhang, der Versuch, das kommunitaristische Motiv in einem demokratietheoretischen Zusammenhang
für die liberale Gesellschaft zu reformulieren. Es ist der Zusammenhang, wie ihn Tocqueville in der ersten Hälfte des 19. Jahrhunderts mit
Blick auf die allgemeine Entwicklungstendenz der modernen Demokratie formuliert hatte: Die gemeinschaftliche, politische Praxis, etwa
auf lokaler Ebene und in freiwilligen Assoziationen, in politischen Re-
präsentativkörperschaften wie auch in politischen Parteien, auf der
Grundlage egalitärer Grund- und Bürgerrechte, ist in komplexen und
heterogenen Gesellschaften die entscheidende, vielleicht die einzige
Möglichkeit, soziale Zusammengehörigkeit, Bürgergeist und Gemein-
schaftssinn zu erzeugen. Damit stellt sich für den Liberalismus die Aufgabe, jene Ansätze einer dynamischen und lebendigen Bürgergesellschaft wieder in seine theoretischen und politischen Überlegungen zu-
rückzuholen, die für klassische, republikanische und kommunitäre –
aber auch für frühliberale – Politiktraditionen konstitutiv gewesen sind.
Nur dort, wo sich der Liberalismus mit seiner Emphase von Rechten
und Interessen mit jenem klassisch-republikanischen und politischen
Denken trifft, wo die Freiheit auch ihren Grund und ihre Bestimmung
in der Teilnahme am öffentlichen Leben der *res publica* findet, nur da
wird die liberale Demokratie und mit ihr die Verfassung der Freiheit
auch im 21. Jahrhundert noch eine Chance haben. Eine Garantie indes
ist es nicht. Es ist aber eine Aufforderung, sich den Mühen bürger-
schaftlichen Engagements zu stellen und der liberalen Demokratie
durch die Praxis des Bürgers Sinn und Zusammenhalt zu verleihen.

Zusammenfassung

Die liberale Demokratie hat zwar den historischen Sieg über ihren real-sozialistischen Konkurrenten im Wettbewerb der Systeme und Ideologien errungen, doch greift nun eine neue Desillusionierung um sich. Mit beunruhigender Nachdrücklichkeit wird die Frage nach dem inneren Zusammenhalt der liberalen Demokratie gestellt: Besitzen liberale Demokratien ausreichende soziale und moralische Ressourcen politischer Zugehörigkeit, die sie auch und gerade angesichts großer innerer wie äußerer Herausforderungen krisenfest machen? Im Rückgriff auf die sozialtheoretische Kontroverse um den Kommunitarismus und die ideengeschichtliche Tradition des Liberalismus wird gezeigt, daß Sinn in liberalen Gesellschaften zu einer knappen Ressource geworden ist. Folglich wird es zu einem besonderen, den Zusammenhang von modernen Gesellschaften herausfordernden Problem, wenn die traditionellen soziomoralischen Ressourcen, wenn Überlieferungen, Transzendenz und soziale Gewohnheiten erschöpft sind. Die »sich selbst ausgelieferte Demokratie« kann ihre soziomoralischen Grundlagen dann nur im Medium des öffentlichen Diskurses und auf dem Wege öffentlicher Praxis und politischer Erziehung des Bürgers sichern. Letztlich aber bleiben die soziomoralischen Grundlagen liberaler Gesellschaft und liberaler Demokratie prekär.

Anmerkungen

* Leicht überarbeitete und um Fußnoten ergänzte Fassung meiner Antrittsvorlesung an der Philosophischen Fakultät der TU Dresden vom 3. 5. 1994.

[1] Natürlich spiele ich hier auf Francis Fukuyamas Essay »The End of History«, zuerst veröffentlicht in: *The National Interest*, Summer 1989, S. 3–18, an; vgl. auch ders., *The End of History and the Last Man*, New York 1992 (dt. *Das Ende der Geschichte*, München 1992).

[2] Timothy Garton Ash, *Ein Jahrhundert wird abgewählt. Aus den Zentren Mitteleuropas 1980 bis 1990*, München 1990.

[3] Vgl. Jürg Altwegg, »Sanfter Totalitarismus« in: *Frankfurter Allgemeine Zeitung* vom 21. April 1994, Nr. 92/16D, S. 33.

[4] Joachim C. Fest, *Die schwierige Freiheit. Über die offene Flanke der offenen Gesellschaft*, Berlin 1993, S. 31.

[5] Ebd., S. 45f.

⁶ Ralf Dahrendorf, »Freiheit und soziale Bindungen«. Anmerkungen zur Struktur einer Argumentation« in: Krysztof Michalski (H.), *Die liberale Gesellschaft* (Castelgandolfo-Gespräche 1992), Stuttgart 1993, S. 11.

⁷ Ebd.; auch Fest, aaO. (FN 4), S. 32, beruft sich auf Böckenförde. Oft zitiert, selten belegt, findet sich das Originalzitat in einem zuerst 1967 veröffentlichten Aufsatz mit dem Titel »Die Entstehung des Staates als Vorgang der Säkularisation«, später wieder abgedruckt in: Ernst-Wolfgang Böckenförde, *Staat, Gesellschaft, Freiheit. Studien zur Staatstheorie und zum Verfassungsrecht*, Frankfurt a. M. 1976, S. 42-64. Dort heißt es auf S. 60: »Der freiheitliche, säkularisierte Staat lebt von Voraussetzungen, die er selbst nicht garantieren kann.«

⁸ Die Debatte um den Kommunitarismus, in Deutschland ein Diskursimport aus den USA und deshalb oft die spezifisch politisch-kulturellen Kontexte Nordamerikas ignorierend, ist mittlerweile ausgeufert. Wegmarken für das kommunitaristische Argument, das freilich erst post festum seine namentliche Kennzeichnung erhielt, setzten in der Politischen Philosophie und Sozialtheorie zuerst Alasdair MacIntyre, *After Virtue*, London 1981 (dt. *Der Verlust der Tugend*, Frankfurt a. M. 1987), sowie Michael J. Sandel, *Liberalism and the Limits of Justice*, Cambridge 1982. Vor allem letzterer hat in seiner prinzipiellen Auseinandersetzung mit John Rawls' liberaler Theorie der Gerechtigkeit zuerst die später sog. kommunitaristische Gegenposition entwickelt. In der Kultursoziologie war es Robert Bellah mit seinen Mitarbeitern, die in *Habits of the Heart. Individualism and Commitment in American Life*, Berkeley u. a. 1985, der sozialtheoretischen Diskussion politischen Schwung verliehen und den US-amerikanischen, liberalen Entwicklungsweg mit Hilfe der Einholung republikanischer und religiöser Traditionen der USA einer Fundamentalkritik unterzogen haben (zu diesen Hintergründen und Kontexten vgl. Hans Vorländer, »Auf der Suche nach den moralischen Ressourcen Amerikas. Republikanischer Revisionismus und liberale Tradition der USA« in: *Neue Politische Literatur* 33 (1988) 2, S. 226-251). Der nachfolgende Gang der Diskussion ist dokumentiert bzw. aufgearbeitet u. a. in: Nancy Rosenblum (H.), *Liberalism and the Moral Life*, Cambridge, Mass. 1989; Will Kymlicka, *Liberalism, Community and Culture*, Oxford 1989; Wolfgang Kersting, »Die Liberalismus-Kommunitarismus-Kontroverse in der amerikanischen politischen Philosophie« in: *Jahrbuch für politisches Denken 1991*, Stuttgart 1991, S. 82 ff.; Christel Zahlmann (H.), *Kommunitarismus in der Diskussion*, Berlin 1992; Axel Honneth (H.), *Kommunitarismus. Eine Debatte über die moralischen Grundlagen moderner Gesellschaften*, Frankfurt a. M. / New York 1993; Micha Brumlik / Hauke Brunkhorst (H.), *Gemeinschaft und Gerechtigkeit*, Frankfurt a. M. 1993.

⁹ Jürgen Habermas, »Drei normative Modelle der Demokratie: Zum Begriff deliberativer Politik« in: Herfried Münkler (H.), *Die Chancen der Freiheit. Grundprobleme der Demokratie*, München 1992, S. 12. Habermas stützt sich hier, wie auch in seiner Studie *Faktizität und Geltung. Beiträge zur Diskurstheorie des Rechts und des demokratischen Rechtsstaats*, Frankfurt a. M. 1992, S. 324 ff., auf die Arbeiten von F. I. Michelman, »Conceptions of Democracy in American Constitutional Argument: Voting Rights« in: *Florida Law Review* 41 (1989); ders., »Bringing the Law to Life« in: *Cornell Law Review* 74 (1989); ders., »Political Truth and the Rule of Law« in: *Tel Aviv University Studies in Law* 8 (1988).

¹⁰ So jetzt auch ganz dezidiert John Rawls in der Auseinandersetzung mit kom-

munitaristischen Positionen. Vgl. John Rawls, *Die Idee des politischen Liberalismus*, Frankfurt a.M. 1992, bes. S. 293 ff., sowie ders., *Political Liberalism*, New York 1993, bes. S. 131 ff.

[11] Die einschlägigen Schriften Adam Smith's sind *The Theory of Moral Sentiments* (1759), hg. von A.L. Macfie / D.D. Raphael, Oxford 1976, und *An Inquiry into the Nature and Causes of the Wealth of Nations* (1776), hg. von R.H. Campbell / A.S. Skinner, Oxford 1976 (dt.: *Der Wohlstand der Nationen. Eine Untersuchung seiner Natur und seiner Ursachen*, hg. von Horst Claus Recktenwald, 4. Aufl. München 1988). Über den Zusammenhang von Moralphilosophie und Ökonomie bei Adam Smith vgl. Horst Claus Recktenwald (H.), *Ethik, Wirtschaft und Staat. Adam Smith's politische Ökonomie heute*, Darmstadt 1985, sowie Michael Hüther, »Die ›sattelzeitgerechte‹ Entstehung der Nationalökonomie. Ein Beitrag zur Dogmengeschichte« in: *Jahrbuch für Nationalökonomie und Statistik*, 205 (1988), 2. Vgl. auch Raimund Ottow, »Modelle der unsichtbaren Hand vor Adam Smith« in: *Leviathan* 19 (1991) 4.

[12] Dies hat brillant aufgezeigt Albert O. Hirschman, *Leidenschaften und Interessen. Politische Begründungen des Kapitalismus vor seinem Sieg*, Frankfurt a.M. 1980, S. 79 ff. Hirschman stützt sich vor allem auf Montesquieus Schrift *Essai politique sur le commerce* (1734), James Steuarts *Inquiry into the Principles of Political Oeconomy* (1767) und John Millars *The Advancement of Manufactures, Commerce, and the Arts; and the Tendency of this Advancement to diffuse a Spirit of Liberty and Independence* (Datierung unklar).

[13] So in Kants Schrift *Zum ewigen Frieden* (1795), Zweiter Abschnitt, Erster Zusatz (zit. n. Kants Werke, Akademie Textausgabe, Bd. 8, Berlin 1968, S. 366).

[14] Georg Wilhelm Friedrich Hegel, *Grundlinien der Philosophie des Rechts oder Naturrecht und Staatswissenschaft im Grundriß*, hg. und eingel. von Helmut Reichelt, Frankfurt a.M. u.a. 1972, S. 169 (§ 183).

[15] Robert A. Dahl, *Democracy And Its Critics*, New Haven/London 1989, S. 213 ff.

[16] Bei Madison in Federalist Paper No. 10 heißt es sehr deutlich, daß die Leidenschaften und Interessen weder von »moral« noch von »religious motives« adäquat kontrolliert werden können. Aus dieser Feststellung leitet Madison die entscheidende Aufgabe ab, nämlich die Sicherung von »existence and security of the government, even in the absence of political virtue«. Vgl. Alexander Hamilton / James Madison / John Jay, *The Federalist Papers* (Einleitung von Clinton Rossiter), New York 1961 (Mentorausgabe), S. 81. Neben dem Paper No. 10 muß natürlich auch auf das Paper No. 51, ebenfalls von Madison, verwiesen werden. Zu diesem Paradigmenwechsel vgl. die Arbeiten von Gordon S. Wood, *The Creation of the American Republic, 1776-1787*, New York 1969; ders., *The Radicalism of the American Revolution*, New York 1992. Vgl. auch Hans Vorländer, »Forum Americanum. Kontinuität und Legitimität der Verfassung der Vereinigten Staaten von Amerika 1787-1987« in: *Jahrbuch des Öffentlichen Rechts der Gegenwart*, Neue Folge, 36 (1987), S. 473 ff., und demnächst ders., *Hegemonialer Liberalismus. Politisches Denken und Politische Kultur in den USA 1776-1920*, Frankfurt a.M./New York 1996.

[17] So der Begriff von Michael J. Sandel, »The Procedural Republic and the Unencumbered Self« in: *Political Theory*, 12 (1984) 1.

[18] So Alexis de Tocqueville vor allem im 19. Kapitel des II. Teils des Ersten Buches

1835, hier zit. n. der vollständigen Ausgabe *Über die Demokratie in Amerika* (hg. von Jacob P. Mayer, übers. von Hans Zbinden), München 1984, S. 328.

[19] Alle Zitate ebd., S. 272.

[20] Es soll keineswegs verschwiegen werden, daß Tocqueville für den Zusammenhalt der amerikanischen Gesellschaft noch zwei weitere Faktoren anzuführen wußte. Die Analyse der USA führte bei ihm zu dem Schluß, daß die amerikanische Gesellschaft von gleichgerichteten »moeurs«, das heißt von gleichgerichteten Meinungen, Ideen und Gewohnheiten politisch zusammengehalten werde, und daß, zweitens, die Religion eine stabilisierende Funktion für das demokratische Gemeinwesen habe. Dies heißt nichts anderes, als daß die USA eine für die Stabilität demokratischer Gesellschaften förderliche politische Kultur besaßen. Tocquevilles Ausführungen finden sich einmal im Ersten Buch (II. Teil, 9. Kapitel »Über die Hauptgründe der Erhaltung der demokratischen Republik in den Vereinigten Staaten«). Darüber hinaus ist eigentlich das Zweite Buch von 1840 vornehmlich als Studie zur politischen Kultur der USA in der Jackson-Ära und als Versuch, eine Antwort auf die Frage nach dem Zusammenhalt moderner Gesellschaften zu finden, zu lesen.

[21] Charles Taylor, *Hegel*, Frankfurt a. M. 1983, S. 603.

[22] Vgl. etwa Jürgen Gebhardt, »Verfassungspatriotismus. Anmerkungen zur symbolischen Funktion der Verfassung in den USA« in: Akademie für Politische Bildung (H.), *Zum Staatsverständnis der Gegenwart*, München 1987, S. 111-130; Hans Vorländer, »Verfassungsverehrung in Amerika. Zum konstitutionellen Symbolismus in den USA« in: *Amerikastudien* 34 (1989), S. 69-82; ders., »›American Creed‹, liberale Tradition und politische Kultur der USA« in: Franz Greß / Hans Vorländer (H.), *Liberale Demokratie in Europa und den USA*, Frankfurt a. M./New York 1990, S. 11-33.

[23] So in Abwandlung von Tocquevilles Begriff des sich selbst ausgelieferten Menschen Marcel Gauchet, »Tocqueville, Amerika und wir. Über die Entstehung der demokratischen Gesellschaften« in: Ulrich Rödel (H.), *Autonome Gesellschaft und libertäre Demokratie*, Frankfurt a. M. 1990, S. 123-206.

[24] Vorläufiger Höhe- und womöglich auch Schlußpunkt ist John Rawls' Theorie der Gerechtigkeit (A Theory of Justice, 1971 (dt.: *Eine Theorie der Gerechtigkeit*, Frankfurt a. M. 1975). Zur ideenpolitischen Entwicklung vgl. Hans Vorländer, »Auf der Suche nach der gerechten Gesellschaft. Zur ideenpolitischen Tradition des sozialen Liberalismus in Europa und Amerika« in: *liberal* 35 (1993) 4, S. 74-83.

[25] Vgl. Adam Ferguson, *Versuch über die Geschichte der bürgerlichen Gesellschaft* (1767), hg. und eingel. von Zwi Batscha und Hans Medick, Frankfurt a. M. 1986. Zu erinnern ist an die von Tocqueville so pointiert formulierte Antithese zu Adam Smith, der bekanntlich am Beispiel der Herstellung von Stecknadelköpfen das moderne Prinzip der Arbeitsteilung erklärte. Bei Tocqueville (aaO., S. 647) heißt es lapidar: »Was soll man von einem Menschen erwarten, der 20 Jahre seines Lebens damit verbracht hat, Stecknadelköpfe herzustellen?«

[26] Immer noch nicht veraltet ist in diesem Zusammenhang die Studie von Kurt Sontheimer, *Antidemokratisches Denken in der Weimarer Republik. Die politischen Ideen des deutschen Nationalismus zwischen 1919 und 1933*, München 1978, bes. S. 141ff., 192ff. Im Detail differenzierter jetzt Stefan Breuer, *Anatomie der konservativen Revolution*, Darmstadt 1993.

[27] Dies gilt erst recht für die beliebte Gegenüberstellung von »Gemeinschaft« und »Gesellschaft«. Vgl. Karl-Siegbert Rehberg, »Gemeinschaft und Gesellschaft; Tönnies und Wir« in: Brumlik /Brunkhorst (H.), *Gemeinschaft und Gerechtigkeit*, aaO. (FN 8), S. 19-48.

[28] Michael Walzer, »The Communitarian Critique of Liberalism« in: *Political Theory*, 18 (1990) 1, S. 15.

[29] John Dewey, *The Public and Its Problems*, New York 1927, S. 148, hier zitiert in der Übersetzung von Hans Joas, »Gemeinschaft und Demokratie in den USA. Die vergessene Vorgeschichte der Kommunitarismus-Diskussion« in: Brumlik/ Brunkhorst (H.), *Gemeinschaft und Gerechtigkeit*, aaO. (FN 8), S. 61.

Hans-Jürgen Beerfeltz

Die liberale Programmarbeit
*Bedingungen liberaler Programmarbeit am Beispiel
der »Wiesbadener Grundsätze«*

Die Geschichte der F.D.P. ist auch ihre Geschichte als Programmpartei.
Keine andere Partei hat in den letzten Jahrzehnten eine solche Fülle
programmatischer Anstrengungen vorzuweisen und sich auf Bundes-
parteitagen und Bundeshauptausschüssen so umfassend mit konkreten
Zielsetzungen für die verschiedensten Politikbereiche befaßt. Mehrfach hat allein die Zahl der Programme der F.D.P. zu besonderen Publi-
kationen geführt. So wurde die Programmarbeit zwischen 1980 und
1990, also für einen Zeitraum von 10 Jahren, als Buch im Lexikon-For-
mat unter dem Titel »Das Programm der Liberalen« auf 1014 Seiten dokumentiert [1].
Aber Quantität ist nicht Qualität. Trefflich läßt sich über den Gehalt
und über die politische wie öffentliche Wirkung von Parteiprogrammen streiten. Dabei wird allgemein meistens verkannt, daß die Befassung mit Programmarbeit innerhalb der F.D.P. nicht vorrangig auf die
allgemeine öffentliche Diskussion über politische Zielsetzungen angelegt war, also der Munitionierung der Partei für Wahlkämpfe diente.
Parteigremien der F.D.P. haben mit der Verabschiedung von Programmen immer mindestens ebenso stark auf die konkrete Parlaments- und
Regierungsarbeit gezielt wie auf den öffentlichen Diskurs. Programme
sollten Arbeitsaufträge für die Parlamentsmitglieder darstellen.
Durch den hohen Konkretionsgrad der F.D.P.-Programmatik – teilweise
wurden Beschlüsse mit gesetzestechnischem Wortlaut für alle Details der
Parlamentsarbeit gefaßt – waren die Leistungen der F.D.P. für die Öffentlichkeit immer besonders gut meßbar. Die großen Volksparteien haben
sich immer dadurch von der F.D.P. unterschieden, daß sie tendenziell an
alle Bürger ein eher wert- und imageorientiertes Angebot richteten. Die
F.D.P. hat demgegenüber sehr klar formulierte Beschlüsse und Pro-
grammforderungen aufgestellt, mit denen öffentlich sehr genau Bilanz
gezogen und bewertet werden konnte, was eine Partei von ihren Forderungen in einer Legislaturperiode erreicht hat oder nicht. Das war stets

Chance und Gefahr zugleich. Mancher Vorwurf mangelnder Glaubwürdigkeit der F.D.P. geht direkt darauf zurück, daß die kleine Partei in der Parlaments- und Regierungsarbeit auf Kompromisse angewiesen war, die eine lupenreine Umsetzung beschlossener Parteitagskonzepte nicht möglich machen konnten. Andere Parteien haben sich der Möglichkeit solcher Glaubwürdigkeits-Kontrollen allerdings von vornherein durch Verzicht auf klare Aussagen entzogen.

Die Klarheit und Eindeutigkeit liberaler programmatischer Zielsetzungen ist stets Teil des Selbstverständnisses der F.D.P. gewesen, die mit der Betonung ihres Charakters als Programmpartei immer bewußt auf Dialogorientierung und auf Überprüfbarkeit ihrer politischen Arbeit gesetzt hat. Vor dem Hintergrund des liberalen Menschenbildes sah und sieht die F.D.P. eine ausreichende Bereitschaft beim Bürger, sich ernsthaft und abwägend mit den politischen Zielsetzungen einer Partei auseinanderzusetzen. Liberale Programme sollen den eigenen Mitgliedern, den politischen Gegnern und der Öffentlichkeit zugleich zeigen, wo die liberale Partei politisch zu einem bestimmten Zeitpunkt steht. Sie sind in der Regel das Ergebnis eines intensiven internen Diskussions- und Meinungsbildungsprozesses, in dem die Parteimitglieder einen gemeinsamen Standpunkt zu einem gemeinsamen Thema erarbeiten und im Idealfall dann auch nach außen geschlossen vertreten. Programme gaben und geben der F.D.P. damit einen erheblichen Teil ihrer Identität – sowohl nach innen als auch nach außen. Dabei war und ist nicht nur das Ergebnis der Beschlüsse, sondern stets auch der Prozeß der Diskussion für die liberale Partei und die von ihr vertretene politische Kultur von besonderer Bedeutung.

Schließlich ist intensive Programmarbeit außerdem aktive Weiterentwicklung der Theorie. Sie ist eine ständige Herausforderung zum Nachdenken über Zukunft und zur kontinuierlichen Verbesserung der politischen Wirklichkeit.

In der Programmbewertung auch innerhalb der F.D.P. wurde oft davon gesprochen, daß es kein Programmdefizit, wohl aber ein Umsetzungsdefizit gäbe. Dabei gelingt es den Liberalen durchaus, einen größeren Teil ihrer Programmaussagen politisch durchzusetzen, als allgemein vermutet wird. Dafür gibt es Belege, wie z. B. die von Hofferbert und Klingemann durchgeführte große Untersuchung zur Bedeutung von Parteiprogrammen für das Regierungsverhalten [2]. Die Datenbasis dieser Untersuchung bestand in erster Linie aus den Ergebnissen quantita-

tiver Inhaltsanalysen von knapp 1000 Wahlprogrammen von 140 politischen Parteien in 19 verschiedenen Demokratien. Die deutsche F.D.P.
bekommt in der Gesamtbewertung folgendes erstaunliche Lob, nämlich,»daß die F.D.P. ihre Position als Mehrheitsbeschaffer im wesentlichen dazu nutzt, um ihre Politikvorstellungen durchzusetzen«. Und
weiter heißt es:»Dies geht weit über das hinaus, was man dieser Partei
aufgrund ihres Gewichts bei Wahlen, im Parlament oder im Kabinett
zubilligen würde.«
Auch qualitativ kann die F.D.P. also den Anspruch als Programmpartei
erheben. Über die Relevanz von Programmen wird aber nicht nur im
Verhältnis von Zielsetzung und Umsetzung entschieden, sondern vor
allem auch im Hinblick auf die Bedeutung in der öffentlichen Diskussion. Legt man hierfür als Meßlatte Ausmaß und Intensität der Medien-
berichterstattung an, so hat die liberale Programmvielfalt nur selten zu
einem breiten öffentlichen Echo geführt. Das gilt auch für die Grund-
satzprogrammatik der F.D.P., die schon von ihrer Natur her immer auf
längerfristige Diskussionen angelegt ist und als stärker theoretisch
fundierte Programmanstrengungen mehrjährige»Haltbarkeit« anstrebt.
Ein Durchgang durch die Liste der Grundsatzbeschlüsse der F.D.P. seit
1967 zeigt aber, daß selbst bei den Grundsatzprogrammen nur selten ein
längerfristiges und zugleich breites öffentliches Echo erreicht wurde.
Hier beginnt der besondere Erfolg der»Wiesbadener Grundsätze – Für
die liberale Bürgergesellschaft« von 1997. Kein anderes Programm seit
den Freiburger Thesen 1971 wurde öffentlich so umfassend wahrgenommen. Kein anderes Programm der letzten Jahre hat eine so hohe
Auflage erreicht und wird so oft nachgefragt. Schon vor dem Beschluß
über das Programm in Wiesbaden sind von den verschiedenen Entwür-
fen mehr als 130000 Exemplare abgeflossen, wie der Leiter der Abtei-
lung Politik des Thomas-Dehler-Hauses und hauptamtliche Mitautor
Martin Biesel bilanzieren konnte. Kein anderes Programm hat innerhalb der Partei und in der öffentlichen Debatte einen so hohen Stellenwert erhalten. Während andere Grundsatzprogramme wie z.B. das»Liberale Manifest – Für eine Gesellschaft im Umbruch« 1985 vorrangig
auf das Interesse der Liberalismus-Forschung beschränkt blieben, ragen
die Freiburger Thesen und die Wiesbadener Grundsätze wie leuch-
tende Gipfel aus der liberalen Programmlandschaft heraus.
Den»Wiesbadener Grundsätzen« wurde das breite Medienecho sogar
zum Vorwurf. Der ursprüngliche»Karlsruher Entwurf« habe mit geziel-

ter Marketing-Sprache eher der blanken Bedienung bloßer Medieninteressen gedient als dem weltanschaulichen Diskurs, hieß es z. B. in der Kritik. Werblicher Erfolg wurde in dieser Bewertung durchaus konstatiert, aber gerade das dürfe nicht als Qualitätsmaßstab betrachtet werden. Für die Autoren war die mediale Begleitung der Programmentwicklung in der Tat ein bewußt angestrebtes Ziel und damit eine Lehre aus der mangelnden öffentlichen Bedeutung früherer Programmanstrengungen. Der Prozeß der Entstehung des Programms sollte im Sinne einer umfassenden internen und öffentlichen Diskussion über die Grundsätze eines modernen Liberalismus und seine Standortbestimmungen über die Zukunft dieses Landes genauso hohe Bedeutung erhalten wie das spätere Ergebnis der beschlossenen »Wiesbadener Grundsätze«. Die Medien sollten als »Weltbildkonstrukteure« (Ulrich Sarcinelli) einbezogen werden, weil eben in der Informationsgesellschaft zunehmend nur das existent ist, was in den Medien existent ist. Den Mitgliedern der Programmkommission ging es darum, die Liberalismus-Diskussion aus der Gefangenschaft der Bibliotheken politikwissenschaftlicher Seminare zu befreien und auf die Straße zu bringen.

Das australische Schnabeltier und die F.D.P.-Grundsatzprogramme

Wer Medienaufmerksamkeit möchte, muß das Ungewöhnliche bieten. Er muß die Schubladen gesellschaftlicher Einordnungsmechanismen verlassen, vom Üblichen abweichen, durch Außergewöhnlichkeit Interesse wecken. Aus ferner Artenvielfalt hat das australische Schnabeltier nur deshalb eine so hohe Bekanntheit erreicht, weil es als eierlegendes Säugetier galt. Es fiel sozusagen aus der Rolle. Und genau das gilt auch für die Freiburger Thesen von 1971 und die »Wiesbadener Grundsätze« der F.D.P. Diese Programme fielen aus der Rolle, sie entziehen sich der üblichen Einordnung. Die »Wiesbadener Grundsätze« verlassen darüber hinaus das gängige Links-Rechts-Schema, mit dem ansonsten viele liberale Versuche einer inhaltlichen Positionsbestimmung vordergründig zu einer Kurs- und Richtungsentscheidung uminterpretiert wurden. Damit hat sich die F.D.P. dem vordergründigen Links-Rechts-Schema entzogen, bei dem nicht mehr die Sache wichtig ist, sondern nur noch die Richtung. Die Überwindung solcher vordergründiger Einordnungsmechanismen war ein zentrales Ziel der Arbeit der Programmkommission. Dabei gab es dieses Ziel keineswegs von Anfang an.

Als die Programmkommission vom Bundesparteitag der F.D.P. im Dezember 1994 in Gera eingesetzt wurde und der Bundesvorstand Anfang 1995 die Mitglieder wählte, geschah das zunächst wie bei vielen Grundsatzkommissionen der F.D.P. in der üblichen Form einer säuberlichen Sortierung: ein paar gestandene sogenannte Linke und scheinbare Rechte wurden mit ein paar grundsatzorientierten Parteifreunden zusammengewürfelt, die in verschiedenen Programmdebatten gelegentlich angenehm aufgefallen waren. Wenn sich diese Gruppe – wie bei den Programmanstrengungen der letzten 20 Jahre – dann nur drei- bis viermal in kurzen Sitzungen über Papiere gebeugt hätte, wäre wiederum das übliche Konsensprogramm herausgekommen, das alle Programme der F.D.P. seit den Freiburger Thesen zu einer relativen Bedeutungslosigkeit verdammt hatte.

Es war ein ganz entscheidendes Verdienst von Guido Westerwelle, daß durch die Form der Arbeit der neuen Programmkommission eine wichtige Parallelität zur Erarbeitung der Freiburger Thesen hergestellt wurde, nämlich die Intensität der Befassung. Die Kommission hatte die Chance, mit 12 mehrtägigen Sitzungsterminen an unzähligen Wochenenden zu einer Einheit zusammenzuwachsen. Am Anfang war es wie in vielen Parteigremien: Man setzt sich nicht zusammen, sondern setzt sich auseinander, und das vorwiegend mit sich selbst. Man orientiert sich nicht an Problemen, sondern am Problem der bestmöglichen eigenen Darstellung. Und man bunkert sich ein in die Schützengräben eines Bindestrich-Liberalismus. Und schießt aufeinander statt miteinander.

Aber spätestens nach drei gemeinsamen Wochenenden wurde das schrecklich langweilig, irgendwann wurden die Helme abgenommen, irgendwann ist das Ziel der Diskussion nicht mehr der Sieg über andere, sondern der Gewinn für alle gewesen. Die Intensität der Beratungen führte maßgeblich zu der notwendigen Gemeinsamkeit und damit zur Freisetzung des Potentials für einen wirklich neuen programmatischen Ansatz. Dabei wurde für alle Mitglieder der Programmkommission klar, daß die F.D.P. sich aus einer selbstverschuldeten Unmündigkeit befreien mußte, die in der jahrelangen Überbetonung der Funktion der Partei gegenüber der inhaltlichen Identität lag und sie in die Rolle des Sklaven des Links-Rechts-Schemas in Deutschland gebracht hatte.

Manche Kritiker warfen der Programmkommission vor, daß sie sich mit der Entfernung vom Links-Rechts-Schema zugleich von klaren Inhalten entfernt habe. Ziel der Kommission war aber immer genau das Gegenteil gewesen, nämlich endlich stärker wahrnehmbare Inhalte zu schaffen. Im Bild der Öffentlichkeit hatte die F.D.P. seit Jahren keine wahrnehmbare programmatische Standortbestimmung geleistet. Mit den unzähligen Programmen der Partei war eine öffentlich sichtbare Standortbestimmung nicht ausreichend verbunden. Es gab im Gegenteil erhebliche innerparteiliche Differenzen über Ziele und Kurs der F.D.P., die über viele Jahre nicht ausgetragen wurden. Auch deshalb hatte sich die F.D.P. dazu verleiten lassen, ihre bloße Rolle im Parteiensystem an die Stelle von Inhalten zu setzen. In einem langen Prozeß hat die F.D.P. die Funktion und die Rolle im Parteiensystem immer stärker betont, die eigentliche inhaltliche Identität immer stärker vernachlässigt. Die Liberalen wurden dadurch zur Funktionspartei, und der Zweitstimmen-Existenzwahlkampf bei der Bundestagswahl 1994 war exemplarisch dafür. Wichtigstes vermitteltes liberales Wahlmotiv war die Fortsetzung der Koalition. Auch parteiintern wurde die politische Mitte zur bloßen Beschwörungsformel, um teilweise gegensätzliche Positionen vereinbar zu halten. Zwischen »Mitte« und »Maß« wurde das »L« des Liberalismus gequetscht, so daß Mitte und Maß zu Mittelmaß wurden.

In allen Programmen seit dem Liberalen Manifest von 1985 hat die F.D.P. zwar betont, daß für sie die politische Grenze nicht zwischen links und rechts, sondern zwischen freiheitlich und autoritär verläuft. Sie hat als liberales Credo ausgegeben, daß sie die Stärkung der Freiheit des Einzelnen sowohl im Bereich der Wirtschaft als auch in der Gesellschaftspolitik anstrebt. Sie hat unterstrichen, daß wirtschaftliche Freiheit und Bürgerrechtspolitik zwei Seiten der gleichen Medaille sind, letztlich untrennbar miteinander verbunden. Aber sie hat sich zuwenig danach gerichtet. Sie hat im Gegenteil das untaugliche Links-Rechts-Schema auch innerhalb der F.D.P. zur wesentlichen Kategorie für die Richtungsbewertung von inhaltlichen Positionen gemacht. Viele Parteifreunde haben sich immer auch selbst in die ungeeignete Links-Rechts-Kategorisierung einsortiert, das Adjektiv vor dem Begriff »liberal« überbetont und dann einen dürftigen Trost darin gesucht, sich gemeinsam mit den anderen funktional zur politischen Kraft der Mitte in Deutschland zu erklären.

Die Partei der Mitte mußte dadurch im Eindruck vieler Menschen
zu einer Spagat-Partei werden, deren Positionen einerseits scheinbar
rechts über die Union hinausragen und andererseits scheinbar links
über die SPD. Hinzu kam bis 1996, daß die allgemein wachsenden
pragmatischen Politikansätze und die fortschreitende Entideologisie-
rung der beiden großen Parteien die politische Mitte enger gemacht
haben, so daß zwischen Union und SPD kaum ein Blatt Papier paßt,
geschweige denn ein wahrnehmbares eigenständiges liberales Programm. Wenn Mitte nicht als aktive Mitte im Sinn von Guggenber-
ger oder im Sinn von Mesotes bei Aristoteles politisch inhaltlich ausreichend darstellbar ist, wird Mitte eben zur bloßen Funktion und
schließlich die Funktion zum einzigen Inhalt.

Die neue Programmkommission war stattdessen dazu übergegangen,
ab einem bestimmten Zeitpunkt ihrer Arbeit Inhalte zu produzieren
und sich gerade nicht um die politische Einordnungsmechanik zu
kümmern, und genau dadurch ist ein anderes Programm entstanden.

Weg mit der »Methode Strickpullover«

Auch ein anderer großer Fehler früherer Programmkommissionen
konnte vermieden werden, und das war sicherlich ein zweiter Grundstein für den Erfolg des neuen Programms. Die Grundsatz- und auch
die Wahlprogramme der letzten Jahre waren bei der F.D.P. allesamt geprägt davon, bestehende inhaltlich unterschiedliche Auffassungen nicht
auszutragen, sondern mit durchaus schönen Formulierungen so lange
zu harmonisieren, bis zwar allgemeines Einvernehmen entstand, aber
eben kaum sichtbare Haltung und kaum erkennbare Position.
Programme der F.D.P. haben mit Rücksicht auf Koalition und Regierung, vor allem auch mit Rücksicht auf interne Meinungsunterschiede
oft eher Orakel als Positionsbestimmungen enthalten. Programme der
F.D.P. haben oft kleinste Details geradezu minutiös behandelt, aber hinter
den vielen Einzelheiten keine wahrnehmbare Botschaft verdeutlicht. In-
haltlicher Streit wurde vermieden, indem an filigranen Formulierungen
gebastelt wurde, bis schließlich jeder noch ein kleines Rudiment seiner
ursprünglichen Position finden konnte und nach manchmal stunden-
langer Diskussion auch noch stolz darauf war, dieses oder jenes abge-
schwächt zu haben und seinen Halbsatz in der Resolution wiederzufin-

den. Das diente zweifellos dem innerparteilichen Frieden – allerdings manchmal bis hin zur Friedhofsruhe. Erkennbarkeit für liberale Positionen wurde dadurch nicht geschaffen, sondern eher vermieden. Niemandem tat man weh, zog aber auch kaum jemanden an. Die F.D.P. hatte sich auf eine Form der innerparteilichen Willensbildung eingelassen, die nur noch Konsens bildete und keinen Willen.

Programmarbeit lief vor diesem Hintergrund zumeist nach der Methode ab, möglichst viele zufriedenzustellen, letztlich aber gerade dadurch alle zu enttäuschen. Ecken und Kanten wurden nicht gezeigt, sondern abgerundet, damit sich niemand stoßen konnte. Oft arbeitete man in früheren Programmkommissionen nach der Methode Strickpullover: Man nehme zwei Gedanken von rechts, man nehme zwei von links und einen lasse man fallen – und die fallengelassene Idee war häufig der einzig originelle Aspekt in der Diskussion.

Dabei entstand mit unzähligen Programmanstrengungen viel Quantität – teilweise durchaus mit hohem Konkretionsgrad, aber immer in Gestalt unendlich großer »Spiegelstrich-Friedhöfe«. Die Programmkommission war entschlossen, mit ihrer Arbeit nicht für die intellektuelle Möblierung der Grabkammer der F.D.P. zu sorgen, sondern 1996 einen (Ent)Wurf für die liberale Zukunft zu schaffen.

Zukunftsorientierung versus Erinnerungs-Liberalismus

Die F.D.P. hatte auch innerparteilich erheblich an der nicht ausreichenden öffentlichen Wahrnehmbarkeit substantieller programmatischer Positionsbestimmungen gelitten. Einzelne Kreise und Gruppen der Partei haben dieses Manko zum Anlaß für eigene Programmanstrengungen genommen. Insbesondere seit 1990 waren verschiedenste Programmentwürfe entstanden, die alle von dem Ziel geprägt waren, der F.D.P. inhaltliche Identität zurückzugeben. Das Problem dieser, auch öffentlich unterschiedlich diskutierten Programmentwürfe bestand zum einen darin, daß jeweils nur Teilidentitäten formuliert wurden – und das eher in Abgrenzung zur F.D.P. als für die F.D.P. Zum anderen überwog bei diesen Programmanstrengungen die Beschwörung vergangener Welten. Die Grundorientierung aller dieser Programmentwürfe verschiedener Kreise bezog sich darauf, daß etwas verlorengegangen war und zurückgewonnen werden mußte. Dadurch dominierte

der Rückblick die Vorausschau. Dadurch konnte Zukunftsorientie-
rung nur schwer vermittelt werden. Alte Konzepte sollten eine Wie-
derbelebung erfahren. Ein Erinnerungs-Liberalismus sehnte sich nach
besseren Zeiten.

Eine breitere Diskussion fanden nach 1990 vor allem die Programm-
überlegungen des Freiburger Kreises, die Thesen einer Gruppe um
Alexander von Stahl und ein Programmpapier aus der Friedrich-Naumann-Stiftung von Fritz Fliszar.

Bei allen diesen Programmanstrengungen haben sich unterschiedliche
Formen von Vergangenheitsbewältigung miteinander gestritten. Bei
allem hat die Nostalgie überwogen, mit einem unterschiedlichen Grad
von sozialliberaler oder nationalliberaler Romantik.

Eine tragfähige Programmarbeit darf aber als Ausgangspunkt nicht die
besseren Zeiten der Vergangenheit haben. Sie darf nicht mit der Koali-
tionsschere im Kopf gemacht werden. Und sie darf sich nicht populi-
stisch auf vermutete Mehrheitsmeinungstrends richten. Ausgangspunkt
müssen die wichtigsten Probleme dieses Landes in den nächsten Jahren
und die elementaren liberalen Grundsätze sein. Als historische Stärke
der F.D.P. galt schließlich immer, in jeder geschichtlichen Situation neu
zu definieren, wie der Vorrang des Grundwertes Freiheit (gegenüber
Gleichheit und Gerechtigkeit) auf zentrale Probleme der Gesellschaft
anzuwenden ist. Das war auch die wichtigste Leistung der Freiburger
Thesen 1971.

Gesamtidentität statt Teilidentitäten

Die Programmarbeit der Liberalen hat vor allem deshalb große Chancen für eine neue Gesamtidentität, weil die gesellschaftliche und wirtschaftliche Entwicklung zu einer kongruenten Revitalisierung liberaler
Werte führt. Mehr individuelle Freiheit wird in Wirtschaft und Gesellschaft gleichermaßen bedeutender. Damit findet fast automatisch eine
Umwertung der Schlüsseldiskussion aller internen Programmdebatten
der letzten Jahre statt, nämlich hinsichtlich des Verhältnisses von Staat
und Bürger. Die F.D.P. hat bei dieser Neubestimmung die große
Chance, den Liberalismus aus seinem vordergründigen Gleichge-
wichtsdenken der letzten Jahrzehnte zwischen sogenanntem Rechts-
staats- und Wirtschaftsliberalismus zu befreien.

Es war vor allem auch das Spaltungstrauma des deutschen Liberalismus, das die F.D.P. innerparteilich und in der externen Wirkung ständig zu Formelkompromissen geführt hatte, die letztlich die Erkennbarkeit einer eigenständigen Position verringerten. Es galt, die sorgenvoll gestellte Frage von Hildegard Hamm-Brücher zu beantworten: »Hat der politische Liberalismus in einer total liberalisierten Gesellschaft überhaupt noch eine Chance zur Originalität? Was will er mehr oder anderes?« [3]

Viel zu lange haben sich gute liberale Geister an der Janusköpfigkeit des Staates zerrieben, der immer zugleich Freiheit sichert und Freiheit bedroht. Wechselseitig haben sich Teile der F.D.P. in verschiedenen Politikfeldern mit der gleichen Zielsetzung der Freiheitserweiterung gegeneinander profiliert – um mehr Freiheit vom Staat oder mehr Freiheit durch den Staat zu sichern. Entsprechend entstanden innerhalb der Partei unterschiedliche politische Prioritätensetzungen. Im vordergründigen Interesse des Zusammenhalts war es dann auch oft für die Führung der Partei schwierig, hinter den politischen Tagesentscheidungen immer auch das einheitliche Prinzip politischen Handelns deutlich zu machen.

Die entscheidende Chance für eine neue Gesamtidentität der Liberalen liegt darin, daß die Informationsgesellschaft fundamental die Rolle des Staates verändert. Die klassische liberale Frage nach der Freiheit vom Staat und der Freiheit durch den Staat relativiert sich, wenn die künftige zentrale Aufgabe sowieso darin besteht, Freiheit in jedem Fall mit weniger Staat schaffen zu müssen.

Durch die Entwicklung zur Informationsgesellschaft werden die Instrumente des Staates für Freiheitssicherung ebenso wie für Freiheitserweiterung generell wirkungsloser. Die Bedeutung des Staates nimmt zwangsläufig ab. Freiheit nimmt – im Sinn von Optionsvielfalt – zwangsläufig zu. Verantwortung wird – nach jahrzehntelanger Übertragung auf Systeme – zwangsläufig den Weg der Reprivatisierung gehen, die offene Bürgergesellschaft wird fast zwangsläufig das menschenwürdige Zukunftsmodell.

Auf Wiedersehen Staat – Willkommen Bürger, das ist die drastische Kurzbotschaft des neuen liberalen Grundsatzprogramms. Freiheit mit weniger Staat zu sichern, ist jedenfalls das kennzeichnende Element der »Wiesbadener Grundsätze« für alle darin behandelten Themen. »Politik kann und darf nicht alles regeln. Sie muß das Wesentliche schützen: die

Spielregeln der offenen Bürgergesellschaft für eine Zukunft in Freiheit.« Das sind die Kernsätze zur Einleitung der vier Fundamente für
den modernen Liberalismus. Freiheit steht dabei im Zentrum, sie wird
als Verantwortung, als Vielfalt, als Fortschritt und – völlig neu – als Zu-
kunftsverträglichkeit definiert. Das liberale Credo lautet: »Nicht der
Staat gewährt dem Bürger Freiheit, sondern die Bürger gewähren dem
Staat Einschränkungen ihrer Freiheit.«

Epochen entstehen nicht. Sie werden gemacht.

Die »Wiesbadener Grundsätze – für die liberale Bürgergesellschaft« sind
nichts weniger als der liberale Wegweiser an der Schwelle zur Informationsgesellschaft. Das neue liberale Grundsatzprogramm will Epoche
machen: Es räumt endgültig auf mit dem »heliozentrischen Weltbild«
der Politik, wo nur der Staat im Mittelpunkt als Sonne leuchtet.
Westerwelle gibt mit dem neuen Programm den Anstoß für eine Zukunft neuer individueller Freiheit in einer liberalen Bürgergesellschaft,
den Anstoß für die Verantwortungsethik der Informationsgesellschaft –
nicht mehr, aber auch nicht weniger. Das mag eine stark überhöhende
Wertung sein. Aber in der derzeitigen deutschen Situation, die geprägt
ist vom Stillstand in einer Welt des Wandels, leistet das neue Grundsatzprogramm schon deshalb etwas sehr Großes, weil es ein Tor öffnet im
deutschen Gartenzaun und einen Weg, den liberalen Weg, aus der immer noch dominierenden sozialdemokratischen Politikidylle weist, die
weiterhin die Probleme von morgen mit den Rezepten von gestern bekämpfen möchte.
Zum erstenmal seit 1972 macht die F.D.P. ein Programm wieder zum
zentralen Thema einer Bundestagswahlkampagne. Für die weitere Diskussion und für die Umsetzung des beschlossenen Grundsatzprogramms wird es entscheidend darauf ankommen, die Auseinandersetzung – intern wie öffentlich – lebendig zu halten. Die Fruchtbarkeit der
weiteren wertenden Befassung liegt dabei keineswegs allein in der politischen Verwirklichung der programmatischen Forderungen. Sie liegt
vor allem auch darin, daß die Meßlatte, die die Grundsätze schaffen, auf
die aktuelle Politik umfassend Anwendung findet – sowohl Richt-
schnur für das aktuelle Handeln wird als auch wahrnehmbare weltan-
schauliche Begründung für politische Tagesentscheidungen.

Zum Image einer liberalen Partei wie der F.D.P. wird immer viel gehören: inhaltlich, funktional, personell. Mehr als andere Parteien kann die F.D.P. ihr Profil außerdem mit Grundsätzen verbinden. Und erkennbare Prinzipien sind nicht nur die wichtigste Form politischer Artikulation, sie sind auch die selbstbewußtseinschaffendste Voraussetzung für eine Renaissance des Liberalismus in Deutschland.

Anmerkungen

[1] Das Programm der Liberalen, Nomos Verlagsgesellschaft Baden-Baden 1990, Redaktion: Beerfeltz, Däubler, Osswald, Volkmann.
[2] European Journal of Political Research 18, 1990.
[3] Hildegard Hamm-Brücher, Freiheit ist mehr als ein Wort, Köln 1996, Seite 538.

Uffe Ellemann-Jensen

Für ein liberales Europa: Deutsch-dänische Tendenzen

»Wir wollen kein deutsches Europa,
sondern wir wollen ein europäisches Deutschland«
Hans-Dietrich Genscher auf dem Parteitag
der dänischen Venstre 1990

Goethe meinte, der Glückliche glaube nicht an Wunder. Dementsprechend kann man wohl behaupten, hätten wir Europäer nicht so oft einem schweren Schicksal gegenüber gestanden, hätten wir vielleicht auch nicht die Kraft gehabt, dem Unmöglichen nachzustreben. Das Unmögliche steht jedoch vor dem Gelingen: Europa wird vereint.

Auch in Deutschland ist das anscheinend Unmögliche gelungen, was wohl am besten durch das Schicksal belegt wird, das meinem deutschen Freund und alten Amtskollegen widerfahren ist. Ein wahrhaft deutsches Schicksal: Geboren in der Diktatur, herangewachsen im Krieg, erwachsenes Dasein wiederum in Zwangsherrschaft, Aufbruch aus der Heimat, Mitträger des Aufbaus der starken deutschen Demokratie, die wir – die Nachbarn Deutschlands – zu bewundern und zu respektieren gelernt haben. Seine Generation machte Deutschland zu einem Teil Europas – und war an der Spitze, als Deutschland wieder zusammenwuchs und wir beginnen konnten, ein neues Europa zu erschaffen. Ein deutsches Schicksal. Das gute deutsche Schicksal. Ein europäisches Schicksal.

Deutsche Stabilität

Die jüngste deutsche Geschichte zeichnet sich durch hohe politische Stabilität und das Heranwachsen einer starken politischen Mitte aus. Der hohe Stabilitätsgrad ist nicht ganz ohne Probleme entstanden. Es hat eine immer wiederkehrende Kritik der fehlenden Fähigkeiten bei den Parteien gegeben, Strömungen in der Bevölkerung erkennen zu können. Nun ist diese Kritik ja unabwendbar in jeder Demokratie. Wir kennen sie auch aus Dänemark, wo im Folketing weit mehr Parteien vertreten sind, da wir eine Sperrklausel von nur zwei Prozent haben. Deutschlands Stabilität läßt sich dadurch veranschaulichen, daß es seit 1949 nur sechs Bundeskanzler gegeben hat. Vergleichsweise hat Dänemark in der Zeit nach 1949 zehn Ministerpräsidenten und noch weit mehr Regierungsbildungen erlebt, bei denen die gleichen Regierungschefs einander abgelöst haben. Ein Teil der Erklärung für die deutsche Stabilität ist selbstverständlich in der grundsätzlich abgesicherten Regel zu suchen, wonach eine Regierung nur durch ein »konstruktives Mißtrauensvotum« abgesetzt werden kann.

Die Rolle der F.D.P. in der Nachkriegszeit ist bedeutend – und hat die vergangenen knapp dreißig Jahre stark geprägt. Ich denke nicht zuletzt an die zentrale Position, die die F.D.P. bekam, als die Große Koalition 1966-69 durch die SPD-F.D.P. Regierung abgelöst wurde, die bis 1982 das Ruder führte. Und nachfolgend dann die Koalition von CDU/ CSU und F.D.P. Angesichts der visionären Politiker und klaren politischen Standpunkte, die die F.D.P. prägen, ist es wünschenswert und wohl auch wahrscheinlich, daß die F.D.P. auch in den kommenden Jahren die Rolle des natürlichen Angelpunkts der deutschen Stabilität spielen wird.

Deutschland und Dänemark

Der deutsche Kulturschatz ist reichhaltig. Aus geschichtlicher Sicht ist Deutschland für uns des Protestantismus', der Romantik, der Musik und Immanuel Kants Vaterland – um nur ein paar Beispiele anzuführen. Klar ist jedoch auch, daß das historische Erbe Deutschlands mit seinem Großmachtstreben während des Ersten und Zweiten Weltkriegs auf die Auffassung der umgebenden Welt von Deutschland und den Deutschen abgefärbt hat. Heute ist die feste Verankerung Deutschlands in der europäischen Zusammenarbeit und die starke, demokratische Verfassung ein klarer Garant eines friedlichen und stabilen Europa.

Damit man das dänisch-deutsche Verhältnis verstehen kann, muß man ein wenig in die jüngere Geschichte zurückgreifen.

In Dänemark ist das Verhältnis zu Deutschland davon geprägt worden, daß man – u. a. begründet in den historischen Konflikten – Verschiedenheit markieren wollte. Trotzdem ist unumstritten, daß sich die däni-

sche Kultur in vielerlei Hinsicht am Deutschen orientiert – hier sei nur
auf das Goldene Zeitalter und die Romantik im 19. Jahrhundert verwiesen, die beide in höchstem Grad Importprodukte waren. Aus geschichtlicher Perspektive heraus ist jedoch genauso einleuchtend, daß
der »Deutschenschreck« tief in den Dänen saß. Obwohl wir ja Jahrhunderte hindurch ein dänisch-deutsches Staatsgebilde waren. Besonders
der deutsch-dänische Krieg von 1864 bedeutete viel in bezug auf die
dänische Furcht vor dem südlichen Nachbarn. Als das Königreich von
der Größe her reduziert wurde, erreichte Dänemark, daß nun Übereinstimmung zwischen Volk und Nation herrschte. Wir wurden – gewiß gegen unseren Willen – ein sehr homogener Nationalstaat. Man
kann sagen, in der Stunde der Niederlage wurden die Dänen zu wirklichen Dänen.

Noch heute erlebt man Überreste dieses »Juniorkomplexes«. Jedoch ist
die Furcht vor Deutschland ganz klar im Abnehmen. Feindbilder scheinen jedoch ab und zu die stabile Entwicklung der Jahrzehnte zu überleben, so ist es nun einmal. Dies ist kein eigenständig dänischer Charak-
terzug. Diese Eigenschaft findet sich in den Bevölkerungen sämtlicher
Staaten, die Deutschland umgeben.

Eines sind derartige Vorstellungen. Etwas anderes ist die reale Politik.
Die dänische Außenpolitik dieses Jahrhunderts hat sich in hohem Grad
an Deutschland orientiert. Darüber herrschte immer ein hoher Grad an
Einigkeit in der dänischen Außenpolitik, auch unter den wechselnden
politischen Koalitionen. Der umfassende Handelsverkehr zwischen
Dänemark und Deutschland spielte selbstverständlich auch eine zen-
trale Rolle in diesem Zusammenhang. Wirtschaft ist jedoch nicht alles.
Die Ursachen liegen tiefer.

Der kalte Krieg und Europa

Eine der Folgen der Schrecken des Zweiten Weltkriegs war eine neu-
geordnete Europakarte. Die kommunistischen Staatsstreiche und die
Einführung sogenannter Volksdemokratien in Zentral- und Osteuropa
waren so brutal durchgezogen worden, daß viele Menschen zutiefst erschreckten. Die Stimmung in den ersten Jahren des kalten Kriegs war so
ähnlich wie in dem alten Sprichwort »Nach uns die Sintflut«.
Die Teilung Deutschlands in die demokratische Bundesrepublik

Deutschland und den »Arbeiter- und Bauernstaat« DDR machte die Stimmung auch nicht besser.

Im Ostblock legte der Kommunismus schnell seine erbarmungslose Wahrheit zutage: 1948-49 versuchte die Sowjetunion, Berlin von Westdeutschland abzuschneiden. 1953 fanden die Juni-Aufstände in Ostberlin statt, die brutal niedergewalzt wurden. Und 1956 erhob man sich in Ungarn gegen die kommunistische Führung, wurde jedoch blutig zurückgewiesen, als die Sowjetunion mit Waffengewalt eingriff, um das Land im Warschauer Pakt behalten zu können. 1961 wurde die Berliner Mauer errichtet, und die vormals so stolze deutsche Hauptstadt wurde zweigeteilt. 1968 wurde die Tschechoslowakei vom Warschauer Pakt besetzt, denn das Land hatte sich erlaubt, das Experiment des »Sozialismus mit dem menschlichen Antlitz« ins Leben zu rufen. Dies war die Grundsteinlegung der sogenannten Breschnew-Doktrin, nach der kein Staat das sozialistische System verlassen könne, wenn er erst einmal Bestandteil des Systems gewesen ist.

Grundbedingung für die Verhältnisse in Europa wurde das sogenannte Gleichgewicht der Kräfte. Somit zeigte sich die Aufteilung zwischen einem Kommunistischen Block und der Freien Welt ständig deutlicher. Entweder war man drinnen, oder man war draußen.

Deutsches Streben nach europäischer Einheit

Die Europäische Union, die wir heute kennen, hat in höchstem Grad eine praktische Vorgeschichte. In großen Teilen Europas herrschte Mangel an Stahl und Kohle für den Wiederaufbau nach den Zerstörungen des Kriegs. Aber genau Kohle und Stahl waren unabdinglich für militärische Zwecke, für Panzer, Kanonen und Flugzeuge. Frankreich hatte die Idee, Deutschland zu einer praktischen, engen Zusammenarbeit um diesen politisch völlig zentralen Sektor der Wirtschaft zu verpflichten, damit das Risiko eines neuerlichen Kriegs zwischen Frankreich und Deutschland abgewehrt werden konnte. Auf deutscher Seite war man in hohem Grad bestrebt, Deutschland in Europa zu verankern – nicht zuletzt bedingt von föderalistischen Friedensidealen, d. h. auch rein sicherheitspolitisch.

Die Montanunion hatte also sowohl politische als auch wirtschaftliche Ziele. Die politischen Ziele nahmen jedoch den höchsten Stellenwert ein. Die wirtschaftliche Zusammenarbeit war das Mittel, nicht das Ziel.

Zu Beginn sammelten sich sechs Staaten um dieses Ziel: Frankreich, Deutschland, Holland, Belgien, Luxemburg und Italien. So wurde der Grundstein für ein neues, vertrauensvolles Verhältnis zwischen Frankreich und Deutschland, den alten Hauptgegnern und Feinden, gelegt. In diesen Jahren wurde die sogenannte Paris-Bonn Achse ins Leben gerufen. Die europäische Zusammenarbeit wurde also geschaffen, um Frieden und Sicherheit in dem Europa zu stärken und zu sichern, das durch alles zerstörende Kriege zerrissen worden war. In Westeuropa ist dies gelungen. Hier herrscht seit mehr als einem halben Jahrhundert Frieden und Freiheit.

Die Bedeutung des ernsthaften Einsatzes Deutschlands – und höchstgradig auch der F.D.P. – zur Sicherung der ständig fortschreitenden wirtschaftlichen und politischen Integration mit den anderen europäischen Ländern kann nicht unterschätzt werden. Die Arbeit der F.D.P. für eine Verpflichtung der Staaten Europas zur wirtschaftlichen, politischen und letztendlich auch kulturellen und sozialen Gemeinschaft hat unschätzbare Bedeutung. Hier denke ich auch an Hans-Dietrich Genschers Betonung der wirtschaftlich-politischen Bestandteile der Außenpolitik und den Einsatz der bi- und multilateralen Diplomatie, bei der Deutschland unter Hans-Dietrich Genscher klar und unzweideutig auf die Rolle des aktiven Mitspielers hinarbeitete.

Nach dem Fall der Mauer und der Auflösung der Sowjetunion haben wir nun die Möglichkeit bekommen, neue Staaten in die Gemeinschaft einzubeziehen. Staaten, die früher Zwangsmitglieder eines Systems waren, das der Feind der Freien Welt war. Wir haben eine historische Chance, Europa wieder zu einer Ganzheit zu machen. Deshalb ist die Erweiterung der Europäischen Union nach Osten der derzeit wichtigste Punkt auf der europäischen Tagesordnung überhaupt. Der Vertrag von Amsterdam ist der Schlüssel zur Durchführung dieser Erweiterung.

Europa, gestärkt durch Hans-Dietrich Genscher

Der Aufbruch in Mittel- und Osteuropa und der Fall der Berliner Mauer waren entscheidende Voraussetzungen für das neue, friedlichere Europa. Die Rolle der F.D.P. im Zusammenhang mit der europäischen

Einheit ist in dieser Verbindung besonders hervorzuheben. Meine langjährige Zusammenarbeit mit Hans-Dietrich Genscher hat mich gelehrt, daß niemand anders als die F.D.P. klarer und volltönender für die Einigung Europas arbeitet – was wir zum Beispiel zuletzt in den 1980ern erlebten, als Deutschland den Willen zu weiterer Integration klar markierte.

Ehrliche Gesichtspunkte kennzeichnen die F.D.P. Mich beeindruckte die Ansprache von Hans-Dietrich Genscher auf dem Parteitag der dänischen liberalen Partei »Venstre« 1990 stark, als wir ihn zum Ehrenmitglied auf Lebenszeit ernannten – das erste nicht-dänische Ehrenmitglied in der mehr als 100jährigen Geschichte der Partei. Hier machte Genscher die Worte des großen deutschen Dichters Thomas Mann zu seinen eigenen, als er sagte: »Wir wollen kein deutsches Europa, sondern wir wollen ein europäisches Deutschland«. Klarer und unzweideutiger konnte die Vision der Rolle Deutschlands in Europa nicht formuliert werden.

Auf diesem Parteitag, der kurz vor der Vereinigung Deutschlands stattfand, ließ uns Hans-Dietrich Genscher an seiner Vision der neuen europäischen Zusammenarbeit und der Rolle des neuen Deutschlands in diesem Zusammenhang teilhaben.

Die deutsche Vereinigung hatte in vielen Nachbarstaaten gemischte Gefühle erweckt – nicht zuletzt in den kleinen Staaten. Waren zuvor noch einige Venstre-Delegierte bei der Aussicht auf ein vereintes Deutschland bekümmert, zerschmolz die Bekümmerung wie Schnee in der Frühjahrssonne, nachdem sich der Parteitag die Genscher-Rede über unsere gemeinsame Zukunft angehört hatte. Wir reagierten auf seinen Beitrag mit stehendem, stürmischem Beifall, ein Ausdruck unseres Vertrauens in die Worte, die Genscher uns bei diesem Anlaß mitteilte. Kurz: der Parteitag drückte das Vertrauen in ein vereintes Deutschland und ein vereintes Europa aus. Und zu Deutschland und der F.D.P.

Für mich jedoch und viele meiner Landsleute lag die Freude in weit mehr als einer rein pragmatischen und vernunftgeführten Erwägung. Ich kann versichern, daß zahlreiche Dänen, die – wie ich – persönliche Kontakte in unserem südlichen Nachbarland haben, eine aus tiefstem Herzen empfundene Freude spürten, als sie im NDR oder RSH Verkehrsmeldungen wie »Trabi-Stau bei Lübeck« hörten! Für uns war dies das Signal zum Aufbruch in Europa, das Signal, daß

unser alter, hartgeprüfter Kontinent endlich helleren Zeiten entgegen-
ging. In Polen und Ungarn hatten zu diesem Zeitpunkt bereits glückliche Veränderungen stattgefunden, und gleichzeitig mit der deutschen
Vereinigung ging ein anderer Traum in Erfüllung: Unsere baltischen
Nachbarstaaten gewannen ihre Souveränität wieder.

Die Rede auf dem Venstre-Parteitag und alle die unzähligen anderen
Gelegenheiten, bei denen sich Hans-Dietrich Genscher und andere
prominente F.D.P.-Politiker unermüdlich für Frieden und Zusammenarbeit stark gemacht haben, bedeuten, daß wir uns heute in Dänemark
nicht allein mit den Deutschen über deren Vereinigung freuen. Nein,
wir freuen uns im Namen von ganz Europa darüber, daß dieser Aus-
wuchs künstlicher Teilung nun entfernt worden ist.

Dieses Ereignis hat uns – die Nachbarn Deutschlands – mehr als jedes
andere veranschaulicht, was die europäische Vision ist. Wir sind für den
Einsatz der F.D.P. in Verbindung mit dem Abbruch der Grenzen in
Europa und der Sammlung und Einigung der Staaten Europas dankbar.
Die F.D.P. hatte den Willen zur Veränderung, als es wirklich darum
ging.

Willen zur Veränderung – dies ist überhaupt die Überschrift sämtlicher
Umwälzungen, die wir in den vergangenen zehn Jahren in Europa mit-
gemacht haben. Es war ja der Wille der Völker, der durchschlug und
dem Volk die Freiheit zurückgab. Und es waren die Liberalen, die der
Katalysator des Willens waren. Die F.D.P. mehr als jeder andere trug die
Veränderungen. Dafür möchte ich der F.D.P. als einer der nächsten
Nachbarn gern danken.

Der Einsatz der F.D.P. nach dem Fall der Mauer ist somit absolut zentral,
wenn die Geschichte der Beendigung des kalten Kriegs geschrieben
wird. Mit der klarsichtigen Politik und dem nachhaltigen Einsatz der
F.D.P. konnten die staatliche Einheit Deutschlands und die Sicherheit
Europas abgesichert werden. So konnte Deutschland auch zu einem
»normalen« Mitspieler im Verhältnis zu den Bedürfnissen werden, die
die internationale Staatengemeinschaft hat, wenn es um die Sicherung
des Friedens in anderen Teilen der Welt geht, beispielsweise durch die
Teilnahme an »Out-of-area«-Operationen. Grundlegend dafür ist ja
gerade die F.D.P. als Treibkraft der Entwicklung der vergangenen sieben
bis acht Jahre in der Entwicklung der Welt um uns, durch die ein freie-
res und friedlicheres Europa geschaffen werden konnte. Es gibt eine
große Gemeinsamkeit an allen diesen Ereignissen: die Bewegung in

Richtung Freiheit – Demokratie und Marktwirtschaft. Dies sind Werte, die Deutschland und Dänemark vertreten. Dies sind Werte, auf die wir gemeinschaftlich stolz sind. Und dies hat auch meine Zusammenarbeit mit wechselnden Politikern der F.D.P. geprägt.

Die Problematik des Verhältnisses Dänemark-Europa

Im Gegensatz zu den engagierten deutschen Staatsmännern und -frauen, die an der Notwendigkeit der deutschen Teilnahme im europäischen Konzert nie zweifelten, sind die Dänen wankelmütiger. Es wäre wohl auch eine Unterstellung zu behaupten, die Debatte sei von den weitgreifenden europäischen Visionen geprägt gewesen, als eine große Mehrheit der dänischen Wähler vor mehr als 25 Jahren zum Beitritt der Europäischen Gemeinschaft ja sagte. Ausschlaggebend waren eher die Aussichten auf höhere Schinkenpreise und bessere Haushaltsgeräte ...

Erst bei den späteren Volksabstimmungen zur Europafrage spielten die übergeordneten Fragen eine größere Rolle. So war es bei der Abstimmung zum sogenannten »EU-Paket« 1986, ebenfalls 1992, als es um den Vertrag von Maastricht ging, sowie 1993, als der Vertrag von Edinburgh mit den besonderen dänischen Ausnahmen an der Reihe war. Heute scheint jedoch ein größerer Teil der öffentlichen Meinung in Dänemark das europäische Anliegen als eine Frage der Sicherung von Frieden, Freiheit und Stabilität zu sehen. Besonders die Jugend engagiert sich für diese Fragen.

Jedoch ist die traditionelle Scheu und Skepsis der Dänen gegenüber den großen politischen Visionen auch weiterhin stark gefordert. Allzu viele verstehen die Mitgliedschaft in der EU als »irgend etwas mit Wirtschaft«. Und diese Einstellung trägt dazu bei, die Aufmerksamkeit von dem Wesentlichen und Übergeordneten abzulenken. Deshalb kann nicht of genug wiederholt werden: der Zweck der EU ist ein politischer.

Dies können wir in den Römischen Verträgen von 1957 nachlesen, die noch immer die »Verfassung« der europäischen Zusammenarbeit ausmachen. Die Einleitung besagt u. a.: der Zweck dieser Vereinigung der wirtschaftlichen Kräfte ist die Bewahrung von Frieden und Freiheit. Für das Verständnis dessen, worum es bei der EU in Wirklichkeit geht,

ist dies völlig entscheidend. Zielsetzung ist Frieden und Freiheit. Die
wirtschaftliche Zusammenarbeit ist das Mittel zum Erreichen des Ziels.
Und nicht das Ziel an sich. Deshalb sollten wir es seinlassen, Zielsetzung und Mittel in der Europa-Debatte zu verwechseln.

Die Herausforderungen der Zukunft für die Europäische Union

Die dänischen Liberalen »Venstre« und die deutsche F.D.P. teilen die Vision von einem friedlichen und ungeteilten Europa. Ich glaube auch,
die F.D.P. ist mit mir einig, daß die Herausforderung heißt: Wir müssen
Mittel und Wege finden, um neue Strukturen zu schaffen, mit denen es
machbar wird, die 40jährige Teilung Europas aufzuheben.
Ich bin fest überzeugt, dies läßt sich nur durch die Nutzung der Wertege-
meinschaften bewerkstelligen, die Frieden und Freiheit in Westeuropa
so effektiv gesichert haben – Atlantisches Bündnis und Europäische
Union. Ich bin der Ansicht, diese Gemeinschaften müssen erweitert
werden, damit sie auch die neuen europäischen Demokratien ein-
binden, die nach dem Zusammenbruch der Sowjetunion entstanden
sind.
Von entscheidender Wichtigkeit ist, daß Europa die volle Verantwortung für die Verwirklichung dieser Zielsetzung übernimmt. Ich glaube
auch, daß dies Voraussetzung für die Fortführung der engen Verbindungen zwischen den USA und Europa ist. Uns sollte klar sein: Wir
Europäer können unsere eigenen Probleme nicht ohne Unterstützung
durch die USA bewältigen! Gleichzeitig müssen wir darauf aufmerksam
sein, daß den USA die Bürden der globalen Verpflichtungen erleichtert
werden müssen – und daß die Amerikaner nicht so ohne weiteres bereit
sind, eine Sachlage zu akzeptieren, bei der sie das Gefühl haben, wir
Europäer probieren, als Trittbrettfahrer mitzumachen.
Deshalb müssen wir versuchen, die beiden wichtigen Aufgaben, die
vor uns stehen, gleichzeitig zu lösen: NATO-Erweiterung, eine gemeinsame Aufgabe – und EU-Erweiterung, eine europäische Aufgabe.
Die Erweiterung der Anzahl Mitglieder im Atlantischen Bündnis ist für
die Enwicklung einer neuen Sicherheitsstruktur für Europa entscheidend – und ich glaube, die Möglichkeit der Unterstützung durch die
politische Führung der USA läge günstiger, wenn Europa gleichzeitig

Willen und Fähigkeit zeigt, unseren Teil der gemeinsamen Aufgabe lösen zu wollen und zu können.

Im europäischen Integrationsprozeß müssen wir uns über jeden noch so kleinen Schritt freuen – solange er in die richtige Richtung führt. Einer dieser Schritte ist der Vertrag von Amsterdam, der bekanntlich der Aufnahme einer Reihe mittel- und osteuropäischer Staaten in die Europäische Union den Weg ebnet.

Wir müssen einsehen, uns sind viele unvorhergesehene Schwierigkeiten und Verspätungen über den Weg gelaufen. Die Lage in meinem Land ist ein typisches Beispiel: Als die Dänen 1992 Nein zum Vertrag von Maastricht sagten, bedeutete dies Verspätungen im gesamten Verlauf. Jedoch auch bei den anderen Unionsmitgliedern erlebte man eine zunehmende Unzufriedenheit mit der Entwicklung in der EU, die dem entsprach, was die Dänen zum Nein bewegte.

Ich glaube, die tieferliegende Ursache dieser Entwicklung liegt in der Art und Weise, wie sich die europäische Integration im Laufe der Jahre entwickelt hat – und ich glaube ebenfalls, wir müssen diesem Problem viel mehr Aufmerksamkeit schenken, wenn wir wieder zurück auf die rechte Spur kommen wollen.

Dies verlangt, daß sich sämtliche europäische Institutionen der wichtigsten Herausforderung stellen, der wir derzeit in der EU gegenüberstehen: die Schaffung eines offenen Europa – offen den eigenen Bürgern gegenüber, offen den europäischen Staaten außerhalb der Union gegenüber, offen dem Rest der Welt gegenüber. Offenheit ist deshalb – so wie ich es sehe – der Schlüssel zum fortgesetzten Integrationsprozeß in Europa.

Die Forderung nach Offenheit hat zwei Seiten:

In erster Linie Offenheit nach außen – besonders gegenüber unseren engsten Partnern in Europa und Nordamerika sowie in Ost- und Mitteleuropa.

Zweitens Offenheit nach innen – wobei Demokratie und Transparenz völlig zentrale Punkte darstellen, Punkte, die 1992 den höchsten Rang auf der europäischen Tagesordnung bekamen, als plötzlich klar wurde, daß die Entwicklung schief abläuft.

Hier möchte ich beginnen. Denn dies sind genau die Bereiche, in denen wir bei dem Versuch, die Unterstützung der Bürger zu gewinnen, scheiterten, als der Vertrag von Maastricht 1992 in den Mitgliedstaaten vorgestellt wurde.

Wir dürfen nicht vergessen, der Vertrag von Maastricht entstand mitten in den dramatischen Änderungen der politischen Landschaft in Europa und wurde erarbeitet in dem Versuch, die Gemeinschaft zu stärken, damit sie zukünftig den neuen Stand der Dinge besser bewältigen konnte.

Im Juni 1992 stimmten die dänischen Wähler Nein – mit geringstmöglicher Mehrheit. Als dann im September in Frankreich die Wähler gefragt wurden, lag dort das Nein so nahe, wie es das Ja in Dänemark getan hatte. Gleichzeitig ergab eine Umfrage nach der anderen, daß der Vertrag von Maastricht bei einem Referendum unter sämtlichen Wählern der Mitgliedstaaten größte Schwierigkeiten gehabt hätte. Dies war auch in den Ländern der Fall, die traditionell als feste Stützen der europäischen Integration betrachtet wurden.

Die Volksbefragungen in Frankreich und Dänemark zeigten klar, daß der Wähler Information und Einfluß auf die Entscheidungen in der Gemeinschaft wünscht, jedoch nicht notwendigerweise dabei »gegen Europa« ist. Man reagierte gegen das, was als falsche Entwicklung in der Funktion der Zusammenarbeit betrachtet wurde.

Die Debatte in den meisten anderen Staaten Europas zeigte dasselbe: die verbreitete Auffassung war, die Gemeinschaft ist zu zentralistisch und bürokratisch geworden – und viel zu weit dem Alltag entrückt, der die Gemeinschaft ja ausmacht.

Ich glaube, irgend etwas geriet aus der Bahn, als wir begannen, eine Menge nationaler Normen im Zuge des Binnenmarkts zu harmonisieren. Plötzlich wurde »Brüssel« eine Größe, die im Alltag real präsent war – oftmals war nur schwierig durchschaubar, warum nationale Bürokratie, an die man sich gewöhnt hatte, plötzlich durch Detailvorschriften der fernen Bürokratie in Brüssel ersetzt werden sollte. Ein gutes Beispiel aus meinem Heimatland ist die »Krümmung der Salatgurken«, die zu einem volksbewegenden Thema wurde: Seit vielen Jahren gab es Qualitätsvorschriften für die Vermarktung von Salatgurken, die nun durch Gemeinschaftsregeln ersetzt wurden. Im Grunde genommen also eine Vereinfachung, die besonders für Produzenten, Händler und Verbraucher eines kleinen Landes Vorteile brachte. In der Debatte jedoch wurden die Regeln über »Krümmung der Salatgurken« zum Symbol der Lächerlichkeit der Bürokratie in Brüssel ...

Die Geschwindigkeit eines Integrationsprozesses hängt von dem politischen Willen der Teilnehmer ab. Dabei erinnere ich mich an die klugen

Worte von Robert Schuman, einem der Initiatoren aus den frühen Tagen der europäischen Integration: »Europa wird nicht an einem Tag gebaut und auch nicht nach einem übergeordneten Modell – es wird durch die praktischen Fortschritte geschaffen, die das Gefühl eines gemeinsamen Zweckes vermitteln.«

Es scheint, als sei „das Gefühl eines gemeinsamen Zweckes« verloren gegangen, als der Integrationsprozeß als Reaktion auf die Änderungen in Europa mehr Tempo bekam. Und dies hat – so glaube ich – wesentlich zur verbreiteten Auffassung der Europäischen Gemeinschaft als Brutstätte der Bürokraten, als zentralisiertes Vorhaben mit viel zu wenig demokratischer Kontrolle beigetragen. Deshalb sind Dezentralisierung, Teilnahme, Offenheit, Nähe und Demokratie zu Schlüsselbegriffen der Debatte über die Wege der Reformierung der Zusammenarbeit in der Europäischen Union geworden. Die Lehre, die wir alle aus den Erfahrungen mit dem Vertrag von Maastricht ziehen müssen, ist, daß wir nicht riskieren dürfen, die Unterstützung der Völker zu verlieren, wenn wir ein vereinteres Europa schaffen wollen.

Dies führt mich zu der anderen Seite des Begriffs »Offenheit«: Wir sind heute 15 Mitglieder in der Europäischen Union – jedoch stehen mehr Staaten an der Schwelle und wollen herein. Die Erweiterung der Union um die neuen Demokratien in Ost- und Mitteleuropa und im Baltikum steht an erster Stelle der europäischen Tagesordnung.

Und es ist höchste Zeit! Wir haben bereits zu viel Zeit vergeudet, bevor wir die Hilferufe der neuen politischen Führungen in diesen Staaten erhörten. Sie fühlen sich von uns im Stich gelassen, nun, wo die Feiern fertiggefeiert sind. Und wer kann ihnen das verdenken?

Auf die Tage frohester Erwartungen nach dem Fall der Berliner Mauer und der Abschaffung der unbehaglichen Regimes und nachdem alle großen Reden gehalten worden waren, folgte der graue Alltag mit steigenden Problemen und Furcht vor dem Unbekannten. Arbeitslosigkeit, Inflation, Mangel an sozialen Strukturen zur Sicherung der schwächsten Bevölkerungsgruppen – alles dies führte zu einer Angst, die mich an den dänischen Philosophen Kierkegaard erinnert, der sich gerade mit dem Begriff der Angst eingehend beschäftigt hat: Nur freie Menschen können Angst fühlen – denn sie stehen Wahlen gegenüber, die Unfreie und Geknechtete nicht haben. Plötzlich wurde diese Seite der Freiheit zum Alltag für die Menschen, denen die Freiheit ein halbes Jahrhundert hindurch verneint worden war ...

Das Urteil der Geschichte über uns wird gnadenlos in seiner Schärfe sein, sollten wir versäumen, auf die historische Herausforderung zu reagieren, die durch die Ereignisse der vergangenen acht bis neun Jahre entstanden ist. Ich erlaube mir den Zweifel, ob unsere eigenen Werte und ethischen Grundlagen überleben können, sollten wir hier versagen. Jahre hindurch sehnten wir uns danach, daß diese Länder das Joch des Kommunismus abstreifen würden. Wir haben sie dazu ermuntert. Dann können wir uns ganz einfach nicht zurücklehnen und sagen, den Rest müßt ihr selbst erledigen, nachdem sie getan haben, wie wir wünschten und nun unsere Unterstützung wollen und brauchen.

Wir müssen ihnen den Zutritt zu unseren Märkten anbieten – auch in sensiblen Bereichen wie Nahrungsmittel, Textil und Stahl. Und wir müssen die Aussicht auf Mitgliedschaft unserer Union real gestalten, auch wenn es um die volle und ganze Teilnahme an der politischen Zusammenarbeit geht. Wir müssen bereit sein, dies noch vor dem Zeitpunkt zu tun, an dem sie die Bedingungen der Mitgliedschaft voll und ganz erüllen. Sonst geraten wir in eine »Catch-22«-Situation: Soll die Aussicht auf Mitgliedschaft von der Erfüllung sämtlicher Vorbedingungen abhängen – entsteht diese Situation niemals.

Sollte jedoch in diesen Staaten passieren, daß die Unterstützung der politischen und wirtschaftlichen Reformen in der Bevölkerung nachläßt, ist dies eine Bedrohung unser aller. Die Rückkehr zu irgendeiner Form voll- oder halbtotalitärer Regimes wird wohl kaum die alten Ost-West-Gegensätze wieder einführen, kann jedoch bedeuten, daß die zahlreichen nationalistischen Kräfte, die sich im Boden Europas verbergen, zutage treten. Wir werden ja jeden Tag daran erinnert, daß alte nationale und ethnische Gegensätze dicht unter der Oberfläche liegen und brodeln – im ehemaligen Jugoslawien, der ehemaligen Sowjetunion und in vielen ost- und mitteleuropäischen sowie den baltischen Staaten.

Vor diesem ernsten Hintergrund müssen wir handeln, um die zarten Demokratien zu unterstützen. Das hat seinen Preis – selbstverständlich, jedoch müssen wir dies als Investition in unsere eigene Zukunft betrachten. Denn sollten wir eine Situation mit neuem Umbruch in Ost- und Zentraleuropa erleben, mit neuen Wellen von Flüchtlingen und Emigranten, werden die Kosten noch umfassender als die, die entstehen, wenn wir diese Situation vermeiden.

Nun kann man fragen: Ist die Europäische Union überhaupt in der

Lage, sich dieser Herausforderung zu stellen? Die große Frage ist, ob der politische Willen da ist. Denn es verlangt politischen Willen und politische Führung, auch in Anbetracht des anderen großen Themas der europäischen Tagesordnung: Die hohe und weiter ansteigende Arbeitslosigkeit.

Wir haben bereits erlebt, wie eher »nahe« Bekümmerungen den politischen Willen zum Festhalten an einer Freihandelspolitik untergraben können. Wir haben Reaktionen der Gewalt in den Bevölkerungsgruppen gesehen, die sich besonders exponiert fühlen, wenn Änderungen der wirtschaftlichen Realitäten und der Märkte entstehen – in erster Linie in der Landwirtschaft. Hier befindet sich die gemeinsame Landwirtschaftspolitik der EU in der Schußlinie, sowohl in der der Realität der Märkte als auch der der Produzenten aus anderen Teilen des internationalen Handelssystems. Es gibt allen Grund zur Erwartung, daß ähnliche Reaktionen entstehen, wenn wir unsere empfindlichsten Märkte dem Wettbewerb aus Ost- und Mitteleuropa öffnen. Hier sind politischer Wille und politische Führung gefragt.

Die Europäische Union darf sich also nicht auf den Lorbeeren der getanen Arbeit ausruhen. Dies darf das Atlantische Bündnis auch nicht. Denn Geschichte ist nicht »vorbei«. Glauben wir das, riskieren wir, daß die Geschichte mit allem Grauen wieder aufersteht.

Unser dänischer Poet und Philosoph Piet Hein drückte dies auf die treffendste Weise in einem seiner Gruk-Verse, aus, den ich hier abschließend zitieren möchte:

Wir finden, unsere Zeit
ist die Zeit aller Zeiten
– endlich ist der Mensch modern.
Doch welche andere Seite
der Seiten der Geschichte
ist so beladen vor dem Herrn?

Peter Menke-Glückert

Umweltpolitik 2000 – Liberale Perspektiven für nachhaltiges Wirtschaften

Das ganze Dilemma unserer augenblicklichen ÖKO-PC, also der ÖKO-POLITICAL-CORRECTNESS-NORM (die Konflikte zwischen Freiheit und Umwelt einfach verdrängt), zeigt – auf den Punkt gebracht – die folgende Begebenheit auf der UNO-Artenschutz-Konferenz 1995 in Wien, einer Folgekonferenz der RIO-Konferenz von 1992: Sieben brasilianische Indianerstämme verlangten als bedrohte Menschen-Art in die Internationale Artenschutzkonvention aufgenommen zu werden. Auf diese Weise könnten sie die Weltöffentlichkeit besser auf ihr Genozid-Schicksal in den Tropenwäldern aufmerksam machen, als dies bei Berufung auf die UNO-Menschenrechtskonvention der Fall sei.

Schutz der natürlichen Lebensgrundlagen geschieht um der Menschen willen, nicht als Selbstzweck zum Erhalt schöner Naturbilder mit äsenden Rehen. Zumal alle diese Bilder, wie etwa die heutige Lüneburger Heide, als Kulturlandschaft von Menschen künstlich geschaffen wurden. Naturerhalt ist Kulturaufgabe und Umweltplanungsaufgabe, eben um auch für künftige Generationen Nahrung, frisches Wasser, Sauerstoff zum Atmen, Staubfilter, Klimaregulatoren als Menschengrundrecht nachhaltig zu sichern.

Naturschutz-Foto-Safaris, Bambi-Heile-Welt-Öko-Filme, Rettet-den-Wachtelkönig-Kampagnen – so umweltpositiv und kinderlieb sie auch sind – lenken von dem wirklichen Planungs-Problem ab, nämlich buchstäblich das Überleben der Menschheit zu sichern. Jede Sekunde werden 13 Menschen irgendwo auf der Welt geboren, jeden Monat kommt die Bevölkerung der Tschechei hinzu, jedes Jahr weit mehr als die Bewohner der Bundesrepublik Deutschland. Heute sind es schon fast 5,4 Milliarden Menschen. 2050 werden es bei gleichbleibendem Bevölkerungswachstum über acht Milliarden sein.

Für fast 80% der Erdenbürger sind akute Umweltprobleme Armut, Hunger, Elend, Hoffnungslosigkeit. Für den reichen Rest auf der Nordhalbkugel entstehen Umweltprobleme aus exzessivem Ressourcenverbrauch, Verschwendung, Überfluß, Gedankenlosigkeit. Eine Ein-Person-Familie in den USA oder bei uns verbraucht in nur einem Monat das an Ressourcen und Energien, was Familien in Bangla-Desh, Ägypten oder Peru mit zehn und mehr Kindern ihr ganzes Leben zur Verfügung haben. 1,2 Milliarden Menschen leben von weniger als einem Dollar pro Tag.

Umwelt in besterhaltenem Zustand ist nach liberaler Auffassung ein Menschenrecht – und keine Marotte einiger Hermann-Löns-Naturschützer.

Für alle Arten auf diesem Planeten – im Prinzip auch für den Menschen – gilt die ökologische Grundformel: *Überlebensfähigkeit = dem Produkt aus Populationsgröße und Ressourcenverbrauch pro Kopf* (von der Natur verantwortbarer »ökologischer Rucksack«). Nicht mehr als wieder nachwächst, kann verbraucht werden.

Energie- und Ressourcenverbrauch ist in den wenigen reichen Ländern um das Vieltausendfache gegenüber dem für das Überlebens-Existenz-Minimum Notwendige gesteigert worden. Wird dieses West-Modell einer Natur-Übernutzungs- oder auch COWBOY-ÖKONOMIE (Kenneth Boulding) zum Maßstab für alle 5,4 Milliarden Menschen auf dieser Erde, so sind ganz sicher noch vier bis fünf weitere Planeten nötig. Wir haben aber nur diese EINE ERDE. Dieses Problem der quantitativen Grenzen des Wachstums ist durch die Berichte des Club of Rome heute jedermann geläufig. Jedenfalls als abstrakte Forderung. Die Natur ist überfordert. Dramatische Klimaänderungen in den nächsten Jahrzehnten deuten sich an – wie unter anderem EL-NIÑO-EFFEKTE großer Überschwemmungen und Wirbelstürme zeigen.

Die Kardinalfrage der Umweltpolitik 2000 ist danach: Wie kann Nachhaltigkeit des Wirtschaftens, wie kann eine dauerhaft umweltgerechte Entwicklung auch für künftige Generationen gesichert werden? Oder anders gesagt: Wie kann bei weitaus geringerem Energie- und Ressourceneinsatz in etwa das gleiche Niveau an sozialem Wohlbefinden, demokratisch-freiheitlichen Politikformen und individueller Lebensfreude wie jetzt erreicht werden? Wie kommen wir zu einer Herausforderungswirtschaft – CHALLENGE ECONOMY –, die mit bedeutend weniger an Ressourcen- und Energieeinsatz auskommt (nach Lovins und Schmidt-Bleek ist dies mit 10% der jetzigen Verbrauchsraten möglich) und dabei sogar mehr an Lebensqualität, kultureller Vielfalt, sozialer Sicherheit garantiert? Und zugleich den Erhalt natürlicher Lebensgrundlagen auch für künftige Generationen. Wie kann ein Weltkrisen-Management im Rahmen der Vereinten Nationen aufgebaut werden, das Kriege um Wasser und fruchtbares Land verhindert, sich abzeich-nenden Klimakatastrophen, Giftmüll-Dumping, Abholzen der tropi-schen Regenwälder (als unentbehrlichen Sauerstoffproduzenten und Klima-Stabilisatoren) vorbeugt? Wie kann nationalstaatliche Nutzen-verrechnung zur Einsicht in weltökologische Zusammenhänge, zum Einhalten globaler Umweltqualitäts- und Welt-Sozial-Ziele gebracht werden?

Für Liberale ist keine Lösung eine Weltplanungs-Bürokratie mit Zutei-lung von Natur-Nutzungs-Quoten, wie dies seit den Vorschlägen des algerischen Ministerpräsidenten Boumedienne Mitte der 60er Jahre unter dem Schlagwort »neue ökonomische Weltordnung« in UNO-Generalversammlungen immer wieder gefordert wird. Keine Lösung sind auch Öko-Experten-Räte und Öko-Bürokratien, die dem Bürger vorschreiben, wie sie leben, was sie kaufen, wie sie sich ernähren, wie sie reisen sollen.

Für Liberale kann es bei der Lösung des Umweltdilemmas nur um ein Mehr an Aufklärung und Selbstverantwortung, um ein Mehr an Öko-Effizienz, um ein Mehr an Bürgeraktionen und intelligenter Umwelt-Technik, ein Mehr an Umwelt-Dienstleistungs-Existenzgründungen gehen, kurz: um ein Mehr an Umwelt-Innovationen in allen Feldern nachhaltigen Wirtschaftens. Gebraucht wird dieser Prozeß des Nach-denkens und Umdenkens, nicht ein Öko-Diktatur-Donnerschlag.

Wie in der bekannten VW-Reklame gilt daher seit drei Jahrzehnten für die Umweltpolitik: ... Und sie läuft ... und läuft ... und läuft ... und läuft. Nicht zuletzt dank der Liberalen.

Bis 1972 findet sich in keinem Brockhaus das Stichwort »Umweltpoli-tik«. Hans-Dietrich Genscher begriff sofort den Stellenwert des neuen Paradigmas – im Sinne einer Herausforderung für das Deutschland-Modell »Soziale Marktwirtschaft«. Er übersetzte *environmental policy* aus dem Amerikanischen ins Deutsche. Dies war die Geburtsstunde der deutschen Umweltbewegung. Amerikanisches Umwelt-Politik-De-sign der 60er stand Pate für sozial-liberale Umweltpolitik der 70er Jah-re – einschließlich *grass roots democracy.*

Genscher war der erfolgreichste Umweltminister der Bundesrepublik Deutschland, der die Jahrhundertaufgabe Umweltschutz/nachhaltiges Wirtschaften auch als Thema liberaler Profilierung, liberalen Reformwillens, als Chance für einen Freiheits- und Demokratieschub für die konservativ-verkrustete »bürokratie-formierte deutsche Nachkriegsgesellschaft« begriff.

Zusammen mit Walter Scheel und Karl-Hermann Flach machte Genscher immer wieder auf den tiefen Zusammenhang zwischen Freiheitserhaltung einer Gesellschaft und aktiver Reformpolitik aufmerksam. Niemals später war die F.D.P. so sehr Reformpartei wie in ihrer Zeit in der Opposition 1966 bis 1969 und in der sich anschließenden Freiburger Umsetzungsphase in der Zeit der sozial-liberalen Koalition bis 1982.

Karl-Hermann Flach, Walter Scheel, Werner Maihofer und Hans-Dietrich Genscher verordneten den Liberalen die Frischzellen-Therapie der Bürgergesellschaft mit radikaler Entbürokratisierung, endgültigem Aus für den Obrigkeits- und Vorschriftenstaat. Die Liberalen wollten überall mehr Demokratie wagen. Auch in den Betrieben. Nach Friedrich Naumann macht die Demokratie »nicht halt vor Werktoren«. Größtmögliche Mitbestimmung aller Bürger. Vermögensbildung der Arbeitnehmer. Aus Mitarbeitern sollen Mit-Unternehmer werden. Aus Umweltbetroffenen Umwelt-Akteure. Liberale gründeten den Verein gegen parlamentarische und bürokratische Willkür und viele, viele andere Bürgerinitiativen. Marktwirtschaft kann nur Erfolg haben, wenn auch Demokratie gestärkt wird. Bürgergesellschaft und Markt sind nach Friedrich Naumann zwei Seiten der gleichen Medaille.

Nach dem amerikanischen Vorbild der Erdtage in den 60er Jahren wurde 1970 in der Theodor-Heuss-Akademie zusammen mit Rolf Schroers und Wolfgang Burhenne die Arbeitsgemeinschaft für Umweltfragen – AGU – als Alternativ-Parlament der Umweltverbände konzipiert. Die AGU besteht heute noch als gebündeltes Umweltwissen und Umweltgewissen aller Nicht-Regierungs-Organisationen in Deutschland. Schon Anfang 1972 konstituierte sich der Bundesfachausschuß Umwelt der F.D.P., die CDU folgte 1978 mit einem Bundesausschuß für Energie und Umwelt, die SPD sogar noch ein Jahr später ebenfalls mit einem Energie- und Umweltausschuß. Weitere Marksteine liberaler Umweltpolitik sind der Ökologie-Parteitag in Köln 1981 mit Verabschiedung eines umfassenden ökologischen Aktionsprogramms, das Weseler Konzept von 1984 zur Kreislaufwirtschaft und das Ökologische Programm für die 90er Jahre vom Juli 1990.

Ein Vierteljahrhundert dauerte es, bis endlich die liberale Forderung

nach Aufnahme eines Umwelt-Grundrechts in die Verfassung auch von
anderen Parteien übernommen wurde. 1994 wurde das Grundgesetz
durch Aufnahme eines Artikels 20a wie folgt geändert: »Der Staat
schützt auch in Verantwortung für die künftigen Generationen die natürlichen Lebensgrundlagen …« Nachhaltiges Wirtschaften ist damit
Verfassungspflicht für alle staatlichen Einrichtungen (Vorreiterrolle),
jedes Unternehmen und jeden Bürger. 1970 hatte Genscher auf einer
Tagung des Europarates genau diese Forderung zum ersten Male erhoben und war auf Widerstand aller anderen Parteien gestoßen.

Fast genausolange brauchte die Verwirklichung der liberalen Forderung nach Einführung der Verbandsklage für anerkannte Naturschutz-
verbände nach amerikanischen und skandinavischen Vorbildern. Die
von Liberalen geforderte Privatisierung kommt überall nur langsam
voran. Bis heute ist das Energiewirtschaftsgesetz, ein 1935 zur »Wehr-
haftmachung der deutschen Wirtschaft« erlassenes Gesetz, nicht ersetzt
durch einen radikal liberalisierten Strommarkt ohne Durchleitungsmo-
nopole, ohne schwarz-roten kommunalen Stadtwerke-Filz, aber mit
Energie-Spar-Optionen.

Dreizehn Jahre waren die Liberalen mit den Umweltministern Genscher, Maihofer und Baum Wortführer und Anstifter der Umweltbewegung. Mit breiter Akzeptanz in der Bevölkerung, auch mit neuen
Einflußfeldern in den Kommunen, im Mittelstand, bei Umwelt-Tech-
nik-Existenzgründern, in den Bildungsberufen. Vor allem aber bei jungen Menschen. Ralf Dahrendorf und Hildegard Hamm-Brücher hatten
den Boden bereitet mit ihren bildungspolitischen Initiativen: *Bildung ist
Bürger-Recht. Wer weit denkt, wählt F.D.P. Augenöffner Umwelt* – waren liberale Wahl-Slogans.

Erster Vorsitzender des Bundesverbandes Bürgerinitiativen Umweltschutz – BBU – war der Stuttgarter F.D.P.-Kreisvorsitzende Wüsten-
hagen. Organisator der Proteste gegen den Bau eines Kernkraftwerkes
in Wyhl – ausgerechnet in naturbelassener Rhein-Auenlandschaft –
war der Apotheker und Weinbauer Dr. Erich Schött, F.D.P.-Landtags-
abgeordneter aus Endingen in Baden. Träger vieler kommunaler Um-
weltinitiativen in Norddeutschland waren F.D.P.-Stadtrat Kambeck in
Husum und der F.D.P.-Friese Eilert Tantzen. Gegen das unsinnige
Projekt eines gigantischen Braunkohle-Loches in unberührter Natur-
landschaft in Buschbeck bei Königslutter lief eine F.D.P.-getragene
Bürgerinitiative Sturm. Siegfried Landers, F.D.P.-Stadtrat in Wesel

und Bilderbuch-Mittelständler war mit »Stereo-Entsorgung« Pionier für ressourcensparendes Recycling und Neuwertwirtschaft Ende der 60er Jahre, lange bevor der Gesetzgeber diese Themen aufgriff.

Nach 1982 beginnt die »bleierne Zeit« einer Reform-Blockade, nicht zuletzt wegen des sozialdemokratischen General-Konsenses der Besitzstandswahrung in den beiden Großparteien. Auch die Berliner Hau-Ruck-Rede von Bundespräsident Roman Herzog im Hotel Adlon im April 1997 hat daran nichts geändert.

Herzstück des liberalen Reformwillens 1966 bis 1982 war und ist unbestritten bis heute der Umwelt-Teil der Freiburger Thesen von 1971 und das diese Thesen umsetzende Umweltprogramm der Brandt-Scheel-Regierung ebenfalls aus dem Jahre 1971. Kein späterer Öko-Politik-Entwurf hat wesentlich Neues hinzugefügt zur damaligen liberalen Vision nachhaltigen Wirtschaftens: Vorsorge für künftige Generationen, Verursacher- und Kooperationsprinzip, marktwirtschaftlichen Umweltschutz. Dies gilt auch für die nach dem liberalen Design gestrickten späteren Umweltprogramme der EU und das Luxemburger Umwelt-Manifest der Liberalen Weltunion von 1974. Der liberale Kölner Finanzwissenschaftler Hansmeyer, auch erster Vorsitzender des von Genscher 1971 eingerichteten Sachverständigenrates für Umweltfragen, spricht zurecht von einer Zeit »rationaler Umweltpolitik« – ohne Öko-PC des grünerhobenen Zeigefingers.

Lapidar heißt es 1971 in der ersten Umwelt-These von Freiburg: »Umweltschutz hat Vorrang vor Gewinnstreben und persönlichem Nutzen. Umweltschädigung ist kriminelles Unrecht ...«

Es waren die Liberalen, die Luftreinhaltung, Gewerbeaufsicht, Müllabfuhr, Stadthygiene, Gewässerschutz von einem versteckten Platz in Fachzeitschriften in den Rang eines gesellschafts- und verfassungspolitischen Problems erhoben. Aus den in zahlreichen Ressorts angesiedelten Infrastrukturaufgaben einzelner Fachbürokratien wurde – ganz nach amerikanischen Vorbildern der Ökosystemforschung und Öko-Effizienz – Umweltpolitik, also Umweltplanung im großen Weltverbund.

Die Rolle als Bürgerminister war dem Umweltpolitiker Genscher auf den Leib geschrieben und ist ihm und seiner Partei bis heute gut bekommen. Durch seine Omnipräsenz in allen Medien vermittelte er glaubwürdig das Eingehen auf Bürgersorgen – von Gesundheitsgefahren durch Chemikalien oder Lärm bis zur Trinkwassergefährdung

durch giftige Sonderabfälle. In ganz kurzer Zeit setzte er fünf Grundge-
setzänderungen im Konsens mit allen Parteien in Bundestag und Bundesrat durch. Ebenso mehr als zwei Dutzend Umweltgesetze, darunter
Abfallgesetz, Bundesimmissionsschutzgesetz, Fluglärmgesetz, Novellierung Wasserhaushaltsgesetz, Umweltstatistikgesetz. Immer im Konsens mit allen Parteien. Bundeskompetenzen sind nie wieder so rasch
zu Lasten der Länder ausgeweitet worden.

Zwei Jahrzehnte später bleibt nur nostalgisch-heitere Erinnerung an
eine große Zeit der Liberalen 1966-1982. Nur sehr wenigen ist noch
bewußt, wie positiv-prägend diese Zeit für die Demokratie-Kultur
Deutschlands war.

1998 hat das Problem Arbeitslosigkeit das Umwelt-Thema in der öffentlichen Aufmerksamkeit auf die fünfte oder sechste Posteriorität
zurückgedrängt. Nicht Umweltkompetenz wird in Bundestagswahlen
gefragt werden, sondern Wirtschaftskompetenz. Die Wähler verlangen
Glaubwürdigkeit in dem Willen der Politiker, zu einem fairen und
drastisch vereinfachten Steuersystem zu kommen. Investieren soll sich
wieder lohnen, der Bürger mehr Geld in der Tasche haben. Strahle-
mann-Populist Schröder hat das als Kanzlerkandidat klar erkannt und
sofort – SPD-Parteitagsbeschlüsse hin oder her – Öko-Steuer-Erhö-
hungen der Benzinpreise oder Flugpreise abgelehnt.

Was ist der Stand der umweltpolitischen Situation heute, 1998? Wie
kann die liberale Handschrift verstärkt werden?

Im Vergleich zur Situation noch Anfang der 80er Jahre billigen nach Al-
lensbach (Umfrage Mai 1997) der F.D.P. nur noch knapp 1% der Befragten Umweltkompetenz zu (gegenüber 41% 1981). 66% geben nach
der gleichen Umfrage den Grünen Umweltkompetenz, der CDU/
CSU 10%, der SPD 8%, keiner Partei 11%, unentschieden sind 14%.
Die F.D.P. hat in den letzten Jahren in der konservativ-liberalen Koalition jede Umweltkompetenz verloren, wird gar nicht mehr als Um-
weltpartei wahrgenommen. Die Liberalen starten 1998 praktisch von
Null.

Für zwei Drittel in der Bevölkerung beginnt Umweltschutz mit den
Grünen. Ja, Umweltschützer in anderen Parteien werden grüner Par-
teinahme verdächtigt, wie es gerade den CDU-Politikern Repnik oder
Biedenkopf ergeht oder Mitgliedern des F.D.P.-Bundesfachausschusses
Umwelt. Grüne erfinden ständig das Rad ein zweites Mal, legen Ausar-
beitungen vor, die längst besser und fundierter in liberalen Program-

men stehen, etwa dem Weseler F.D.P.-Konzept zur Kreislaufwirtschaft von 1984.

In solcher »tabula-rasa-Situation« 1998 liegen auch Chancen für die Liberalen. Das chinesische Schriftzeichen für Krise und Chance ist ein und dasselbe. Jede große Krise mobilisiert neue Kräfte, weckt Kreativität und Reformwillen. Der Kopf wird frei für Wesentliches, weil es eben ums Überleben geht in einer Medienwelt, die in der F.D.P. nur eine CDU de luxe sieht, Partei der Besserverdienenden, kurz: den politischen Fußabtreter der Nation.

Das Feld des verbalen Ökologismus, Ausmalen immer neuer Horror-Szenarien und Einimpfen von Schuldgefühlen beim Normalbürger ist voll von den Grünen besetzt. An diesem »ökologischen Geräuschband« – Öko-PC-Qualität – sollten sich Liberale nicht beteiligen.

Um wieder gehört und ernst genommen zu werden in der Umweltdebatte, ist für die Liberalen daher Besinnung auf ihre klassischen Themen Markt, Bürgerrechte, permanente Aufklärung – Befreiung des Menschen aus selbstverschuldeter Unmündigkeit (Kant) –, Eigeninitiative, Selbstverwaltung erforderlich.

Anders als Liberale halten Grüne nichts vom liberalen Credo: Im Zweifel ohne Staat, im Zweifel für Unternehmerinitiative, Bürger-Selbst-Hilfe, Selbstbestimmung. Auch die liberale Tugend des ständigen Zweifelns (grundsätzliche Ungewißheit über das absolut Wahre und politisch Richtige) ist ihnen fremd. Wie sie ständig beweisen – zuletzt im Garzweiler-Braunkohle-Abbaustreit oder im Konflikt über die A 20-Autobahn an der Ostseeküste –, halten sie mit sturer Intransigenz gegen die liberale Kunst des Kompromisses, also den immer wieder neu unternommenen Versuch einer friedlichen, im Konsens erreichten und durch Sachargumente vorbereiteten, für alle Dialogpartner tragfähigen Lösung. Wer Kompromisse als ein selbst ernannter besserer Öko-mensch ablehnt, ist einfach politikunfähig – es sei denn, es handelt sich wirklich um existentielle Grundfragen der Verfassungsordnung wie beim Großen Lauschangriff. In einer Bundestagswahl geht es nicht mehr um grünkommunale Umwelt-Spielwiesen wie etwa immer neues Ausweisen von lebensgefährlichen Fahrradwegen auf Durchgangsstraßen oder abenteuerlich begründete Anträge auf weitflächige Schutzgebiete. Auf solche grünen Ungereimtheiten brauchen Liberale den Bürger gar nicht mehr hinzuweisen. Längst ist klar geworden, wer Wirtschafts- und damit Reformkompetenz hat und wer nicht.

Die hier vorgeschlagene offensive Strategie, um wieder liberales Um-
weltprofil zu erreichen, kann auf der Agenda 21 für eine nachhaltige
Entwicklung des RIO-Erdgipfels 1992 aufbauen. Ebenso auf den
Empfehlungen des *World Business Council for the Environment*. Die neue
RIO-Naturpolitik beruht dabei auf drei Säulen (deckungsgleich mit
Umweltprogramm-Aussagen der Liberalen):

- Öko-Effizienz der Wirtschaft, also marktwirtschaftlicher Ansatz mit
  ständigem Verringern der Ressourcen-Intensität in der Güterpro-
  duktion mit dem Ziel, ein Niveau der Ressourcen- und Energienut-
  zung zu erreichen, das in etwa der vorausgeschätzten Tragekapazität
  des Biosystems ERDE entspricht.

- Vorgabe globaler wie auch regionaler ökologischer Eckwerte/Um-
  weltqualitätsziele, die sich abzeichnende große Umweltveränderun-
  gen aufhalten oder umkehren. Dies ist unter anderem durch die
  UNO-Rahmenkonvention über Klimaveränderungen geschehen,
  der Deutschland beigetreten ist mit der Zusage eines nationalen
  Minderungszieles von 25% bis zum Jahre 2005. Dieses sehr ergeizige
  Ziel wird in über 130 Einzelmaßnahmen von Kommunen und Indu-
  strie zur Zeit umgesetzt. Motto: Global denken – lokal handeln.

- Ein sozialkulturelles Weltprogramm zum Einüben des Agenda-Prozesses der Mit-Verantwortung in einer Mitwelt (statt polarisierten
  Gegenwelt militärischer Gewalt). Umweltschutz ist Bildungs- und
  Aufklärungsarbeit. Schwerwiegendste Umweltprobleme sind Armut, Hunger, Hoffnungslosigkeit in den armen Ländern der Erde.
  Umweltpolitik ist immer auch Welt-Entwicklungs- und Sozialpolitik.

Ganz im Sinne des schon in der Vorbereitung 1972 auf der UNO-Um-
weltkonferenz in Stockholm mitgetragenen Agenda-Prozesses fordern
Liberale seit langem Umwelt-Bilanzierung ganzer Politik-Bereiche wie
der Verkehrs-, Finanz- oder Landwirtschaftspolitik. Umweltschädliche
Auswirkungen bestimmter Subventionspraktiken müssen aufgedeckt
und abgestellt werden. Umweltpolitik 2000 braucht Systemanalyse und
Langfristplanungen im großen Verbund, eben um Selbstheilungskräfte
der Natur zu stärken (und damit verbundene Finanztransferkosten zu
sparen, aber zugleich auch mehr Lebensqualität zu gewinnen).
Ganz selbstverständlich war und ist für Liberale ein konsequent marktwirtschaftlicher Ansatz (da steht schon Otto Graf Lambsdorff vor) – also
Durchsetzen des Verursacherprinzips: Wer schmutzt, zahlt. Gegen zwei

im Grunde sozialdemokratische große Volksparteien konnten die Liberalen diesen Ansatz nie wirklich durchsetzen. Angst vor der eigenen Courage überwog beim jeweiligen Koalitionspartner. Das Abwasser-Abgabengesetz blieb ein Einzelfall und wurde schon bald von den Ländern über den wasserrechtlichen Behörden-Bescheid unterlaufen. Anders als in den USA mußten bei uns Zertifikatslösungen, Bubble-Konzepte, Betreibermodelle fast überall vor der Phalanx des Ordnungsrechts kapitulieren.

Die Gefahr besteht, daß 1998 die Chance, dem Lebens- und Wirtschaftsstandort Deutschland das neue Markenzeichen ECOMADE IN GERMANY zu geben, verspielt wird. Verspielt durch eine SPD-POWER-NOW-AKTION in Anlehnung an eine bekannte Zigarettenreklame. Kanzlerwahl notfalls eben auch mit Hilfe der PDS. Mit Zähnen und Klauen verteidigt die SPD-Fraktion den Umverteilungs- und Sozialtransferstaat. Auch die wenigen Mini-Steuer-Reformen wie Abschaffen der Vermögenssteuer oder der vollen Lohnfortzahlung im Krankheitsfall sollen wieder rückgängig gemacht werden. Guildo-Horn-Show-Effekte, Medien-Inszenierungen wie der themenlose Leipziger SPD-Parteitag tun ein übriges, daß es beim Weiter-so-Deutschland bleibt und nachweisbare Arbeitsmarktchancen vertan werden.

Die unbestreitbaren großen umweltpolitischen Leistungen der Liberalen in den 70er Jahren sind vergessen. Liberale Konzepte werden von Öko-Trittbrettfahrern abgeschrieben. Von allen Parteien, nicht nur den Bündnisgrünen.

Vergessen auch durch eigene Schuld der Liberalen. – Sie waren Pioniere der Wiedervereinigung wie Pioniere einer Naturverbrauchssteuer. Das eine Thema gäbe Profil im Osten, das andere im Westen. Die Wähler 1998 wissen das aber nicht, weil viele Liberale nicht mehr überzeugend zu den eigenen Freiburger Errungenschaften stehen. *Publicity begins at home.* Wer nicht selbst wirklich überzeugt ist, kann auch andere nicht überzeugen.

Liberale waren die ersten, die auf die Binsenweisheit hingewiesen haben, daß mit jedem Produkt, das gekauft wird, auch Naturgüter und Energie mitgekauft werden, die beim Produktionsprozeß eingesetzt wurden. Umweltbelastungen, Verschwendung von Ressourcen und Energie werden nach dem Verursacherprinzip am ehesten vermindert, wenn Konsum besteuert wird (wie dies bereits jetzt durch Mehrwertsteuer oder Mineralölsteuer geschieht). Endziel allen Wirtschaftens besteht im Konsum. Der Einzelne belastet Natur und Gesellschaft durch das, was er konsumiert. Wichtigstes Ziel aller liberalen Steuerreformvorschläge ist daher, zu einer fairen, möglichst gleichmäßigen Belastung des Lebenskonsums der Bürger zu kommen. Anknüpfungspunkt und wirtschaftliche Auswirkungen der Besteuerung sollen übereinstimmen, das Steuersystem radikal vereinfacht, das Durcheinander willkürlicher Besteuerungsregeln aufhören.

Der liberale Ansatzpunkt, wie umweltinnovative Wirkungen in einer dringend notwendigen Steuerreform zu erreichen sind, ist eine stufenweise und EU-konforme Reform des jetzigen Mehrwertsteuersystems in Richtung einer Naturverbrauchssteuer. Schon jetzt ist Spreizung der Mehrwert-Steuersätze möglich (so werden Grundnahrungsmittel und literarische Erzeugnisse mit dem halben Satz besteuert). In Zukunft sollten herausragende ökoeffiziente Produkte gar keine Mehrwertsteuer zahlen, Energie- und Ressourcenverschwender den Höchstsatz von 25%. Der Ministerpräsident von Rheinland-Pfalz hat diesen Höchstsatz nach belgischen und dänischen Vorbildern als Luxussteuer vorgeschlagen. Eine Naturverbrauchssteuer könnte in späteren Stufen Grundsteuer und andere Bodensteuern integrieren und höhere Steuersätze für massive Bodenversiegelung und Landschaftszerstörung einfordern. Renaturierung, Landschaftspflege und Erhalt urbaner Umweltqualität würden steuerlich belohnt.

Ein erster Schritt in Richtung Naturverbrauchssteuer ist der jetzt in der konservativ-liberalen Koalition diskutierte EU-konforme dritte Mehrwertsteuersatz auf Energieverbrauch/CO_2-Ausstoß. Abermals − wie schon in der letzten Legislaturperiode − konnte die F.D.P.-Fraktion dagegen ihre jahrzehntealte Forderung nach Umlegung der Kfz-Steuer auf die Mineralölsteuer nicht durchsetzen. Unverständlicherweise wird auch der Wahlslogan *Faires Steuersystem* (dem Bürger und Natur gegenüber) eher dem Koalitionspartner überlassen.

Die hier vorgeschlagenen liberalen Perspektiven für nachhaltiges Wirtschaften fordern eine Öko-Effizienz-Offensive in zwei Stufen: eine erste Stufe gründlichen steuerlichen Hausputzes mit radikaler Vereinfachung des Steuersystems und Senkung der Steuerlast um wenigstens 15 Prozentpunkte − auch um mit Bestqualität ECOMADE IN GERMANY auf globalen Märkten besser bestehen zu können. Dann erst folgt in einer zweiten Stufe konsequentes Einführen einer Naturver-

brauchssteuer, flankiert durch ökologische Eckwerte/Umweltquali-
tätsziele.

Nur die Liberalen haben neben ihrer verfassungsrechtlich/umwelt-
ethischen Fundierung auch die Wirtschaftskompetenz und den Mut zu
Reformen, die endlich Arbeitsplätze schaffen werden. Nur solche liberale Umweltpolitik macht fit für globale Märkte und ist daher auch für
das nächste Jahrhundert für den Bürger glaubwürdig und für den Unternehmer profitabel.

Einer muß es ja tun!

Rolf Berndt

Liberale Bildungsarbeit der Friedrich-Naumann-Stiftung

Vergewisserungen

»Indem er ein großer Agitator war, wurde er Erzieher zur Sachlichkeit. Sein Idealismus war nicht Verschwommenheit, sondern restlose Hingabe, von ihm redet man nicht. Er wußte, daß große Gedanken die Geschichte bilden, aber er nährte sich von den Wirklichkeiten. Sein Leben war tägliche Rechenschaft. Er lernte von der Geschichte, er stand in der Gegenwart, er lauschte auf das Kommende. Immer tatsachendurstig, immer auf der Suche nach Zahlen, Anschaulichkeiten, Gewißheiten, ausgefüllt von Massenproblemen, mit dem Willen, sie einfach auszudrücken, um viele Seelen lebendig zu machen. So fand er die großen Formeln, die manchen erschreckten, die aber Füße und Gedanken in Marsch setzten.«[1]

Die Friedrich-Naumann-Stiftung, die Stiftung für liberale Politik, die sich dem Erbe eines bald achtzig Jahre Toten verpflichtet weiß, muß sich – nicht nur in ihrem eigenen vierzigsten Jahr – vergewissern, daß sie in dem Toten und seinen hinterlassenen Handlungsmaximen die zeitgemäße Rückbindung für ihr Vorantreibenwollen in eine politisch freiheitliche Zukunft pflegt. Sie muß sich heute dazu stellen, wenn Naumann »Erziehung zur Politik« wünscht, in den Zeitungen, in der Volksschule, in politischen Jugendvereinen und politischen Organisationen.

Heute wie damals ist Offenheit die jedem Bemühen politischer Bildung zugrundeliegende Voraussetzung. Damit aber ist Vergewisserung ihrer selbst ihre erste, ihre vornehmste Aufgabe. Politische Bildung muß, ehe sie auch nur ein »Sterbens«wörtchen an ihr Publikum richtet, sich selbst nach ihren eigenen »woher« und »wohin«, »wieso so« und »weshalb nicht anders« befragen und sich selbst gegenüber beantworten. Wer politisch bilden will, muß viel, wenn nicht alles, lernen wollen, muß viel, wenn nicht alles, zur Kenntnis nehmen wollen, auch die »einfachsten Tatsachen« – ganz im Sinne Naumanns.

Bildungsbrücken

Der Friedrich-Naumann-Stiftung steht, was im Kontext politischer Bildungsarbeit selten an erster Stelle genannt wird, ein »liberales Gedächtnis« besonderer Art zur Verfügung, das Archiv des deutschen Liberalismus. Hier ist ein Fundus zur Hand, der es erlaubt, die Geschichte des deutschen Liberalismus nachzuzeichnen. Das Archiv in der Theodor-Heuss-Akademie in Gummersbach steht mit seinen vielfältigen Primärquellen und Nachlässen bedeutender Liberaler, seinen mit 38 000 Bänden wissenschaftlicher Fachliteratur zu Geschichte, Philosophie, internationaler Politik, Entwicklungspolitik und politischer Bildung und der über 20 einschlägige Zeitschriften gegenwartsbezogen auswertenden Dokumentation jedem Interesse offen. Nachfragen und Zugriffe von Interessenten sind ausdrücklich erwünscht.

Eine andere Brücke in eine aktive politische Bildungsarbeit hat in den Stipendiaten der Friedrich-Naumann-Stiftung vielerlei individuelle Gestalt. Die Begabtenförderung ist die zugleich wirksame Verflechtung zwischen der durchgängig notwendigen Selbstvergewisserung und jeder zukunftsgerichteten, erneuerten Arbeit in politischer Bildung. Die Stiftung will und kann nicht selbst »Volksuniversität« spielen wollen. Um so dringlicher ist ihr das Anliegen, besondere Begabungen im akademischen Bereich gezielt zu fördern und hier zur Stärkung des politischen Liberalismus und zur Weiterentwicklung der Idee des Liberalismus im In- und Ausland beizutragen.

Aktive Bildungsarbeit

Nach außen wendet sich die politische Bildungsarbeit der Friedrich-Naumann-Stiftung in besonderer Weise mit Seminaren, Workshops, Symposien, gedruckten und elektronischen Medien, in Podiumsdiskussionen, Gesprächskreisen, Hearings, Kongressen und internationalen Konferenzen. Mit rund 3400 Veranstaltungen in 1998 weltweit (2600 Inland – 800 Ausland) verfolgt die Stiftung ihren satzungsgemäßen Auftrag, »allen Interessierten, insbesondere der heranwachsenden Generation, Wissen im Sinne der liberalen, sozialen und nationalen Ziele Friedrich Naumanns zu vermitteln, Persönlichkeitswerte lebendig zu erhalten und moralische Grundlagen in der Politik zu festigen«.

Die Stiftung agiert hier als aktiver Anbieter mit ihren Produkten auf dem Markt politischer Bildungsarbeit in Deutschland. Die Stätten politischer Bildungsarbeit sind über das Land verteilt und oft an Nahtstellen zum umgebenden Ausland angesiedelt.

Als brückenbildende Grenzgänger können die Bildungsstätte Waldhaus Jakob in Konstanz im Süden, die Bildungsstätte Wolfgang-Natonek-Akademie in Kottenheide im sächsischen Vogtland im Südosten, die Bildungsstätte Zündholzfabrik in Lauenburg im Norden und die Villa Lessing in Saarbrücken im Südwesten gesehen werden. In der Durchdringung und Überbrückung einander benachbarter Gesellschaften und politischer Kulturen bestimmen sie die Ansätze ihrer je eigenständigen Bildungsarbeit. In der Mitte wirken die Theodor-Heuss-Akademie im oberbergischen Gummersbach, die erste und größte der Bildungsstätten, und das Büro Berlin in der Hauptstadt Deutschlands.

Mit unterschiedlichen Schwerpunkten ihrer Bildungsarbeit zielen die Bildungsstätten gemeinsam auf Multiplikatoren und Meinungsführer sowie engagierte Bürgerinnen und Bürger, die liberalen Ideen offen gegenüberstehen und sich für gesellschaftliche Belange verantwortlich fühlen. In lernziel- und teilnehmerorientierten Vermittlungsformen können die Besucher vielgestaltiger Bildungsmaßnahmen ihr eigenes politisches Wissen bereichern und ihr Know-how festigen, ihre eigenen politischen Grundüberzeugungen und Prinzipien kritisch hinterfragen und sich ihrer versichern, ihre eigene kulturelle und traditionale Bindung an Denk- und Sichtweisen Dritter prüfen, um sich schließlich in ihrer eigenen Persönlichkeit und in eigenen politischen Fertigkeiten und Befähigungen zu bestärken. Funktions- und Leistungseliten mit hoher Entscheidungskompetenz und gesellschaftlicher Verantwortung spricht die Friedrich-Naumann-Stiftung überwiegend in der Form des politischen Dialoges an. Sie sind dafür bekannt, daß sie liberale Positionen, Meinungen und Ideen offen vertreten und für sie einstehen wollen. Hier steht der Austausch von Erfahrungen und Ideen im Vordergrund. Hier geht es um die Weiterentwicklung liberaler Lösungsansätze und um die Erarbeitung von problemgerechten Empfehlungen zur Umsetzung bzw. Adaption gefundener Lösungen für die jeweiligen Teilgesellschaften. Inhaltlich ist die Stiftung in den letzten Jahren politischer geworden. Sie hat immer stärker Position bezogen und dadurch Profil gewonnen, nicht zuletzt durch die beiden Kampagnen »Toleranz zeigt sich im Handeln« und »Umdenken: Anstiftung zur Freiheit«.

In klar definierten Perioden bearbeitet die Stiftung bestimmte Themenschwerpunkte. Im Zeitraum 1995-1999 sind dies: »Demokratie und Rechtsstaat«, »Zukunft der Arbeit« und »Deutschlands Rolle in der Welt«. Innerhalb dieses Rahmens – die Angebotspalette reicht von »Arbeitsmarkt 2000« bis »Zivilcourage« – werden vielfältige bildungspolitische Veranstaltungen durchgeführt. Für diese Aufgabe stehen der Stiftung etwa 100 freiberuflich tätige Seminarleiter und Seminarleiterinnen zur Verfügung, die allesamt ein kompaktes Ausbildungstraining in Kommunikation und Moderation absolviert haben müssen, bevor sie zum Einsatz kommen. Nur auf diese Weise ist Qualitätssicherung zu gewährleisten. Denn wir wissen: Ohne Qualität und klares Profil sind Erwachsene nur noch schwer für intensive – auch politische – Weiterbildung zu gewinnen.

Die genannten Themenschwerpunkte gelten freilich nicht nur in Deutschland, sondern für die Stiftungsarbeit weltweit. Gerade im Ausland fühlt sich die Stiftung von der Verpflichtung getragen, die Freiheit der Menschen als oberstes Prinzip menschlicher Vergesellschaftung überall zu verwirklichen. Deshalb setzt sie sich in ihren weltweiten Programmen insbesondere für die Förderung von Menschenrechten, Rechtsstaatlichkeit und Demokratie ein. Der Kerngedanke ist auch hier die Verwirklichung von Freiheit und Verantwortung. Dafür sind die Grundlagen vor Ort zu schaffen und an den Gegebenheiten der Partnerländer auszurichten. Das Motto lautet: Hilfe zur Selbsthilfe, keine Patentrezepte. Es geht um die Förderung eines freiheitlichen Denkens und um die Partizipation von immer mehr Menschen am politischen Prozeß.

Herausforderungen

Die politische Bildungsarbeit steht vor großen Herausforderungen. Zwei Beispiele – binnen- und weltgesellschaftlicher Art – sollen dies verdeutlichen.

Da ist zum einen die Frage nach dem Beitrag politischer Bildung zum innerdeutschen Einigungsprozeß, zur Akzeptanz demokratischer Strukturen, zur Bekämpfung zunehmender Radikalisierung. Ein empirischer Befund sollte Bildungsverantwortliche unruhig stimmen. Für die beste Staatsform halten die Demokratie im Westen 70, im Osten ge-

rade 30% der Befragten. Die Erinnerung daran, daß die DDR eine
Diktatur war, verblaßt im Osten immer mehr: »Während 1990 noch
73% der Ostdeutschen Gängelei und Bevormundung als für die DDR
typisch ansahen, waren das 1995 nur noch 40%. Und während sich
1990 noch 73% an eine ›totale Überwachung‹ erinnerten, sank deren
Prozentsatz bis 1995 auf 42%. Heute ist von der DDR gut drei Vierteln
der Ostdeutschen vor allem in Erinnerung, daß sie der Versuch gewesen sei, eine gerechte Gesellschaft zu schaffen. Daß in ihrer Entwicklung die Fehler überwogen, glauben heute nur 30% der Ostdeutschen,
während 79% zu dem – auf keinerlei Konsequenzen verpflichtenden –
Urteil gelangen, die DDR habe halt sowohl gute als auch schlechte Seiten gehabt.«[2]

Zu den Schwerpunkten der bildungspolitischen Arbeit der Stiftung in
den neuen Bundesländern zählt deshalb – neben der historischen
Aufarbeitung der deutsch-deutschen Teilung – der Informations- und
Erfahrungstransfer, d.h. über gemeinsame Problemstellungen das in-
nerdeutsche Zusammenwachsen, hier insbesondere die gemeinsame
Zustimmung zu den Grundprinzipien des Verfassungsstaates, zu fördern. Darüber hinaus müssen die spezifischen Problemlagen im Osten,
insbesondere die wirtschaftlichen und sozialen Defizite, Ausgangsbasis
für bildungspolitische Konzeptionen sein, um zu einer stärkeren Akzeptanz des politischen Systems insgesamt zu gelangen.

Eine zweite große und spannende Herausforderung stellt das Thema
»Neue Medien« dar. Denn der »kommende Take-Off wird sich nicht
nach der Investitionsquote bemessen. Der Spruch ›time is money‹ wird
eine neue Bedeutung erhalten. Denn T.I.M.E. wird am Ende dieses
Jahrhunderts die größte Branche der Welt sein: Das Kürzel steht für
Telekommunikation, Information, Medien und Entertainment.«
Zweifellos bieten die »Neuen Medien« eine Fülle von Chancen zur individuellen und kreativen Lebensgestaltung. Allerdings rufen die damit
einhergehenden Erfahrungen von Entgrenzungen auch Ängste und
Verunsicherungen hervor. Moderne Informations- und Kommunika-
tionsmedien, immer schnellere Verkehrsmittel lassen Zeit und Raum
schrumpfen. Die Zyklen von Innovation, Veränderung und Weiterentwicklung werden immer kürzer. Leben wird zu einem »permanenten
Fortbildungskurs«.[3] In der neuen Medienkommunikation verschieben
sich überkommene Orientierungen und Rollenmuster. Zunehmend
wird die Schriftkultur von der audiovisuellen Medienkultur dominiert.

Es zeichnet sich ab, daß die digitale Welt nicht nur unsere Sprache und unsere Art zu schreiben, sondern letztes Endes auch unsere Art zu denken verändern wird.

Hier wird von seiten der Stiftung für liberale Politik immer wieder zu entscheiden sein, inwieweit sie sich an der Vermittlung kritischer Medienkompetenz und der produktiven und kreativen Mitgestaltung der neuen Medien- und Kommunikationswelt beteiligen will und kann. Und inwieweit sie mithelfen will, aus dem »Treibsand der Informationen die Goldkörner der Wahrheit« herauszufinden. (Hubert Markl)

Horizonte

Selbstverständlich bedarf auch die Arbeitsweise der politischen Bildungseinrichtungen der Friedrich-Naumann-Stiftung ihrer fortwährenden Ausrichtung auf die Methoden und didaktischen Konzepte, die unserer gemeinsamen Zukunft in verträglicher, nachhaltiger Weise gerecht zu werden versprechen. Auch hieran arbeitet die Stiftung kontinuierlich. Schließlich hat die individualgesellschaftliche wie die globalgesellschaftliche Liberalisierung nicht nur die Bedingungen für Schule und Universität in ungeahnter Weise mit Methoden- und Didaktikkonzepten angereichert. Auch die Erwachsenenbildung, das Feld, in dem die politische Bildungsarbeit der Stiftung angesiedelt ist, konnte aus den einst übertrieben belehrungshaltigen Attitüden heraustreten und sich neuartige Aneignungsformen für Kenntnisse, Befähigungen und Haltungen erarbeiten. Auch hier ist an Friedrich Naumann zu erinnern: Erwachsene sind nicht einfach erwachsene Schüler. Ihr primäres Tätigkeitsfeld ist die Lebens-, nicht die Lernwirklichkeit. Erwachsenenbildung geschieht heute mehr und mehr durch Begegnung, Beratung und Begleitung, weniger durch Belehrung oder gar Betreuung.

Sich ihrer selbst stets neu zu vergewissern, gehört zu den stets neu vorzunehmenden Grundanliegen der politischen Bildungsarbeit der Stiftung. Die Leitideen der Vergangenheit etwa mit den ihrer Zeit zugerechneten Methoden in ein Heute übertragen zu wollen, kann keine Zukunftswirksamkeit entfalten. Neue Projekte verlangen auch methodische Innovationen, weil gute Ideen auch gute Wege und Mittel brauchen. Allerdings kann ebensowenig zukunftswirksam werden, ebensowenig politikgestaltend sich auswirken, was in modern media-

ler Methodik brilliert – und didaktisch leer ist. Hier gilt der Grundsatz
jeder politischen Bildungsarbeit. »Nimm keinem etwas weg, wenn du
ihm nichts Besseres dafür geben kannst!«[4]
Zu den neuen Wegen gehört freilich auch eine verstärkte Arbeit vor
Ort, sprich politische Bildungsarbeit auch außerhalb der Bildungsstätten. Das gilt regional insbesondere für die neuen Bundesländer, betrifft
aber generell Veränderungen in der Erreichbarkeit bestimmter Zielgruppen für politische Bildungsarbeit. Motivation bedeutet: sich auf-
machen, nicht jemanden irgendwohin bringen oder zu etwas veranlas-
sen: »Die Leute abholen, das ist eine gute Absicht, aber oft wird daraus
eine Art Omnibusdidaktik: die Leute an den Haltestellen einsammeln
und zur Bildungsveranstaltung transportieren. Leider sind die Leute
gewöhnlich nicht dort, wo unsere Busse halten. ›Sie liegen vor ihren
Ankerplätzen ... man kann sie nicht einsammeln, sondern muß sie auf-
suchen.‹ Wir müssen dorthin gehen, wo die Menschen sind, wo sie leben.«[5] Das heißt, die alte »Komm-Struktur« (wir werben und halten
Sprechstunden und warten, bis die Leute zu uns kommen) muß zugunsten einer »Geh-Struktur« (unter die Menschen gehen, ihre Probleme
sehen, mit ihnen ins Gespräch kommen) abgelöst werden. Die Stiftung
geht mit ihrem Ansatz einer verstärkten »Arbeit in der Fläche«, um dort
für die intensivere Arbeit in den Bildungsstätten Interesse zu wecken
und zu werben, einen neuen vielversprechenden Weg.
Horizonte politischer Bildungsarbeit unserer Stiftung verbinden Libe-
ralismusgeschichte mit Liberalismusvision. Gewinnen die Konturen Gestalt, ist in vierzig Jahren hoffentlich erneut Anlaß zu einem Geburtstag
wie diesem.

Anmerkungen

[1] Theodor Heuss, Die großen Reden – Der Staatsmann. Tübingen 1965, hier:
    Friedrich Naumann zum Gedächtnis (Rede bei der Trauerfeier am 5. Septem-
    ber 1919), S. 54.
[2] Arbeitsausschuß für politische Bildung und Kultusministerium des Landes
    Mecklenburg-Vorpommern (Hg.), Politische Weiterbildung im vereinten
    Deutschland, Dokumentation der Fachtagung vom 21.-22. 11. 1996, S. 35.
[3] Heiko Ernst, Psychotrends. Das Ich im 21. Jahrhundert, München 1998, S. 51.
[4] Xaver Fiederle, Älter werden: Lebenslanges Lernen. Didaktik/Methodik der
    Erwachsenenbildung, Freiburg 1994, S. 5.
[5] Fiederle, a.a.O. S. 13.

ANHANG

Autorin und Autoren

Martin Bangemann, 1934, Dr. jur., Rechtsanwalt, Generalsekretär der F.D.P. 1974/75, Bundeswirtschaftsminister 1984-1989, Bundesvorsitzender der F.D.P. 1985-1989, seit 1989 Kommissar der Europäischen Kommission

Hans-Jürgen Beerfeltz, 1951, Bundesgeschäftsführer der F.D.P., Vizepräsident a.D. der Bundeszentrale für politische Bildung

Rolf Berndt, 1946, Geschäftsführendes Vortandsmitglied der Friedrich-Naumann-Stiftung, Bundesgeschäftsführer der F.D.P. 1983-1995

Thomas Dehler, 1897-1967, Dr. jur., Rechtsanwalt, Bundesjustizminister 1949-1953, Vorsitzender der FDP-Bundestagsfraktion 1953-1956, Bundesvorsitzender der FDP 1954-1957

Wolfgang Döring, 1919-1963, Berufssoldat, Fraktionsvorsitzender der FDP im nordrhein-westfälischen Landtag 1956-1958, stv. Bundesvorsitzender der FDP 1962/63

Wolfram Dorn, 1924, Industriekaufmann und Schriftsteller, stv. Vorsitzender der F.D.P.-Bundestagsfraktion 1968/69, Staatssekretär im Bundesinnenministerium 1969-1972

Uffe Ellemann-Jensen, 1941, Diplom-Volkswirt, Vorsitzender der Europäischen Liberalen Demokratischen Reformpartei (ELDR), Außenminister a.D. von Dänemark

Karl-Hermann Flach, 1929-1973, Journalist, Generalsekretär der F.D.P. 1971-1973

Jürgen Frölich, 1955, Dr. phil., stv. Leiter des Archivs des Deutschen Liberalismus

Hans-Dietrich Genscher, 1927, Rechtsanwalt, Bundesinnenminister 1969-1974, Bundesvorsitzender der F.D.P. 1974-1984, Bundesaußenminister 1974-1992, Ehrenvorsitzender der F.D.P.

Theodor Heuss, 1884-1963, Prof. Dr. phil., Journalist, Bundesvorsitzender der FDP 1948/49, Bundespräsident 1949-1959

Hans-Heinrich Jansen, 1960, Dr. phil., wissenschaftlicher Assistent am Historischen Seminar der Johann-Wolfgang-Goethe-Universität Frankfurt

Silke Jansen, 1959, Dr. phil., Leiterin des Büros des F.D.P.-Bundesvorsitzenden

Otto Graf Lambsdorff, 1927, Dr. jur., Rechtsanwalt, Bundeswirtschafts-minister 1977-1984, Bundesvorsitzender der F.D.P 1988-1993, Präsident der Liberalen Internationale 1991-1994, seit 1995 Vorstands-vorsitzender der Friedrich-Naumann-Stiftung, Ehrenvorsitzender der F.D.P.

Hermann Marx, 1924, Rechtsanwalt, Ministerialdirektor a.D., während seiner Studienzeit in Jena Vorsitzender einer liberalen Studenten-gruppe

Peter Menke-Glückert, 1929, Unternehmensberater, Ministerialdirektor a.D., von 1971-1974 verantwortlich für das 1. Umweltprogramm der Bundesregierung

Wolfgang Mischnick, 1921, Geschäftsführer, stv. Vorsitzender der LDPD Sachsen 1947, Bundesminister für Vertriebene 1961-1963, Vorsit-zender der F.D.P.-Bundestagsfraktion 1968-1990, Vorstandsvorsit-zender der Friedrich-Naumann-Stiftung 1987-1995

Rainer Ortleb, 1944, Prof. Dr. sc., Mathematiker/Informatiker, Bundes-minister für Bildung und Wissenschaft a.D., Vorsitzender der LDPD (DDR) 1990, stv. Bundesvorsitzender der F.D.P. 1991-1995

Walter Scheel, 1919, Wirtschaftsberater, Bundesvorsitzender der F.D.P. 1968-1974, Bundesaußenminister 1969-1974, Bundespräsident 1974-1979, Ehrenvorsitzender der F.D.P. und des Kuratoriums der Friedrich-Naumann-Stiftung

Wolfgang Schollwer, 1922, Publizist, ehemaliger Chefredakteur des FDP-Pressedienstes und Referent für Außen- und Deutschlandpolitik in der FDP, zuletzt Referent im Planungsstab des Auswärtigen Am-tes

Hans Vorländer, 1954, Dr. phil., ordentl. Professor für Politikwissen-schaft und Dekan der Philosophischen Fakultät an der Technischen Universität Dresden

Ulrich Wildermuth, 1931, freier Journalist, ehemaliger Chefredakteur der Südwest Presse Ulm

Quellen

Martin Bangemann: Grundwerte liberaler Politik. In: Kurt Sontheimer (Hrsg.): Möglichkeiten und Grenzen liberaler Politik. Schriften der katholischen Akademie in Bayern, Band 70. Düsseldorf: Patmos-Verlag 1975. Seite 55-73.

Wolfgang Schollwer: Liberale Führungspersonen – die Parteivorsitzenden. In: Wolfgang Mischnick (Hrsg.): Verantwortung für die Freiheit. 40 Jahre F.D.P. Stuttgart: Deutsche Verlags-Anstalt 1989. Seite 440-463.

Wolfgang Mischnick: Erinnerung an Wilhelm Külz. Broschüre der Wilhelm Külz-Stiftung. Dresden 1995.

Hermann Marx: Dr. Karl Hamann rehabilitiert. In: liberal – Vierteljahreshefte für Politik und Kultur, Heft 3/August 1990. Seite 99-101.

Rainer Ortleb: Arno Esch, Liberaldemokrat und Weltbürger. In: Horst Köpke/Friedrich-Franz Wiese (Hrsg.): Mein Vaterland ist die Freiheit. Das Schicksal des Studenten Arno Esch. Rostock: Hinstorff Verlag 1990. Seite 239-241.

Hans Vorländer: Der ambivalente Liberalismus oder: Was hält die liberale Demokratie zusammen? In: Zeitschrift für Politik, Heft 3/1995. Seite 250-267.